Günter H. Seidler, Parfen Laszig, Ralph Micka, Björn V. Nolting (Hg.)
Aktuelle Entwicklungen in der Psychotraumatologie

Reihe »edition psychosozial«

Günter H. Seidler, Parfen Laszig, Ralph Micka,
Björn V. Nolting (Hg.)

Aktuelle Entwicklungen in der Psychotraumatologie

Theorie – Krankheitsbilder– Therapie

Psychosozial-Verlag

Bibliografische Information der Deutschen Bibliothek
Die Deutsche Bibliothek verzeichnet diese Publikation in der Deutschen
Nationalbibliografie; detaillierte bibliografische Daten sind im Internet
über <http://dnb.ddb.de> abrufbar.

2. Auflage 2006
© 2003 Psychosozial-Verlag
Goethestr. 29, 35390 Gießen
Tel.: 0641/77819, Fax: 0641/77742
e-mail: info@psychosozial-verlag.de
www.psychosozial-verlag.de
Alle Rechte, insbesondere das des auszugsweisen Abdrucks
und das der fotomechanischen Wiedergabe, vorbehalten.
Umschlagabbildung: © Ulrike Held: »care«, Eggenstein/London
Umschlaggestaltung: Christof Röhl nach Entwürfen
des Ateliers Warminski, Büdingen
Satz: Mirjam Juli
Printed in Germany
ISBN 3-89806-228-7

Inhaltsverzeichnis

Vorwort

Die Psychotraumatologie hat sich in den letzten Jahren zu einem eigenständigen Versorgungs- und Wissensgebiet entwickelt. Dabei ist sie trotz dieser relativen Eigenständigkeit ein Querschnittfach geblieben: Psychotraumatisierte Patientinnen und Patienten fragen häufig gar nicht mal als erstes um Hilfe für ihre seelischen Belastungen nach, sondern tauchen wegen scheinbar oder wirklich im Vordergrund stehender anderer Probleme in den Praxen der unterschiedlichsten Fachdisziplinen auf. Und hinsichtlich der Eigenständigkeit der Psychotraumatologie gilt, dass sie hinsichtlich ihres Wissensbestandes aus den unterschiedlichsten Fachdisziplinen Zuflüsse erhält, so etwa von neurobiologischen Grundlagenfächern, der Neuroradiologie, der Hormonforschung, den einzelnen klinischen Fächern, der Psychotherapieforschung, aber auch von der Medizingeschichte, wenn es etwa darum geht, nach historischen Erscheinungsformen von Traumafolgestörungen zu fragen, der Medizinsoziologie und -psychologie und vielen anderen.

Der klinischen Vielfalt von Traumafolgestörungen versucht man mit dem Konzept der »Komorbidität« gerecht zu werden: Bei einem Patienten oder einer Patientin werden dann eine Vielzahl von Diagnosen vergeben, von der »Angststörung« über die Diagnose einer somatoformen Störung, von der »Depression« bis hin zur »Suizidalität« und der Diagnose einer Suchtkrankheit. Die dahinterliegende traumatische Erfahrung wird oft genug nicht erkannt, mit der möglichen Folge von Chronifizierungen und unangemessenen Behandlungen. Dass bei einer adäquaten Erfassung dessen, worum es sich handeln mag, auch Kosteneinsparungen möglich wären, wenn nämlich Chronifizierungen und mögliche Frühberentungen vermieden werden könnten, sei hier nur am Rande erwähnt.

Einer der Hintergründe dafür, dass es mitunter schwer ist, einen traumatisierten Patienten, eine traumatisierte Patientin als solche zu erkennen, ist, dass der Zusammenhang zu traumatisierenden Ereignissen auch dem Patienten mitunter verlorengegangen ist, und dass weitgehend spezifische Symptome und Symptomkonstellationen, wie etwa das gleichzeitige Auftreten von Intrusionen, Vermeidungsverhalten und Hyperarousal-Symptomen, nicht spontan angegeben werden, und sich erst auf Nachfrage darstellen. Nicht selten gehen diese Symptome nämlich für die

Patientin oder für den Patienten mit der Befürchtung einher, für »verrückt« gehalten zu werden, wenn davon gesprochen würde.

Mit dem vorliegenden Sammelband wird versucht, zentrale Positionen des Wissens zu dem, was gegenwärtig über Traumafolgestörungen verfügbar ist, zusammenzustellen, und es einem interessierten Leserkreis zur Verfügung zu stellen. Dabei reicht der Bogen von Darstellungen zu den neurobiologischen Grundlagen über die Konzeptualisierung einiger zentraler Traumafolgestörungen bis zu den Therapieansätzen.

Die Herausgeber sind sich der Tatsache bewusst, dass ebenfalls wichtige Fragestellungen nicht zur Darstellung kommen. So fehlen etwa Arbeiten über Traumafolgestörungen in besonders gefährdeten Berufsgruppen (Feuerwehr, Polizei, Notärzte, Technisches Hilfswerk und so weiter) und über die spezifische Situation in bestimmten Bevölkerungsgruppen, etwa bei älteren Menschen. Trotzdem sind die Herausgeber überzeugt, mit diesem Sammelband eine Lücke zu schließen, denn bislang fehlte eine aktuelle Darstellung dieser Art in der deutschsprachigen Fachliteratur. Die Herausgeber danken auch hier den Autorinnen und Autoren dafür, daß diese ihnen die Beiträge für die Publikation in diesem Reader zur Verfügung gestellt haben!

Die Behandlung traumatisierter Menschen kann angemessen nur erfolgen, wenn verschiedene Einrichtungen, Therapeutinnen und Therapeuten durch eine stabile Netzwerkstruktur miteinander in Verbindung stehen. Nach unserer Einschätzung gilt das auch für die Seite derer, die sich mit Fragen aus diesem Bereich beschäftigen: Auch hier ist es wichtig, miteinander in Kontakt und Austausch zu stehen. Deshalb möchten wir die Leserinnen und Leser dieses Buches ermuntern, mit Anregungen und Kritik mit den Herausgebern Kontakt aufzunehmen; nur gemeinsam lassen sich die bedrängenden Aufgaben, die hier zur Bearbeitung und Lösung anstehen, fassen und bearbeiten!

Günter H. Seidler, Parfen Laszig, Ralph Micka, Björn V. Nolting
Sektion Psychotraumatologie der Abteilung Psychosomatik der
Psychosomatischen Universitätsklinik Heidelberg, im Frühjahr 2003
trauma@med.uni-heidelberg.de
www.prometheus-trauma.de

Neurobiologische Grundlagen psychischer Traumatisierung

Gerhard Roth und Thomas F. Münte

Einleitung

Die Aufklärung der neuronalen Grundlagen des Psychischen und seiner Erkrankungen ist vielleicht die letzte, sicher aber die größte Herausforderung der Neurowissenschaften. Der Vater der Psychoanalyse, Sigmund Freud (von Hause aus bekanntlich Neurobiologe und Neurologe), hatte sein Leben lang von der Verwirklichung dieses Ziels geträumt, zugleich aber betont, dass seine Lehre des Psychischen sowie die daraus sich ergebende Psychotherapie so gestaltet sein müssten, dass sie einer neurobiologischen Fundierung nicht bedürften. Eine solche in der Psychiatrie und Psychotherapie verbreitete Anschauung beginnt jedoch zunehmend der Einsicht Platz zu machen, dass die Kenntnis der neurobiologischen Grundlagen des Psychischen und der Prozesse, die einerseits bei einer psychischen Erkrankung und andererseits bei einer Psychotherapie im Gehirn des Patienten ablaufen, unverzichtbar ist.

Zur Verwirklichung dieses Ziels ist es allerdings noch ein langer Weg, denn die Neurowissenschaften haben erst vor wenigen Jahren im größeren Umfang begonnen, die hirnanatomischen und -physiologischen Grundlagen affektiver und emotionaler Zustände zu erforschen. Insbesondere sind die konzeptuellen Probleme enorm: Besteht nicht – wie allgemein beim Geist-Gehirn-Problem – eine unüberwindliche Kluft zwischen der Aktivität von Nervenzellen (gleichgültig wie zahlreich und untereinander verknüpft sie sind) und dem selbsterlebten bzw. im Verhalten sich äußernden Psychischen? Man kann dieses Problem allerdings umgehen, indem man schlicht fragt: In welcher Weise führen bestimmte Vorgänge im Gehirn zu psychischen Erkrankungen, und inwieweit führen bestimmte psychische Erlebnisse (z. B. traumatischer Art) zu Veränderungen im Gehirn? Wir wollen uns im Folgenden vor allem mit der letzteren Frage beschäftigen, wobei wir hierbei nur vorläufige Antworten geben können.

Neurobiologische Grundlagen von Kognition und Emotion

Lange Zeit hat man in der Psychologie und entsprechend in der Neuro-biologie kognitive und affektiv-emotionale Zustände streng unterschie-den. Heute besteht die Einsicht, dass eine solche Unterscheidung nur für bestimmte Funktionsbereiche des Gehirns zutrifft, und dass es einen großen Bereich gibt, in dem sich kognitive und affektiv-emotionale Zustände bzw. Leistungen z. T. durchdringen. Dies ist vor allem dort der Fall, wo es um die *Bewertung* von Wahrnehmungsinhalten, insbesondere der Wahrnehmung eigenen Tuns, um Gedächtnisleistungen und um die Vorbereitung von Handlungen (also um so genannte exekutive Funk-tionen) geht.

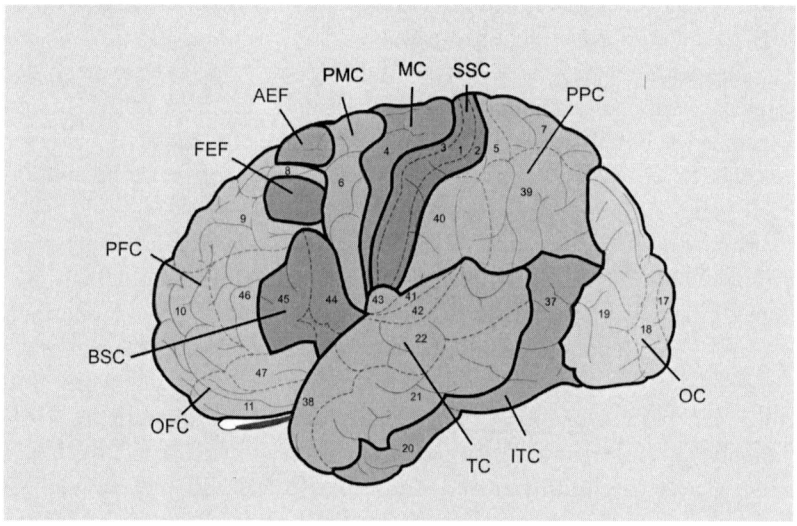

Abb. 1(a): Anatomisch-funktionelle Gliederung der seitlichen Hirnrinde. Die Zahlen geben die übliche Einteilung in cytoarchitektonische Felder nach K. Brodmann an. Abkürzungen: AEF = vorderes Augenfeld; BSC = Brocasches Sprachzentrum; FEF = frontales Augenfeld; ITC = inferotemporaler Cortex; MC = motorischer Cortex; OC = occipitaler Cortex (Hinterhauptslappen); OFC = orbitofrontaler Cortex; PFC = präfrontaler Cortex (Stirnlappen); PMC = dorsolateraler prämotorischer Cortex; PPC = posteriorer parietaler Cortex; SSC = somatosensorischer Cortex; TC = temporaler Cortex (Schläfenlappen). (Nach Nieuwenhuys et al., 1991; verändert).

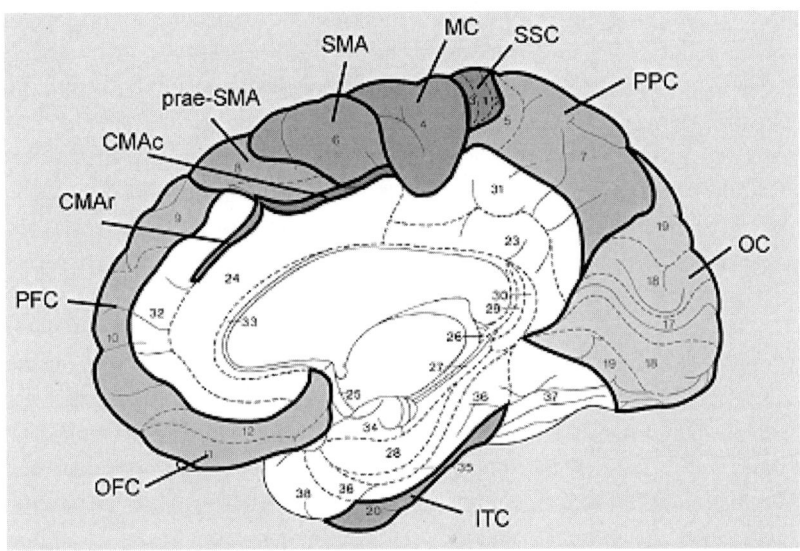

Abb. 1 (b): Anatomisch-funktionelle Gliederung der zur Mittellinie gelegenen Hirnrinde. Abkürzungen: CMAc = caudales cinguläres motorisches Areal; CMAr = rostrales cinguläres motorisches Areal; ITC = inferotemporaler Cortex; MC = motorischer Cortex; OC = occipitaler Cortex (Hinterhauptslappen); OFC = orbitofrontaler Cortex; prae-SMA = prae-supplementär-motorisches Areal; PFC = präfrontaler Cortex (Stirnlappen); PPC = posteriorer parietaler Cortex; SMA = supplementär-motorisches Areal; SSC = somatosensorischer Cortex. (Nach Nieuwenhuys et al., 1991; verändert).

Trotz dieser teilweisen Durchdringung können wir im menschlichen (und tierischen) Gehirn Bereiche beschreiben, die eher perzeptive und kognitive, und solche, die eher affektiv-emotionale und exekutive Funktionen haben. Sitz der eher perzeptiv-kognitiven Funktionen im menschlichen Gehirn ist vor allem die Großhirnrinde im engeren Sinne (der sechsschichtig aufgebaute Neo- oder Isocortex) (Abbildung 1a, 1b). Er unterteilt sich in primäre und sekundäre sensorische (d. h. visuelle, auditorische, somatosensorische, vestibuläre, gustatorische) Areale, primäre motorische und prämotorische Areale und so genannte assoziative Areale. Hierzu gehören vor allem der parietale, temporale und frontale Assoziationscortex.

Der *parietale Assoziationscortex*, auch *posteriorer parietaler Cortex* (abgekürzt PPC) genannt, umfasst die Brodmann-Areale BA5, 7a und 7b und den inferioren parietalen Cortex (Gyrus angularis, BA39; Gyrus supramarginalis, BA40). Der PPC hat mit Raumwahrnehmung, -orientierung und -vorstellung zu tun. Hierzu gehört die Konstruktion einer dreidimensionalen Welt und die Lokalisation der Sinnesreize, des eigenen Körpers und seiner Bewegungen in der Umwelt. Weiterhin betreffen die Leistungen des PPC das Wissen über den eigenen Aufenthaltsort, das Erfassen räumlicher Perspektive sowie das Umgehen mit abstrakten Raumkonzepten einschließlich des Erkennens, Deutens und Benutzens von Karten und Zeichnungen. Andere Funktionen des PPC umfassen Lesen und Rechnen und allgemein das Erkennen von Symbolen und den Umgang mit ihnen.

Der *temporale Assoziationscortex* (TC) umfasst Teile des *oberen* (BA22), den *mittleren* (BA37, 38) und *unteren (inferioren) temporalen Cortex* (ITC; BA20, 21). Im oberen und mittleren temporalen Cortex wird komplexe auditorische und sprachbezogene Information verarbeitet; hier findet sich – bei den meisten Personen in der linken Hemisphäre – das Wernickesche Sprachzentrum (ungefähr BA22), das für Sprachverständnis (Semantik) zuständig ist. Im ITC und im Übergang zum Okzipitallappen wird komplexe visuelle Information verarbeitet, z. B. das Erkennen von Gesichtern und ihrer Mimik (rechtsseitig), das Erfassen bedeutungshafter Szenen usw. Auf der unteren Innenseite des Temporallappens befinden sich Amygdala und Hippocampus-Formation (siehe unten).

Der *frontale Assoziationscortex*, auch *präfrontaler Cortex* (PFC) genannt, umfasst die Areale BA9, 10 und 46, die als *dorsolateraler* PFC bezeichnet werden, die Areale BA11, 13 und 14 und 47, die als *orbitofrontaler* PFC bezeichnet werden sowie die Areale BA25 und 32, die als *ventromedialer* PFC bezeichnet werden. Direkt vor der Repräsentation der Gesichtsmuskeln, des Kiefers, der Zunge, des Gaumens und des Rachens in der präzentralen motorischen Rinde liegt linksseitig die Brocasche Sprachregion (BA44 und 45), die mit der *zeitlichen Organisation* von Sprache (insbesondere der Syntax) zu tun hat. Der *dorsolaterale* PFC hat mit zeitlich-räumlicher Strukturierung von Sinneswahrnehmungen zu tun, mit planvollem und kontextgerechtem Handeln und Sprechen und mit der Entwicklung von Zielvorstellungen (Davidson und Irwin, 1999; Petrides, 2000; Petrides und Pandya, 1999). Läsionen führen zu entsprechenden Defiziten, insbesondere zur Unfähigkeit, die sachliche Relevanz externer Ereignisse einzuschätzen, aber auch zu schweren Beeinträchtigungen des Arbeitsgedächtnisses. Läsionen im *orbitofrontalen* und *ventromedialen* Cortex führen dagegen zum Verlust der Fähigkeit, den sozial-kommunikativen Kontext zu erfassen. Diese Patienten sind auch unfähig, negative oder positive Konsequenzen ihrer Handlungen vorauszusehen, wenngleich unmittelbare Belohnung oder Bestrafung von Aktionen ihr weiteres Handeln beeinflussen können (Davidson und Irwin, 1999). Sie gehen trotz besseren Wissens Risiken ein.

Affekte und Emotionen als *Erlebniszustände* sind der bewusst gewordene Ausdruck der Tätigkeit des limbischen Systems, das weitgehend unbewusst arbeitet. Dieses System durchzieht das gesamte Gehirn (vgl. Nieuwenhuys et al., 1991; Akert, 1994) und umfasst (1) Anteile der Großhirnrinde, nämlich den orbitofrontalen Cortex, den Gyrus cinguli, den parahippocampalen und perirhinalen Cortex (einschließlich der entorhinalen Rinde) und den insulären Cortex (»Insel«); (2) allo- und subcorticale Zentren des Endhirns, nämlich Hippocampus-Formation, Amygdala, Septum/basales Vorderhirn, ventrales Striatum/Nucleus accumbens, (3) Zwischenhirnzentren, nämlich Hypothalamus/präoptische Region, Mammillarkörper, anterior-laterale, mediale und intralaminare Thalamuskerne, (4) ventrales tegmentales Areal (VTA) und Kerne des tegmentalen Höhlengrau im Mittelhirn, und (5) im weiteren Sinne Kerne der Formatio reticularis in Mittelhirn, Brücke und verlängertem Mark, vor allem Locus coeruleus und Raphe-Kerne (Abbildung 2).

Der *Hypothalamus* (einschließlich der präoptischen Region) ist Kontrollzentrum für biologische Grundfunktionen wie Nahrungs- und Flüssigkeitsaufnahme, Sexualverhalten, Schlaf- und Wachzustand, Temperatur- und Kreislaufregulation, Angriffs- und Verteidigungsverhalten und für die damit verbundenen Trieb- und Affektzustände. Entsprechend seinen Funktionen ist der Hypothalamus mit nahezu allen Teilen des restlichen Gehirns verbunden, besonders mit den vegetativen Kerngebieten des Hirnstamms und den limbischen Anteilen des Telencephalon, d. h. mit Septum, Amygdala und Hippocampus (siehe unten). An den Hypothalamus schließt sich die Hirnanhangsdrüse (Hypophyse) an, die aus Vorderlappen (Adenohypophyse) und Hinterlappen (Neurohypophyse) besteht.

Die *Amygdala* (Corpus amygdaloideum) nimmt anatomisch wie funktional eine zentrale Rolle beim Entstehen und der Steuerung von Emotionen ein (Nieuwenhuys, 1991; Aggleton, 1992). Die Amygdala besteht aus einer *corticomedialen* Gruppe, die vor allem mit der Verarbeitung olfaktorischer Informationen (u. a. von Pheromonen) zu tun hat, einer *basolateralen* Kerngruppe, die in Furchtkonditionierung oder generell in

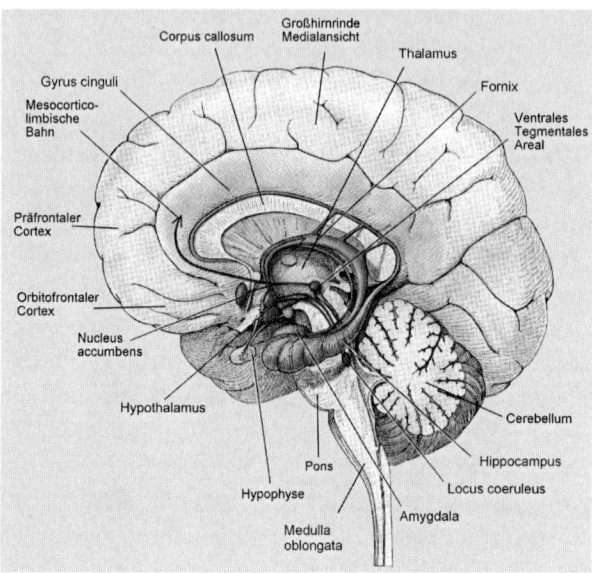

Abb. 2: Längsschnitt durch das menschliche Gehirn mit den wichtigsten limbischen Zentren. Diese Zentren sind Orte der Entstehung von positiven (Nucleus accumbens, ventrales tegmentales Areal), und negativen Gefühlen (Amygdala), der Gedächtnisorganisation (Hippocampus), der Aufmerksamkeits- und Bewusstseinssteuerung (basales Vorderhirn, Locus coeruleus, Thalamus) und der vegetativen Funktionen (Hypothalamus). (Aus Roth, 2001, nach Spektrum/Scientific American, 1994, verändert).

emotionale Konditionierung (siehe unten) involviert ist, und einem zentralen Kern, der in enger Verbindung zu vegetativen Reaktionen steht, insbesondere im Zusammenhang mit Stress (Abb. 3). Die Amygdala unterhält rückläufige Verbindungen mit dem assoziativen Isocortex, und zwar vornehmlich mit dem orbitofrontalen Cortex, dem visuellen, und dem auditorischen temporalen Assoziationscortex sowie mit dem insulären und cingulären Cortex. Allgemein sind die Bahnen von der Amygdala zum Isocortex stärker als die umgekehrten Bahnen. Bei nichtmenschlichen Säugern besteht die Funktion der Amygdala vornehmlich in der Erzeugung und Regulation angeborener und erlernter Furcht (Aggleton, 1992; LeDoux, 1998), beim Menschen ist sie offensichtlich auch an nicht furchtbedingten oder gar positiv besetzten, appetitiven Zuständen beteiligt, u. a. im Zusammenhang mit Lernen und Gedächtnisbildung (Robbins und Everitt, 1995; Cahill und McGaugh, 1998; Rolls, 1999).

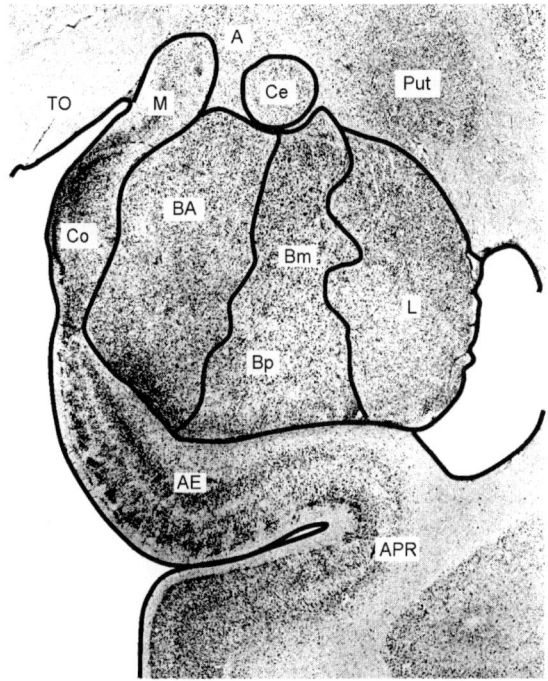

Abb. 3: Querschnitt durch die Amygdala und die umgebende medial-temporale Hirnrinde. Links ist medial (Mittellinie des Gehirns), rechts ist lateral. Abkürzungen: A = Area amygdaloidea anterior; AE = Area entorhinalis; APR = Area perirhinalis; BA = Nucleus basalis anterior; Bm = Nucleus basalis magnocellularis; Bp = Nucleus basalis parvocellularis; Ce = Nucleus centralis; Co = Nucleus corticalis; L = Nucleus lateralis; M = Nucleus medialis, Put = Putamen; TO = Tractus opticus. (Nach Benninghoff, 1994; verändert).

Der *Hippocampus* (vgl. Abb. 2) ist zusammen mit dem umgebenden Cortex der Organisator des bewusstseinsfähigen, *deklarativen* Gedächtnisses. Umgeben wird der Hippocampus vom entorhinalen Cortex, dem wiederum der perirhinale und parahippocampale Cortex (zusammen EPPC genannt) benachbart sind. Die Speicherung semantischen und episodischen Wissens findet allerdings nicht im Hippocampus und dem EPPC selbst statt, sondern modalitäts- und funktionsspezifisch in den verschiedenen Rindenarealen. Eine bilaterale Zerstörung des Hippocampus führt zu zeitlich begrenzter retrograder Amnesie, d. h. dem Verlust von Teilen des Altgedächtnisses, sowie zur anterograden Amnesie, d. h.

zur Unfähigkeit, neue Inhalte in das deklarative bzw. semantische und episodische Gedächtnis einzufügen. Man unterscheidet innerhalb des deklarativen Gedächtnisses ein *episodisches Gedächtnis*, das sich immer auf inhaltlich, räumlich und zeitlich konkrete Erlebnisse mit Bezug auf die eigene Person bezieht, und ein *Wissensgedächtnis*, das sich auf personen-, orts- und zeitunabhängige Tatsachen bezieht (Tulving und Markowitsch, 1998; Markowitsch, 1999, 2000; Aggleton und Brown, 1999). Die Einspeicherung des episodischen Gedächtnisses wird dem Hippocampus im engeren Sinne zugeordnet, das Wissensgedächtnis dem EPPC.

Hippocampus, EPPC und Amygdala arbeiten im Bereich des deklarativen und emotionalen Gedächtnisses »arbeitsteilig«. Im Rahmen einer klassischen Konditionierung, in dem in Normalpersonen ein Nebelhorn Schreckreaktionen auslöste, konnten Patienten mit einer bilateralen Schädigung der *Amygdala* genau angeben, welcher sensorische Stimulus mit einem Schreckreiz gepaart worden war, sie zeigten aber keine vegetative Angstreaktion, gemessen über die Erhöhung des Hautwiderstands (Bechara et al., 1995). Sie entwickelten also keine Furcht- oder Schreckempfindungen und nahmen die Ereignisse »emotionslos« hin. Umgekehrt hatten Patienten mit bilateraler Schädigung des Hippocampus keine bewusste Information über die Paarung von sensorischem Reiz und Schreckreiz, zeigten aber eine deutliche vegetative Furchtreaktion.

Man nimmt entsprechend an, dass der *Kontext*, in dem ein negatives Ereignis stattfindet, im Hippocampus gespeichert wird. Beim Wiederauftreten dieses Ereignisses werden dann parallel sowohl die *Fakten* des Ereignisses als auch die *emotionale Bewertung* abgerufen. Negative Emotionen werden von der Amygdala entweder direkt oder über den mediodorsalen thalamischen Kern der Großhirnrinde, insbesondere dem präfrontalen Cortex, vermittelt und dadurch bewusst.

Ein »Gegenspieler« der Amygdala ist das *mesolimbische System*, das aus dem ventralen tegmentalen Areal (VTA), dem lateralen Hypothalamus, dem Nucleus accumbens und angrenzenden ventralen Teilen des Striatum (Putamen und Caudatum) und Pallidum besteht. Das mesolimbische System dominiert bei der Registrierung und Verarbeitung natürlicher Belohnungsereignisse und stellt offenbar das zerebrale Belohnungssystem dar. Dieses System steht ähnlich wie die Amygdala in enger Beziehungen zum präfrontalen, orbitofrontalen und cingulären Cortex und ist vornehmlich durch den Neuromodulator Dopamin charakterisiert. Allerdings scheint nach neuesten Erkenntnissen eine Erhöhung des Dopaminspiegels nur für die Sucht*entstehung*, nicht aber für die Aufrechterhaltung der Sucht notwendig zu sein. Dopamin scheint im Lichte dieser Befunde eher als Signal für die Assoziation von Belohnung und bestimmten Ereignissen denn als »Belohnungsstoff« selbst zu fungieren. Diese Funktion kommt offenbar eher den hirneigenen Opiaten zu, deren Wirkort ebenfalls das mesolimbische System ist (Panksepp, 1998; Spanagel und Weiss, 1999).

Der *Gyrus cinguli* stellt neben der »Insel« und dem medialen und orbitofrontalen Stirnhirn den corticalen Teil des limbischen Systems dar. Er spielt neben dem somatosensorischen Cortex bei der Schmerzwahrnehmung eine wichtige Rolle; hierbei steht er in enger Beziehung mit anderen Schmerzzentren, nämlich dem insulären Cortex (siehe unten), den medialen Thalamuskernen und dem zentralen tegmentalen Grau. Zusammen mit dem präfrontalen Cortex übt der vordere cinguläre Cortex eine »Monitorfunktion« aus (Carter et al., 1998; Gehring und Knight, 2000). Ebenfalls limbische Funktionen besitzt der *insuläre Cortex*, der im menschlichen Gehirn vom Stirn-, Scheitel- und Schläfenlappen des Cortex überdeckt wird. Er repräsentiert und verarbeitet Geschmacksempfindungen sowie viszerale und viszeral-emotionale Zustände und ist auch an bewusster Schmerzempfindung beteiligt; hierbei sind Eingänge von der Amygdala und vom lateralen Hypothalamus wichtig.

Neuronale Grundlagen der Furchtkonditionierung

In den letzten Jahren wurden vornehmlich an Ratten ausgedehnte Untersuchungen zur Furchtkonditionierung durchgeführt, vor allem mit Hilfe der furchtpotenzierten Schreckreaktion (*fear-potentiated startle response*; vgl. Aggleton, 1992; Fendt und Fanselow, 1999; LeDoux, 2000). Grundlage dieser Furchtkonditionierung ist die angeborene Schreckreaktion von Ratten auf ein lautes Geräusch. Wird nach dem Muster der klassischen Konditionierung ein Lichtreiz mit einem Elektroschock gepaart, so erhält der Lichtreiz hierdurch eine konditionierte negative Bedeutung. Eine anschließende Kombination von Licht und lautem Geräusch führt dann zu einer deutlich erhöhten, potenzierten Schreckreaktion (Koch, 1999).

Bei solchen Experimenten zeigt sich, dass sowohl die Läsion der gesamten Amygdala als auch die des Nucleus centralis oder der ventralen amygdalofugalen Bahn, die zum Nucleus reticularis pontis caudalis zieht, alle Anzeichen konditionierter Furcht beseitigt. Dies ist verständlich, denn die zentrale Amygdala aktiviert parallel das zentrale Höhlengrau und den laterodorsalen tegmentalen Kern, die ihrerseits beide über den Nucleus reticularis pontis caudalis die vegetativen und motorischen Furcht- und Schreckreaktionen steuern. Dies wird neben dem Transmitter Glutamat durch das Neuropeptid Substanz-P sowie durch CRF (siehe unten) vermittelt. Die Furchtkonditionierung wird aber auch durch die alleinige Zerstörung des basolateralen Kerns der Amygdala unterbunden. Man nimmt daher an, dass die basolaterale Amygdala der Ort der Assoziation zwischen Licht (dem konditionierten Reiz) und Elektroschock (dem unkonditionierten Reiz) ist.

Bei der akustischen Schreckreaktion stammt der sensorische Input teils vom auditorischen Cortex, teils subcortical-direkter vom Thalamus, und beide Inputs enden in der basolateralen Amygdala. Gleichzeitig erhält die basolaterale Amygdala Eingänge vom Hippocampus, über die Details über den Kontext der Furchtkonditionierung vermittelt werden. Positive Erlebnisse, die erwiesenermaßen die Potenzierung der Schreckreaktion dämpfen oder unterbinden, kommen aus dem mesolimbischen System (siehe oben) und werden über den pedunculopontinen tegmentalen Kern weitergeleitet, der über cholinerge Bahnen seinerseits auf den Nucleus reticularis pontis caudalis einwirkt (vgl. Birbaumer und Schmidt, 1999).

Langzeitpotenzierung (LTP) tritt in der lateralen bzw. basolateralen Amygdala bei Reizpaarungen auf, die der Furchtkonditionierung entsprechen. Dies konnte in Experimenten an der Amygdala von Ratten sowie an Amygdala-Hirnschnitten nachgewiesen werden (Maren und Fanselow, 1995; Fendt und Fanselow, 1999). Dabei ersetzt man eine natürliche Reizung durch elektrische Reizung von Eingängen, die normalerweise Sinnesreize oder andere Informationen heranführen, z. B. visuelle oder auditorische Informationen vom Thalamus und gedächtnisbezogene Informationen vom Hippocampus. Wenn man diese beiden Eingänge in die basolaterale Amygdala gleichzeitig elektrisch reizt, dann kann man eine spezifische Langzeitpotenzierung von dort lokalisierten Neuronen hervorrufen. Diese ist NMDA- vermittelt und kann entsprechend durch NMDA-Antagonisten blockiert werden.

Die basolaterale Amygdala projiziert mit derartig konditionierten Neuronen zur zentralen Amygdala, in der die konditionierte Furchtreaktion mit der angeborenen Furchtreaktion verknüpft wird. Diese Verknüpfung scheint nicht durch NMDA-Synapsen, sondern über AMPA-Rezeptoren vermittelt zu sein (Fendt und Fanselow, 1999). Die zentrale Amygdala löst dann die mit Furcht verbundenen Verhaltensreaktionen und vegetativen Reaktionen aus, einschließlich der Freisetzung von Cortisol (bei Ratten von Corticosteron). Gleichzeitig werden über das zentrale Höhlengrau endogene Opiate, NPY und andere Stoffe ausgeschüttet, die schmerz- und furchtlindernd wirken.

Psychischer Stress, psychische Traumatisierung und ihre neuronalen Grundlagen

Stress ist ein Zustand, der durch erhöhte Anforderungen an das motorische und kognitive System hervorgerufen und entsprechend emotional erlebt wird. Das Grundprinzip der Stressantwort unseres Organismus besteht in besonderen Maßnahmen, die das Gehirn trifft, um die zusätzliche Belastung zu bewältigen (Birbaumer und Schmidt, 1999). Diese sind vor allem eine Erhöhung des Blutdrucks, des Herzschlags, der Atemfrequenz, des Muskeltonus und des Blutzuckerspiegels, sowie eine Mobilisierung von Fettreserven. Bei starkem Stress kommt es zur Schreckhaftigkeit und zur Einengung des Denkens und des Verhaltensrepertoires bis hin zu völligem Erstarren.

Psychischer Stress ruft zwei unterschiedliche physiologische Antworten in unserem Nervensystem und Körper hervor (vgl. Birbaumer und Schmidt, 1999). Die *erste* Reaktion besteht darin, dass die belastende Situation vom Gehirn erkannt wird und dies zu einer Aktivierung stressrelevanter subcorticaler und corticaler Zentren führt. In aller Regel geht die Aktivierung dieser *subcorticalen* Zentren, vor allem der Amygdala und des Hypothalamus, der Aktivierung *corticaler* Zentren *voraus*. Die Amygdala aktiviert über den Hypothalamus oder andere Umschaltstationen vegetative Zentren, vornehmlich den Locus coeruleus. Dort wird Noradrenalin ausgeschüttet, das auf Cortex, Amygdala, Hippocampus und Hypothalamus einwirkt und die Aufmerksamkeit und Verhaltensbereitschaft erhöht. Parallel zur Tätigkeit des Locus coeruleus wird über den Hypothalamus und die vegetativen Umschaltstellen des

Hirnstamms und Rückenmarks das sympathische Nervensystem aktiviert, und es kommt im Nebennierenmark zur Ausschüttung von Adrenalin und Noradrenalin in die Blutbahn. Beide Stoffe erreichen das Gehirn, verstärken die oben geschilderten Stress-Symptome und steigern die Verhaltensbereitschaft. Zugleich kommt es bei stärkerem Stress über die Aktivität des Parasympathicus zu den bekannten Auswirkungen auf die Darm- und Blasentätigkeit.

Die *zweite*, wenige Minuten später einsetzende Stressreaktion verläuft ebenfalls über die Amygdala und den Hypothalamus, die Hypophyse und die Nebennierenrinde (*Hypothalamo-Hypophysen-Nebennieren-rinden-Achse*, HHNA); sie wird über den Corticotropin-Releasing-Faktor CRF (gelegentlich auch Corticotropin-Releasing-Hormon, CRH, genannt) vermittelt. CRF-positive Zellen und Fasern finden sich im zentralen Kern der Amygdala sowie im Nucleus arcuatus und im Nucleus paraventricularis parvocellularis des Hypothalamus. Diese Zellen werden über die Ausschüttung von Noradrenalin durch den Locus coeruleus bzw. von Adrenalin und Noradrenalin durch das Nebennierenmark aktiviert. Sie schütten ihrerseits über ihre Fortsätze in der Eminentia mediana des Hypophysenstiels CRF aus. Dieses gelangt dann über das Pfortadersystem zum Hypophysenvorderlappen, wo es die Ausschüttung des Hormons ACTH (Adrenocorticotropes Hormon) in die Blutbahn veranlasst. ACTH wandert zur Nebennierenrinde und löst dort die Ausschüttung von Corticosteroid-Hormonen, so genannten Glucocorticoiden, aus.

Das bekannteste Glucocorticoid ist *Cortisol*. Cortisol versetzt den Körper über eine Erhöhung des Glucose- und Fettsäurespiegels im Blut in die Lage, erhöhte Leistungen zu vollbringen. Es wirkt bekanntlich auch entzündungshemmend und unterdrückt allergische Reaktionen; in hohen Dosen verursacht es eine drastische Unterdrückung des lymphatischen Systems, was zu einer Schwächung der Immunabwehr des Körpers führen kann. Über entsprechende Rezeptoren wirkt es auf das Gehirn ein und erhöht dort die Erregbarkeit, gleichzeitig wirkt es hemmend auf die Freisetzung von CRF im Hypothalamus und von ACTH im Hypophysenvorderlappen ein. Es liegt hier also eine negative Rückkopplung zwischen Cortisol einerseits und CRF und ACTH andererseits vor, die verhindern sollen, dass bei einer Stressreaktion zuviel CRF und ACTH und damit Cortisol erzeugt wird.

Im Gehirn führt ein mittlerer Cortisolspiegel zu einer verstärkten Produktion neurotropher, d. h. den Funktionszustand von Nervenzellen befördernder Faktoren, außerdem zu einer Erhöhung der Zahl von Gliazellen (Astrocyten) und zu einer gesteigerten neuronalen Plastizität. Im Anschluss daran kommt es zu einer Verlängerung der Dendriten von Nervenzellen und zu einer Erhöhung der Zahl ihrer Synapsen (Hüther, 1996). Dies ist wahrscheinlich der Grund, warum bei den meisten Menschen ein gewisses Maß an Stress durchaus leistungsfördernd ist und sich positiv auf die Lernfähigkeit auswirkt.

Wird der Stress stärker, so kommt es zusammen mit der erhöhten Freisetzung von CRF und Noradrenalin zu einer Erhöhung der Produktion von β-Endorphin, die mit einer deutlichen Minderung der Schmerzempfindung einhergeht (Julien, 1997). Durch Spaltung des Pro-Opio-Melano-Cortins wird neben ACTH außerdem das Opioid β-Endorphin freigesetzt. Eine allgemeine Anti-Stress-Wirkung hat auch das Neuropeptid Y (NPY). NPY stimuliert die Nahrungsaufnahme, moduliert den circadianen Rhythmus und reguliert die Ausschüttung verschiedener Hypothalamus-Hormone einschließlich CRF. Eine Injektion von NPY in den zentralen Kern der Amygdala führt zu einer Verringerung motorischer Unruhe, wirkt stress-vermindernd und angsthemmend. Schließlich werden auch neurotrophe Faktoren wie BDNF (*brain-derived neurotrophic factor*) ausgeschüttet, die unabdingbar sind für das Überleben und die Funktionalität von Neuronen. Entsprechend unterscheidet man bei der Stressreaktion eine initiale Phase, die durch die Ausschüttung von CRF und einen Anstieg von Stress gekennzeichnet ist, und eine späte Phase, die mit einer Ausschüttung von NPY und endogenen Opiaten und einer Abnahme der Stressbelastung verbunden ist.

Die Stress-Symptome verschwinden, wenn das stress-auslösende Ereignis schwindet oder bewältigt wurde. Hierbei scheint der Hippocampus eine wichtige Rolle zu spielen. Die Bindung von Cortisol an Rezeptoren im Hippocampus führt dazu, dass der Hippocampus hemmend auf CRF-produzierende Zellen im Hypothalamus einwirkt, wodurch über verringertes ACTH über die Nebennierenrinde im Endeffekt weniger Corticosteroide ausgeschüttet werden (Birbaumer und Schmidt, 1999). Es kommt schließlich auch zu einer Einwirkung corticaler (besonders prä- und orbitofrontaler) Zustände auf die stressbezogene Aktivität limbischer Zentren, möglicherweise aufgrund der

Einsicht, dass »alles nicht so schlimm« ist. Einer solchen dämpfenden Wirkung corticaler Zentren wirkt nach Ansicht von LeDoux (1998) und anderen Neurobiologen die Amygdala *entgegen*. Diese ist in ihrer Aktivität in Stress-Situationen stark erhöht, wie bildgebende Verfahren zeigen (siehe unten), und tendiert nach LeDoux dazu, den Zustand der Anspannung aufrecht zu erhalten. Im Normalfall ergibt sich also ein »Kampf« zwischen eher beruhigenden kognitiven Aspekten (»Vernunft und Einsicht«), vermittelt durch den Hippocampus und den Cortex, und eher emotionalen Aspekten (»Aufregung«), vermittelt durch die Amygdala.

Psychischer Dauerstress führt nach gegenwärtiger Anschauung dazu, dass die negative, d. h. dämpfende Rückkopplung zwischen Cortisol und CRF-ACTH-Ausschüttung zusammenbricht. In diesem Fall kommt es zu einer dauerhaften Schädigung des Nervensystems und zwar u. a. zur Schrumpfung von Pyramidenzellen im Hippocampus und deren Dendriten und – als offenbare Folge davon – zu einer Verschlechterung von Lern- und Gedächtnisleistungen und damit unter anderem zur stressbedingten Vergesslichkeit.

Eine besondere Form von Stress-Folgen ist die *posttraumatische Belastungsstörung* (PTBS), die durch eine schreckliche Lebenserfahrung ausgelöst wird: etwa eine Naturkatastrophe, eine Gewalttat, Folter, Kriegserlebnisse und Vergewaltigung (Comer, 1995; Ehlert et al., 1999). Allerdings entwickelt nur ein Viertel der von solchen Ereignissen Betroffenen eine chronische PTBS; innerhalb dieser Gruppe sind Frauen doppelt so häufig vertreten wie Männer. Ungefähr ein weiteres Viertel der betroffenen Personen zeigt kaum merkliche Folgesymptome, rund die Hälfte weist Symptome auf, die über vier bis sechs Monate anhalten (Ulrich Sachsse, persönliche Mitteilung). Nahezu alle PTBS-Patienten entwickeln weitere psychiatrische Störungen, es erhöht sich die Neigung zum Selbstmord. PTBS-Patienten haben *Intrusionen*, d. h. wiederkehrende und stark belastende Erinnerungen und Träume, Flashback-Erlebnisse, psychische und physiologische Stressanzeichen bei Konfrontation mit Hinweisreizen, Gedanken- und Gefühlsvermeidung sowie Aktivitäts- und Situationsvermeidung in Hinblick auf das Trauma, sie weisen Entfremdungsgefühle, Übererregbarkeit, Ein- oder Durchschlafstörungen, Wutausbrücke, Konzentrationsschwierigkeiten und verstärkte Schreckhaftigkeit auf.

Bei der Ausbildung einer PTBS kommt den Hormonen der Hypothalamus-Hypophysen-Nebennierenrinden-Achse, dem adrenerg-noradrenergen System sowie dem endogenen Opiatsystem ein besonderes Gewicht zu. Bei PTBS-Patienten mit unterschiedlichen Traumatisierungsursachen (Kriegserfahrung, sexueller Missbrauch in der Kindheit) stellte man im Vergleich zu Gesunden und anderen psychiatrischen Patienten einen erhöhten CRF-Spiegel in der Zerebrospinalflüssigkeit fest und zugleich eine reduzierte Cortisol-Freisetzung nach Stimulation durch CRF. Letzteres könnte ein Effekt der anfänglich starken CRF-Freisetzung sein; alternativ wird eine bereits vor Auftreten des Traumas bestehende Fehlfunktion des Stress-Systems angenommen (vgl. Ehlert et al., 1999). Ebenso wird vermehrt Noradrenalin freigesetzt, was offenbar die verstärkte Schreckhaftigkeit bewirkt. Jedoch wird bei den Patienten eine starke Reduktion der β_2-adrenergen Rezeptoren festgestellt. Dies könnte entsprechend eine negativ-rückgekoppelte Folge der anfänglich starken Produktion von Noradrenalin sein, aber auch eine Prädisposition darstellen.

Die Ergebnisse der funktionellen Bildgebung bei psychischem Stress und bei psychischer Traumatisierung

Zunächst soll gefragt werden, wie mithilfe funktioneller bildgebender Verfahren (Positronen-Emissions-Tomographie – PET – und funktionelle Kernspintomographie – fMRI) modellhaft die an der Verarbeitung von Furcht und Angst beteiligten Hirnstrukturen beim gesunden Menschen untersucht werden können; anschließend wollen wir uns den möglichen strukturellen und funktionellen Korrelaten der PTBS zuwenden.

Büchel und Mitarbeiter (1999) wandten ein in der Tierforschung lange bekanntes Verfahren, die sogenannte Trace-Konditionierung, an, um die Rolle der Amygdala, des Hippocampus sowie anderer Hirnstrukturen für den Erwerb von Furchtreaktionen zu überprüfen. Bei der Trace-Konditionierung wird der aversive Reiz (US) mit einem gewissen zeitlichen Abstand, d. h. ohne Überlappung, zum neutralen Reiz (CS) gegeben. Tierversuche haben gezeigt, dass für einen Erwerb der Konditionierungsreaktion unter diesen Umständen die Amygdala notwendig ist. Die Autoren konnten in ihrer mit fMRI durchgeführten Studie zeigen, dass die Amygdala für CS-Reize im Vergleich zu nicht mit aversiven Reizen gekoppelten neutralen Reizen vermehrt aktiviert wurde. Darüber hinaus fanden sie, dass Amygdala und Hippocampus im zeitlichen Verlauf der Konditionierung differentiell aktiviert wurden, was zugunsten ihrer Beteiligung am Erwerb der Reizassoziation spricht. Schließlich wurden auch ausgeprägte Aktivierungen im Bereich des Gyrus cinguli gefunden.

Wenngleich diese Studie wichtig erscheint, da sie eine Brücke zur tierexperimentellen Literatur schlägt, ist zu bedenken, dass beim Menschen Angst nicht nur reflexhaft auftritt, sondern auch bei eher abstrakten Bedrohungen anzutreffen ist. In einer fMRI Studie konnten Phelps und Mitarbeiter (2001) zeigen, dass auch hierbei die Amygdala beteiligt ist. Die Autoren verglichen die Aktivierungen bei einem Stimulus »Bedrohung« mit einem Stimulus »sicher«. Die Bedingung »Bedrohung« beinhaltete, dass den Probanden ein aversiver Reiz angedroht wurde, der jedoch niemals eintrat. Bei allen ihren Probanden konnten Phelps et al. (2001) bei dieser Bedingung Aktivierungen der *rechten* Amygdala zeigen.

Ein Charakteristikum der PTBS ist die eigentümliche Entkoppelung zwischen kognitivem und emotionalem Erleben. Rauch et al. (2000) konnten zeigen, dass sich die Amygdala durch emotional negative Ereignisse auch in *Abwesenheit* einer bewussten Wahrnehmung aktivieren lässt. Ihre Probanden sahen in einigen Versuchsbedingungen emotional negative oder positive Gesichter. Diese wurden jedoch nach wenigen Millisekunden durch Gesichter mit neutralem Gesichtsausdruck ersetzt, so dass die Probanden bewusst nur die neutralen Gesichter wahrnehmen konnten. Es zeigte sich, dass gleichwohl in Abhängigkeit von der unbewusst wahrgenommenen emotionalen Valenz die Amygdala selektiv aktiviert wurde. Diese Dissoziation mag mit der Tatsache zusammenhängen, dass die Amygdala sowohl bewusste corticale, als auch schnellere unbewusste subcorticale Eingänge erhält.

Die entscheidende Frage ist nun, welche strukturellen Veränderungen sich bei Patienten mit einer PTBS nachweisen lassen. Ein aufsehenerregender Befund wurde Mitte der neunziger Jahre von Bremner und Mitarbeitern (1995) publiziert. Die Autoren setzten die strukturelle Kernspintomographie bei 26 Vietnamveteranen mit PTBS im Vergleich zu 22 Probanden ohne PTBS ein. Die quantitative Analyse ergab, dass das Volumen des rechten Hippocampus der PTBS-Patienten im Schnitt 8 % geringer war (siehe hierzu auch Abbildung 4). Darüber hinaus berichtete diese Studie auch über einen Zusammenhang zwischen dem Grad der Atrophie und einer Verminderung des verbalen Kurzzeitgedächtnisses.

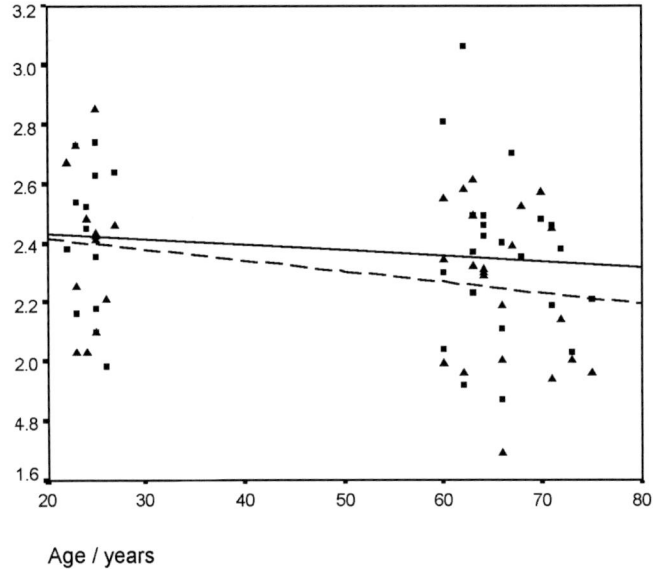

Age / years

Abb. 4: Bestimmung des Hippocampusvolumens durch Volumetrie im Kernspintomogramm: Es ergibt sich in dieser Studie ein relativ stabiles Volumen der hippokampalen Strukturen mit dem Alter. Auf der anderen Seite fanden wir in der gleichen Kohorte eine signifikante altersbedingte Abnahme des NAA/(Chol+Cr) Quotienten in der Kernspinspektroskopie. Somit scheint diese sensitiver für altersbedingte Struktur- und Funktionsveränderungen des Hippocampus zu sein. Aus: A. Szentkuti, S. Guderian, K. Schiltz, J. Kaufmann, T. F. Münte, H.-J. Heinze & E. Düzel (eingereicht, Neurology) Quantitative MR analyses of the hippocampus indicate unspecific metabolic changes in normal ageing

Diese Befunde wurden mehrfach repliziert (Bremner et al., 1997; Canive et al. 1997), wobei Villarreal et al. (2002) anhand ihrer Messungen an 12 PTBS-Patienten und 10 Kontrollprobanden zeigen konnten, dass bei PTBS-Patienten nicht nur das Hippocampus-Volumen reduziert war, sondern auch der Quotient »Liquorvolumen/intrakranielles Volumen« erhöht und der Quotient »weiße Substanz/intrakranielles Volumen« erniedrigt war. Diese Veränderungen legen eine eher generalisierte Atrophie der weißen Substanz nahe. Allerdings waren die Hippocampi in dieser PTBS-Kohorte auch dann noch verkleinert, wenn ihr Volumen auf das geschrumpfte Gesamthirnvolumen korrigiert wurde.

Bei genauer Durchsicht der Literatur kann jedoch nicht übersehen werden, dass nicht alle Studien den Zusammenhang zwischen PTBS und einer Reduktion des Hippocampusvolumens in derselben Weise bestätigen (siehe z. B. Bonne et al., 2001). Dies mag damit zusammenhängen, dass in den Studien mit positiven Befunden häufig Patienten mit Extrem-Traumatisierungen untersucht wurden (z. B. Vietnamveteranen), bei denen die Ersterkrankung zum Zeitpunkt der Messung nicht selten 20 oder mehr Jahre zurück lag. Auch ist zu bedenken, dass in diesen Gruppen häufig weitere Probleme wie Alkohol- oder Drogenabhängigkeit und psychiatrische Komorbidität eine Rolle spielen, die das Ergebnis mit beeinflusst haben könnten.

In diesem Zusammenhang sind Studien wichtig, die weitere, nach heutiger Sicht sensitivere Parameter für die Integrität der Hirnsubstanz untersuchen und somit ein morphologisches Substrat der PTBS unterhalb der Schwelle zur Volumenänderung nachweisen könnten. Als ein solches Messverfahren ist die *Kernspin-Protonenspektroskopie* zu nennen. Dieses Verfahren basiert wie die strukturelle Kernspintomographie auf den Spineigenschaften von Protonen und erlaubt, den Gipfeln der spektralen Antwort einzelne Moleküle zuzuordnen und damit deren Menge in bestimmten Hirnregionen zu bestimmen. Ein wichtiger neuronaler Integritätsmarker ist das N-Acetyl-Aspartat (NAA). Schuff et al. (2001) konnten bei einer Untersuchung an 18 PTBS-Patienten im Vergleich zu Kontrollpersonen zwar keine Reduktion des Hippocampusvolumen feststellen, aber NAA war bei den PTBS Patienten bilateral im Schnitt um 23 Prozent erniedrigt. Dies deutet darauf hin, dass es hier zu feinstrukturellen Veränderungen im Sinne eines neuronalen Zellverlustes gekommen sein dürfte, ohne dass schon grobstrukturelle Veränderungen des Volumens auftraten. In einer Gruppe von Kindern, die missbraucht worden waren, konnten De Bellis et al. (2001) zeigen, dass auch der Gyrus cinguli von derartigen Veränderungen betroffen ist. Es ist zu erwarten, dass diese Messungen durch weitere Verfahren wie die diffusionsgewichtete Bildgebung (diffusion weighted imaging, DWI) ergänzt werden, bei der die Größe des Extrazellulärraumes und damit indirekt das Ausmaß an Zellverlust bestimmt werden kann.

Analog zu Tierversuchen, die zeigten, dass durch eine exzessive Ausschüttung von Stresshormonen, insbesondere Cortisol, letztendlich eine neurotoxische Kaskade in Gang kommt, die zu Zellverlusten vor allem im Hippocampus kommt (siehe oben), wird auch bei Patienten mit PTBS ein derartiger Mechanismus für die Hippocampusatrophie verantwortlich gemacht. Hierzu passt der moderat erhöhte Spiegel von CRF im Liquor von Betroffenen (Baker et al. 1999). In gleicher Weise können Befunde einer Hippocampusverkleinerung bei Patienten mit einem Hypercortisolismus (dem so genannten Cushing-Syndrom) gewertet werden. Eine solche Annahme ist auch vereinbar mit dem Befund, dass Patientengruppen, bei denen ebenfalls eine chronische Stressbelastung angenommen werden kann, z. B. Patienten mit einer Major Depression, Hinweise auf eine Hippocampusverkleinerung zeigen (für eine Übersicht Sapolski, 2000).

Diese Überlegungen zur Rolle einer vermehrten Cortisolausschüttung bei PTBS sind zwar schlüssig, jedoch bisher beim Menschen ohne wirklichen Beleg. Die oben zitierten Studien zu morphologischen Veränderungen am Hippocampus von PTBS-Patienten sind darüber hinaus sämtlich Querschnittsuntersuchungen, die unterschiedliche Interpretationen erlauben. Die Hippocampusatrophie könnte zwar durchaus die Folge einer Traumatisierung und eines erhöhten Cortisolspiegels sein, aber bei Querschnittsuntersuchungen kann nicht ausgeschlossen werden, dass Personen, die bereits prämorbid einen kleinen Hippocampus besitzen, dazu prädisponiert sind, auf eine schwere Traumatisierung mit einer PTBS zu antworten. Wie oben erwähnt, entwickelt nur ein Viertel der Personen mit schweren traumatischen Erfahrung überhaupt eine PTBS.

Erfreulicherweise sind mittlerweile Arbeiten erschienen, die sich dieser schwierigen Frage stellen. So untersuchten Bonne und Mitarbeiter (2001) 37 Personen, die akut von einer schweren psychischen Traumatisierung betroffen waren, zweimal in bezug auf ihr Hippocampusvolumen, und zwar zum ersten Mal innerhalb einer Woche nach der Traumatisierung und zum zweiten Mal nach etwa 6 Monaten. Zehn der Patienten wiesen zum Zeitpunkt der zweiten Untersuchung die diagnostischen Merkmale der PTBS auf. Die volumetrischen Messungen zeigten nun zwei interessante Befunde: Die 10 PTBS-Patienten zeigten im Vergleich zu den 27 Patienten, die auf die Traumatisierung nicht mit einer PTBS antworteten, zum Zeitpunkt der ersten Messung keine Volumenverringerungen des Hippocampus oder der Amygdala. Diese Untersuchung spricht gegen die Annahme, dass ein habituell kleiner Hippocampus als Risikofaktor für die Entstehung einer PTBS angesehen werden muss. Die von PTBS Betroffenen zeigten darüber hinaus auch zum zweiten Messzeitpunkt keine Veränderungen der Volumina. Dies könnte einerseits bedeuten, dass die beiden Messzeitpunkte zu eng beieinander lagen, um eine Atrophie nachzuweisen, andererseits wäre es auch möglich, dass nur mehrfach und/oder extrem Traumatisierte diesen Befund entwickeln. Eine zweite, ebenfalls erst kürzlich veröffentlichte Studie verfolgte eine kleine Gruppe von neun Kindern, die eine missbrauchsinduzierte PTBS aufwiesen, über einen Zeitraum von mindestens zwei Jahren (De Bellis et al., 2001). Hier konnte im Vergleich zu einer Kontrollgruppe keine differentielle Hippocampusentwicklung nachgewiesen werden.

Einen anderen Ansatz verfolgt eine Studie von Gilbertson und Mitarbeitern (2002), in der 12 monzygote Zwillingspaare untersucht wurden, von denen ein Zwilling im Vietnamkrieg eine PTBS erworben hatte, die bis zum Untersuchungszeitpunkt anhielt, der andere Zwilling hatte keine Traumaexposition erfahren. Diese Paare wurden mit einer weiteren Gruppe von monozygoten Zwillingen verglichen, von denen ein Partner zwar an Kampfhandlungen im Vietnamkrieg teilgenommen hatte, jedoch keine PTBS bekommen hatte. Es ergab sich, dass sowohl die PTBS-erkrankten Zwillinge als auch ihre Geschwister einen kleineren Hippocampus aufwiesen als die Kontrollgruppe mit exponierten, jedoch nicht erkrankten Zwillingen. Da aus anderen Zwillingsuntersuchungen bekannt ist, dass die Größe des Hippocampus durch genetische Faktoren determiniert wird, schlossen diese Autoren, dass ein habituell kleinerer Hippokampus für eine PTBS prädisponiert, allerdings mit der Einschränkung, dass dies wahrscheinlich nur für die Varianten gelte, bei denen nach Schwersttraumatisierung eine langjährige, nicht remittierende PTBS auftrete.

Zusammenfassend kann festgehalten werden, dass zwar die Mehrzahl der Befunde einen Zusammenhang zwischen schwersten Traumatisierungen und einer daraus resultierenden langjährigen PTBS auf der einen Seite und einer Volumenverschmächtigung des Hippocampus zeigen, dass aber weitere Untersuchungen unter Verwendung sensitiverer kernspintomographischer Methoden unter Verwendung von Längsschnitt-Designs notwendig sind, um die genauen Ursachen-Wirkungsverhältnisse weiter zu klären.

Die posttraumatische Belastungsstörung zeichnet sich durch eine charakteristische Mixtur von Gedächtnissymptomen wie etwa dem gleichzeitigen Vorliegen von *Amnesien* (Gedächtnisverlust) und *Hypermnesien* (ununterdrückbaren Gedächtnisabrufen) und eine hochgradige emotionale und vegetative Tönung wiedererlebter Episoden aus, die es nahe legen, den funktionellen Korrelaten dieser Störungen mithilfe von modernen Bildgebungsverfahren nachzuspüren. Es liegen mittlerweile eine Reihe von Studien vor, die allerdings noch nicht gestatten, ein einheitliches Bild zu zeichnen. Dies ist sicherlich zum größeren Teil die Folge von Unterschieden in der Bildgebungsmethodik (PET vs. fMRI), der Patientenauswahl (langjährig vs. kürzer erkrankte Patienten), des Stimulationsprotokolls (Stimulation z. B. mit »Kriegsgeräuschen« vs. selbstberichteten traumabezogenen Erlebnissen) oder der Vergleichsbedingungen (Grundgeräusch des Scanners, neutrale Erlebnisse).

Darüber hinaus muss bei derart individuellen Reaktionsmustern mit kognitiven, emotionalen und vegetativen Anteilen und großen Variationen im allgemeinen Erregungsniveau, wie sie bei der PTBS vorliegen, selbstverständlich damit gerechnet werden, dass auch in den funktionellen Aktivierungsmustern eine größere Variation auftritt als bei klassischen kognitiven Aufgaben. Viele mit Hinweis auf bekannte Funktionen von aktivierten (oder nicht aktivierten) Arealen vorgebrachte Interpretationen sollten daher zunächst mit Vorsicht betrachtet werden. Gleichwohl kann aus den bisherigen Bildgebungsstudien (Übersichten bei Hull, 2002; Pitman et al., 2001; Villarreal und King, 2001) geschlossen werden, dass sich Aktivierungsunterschiede zwischen PTBS-Patienten und Kontrollen insbesondere in Teilen des limbischen Systems ergeben. Übereinstimmend ergab sich eine verstärkte Aktivierung der Amygdala, deren Rolle für die Verarbeitung emotionaler Reize und das emotionale Gedächtnis oben bereits genannt wurde. Auch eine verminderte Aktivierung des Gyrus cinguli, der eine bedeutsame verhaltensregulierende Rolle (z. B. bei der Aufmerksamkeit und beim »Fehlermonitoring«) spielt, wurde wiederholt gefunden (z. B. Shin et al., 2001). Andere Befunde wie eine verminderte Aktivierung der Broca-Sprachregion, die ursprünglich scheinbar schlüssig im Sinne einer verminderten Fähigkeit der Patienten, über ihre Traumaerlebnisse zu sprechen, interpretiert wurden (Rauch et al., 1996), konnten nicht generell bestätigt werden.

Eine geringere Variabilität als die durch komplexe Stimulationen gewonnenen Aktivierungen in der funktionellen Bildgebung scheinen vegetative Reaktionen und ereigniskorrelierte Hirnpotentiale bei Verwendung einfacherer Reize zu zeigen. Die Möglichkeiten dieser Methoden für die Beschreibung der PTBS erscheinen uns noch nicht ausgeschöpft zu sein. In einer eigenen Studie (Lamprecht et al., im Druck) wurde davon ausgegangen, dass ein Kernsymptom der Patienten die *Hypervigilanz*, also die vermehrte Reaktionsbereitschaft auch auf nicht bedrohliche, neue Reize, darstellt. Für solche Reize findet man im ereigniskorrelierten Potential ein spezielles Korrelat, die sogenannte P3a-Komponente. In einer Gruppe von 11 PTBS Patienten konnten wir nun finden, dass die P3a-Komponente auf »neue« Geräusche, die sich in einer Serie von Standardgeräuschen verbargen, bereits nach einer einzigen Therapiesitzung mit der EMDR-Methode (Eye Movement Desensitization and Reprocessing; vgl. Shapiro, 2002) deutlich reduziert war. Dieser Befund bedarf der Replikation, weist aber darauf hin, dass es mithilfe von neurowissenschaftlichen Methoden möglich ist, Wirkungen von psychotherapeutischen Interventionen zu dokumentieren (siehe dazu auch Markowitsch et al. 1998, 2000).

Zusammenfassend zeichnen die in den letzten 10 Jahren beschriebenen strukturellen und funktionellen bildgebenden Befunde zwar ein noch lückenhaftes Bild von den tiefgreifenden Veränderungen der kognitiven und emotionalen Informationsverarbeitung bei PTBS und ihren Folgen bis hin zur selektiven Zerstörung von Neuronen. Die so gewonnenen Hinweise darauf, dass eine *psychische* Traumatisierung zu unmittelbaren Folgen für Struktur und Arbeitsweise des Nervensystems führen kann, haben jedoch schon jetzt weitreichende Bedeutung. Eine vordringliche Aufgabe für die Zukunft ist unseres Erachtens die Durchführung von Therapiestudien, bei denen durch elektrophysiologische und bildgebende Verfahren die therapie-induzierten Veränderungen in der Informationsverarbeitung der Patienten dokumentiert werden können.

Literatur

Aggleton, J. P. (1992): The Amygdala: Neurobiological Aspects of Emotion, Memory, and Mental Dysfunction. New York, Chichester (Wiley-Liss).

Aggleton, J. P. & Brown, M. W. (1999): Episodic memory, amnesia, and the hippocampal-anterior thalamic axis. In: Behavioral Brain Sciences 22, S. 425–489.

Akert, K. (1994): Limbisches System. In: D. Drenckhahn & W. Zenker (Hg.) (1994): Benninghoff, Anatomie Bd. 2. München-Wien-Baltimore (Urban & Schwarzenberg): S. 603–627.

Baker, D. G.; West, S. A.; Nicholson, W. E.; Ekhator, N. N.; Kasckow, J. W.; Hill, K. K.; Bruce, A. B.; Orth, D. N. & Geracioti, T. D., Jr. (1999): Serial CSF corticotropin-releasing hormone levels and adrenocortical activity in combat veterans with posttraumatic stress disorder. In: American Journal of Psychiatry 156, S. 585–588.

Bechara, A.; Tranel, D.; Damasio; Adolphs, H. R.; Rockland, C. & Damasio, A. R. (1995): Double dissociation of conditioning and declarative knowledge relative to the amygdala and hippocampus in humans. In: Science 269, S. 1115–1118.

Birbaumer, N. & Schmidt, R. F. (1999): Biologische Psychologie, 4. Auflage. Berlin, Heidelberg (Springer).

Bonne, O.; Brandes, D.; Gilboa, A.; Gomori, J. M.; Shenton, M. E.; Pitman, R. K. & Shalev, A. Y. (2001): Longitudinal MRI study of hippocampal volume in trauma survivors with PTSD. In: American Journal of Psychiatry 158, S. 1248–1251.

Bremner, J. D.; Randall, P.; Scott, T. M.; Bronen, R. A.; Seibyl, J. P.; Southwick, S. M.; Delaney, R. C.; McCarthy, G.; Charney, D. S. & Innis, R. B. (1995): MRI-based measurement of hippocampal volume in patients with combat-related posttraumatic stress disorder. In: American Journal of Psychiatry 152, S. 973–981.

Bremner, J. D.; Randall, P.; Vermetten, E.; Staib, L.; Bronen, R. A.; Mazure, C.; Capelli, S.; McCarthy, G.; Innis, R. B. & Charney, D. S. (1997): Magnetic resonance imaging-based measurement of hippocampal volume in posttraumatic stress disorder related to childhood physical and sexual abuse – a preliminary report. In: Biol. Psychiatry 41, S. 23-32

Büchel, C.; Dolan, R. J.; Armony, J. L. & Friston, K. J. (1999): Amygdala-hippocampal involvement in human aversive trace conditioning revealed through event-related functional magnetic resonance imaging. In: Journal of Neuroscience 19, S. 10869–10876.

Cahill, L. & McGaugh, J. (1998): Mechanisms of emotional arousal and lasting declarative memory. In: Trends in Neurosciences 21, S. 294–299.

Canive, J. M.; Lewine, J. D.; Orrison, W. W., Jr.; Edgar, C. J.; Provencal, S. L.; Davis, J. T.; Paulson, K.; Graeber, D.; Roberts, B.; Escalona, P. R. & Calais, L. (1997): MRI reveals gross structural abnormalities in PTSD. In: Ann. N. Y. Acad. Sci 821, S. 512–515.

Carter, C. S.; Braver, T. S.; Barch, D. M.; Botvinick, M. M.; Noll, D. & Cohen, J. D. (1998): Anterior cingulate cortex, error detection, and the online monitoring of performance. In: Science 280, S. 747–749.

Comer, R. J. (1995): Klinische Psychologie. Heidelberg (Spektrum Akademischer Verlag).

Davidson, R. J. & Irwin, W. (1999): The functional neuroanatomy of emotion and affective style. In: Trends in Cognitive Sciences 3(1), S. 11–21.

De Bellis, M. D.; Hall, J.; Boring, A. M.; Frustaci, K. & Moritz, G. (2001a): A pilot longitudinal study of hippocampal volumes in pediatric maltreatment-related posttraumatic stress disorder. In: Biol. Psychiatry 50, S. 305–309.

De Bellis, M. D.; Keshavan, M. S. & Harenski, K. A. (2001): Anterior cingulate N-acetylaspartate/creatine ratios during clonidine treatment in a maltreated child with posttraumatic stress disorder. In: J. Child Adolesc. Psychopharmacol. 11, S. 311–316.

Drenckhahn, D. & Zenker, W. (Hg.) (1994): Benninghoff Anatomie, Bd. 2. München, Wien, Baltimore (Urban und Schwarzenberg).

Ehlert, U.; Wagner, D.; Heinrichs, M. & Heim, C. (1999): Psychobiologische Aspekte der posttraumatischen Belastungsstörungen. In: Nervenarzt 70, S. 773–779.

Fendt, M. & Fanselow, M. S. (1999): The neuroanatomical and neurochemical basis of conditioned fear. In: Neuroscience and Biobehavioral Reviews 23, S. 743–760.

Gehring, W. J. & Knight, R. T. (2000): Prefrontal-cingulate interactions in action monitoring. In: Nature Neuroscience 3, S. 516–520.

Gilbertson, M. W.; Shenton, M. E.; Ciszewski, A.; Kasai, K.; Lasko, N. B.; Orr, S. P. & Pitman, R. K. (2002): Smaller hippocampal volume predicts pathologic vulnerability to psychological trauma. In: Nature Neuroscience 5, S. 1242–1247.

Hull, A. M. (2002): Neuroimaging findings in post-traumatic stress disorder. Systematic review. In: Br. J. Psychiatry 181, S. 102–110.

Hüther, G. (1996): The central adaptation syndrome: Psychosocial stress as a trigger for adaptive modifications of brain structure and brain function. In: Progress in Neurobiology 48, S. 569–612.

Julien, R. M. (1997): Drogen und Psychopharmaka. Heidelberg (Spektrum Akademischer Verlag).

Koch, M. (1999): The neurobiology of startle. In: Progress in Neurobiology 59, S. 107–128.

Lamprecht, F.; Köhnke, C.; Lempa, W.; Sack, M.; Matzke, M. & Münte, T. F. (im Druck): Abnormal stimulus processing in posttraumatic stress disorder revealed by event-related potentials. In: Neuroscience Research.

LeDoux, J. (1998): Das Netz der Gefühle. Wie Emotionen entstehen. München, Wien (Carl Hauser).

LeDoux, J. (2000): Emotion circuits in the brain. In: Annu. Rev. Neurosci. 23, S. 155–184.

Maren, S. & Fanselow, M. S. (1996): The amygdala and fear conditioning: Has the nut been cracked? In: Neuron 16, S. 237–240.

Markowitsch, H. J. (1999): Gedächtnisstörungen. Stuttgart (Kohlhammer).

Markowitsch, H. J. (2000): The anatomical bases of memory. In: M. S. Gazzaniga (Hg.) (2000): The New Cognitive Neurosciences. Cambridge, Mass. (MIT Press): S. 781–795.

Markowitsch, H. J.; Kessler, J.; Van, d., V.; Weber-Luxenburger, G.; Albers, M. & Heiss, W. D. (1998): Psychic trauma causing grossly reduced brain metabolism and cognitive deterioration. In: Neuropsychologia 36, S. 77–82.

Markowitsch, H. J.; Kessler, J.; Weber-Luxenburger, G.; Van, d., V.; Albers, M. & Heiss, W. D. (2000): Neuroimaging and behavioral correlates of recovery from mnestic block syndrome and other cognitive deteriorations. In: Neuropsychiatry Neuropsychol. Behav. Neurol. 13, S. 60–66.

Nieuwenhuys, R.; Voogd, J. & van Huijzen, C. (1991): Das Zentralnervensystem des Menschen. Berlin, Heidelberg, New York (Springer).

Panksepp, J. (1998): Affective Neuroscience. The Foundations of Human and Animal Emotions. New York, Oxford (Oxford University Press).

Petrides, M. (2000): The role of the mid-dorsolateral prefrontal cortex in working memory. In: Experimental Brain Research 133, S. 44–54.

Petrides, M. & Pandya, D. N. (1999): Dorsolateral prefrontal cortex: comparative cytoarchitectonic analysis in the human and the macaque brain and cortico-cortical connection patterns. In: Europ. J. Neuroscience 11, S. 1011–1036.

Phelps, E. A.; O'Connor, K. J.; Gatenby, J. C.; Gore, J. C.; Grillon, C. & Davis, M. (2001): Activation of the left amygdala to a cognitive representation of fear. In: Nat. Neurosci. 4, S. 437–441.

Pitman, R. K.; Shin, L. M. & Rauch, S. L. (2001): Investigating the pathogenesis of posttraumatic stress disorder with neuroimaging. In: J. Clin. Psychiatry 62(Suppl. 17), S. 47–54.

Rauch, S. L.; van der Kolk, B. A.; Fisler, R. E.; Alpert, N. M.; Orr, S. P.; Savage, C. R.; Fischman, A. J.; Jenike, M. A. & Pitman, R. K. (1996): A symptom provocation study of posttraumatic stress disorder using positron emission tomography and script-driven imagery. In: Arch. Gen. Psychiatry 53, S. 380–387.

Rauch, S. L.; Whalen, P. J.; Shin, L. M.; McInerney, S. C.; Macklin, M. L.; Lasko, N. B.; Orr, S. P. & Pitman, R. K. (2000): Exaggerated amygdala response to masked facial stimuli in posttraumatic stress disorder: a functional MRI study. In: Biol. Psychiatry 47, S. 769–776.

Robbins, T. M. & Everitt, B. J. (1995): Arousal systems and attention. In: M. S. Gazzaniga (Hg.) (1995): The Cognitive Neurosciences. Cambridge, Mass. (MIT Press): S. 243–262.

Rolls, E. T. (1999): The Brain and Emotion. New York, Oxford (Oxford University Press).

Roth, G. (2001): Fühlen, Denken, Handeln. Wie das Gehirn unser Verhalten steuert. Frankfurt/Main (Suhrkamp).

Sapolsky, R. M. (2000): Glucocorticoids and hippocampal atrophy in neuropsychiatric disorders. In: Arch. Gen. Psychiatry 57, S. 925–935.

Schuff, N.; Neylan, T. C.; Lenoci, M. A.; Du, A. T.; Weiss, D. S.; Marmar, C. R. & Weiner, M. W. (2001): Decreased hippocampal N-acetylaspartate in the absence of atrophy in posttraumatic stress disorder. In: Biol. Psychiatry 50, S. 952–959.

Shapiro, F. (2002): EMDR 12 years after its introduction: past and future research. In: J. Clin. Psychol. 58, S. 1–22.

Shin, L. M.; Whalen, P. J.; Pitman, R. K.; Bush, G.; Macklin, M. L.; Lasko, N. B.; Orr, S. P.; McInerney, S. C. & Rauch, S. L. (2001): An fMRI study of anterior cingulate function in posttraumatic stress disorder. In: Biol. Psychiatry 50, S. 932–942.

Spanagel, R. & Weiss, F. (1999): The dopamine hypothesis of reward: past and current status. In: Trends in Neurosciences 22, S. 521–527.

Szentkuti, A.; Guderian S.; Schiltz, K.; Kaufmann, J.; Münte, T. F.; Heinze, H.-J. & Düzel, E. (eingereicht, Neurology): Quantitative MR analyses of the hippocampus indicate unspecific metabolic changes in normal ageing.

Tulving, E. & Markowitsch, H. J. (1998): Episodic and declarative memory: Role of the hippocampus. In: Hippocampus 8, S. 198–204.

Villarreal, G.; Hamilton, D. A.; Petropoulos, H.; Driscoll, I.; Rowland, L. M.; Griego, J. A.; Kodituwakku, P. W.; Hart, B. L.; Escalona, R. & Brooks, W. M. (2002): Reduced hippocampal volume and total white matter volume in posttraumatic stress disorder. In: Biol. Psychiatry 52, S. 119–125.

Villarreal, G. & King, C. Y. (2001): Brain imaging in posttraumatic stress disorder. Semin. In: Clin. Neuropsychiatry 6, S. 131–145.

Abriss über den aktuellen Stand bei den Traumafolgestörungen ASD und PTSD

Guido Flatten

»... a medical diagnosis like PTSD is culturally bound and by no means scientifically objective or acceptable to all mental health professionals or their patients.« Zu dieser Feststellung kommt die Amerikanerin Barbara Jones 1995, die mit ihrer Dissertation eine historische Perspektive der Posttraumatischen Belastungsstörung in den USA erarbeitet hat (Jones). Ihre zeitlichen Eckpfeiler auf diesem historischen Streifzug zu den Traumafolgestörungen sind der erste Weltkrieg (1914–1918) und der Vietnamkrieg (1964–1975).

Über den aktuellen Stand der Traumafolgestörungen im Jahr 2003 zu berichten kann nicht ohne einen, zumindest kurzen, historischen Abriss gelingen. Die Vorstellung, dass traumatische Erfahrungen psychische Folgeerscheinungen bewirken können, entwickelte sich in der medizinischen Diskussion im späten 19. Jahrhundert. Zu erinnern ist hier an den englischen Chirurgen Erich Erichsen, der 1866 die psychischen Folgen von Eisenbahnunfällen beschrieb (Erichsen, 1866). Die mit dem »railway-spine-Syndrom« verbundenen Symptome wie Angst, Gedächtnis- und Konzentrationsstörungen, Schlafstörung, belastende Träume, Irritierbarkeit und eine Vielzahl somatischer Erscheinungen erklärte er als Folge einer Rückenmarksschädigung durch die unfallbedingte Erschütterung. Sein psychiatrischer Kollege Herbert Page vertrat 1885 die Gegenposition und erklärte, dass die *railway-spine* nicht durch eine organische Ursache zu erklären sei, sondern als Symptom einer traumatischen Hysterie verstanden werden müsse (Page, 1885). Der deutsche Neurologe Hermann Oppenheim schlug wenig später den Begriff der traumatischen Neurose vor (Oppenheim, 1889). Ähnlich wie Erichson postulierte er, dass die traumatische Neurose Folge einer Erschütterung sei, die zu nicht sichtbaren mikroskopischen Veränderungen im Bereich des Großhirns führe. Die Hauptrolle bei der Entstehung dieser Veränderungen und den sich daraus ergebenden Störungsbildern spiele jedoch der Schreck und die Gemütsbewegung.

In Frankreich waren es Charcot (1887) und Janet (1889), die auf die Bedeutung der Traumata für ein Verständnis der hysterischen Symptombildung hinwiesen (Charcot, 1887; Janet, 1889a). Gut bekannt ist, dass Sigmund Freud nach seiner Lehrzeit bei Charcot, frühe sexualisierte und traumatisierende Erfahrungen zu einem Eckpfeiler der psychoanalytischen Theorie machte. Der historische Rückblick zeigt, dass es nach diesen frühen *Ent-Deckungen* weitgehend still wurde in der medizinischen Diskussion psychischer Traumafolgen. Die Psychogenese der Kriegszitterer des ersten Weltkrieges und ihre teils erfolgreiche Behandlung durch Hypnose gab den gesellschaftlichen Kräften auftrieb, die Traumafolgen als Simulation und Rentenneurosen zu definieren versuchten und damit als ein Problem vermittelten, das es gesellschaftlich und medizinisch zu kontrollieren galt. 1941 war es der amerikanische Militärpsychiater Abraham Kardiner, der mit seinem Werk *Traumatic neurosis of war* das Konzept der Physioneurose benannte (Kardiner, 1941). Er meinte damit eine psychische Traumafolgestörung, die sich sowohl in körperlichen wie psychischen Veränderungen manifestierte. Mit der Einführung der ersten Version des Diagnostic and Statistical Manual (DSM) tauchte 1952 erstmals der Begriff der »Gross stress reaction« auf, der die Erfahrung der amerikanischen Militärpsychiater aus dem 2. Weltkrieg und aus dem Koreakrieg reflektierte (American Psychiatric Association, 1952). Erneut waren es gesellschaftliche Gründe, so vermutet Sandra Bloom, die bei der Auflage des DSM-II 1968 – der Vietnamkrieg war also schon im Gange – den Ersatz der »Gross stress reaction« durch eine vorübergehende Anpassungsstörung als »transient adjustment disorder of adult life« begründeten (Bloom, 2000). Die Entstehungsgeschichte der International Society for Traumatic Stress Studies ISTSS, so berichtete Sandra Bloom weiter, ist gleichzeitig die Wiederentdeckung der heute als PTSD geläufigen Posttraumatic Stress Disorder. Vor allem die Beschäftigung mit den schweren und anhaltenden psychischen Erkrankungen der Vietnamveteranen, aber auch die erstarkende Frauenbewegung, der es gelang, die sexualisierte Gewalt in Alltag und Familie gesellschaftlich zu thematisieren, führten in der dritten Fassung des DSM 1980 zur Einführung der Akuten Belastungsstörung und der PTSD-Diagnose (American Psychiatric Association, 1980a).

A. **Die Person wurde mit einem traumatischen Ereignis konfrontiert, bei dem die beiden folgenden Kriterien erfüllt waren:**
     (1) Die Person erlebte, beobachtete oder war mit einem oder mehreren Ereignissen konfrontiert, die den tatsächlichen oder drohenden Tod oder eine ernsthafte Verletzung oder Gefahr der körperlichen Unversehrtheit der eigenen Person der anderer Personen beinhalteten.
     (2) Die Reaktion der Person umfasste intensive Furcht, Hilflosigkeit oder Entsetzen.

B. **Entweder während oder nach dem extrem belastenden Ereignis zeigt die Person mindestens drei der folgenden Symptome**
     (1) subjektives Gefühl von emotionaler Taubheit oder Fehlen emotionaler Reaktionsfähigkeit
     (2) Beeinträchtigung der bewussten Wahrnehmung der Umwelt (z.B. »wie betäubt sein«)
     (3) Derealisationserleben
     (4) Depersonalisationserleben
     (5) dissoziative Amnesie (z.b. Unfähigkeit, sich an einen wichtigen Aspekt des Traumas zu erinnern).

C. **Das traumatische Ereignis wird ständig auf mindestens eine der folgenden Arten wiedererlebt:**
     wiederkehrende Bilder, Gedanken, Träume, Illusionen, Flashback-Episoden, oder das Gefühl, das Trauma wiederzuerleben, oder starkes Leiden bei Reizen, die an das Trauma erinnern.

D. **Deutliche Vermeidung von Reizen, die an das Trauma erinnern** (z. B. Gedanken, Gefühle, Gespräche, Aktivitäten, Orte oder Personen).

E. **Deutliche Symptome von Angst oder erhöhtem Arousal** (z. B. Schlafstörungen, Reizbarkeit, Konzentrationsschwierigkeiten, Hypervigilanz, übertriebene Schreckhaftigkeit, motorische Unruhe).

F. **Die Störung verursacht in klinisch bedeutsamer Weise Leiden oder Beeinträchtigung in sozialen, beruflichen oder anderen wichtigen Funktionsbereichen** oder beeinrächtigt die Fähigkeit der Person, notwendige Aufgaben zu bewältigen, z.B. notwendige Unterstützung zu erhalten oder zwischenmenschliche Ressourcen zu erschließen, indem Familenmitgliedern über das Trauma berichtet wird.

G. **Die Störung dauert mindestens 2 Tage und höchstens 4 Wochen und tritt innerhalb von 4 Wochen nach dem traumatischen Ereignis auf.**

H. **Das Störungsbild geht nicht auf die direkte körperliche Wirkung einer Substanz (z. B. Droge, Medikament) oder eines medizinischen Krankheitsfaktors zurück,** wird nicht besser durch eine Kurze Psychotische Störung erklärt und beschränkt sich nicht auf die Verschlechterung einer bereits vorher bestehenden Achse-1- oder Achse-II-Störung.

Tab. 1: Akute Belastungsstörung: Kriterien nach DSM-IV 308.3

Interessant zu verfolgen ist der Wandel in der Definition des Stressorkriteriums, das als A-Kriterium die ätiologische Sonderstellung der PTSD Diagnose im Vergleich zu anderen psychischen Störungsbildern begründet. In der ursprünglichen Definition des Stressorkriteriums, so formulierte die American Psychiatric Assoziation (American Psychiatric Association, 1980b), wurde ein Ereignis gefordert, das auffällige Stresssymptome bei fast jedem Menschen hervorzurufen vermag, im Originaltext: »evoke significant symptoms of distress in almost everyone«. Mit der ersten Revision des DSM III 1987 wurde daraus: »an event outside the range of normal experience and that would be markedly distressing to almost anyone«. Seit 1996 fordert das DSM-IV: »an event that involved actual or threatened death or serious injury, or a threat to physical integrity of self or others«. Sehr ähnlich definiert die ICD-10 seit 1991 die Posttraumatische Belastungsstörung als eine »verzögerte oder protrahierte Reaktion auf ein belastendes Ereignis oder eine Situation außerge-

A. **Die Person wurde mit einem traumatischen Ereignis konfrontiert, bei dem die beiden folgenden Kriterien vorhanden waren.**

1. die Person erlebte, beobachtete oder war mit einem oder mehreren Ereignissen konfrontiert, die tatsächlichen oder drohenden Tod oder ernsthafte Verletzungen oder eine Gefahr der körperlichen Unversehrtheit der eigenen Person oder anderen Personen beinhalteten. (Erlebnisse: kriegerische Auseinandersetzungen, gewalttätige Angriffe auf die eigene Person, Entführung, Geiselnahme, Terroranschlag, Folterung, Kriegsgefangenschaft, Gefangenschaft in einem Konzentrationslager, Natur- oder durch Menschen verursachte Katastrophen, schwere Autounfälle oder die Diagnose einer lebensbedrohlichen Krankheit)

2. Die Reaktion der Person umfaßte intensive Furcht, Hilflosigkeit oder Entsetzen.

B. **Das traumatische Ereignis wird beharrlich auf mindestens eine der folgenden Weisen wiedererlebt:**

1. wiederkehrende und eindringliche belastende Erinnerungen an das Ereignis, die Bilder, Gedanken oder Wahrnehmungen umfassen können.

2. Wiederkehrende , belastende Träume von dem Ereignis

3. Handeln oder Fühlen, als ob das traumatische Ereignis wiederkehrt (beinhaltet das Gefühl, das Ereignis wiederzuerleben, Illusionen, Halluzinationen und dissoziative Flashback-Episoden, einschließlich solcher, die beim Aufwachen oder bei Intoxikationen auftreten).

4. Intensive psychische Belastung bei der Konfrontation mit internalen oder externalen Hinweisreizen, die einen Aspekt des traumatischen Ereignisses symbolisieren oder Aspekte desselben erinnern.

5. Körperliche Reaktionen bei der Konfrontation mit internalen oder externalen Hinweisreizen, die einen Aspekt des traumatischen Ereignisses symbolisieren oder Aspekte desselben erinnern.

C. **Anhaltende Vermeidung von Reizen , die mit dem Trauma verbunden sind,** oder eine Abflachung der allgemeinen Reagibilität (vor dem Trauma nicht vorhanden)). Mindestens drei der folgenden Symptome liegen vor:

1. bewußtes Vermeiden von Gedanken, Gefühlen, oder Gesprächen, die mit dem Trauma in Verbindung stehen.

2. bewußtes Vermeiden von Aktivitäten, Orten oder Menschen, die Erinnerungen an das Trauma wachrufen,

3. Unfähigkeit, einen wichtigen Aspekt des Trauma zu erinnern,

4. deutlich vermindertes Interesse oder verminderte Teilnahme an wichtigen Aktivitäten,

5. Gefühl der Losgelöstheit oder Entfremdung von anderen,

6. Eingeschränkte Bandbreite des Affekts (z.B. Unfähigkeit, zärtliche Gefühle zu empfinden),

7. Gefühl einer eingeschränkten Zukunft (z.B. erwartet nicht Karriere, Ehe, Kinder oder normal langes leben zu haben).

D. **Anhaltende Symptome erhöhten Arousals** (vor dem Trauma nicht vorhanden). Mindestens zwei der folgenden Symptome liegen vor:

1. Schwierigkeiten ein- oder durchzuschlafen

2. Reizbarkeit oder Wutausbrüche

3. Konzentrationsschwierigkeiten

4. übermäßige Wachsamkeit (Hypervigilanz)

5. übertriebene Schreckreaktion

E. **Das Störungsbild (Symptome unter Kriterium B,C und D) dauern länger als einen Monat.**

F. **Das Störungsbild verursacht in klinisch bedeutsamer Weise Leiden oder Beeinträchtigungen in sozialen, beruflichen oder anderen wichtigen Funktionsbereichen.**

Bestimme, ob:
Akut: Wenn die Symptome weniger als 3 Monate andauern.
Chronisch: Wenn die Symptome mehr als 3 Monate andauern.
Bestimme, ob:
Mit Verzögertem Beginn: Wenn der Beginn der Symptome mindestens 6 Monate nach dem Belastungsfaktor liegt.

Tab. 2: Posttraumatische Belastungsstörung: Kriterien nach DSM-IV 309.81

wöhnlicher Bedrohung oder katastrophenartigen Ausmaßes«, die bei fast jedem eine tiefe Verstörung hervorrufen würde (Dilling et al., 1991). Als potentieller Auslöser werden jetzt vielfältige Situationen benannt. Hierzu gehören eine durch Naturereignisse oder von Menschen verursachte Katastrophe, eine Kampfhandlung, ein schwerer Unfall oder die Tatsache, Zeuge des gewaltsamen Todes anderer oder selbst Opfer von Folterung,

Terrorismus, Vergewaltigung oder anderer Verbrechen zu sein. Mit der vorsichtigeren Definition des Stressorkriteriums wurde der zunehmenden Erfahrung Rechnung getragen, dass die Posttraumatische Belastungsstörung zahlenmäßig häufig anzutreffen ist und durchaus auch als Folge alltäglicher Belastungsfaktoren auftreten kann. Epidemiologische Studien zur Prävalenz posttraumatischer Störungen bei unterschiedlichen traumatischen Auslösern, belegen dabei durchaus die unterschiedliche Valenz des traumatischen Ereignisses im Sinne eines objektivierbaren Stressorkriteriums. Die individuellen Unterschiede in der Häufigkeit posttraumatischer Störungsentwicklung nach zunächst gleichartig erscheinenden Traumatisierungen haben gleichzeitig den Blick geöffnet für die Bedeutung der subjektiven Traumaschwere. Mit dem Begriff der subjektiven Traumaschwere verbunden ist die Frage nach dem affektiven Überwältigtsein durch das traumatische Ereignis und der Erfahrung von Autonomie- und Kontrollverlust.

Zur klinischen Relevanz subsyndromaler Belastungsstörungen

Gemäß DSM-IV ist für die positive Diagnose einer PTSD eine Mindestanzahl von Symptomen der Kriterien intrusiver Symptomkomplex (B), Vermeidungsverhalten (C) und Hyperarousal (D) zu fordern. Die differenzierte Ausarbeitung der DSM-IV Kriterien und die damit festgelegte Anzahl von Symptomen und diagnostischen Einschlusskriterien haben in der klinischen Praxis jedoch auch Nachteile aufgezeigt (Davidson and Foa, 1991; Davidson et al., 1989). So fanden sich viele Patienten, die zwar nicht alle der im DSM-IV verlangten PTSD-Symptome aufwiesen, damit also ein subsyndromales Störungsbild aufwiesen, jedoch unter erheblichem Leidensdruck standen und klinischen Behandlungsbedarf indizierten (Carlier and Gersons, 1995; Stein et al., 1997; Weiss et al., 1992). Zum einen fanden sich Patienten, die zwar Symptome aus allen diagnostischen Kriterien (B-, C-, D-Kriterium) zeigten, aber nicht in der erforderlichen Anzahl; zum anderen fanden sich Patienten mit einer Vielzahl an Intrusions-Symptomen, jedoch unvollständiger oder fehlender Symptomatik in einer der beiden Restkriterien. Gerade die Entwicklung von Vermeidungsverhalten ist häufig ein zeitabhängiger und an Alltagsaktivitäten gebundener Prozess. Die kritische Diskussion der klinischen Anwendbarkeit der DSM-Kriterien führte zu zwei Modellen, Patienten mit subsyndromalen Störungsbildern aufgrund ihrer klinischen Relevanz einzubeziehen:

1. eine verringerte Anzahl von Symptomen aus allen Diagnose-Kriterien (B, C und D) oder
2. neben einem obligaten A- und B-Kriterium das Fehlen von Symptomen eines Zusatzkriteriums (also C oder D) zuzulassen.

International akzeptiert findet sich inzwischen die Praxis, gemäß dem zweiten Vorschlag Patienten mit einer subsyndromalen PTSD als klinisch auffällig zu bewerten (Blanchard et al., 1995; Davidson and Foa; Schützwohl and Maercker, 1999).

Wohin gehört die PTSD?

Mit der Beschreibung traumareaktiver Störungsbilder und ihrer ätiologischen Besonderheiten entstand auch die Frage ihrer sinnvollen Einordnung. Ein Blick auf das DSM-IV und die ICD-10 zeigt, dass diese Frage noch unterschiedlich beantwortet wird und weiter zur Diskussion steht. Die inhaltliche Nähe der posttraumatischen Symptomatik zu den Angstsymptomen begründete im DSM-IV die Einordnung der akuten Stressreaktion und der Posttraumatischen Belastungsstörungen in die Gruppe der Angststörungen. Anders war der Weg der ICD-10, welche mit der Kategorie F43 eine Gruppe von Störungsbildern als Reaktionen auf schwere Belastungen zusammenfasste. Hierzu werden auch die Anpassungsstörungen gerechnet, die als behinderter Anpassungsprozess nach einer entscheidenden Lebensveränderung, nach belastenden Lebensereignissen oder nach schwerer körperlicher Erkrankung definiert werden. Positiv fließt hier auch der Gedanke ein, dass die Entstehung belastungsreaktiver Störungsbilder nicht punktuell auf das auslösende Ereignis allein zu beziehen ist, sondern als Bewältigung und Adaptation mit Prozesscharakter zu verstehen ist.

Eine Übersicht möglicher traumareaktiver Entwicklungen (siehe Abb. 1) zeigt zudem, dass neben den spezifischen Traumafolgestörungen Akute Belastungsreaktion und Posttraumatische Belastungsstörung komorbide psychosomatische Symptome den Verlauf, aber auch die Diagnostik einer posttraumatischen Pathologie komplizieren können. Die Leitlinie zur Posttraumatischen Belastungsstörung verweist deshalb direkt auf die Gefahr, eine PTSD bei klinisch auffälliger oder überwertiger Komorbidität zu übersehen (Flatten et al., 2001). Häufigste komorbide Störungen in der Posttraumatischen Störungsentwicklung sind – epidemiologisch gut belegt – depressive Störungen, Angststörungen, Somatisierung, Sucht und Dissoziation (Kessler et al., 1995).

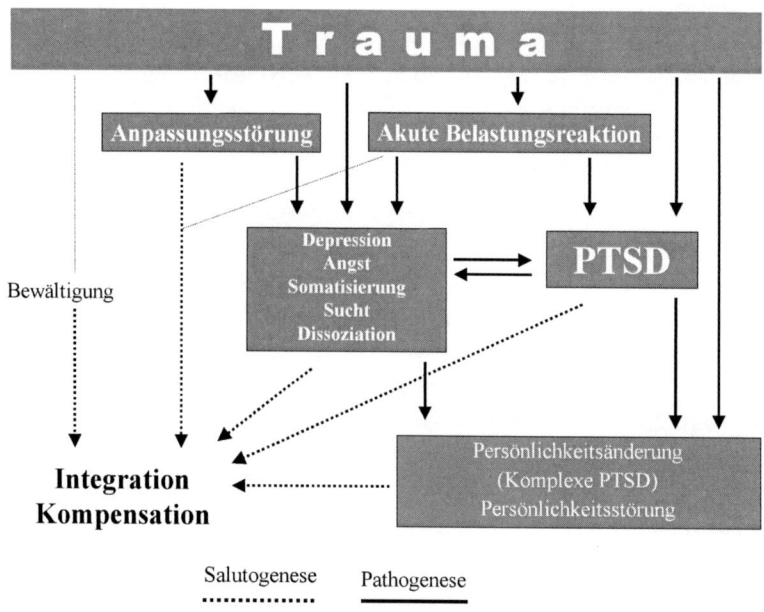

Abb. 1: Übersicht über die Traumafolgestörungen

Angst und Depressivität werden durch die Zusatzkodierungen des ICD-10 zumindest als mögliche Modalität der Anpassungsstörung aufgeführt. Für die Akute Belastungsreaktion und die Posttraumatische Belastungsstörung ist dies nicht vorgesehen. Defizite bestehen sicherlich auch für die Erfassung traumareaktiver somatisch fixierter Symptome. Obwohl über das D-Kriterium des DSM-IV die Übererregungssymptome als vegetativer Ausdruck der Belastungsreaktionen mitbeschrieben wird, werden körperliche Leiden aufgrund chronifizierter traumareaktiver Symptombildung sicherlich häufig nicht erkannt.

Wolfram Schüffel war es, der Mitte der 90'er Jahre zur Klassifizierung dieser Patientengruppen die Bezeichnung PTSD-O – »O« für organisch – vorschlug. Einzuordnen wären hier viele der Patienten, die nach länger zurückliegender Traumatisierung und anhaltender Hyperarousalsymptomatik mit manifester Hypertonie, Herzerkrankungen, Schmerzsyndromen oder auch gastrointestinalen Stresserkrankungen somatische Behandlung suchen. Die Dunkelziffer so verkannter Stressfolgeerkrankungen dürfte groß sein.

Ätiologisch fragwürdig ist auch die diagnostische Abtrennung der traumareaktiven Störungen von den dissoziativen Störungen. Anknüpfen müsste man hier an die frühen Beobachtungen Pierre Janet's (Janet, 1889b). Dissoziative Verzerrungen der Selbst- und Weltwahrnehmung werden heute als individueller Schutzreflex verstanden, mit dem ein Betroffener sich vor existentiell bedrohlicher und überwältigender Traumaerfahrung schützen kann. Dissoziation ist auch ein Lernprozess, der durch ein frühes Lebensalter bei Traumatisierung und die Tatsache wiederholter Traumaerfahrung begünstigt wird. In eindrucksvoller Weise hat die amerikanische Kinderpsychiaterin Lenore Terr in ihrem Buch *Schreckliches Vergessen, heilsames Erinnern* anhand vieler Fallbeispiele die enge Nähe von Trauma, Dissoziation und gestörter Gedächtniskonsolidierung dargestellt (Terr, 1991). Die damit verbundenen Fragen nach traumareaktiv veränderten cerebralen Funktionsmustern werden seit einigen Jahren durch die moderne neurobiologische Forschung intensiv aufgegriffen. Die Einordnung posttraumatischer Störungen und dissoziativer Störungen als separate Klassifikationen im DSM-III, so erklärt Sandra Bloom, ist schlicht ein Ergebnis der Tatsache, dass Ende der 70'er Jahre zwei unterschiedliche Arbeitsgruppen des DSM zu diesen Themen arbeiteten, ohne ausreichend Kommunikation miteinander zu pflegen. Wie sehr Trauma und dissoziative Folgestörungen inhaltlich zusammenhängen, wird am eindrucksvollsten am Beispiel der multiplen Persönlichkeiten deutlich. Ein Störungsbild, das in Deutschland noch mit sehr großer Vorsicht diskutiert und aufgenommen wird, dessen Verständnis aber durch die Arbeiten von Michaela Huber und Ursula Gast im deutschen Sprachraum in den letzten Jahren sehr gefördert wurde (Gast et al., 2001a; Gast et al., 2001b).

Zur aktuellen Problematik in der Diagnostik von Traumafolgestörung gehört auch die komplexe PTSD, ein Störungsbild, das von Judith Lewis

Herman und Bessel van der Kolk erstmals 1992 beschrieben wurde (Herman, 1992; van der Kolk, 1996). Neben den klassischen posttraumatischen Symptomen erfasst die komplexe PTSD vielfältige Symptome einer gestörten Persönlichkeitsentwicklung, die als Folge von früher und wiederholter Traumatisierung verstanden werden müssen. Charakteristisch ist hier die gestörte Beziehungsfähigkeit sowie eine gestörte Affektivität und Impulskontrolle. Obwohl diesem Störungsbild aufgrund der klinischen Häufigkeit gerade nach sexualisierter Traumatisierung in der Kindheit eine hohe Wertigkeit zukommt, ist die diagnostische Einordnung im DSM-IV bislang nur mit dem mysteriösen Kürzel DESNOS (Disorder of Extrem Stress Not Otherwise Specified) als Restkategorie möglich (American Psychiatric Association, 1996a). Die Neufassung des ICD-10 1993 kennt zwar die Kriterien einer »andauernden Persönlichkeitsänderung nach Extrembelastung«, ordnet sie jedoch mit der Kategorie F62 den Persönlichkeits- und Verhaltensstörungen zu und erzeugt damit eine Verfremdung, die aus diagnostischer und ätiopathogenetischer Sicht nicht wünschenswert ist.

A.   Störungen der Regulierung des affektiven Erregungsniveaus
    (1) chronische Affektdysregulation
    (2) Schwierigkeit, Ärger zu modulieren
    (3) selbstdestruktives und suizidales Verhalten
    (4) Schwierigkeiten im Bereich des sexuellen Erlebens, vor allem der Hingabefähigkeit
    (5) impulsive und risikoreiche Verhaltensweisen

B.   Störungen der Aufmerksamkeit und des Bewusstseins
    (1) Amnesie
    (2) Dissoziation

C. Somatisierung

D. Chronische Persönlichkeitsveränderungen
    (1) Änderung in der Selbstwahrnehmung: chronische Schuldgefühle; Selbstvorwürfe, Gefühle, nichts bewirken zu können; Gefühle, fortgesetzt geschädigt zu werden
    (2) Änderungen in der Wahrnehmung des Schädigers: Verzerrte Sichtweisen und Idealisierungen des Schädigers
    (3) Veränderung der Beziehung zu anderen Menschen:
        (a) Unfähigkeit zu vertrauen und Beziehungen mit anderen aufrechtzuerhalten
        (b) die Tendenz, erneut Opfer zu werden
        (c) die Tendenz, andere zum Opfer zu machen

E. Veränderungen in Bedeutungssystemen
    (1) Verzweiflung und Hoffnungslosigkeit
    (2) Verlust der bisherigen Lebensüberzeugungen

Tab. 3: DESNOS-Kriterien nach DSM-IV

Das Trauma und seine Zeit

Dieser Zusammenhang gilt in zweifacher Hinsicht. Traumatisches Erleben hat seine Zeit und die Bewältigung der traumatischen Erfahrung braucht seine Zeit. Für das traumatische Erleben gilt, dass reale Zeit und subjektiv wahrgenommene Erlebenszeit dabei durchaus differieren können. Dies ist jedem bekannt, der in Phasen eigenen Erschreckens Phänomene der Derealisation und Depersonalisation bei sich erlebt hat. Momente überwältigender Belastung und Überforderung lassen kurze Zeiträume von Minuten oder Sekunden als subjektiv Qual und als unendlich lange erscheinen. Die verzerrte Zeitdimension gehört aber auch zur alltäglichen Erfahrung derjenigen, die traumatische Situationen wiedererleben und mit der inneren Rekonfrontation feststellen, dass lange Latenzzeiten zwischen dem traumatischen Ereignis und dem heutigen Tag nichtig sind und zusammenschrumpfen in dem Gefühl: »Als ob es erneut mit mir geschieht«. Der individuelle Zeitbedarf für den Bewältigungsprozess der traumatischen Erfahrung führt zurück zur Frage einer angemessenen klassifikatorischen Erfassung: Welche Zeitfenster sind diagnostisch relevant?

Zum einen herrscht Konsens darüber, die vorübergehende Symptomatik einer Akuten Belastungsreaktion von der häufig persistierenden und zur Chronifizierung neigenden Symptomatik der Posttraumatischen Belastungsstörung zu unterscheiden. Bei der Frage, welche Zeiträume hierbei zu beachten sind, gehen DSM-IV und ICD-10 erneut unterschiedliche Wege. Folgen wir dem DSM-IV so ist die Akute Belastungsreaktion dadurch charakterisiert, dass die Störung mindestens 2 Tage und höchstens 4 Wochen andauert und innerhalb der ersten 4 Wochen nach dem traumatischen Ereignis auftritt. Die Posttraumatische Belastungsstörung gilt als akut, wenn die Symptome weniger als 3 Monate andauern, als chronisch, wenn die Symptome mehr als 3 Monate andauern und ein verzögerter Beginn ist zu diagnostizieren, wenn der Beginn der Symptome mindestens 6 Monate nach dem Belastungsfaktor liegt.

Für die ICD-10 erscheinen die Symptome einer Akuten Belastungsreaktion im direkten zeitlichen Kontext mit dem belastenden Ereignis und zeigen eine Rückbildung innerhalb von 2 bis 3 Tagen, oft innerhalb von Stunden. Es muss ein unmittelbarer und klarer zeitlicher Zusammenhang zwischen einer ungewöhnlichen Belastungssituation und dem

Beginn der Symptome vorliegen. Der zeitliche Abstand beträgt laut ICD-10 im Allgemeinen nicht mehr als wenige Minuten, wenn die Symptome nicht sofort einsetzen. Bei der Symptomatik bietet sich ein wechselndes Bild. Nach dem anfänglichen Zustand von Betäubung werden Depression, Angst, Ärger, Verzweiflung, Überaktivität und Rückzug beobachtet. Im ICD-10 folgt die Posttraumatische Belastungsstörung dann dem Trauma mit einer Latenz, die Wochen bis Monate dauern kann, doch selten mehr als 6 Monate nach dem Trauma.

	Akute Belastungsreaktion	Posttraumatische Belastungsstörung
ICD-10 (1991)	»Die Symptome erscheinen im allgemeinen innerhalb von Minuten nach dem belastenden Ereignis und gehen innerhalb von 2-3 Tagen, oft innerhalb von Stunden zurück.«	»Die Störung folgt dem Trauma mit einer Latenz, die Wochen bis Monate dauern kann (doch selten mehr als 6 Monate nach dem Trauma).«
DSM-IV (1994)	»Die Störung dauert mindestens 2 Tage und höchstens 4 Wochen und tritt innerhalb von 4 Wochen nach dem traumatischen Ereignis auf.«	»Das Störungsbild dauert länger als 1 Monat« - Bestimme ob: **akut:** wenn die Symptome weniger als 3 Monate andauern; **chronisch:** wenn die Symptome mehr als 3 Monate andauern; **mit verzögertem Beginn:** wenn der Beginn der Symptome mindestens 6 Monate nach dem Belastungsfaktor liegt.

Tab. 4: Zeitliche Verlaufskriterien von ASD und PTSD

Ein Vergleich dieser Definitionskriterien zur Akuten Belastungsstörung macht deutlich, dass die Akute Belastungsreaktion des ICD-10 einen Schockzustand beschreibt, der aufgrund der engen zeitlichen Grenzen lediglich im Sinne einer peritraumatischen Dissoziation die unmittelbare Betroffenheit durch das traumatisierende Ereignis erfasst. Diese Unterscheidung zwischen ICD-10 und DSM-IV wird noch deutlicher, wenn wir die differentialdiagnostischen Überlegungen des DSM zur Akuten Belastungsstörung weiterverfolgen. »Manche Symptombilder, die nach der Konfrontation mit einer Extrembelastung auftreten, treten bei fast allen Menschen auf und erfordern meist keine Diagnose« (American Psychiatric Association, 1996b). Eine Akute Belastungsstörung sollte nur in Betracht gezogen werden, wenn die Symptome mindestens 2 Tage andauern und in klinisch bedeutsamer Weise Leiden oder Beeinträchtigung verursachen. Für die diagnostische Erfassung der Akuten Belastungsstörung definiert das DSM entsprechend die gleichen Kriterien wie bei der Posttraumatischen Belastungsstörung. Jedoch erfragt es zusätzlich dissoziative Symptome während oder nach dem extrem belastenden Ereignis.

Eine Synopse dieser beiden Diagnose-Manuale zeigt damit ein sehr unterschiedliches Verständnis des traumareaktiven Prozesses. Während die ICD-10 für die akute Belastung lediglich den intitialen Schockzustand abgrenzt und jede weitere Pathologie als posttraumatische Störungsentwicklung klassifiziert (kurz oder langdauernd oder mit einer Latenz von Wochen bis Monaten nachfolgend), geht das DSM mit seiner Beschreibung der Akuten Belastungsstörung von einem kontinuierlichen Prozess aus. Als »normale Reaktion auf ein unnormales Ereignis« kann dieser Prozess adaptiv in Gesundheit münden; das Zeitfenster dafür wird bis zu vier Wochen definiert. Nicht-adaptives Verhalten mündet in einen potentiellen Prozess der Chronifizierung.

Psychotrauma und Polytrauma

Es bietet sich an, in diesem Zusammenhang noch einmal über das Problem des delayed-onset PTSD nachzudenken. Gemeint sind damit die Patienten, die nach einem relevanten traumatischen Ereignis zunächst klinisch unauffällig sind und keine oder nicht genügend Symptome einer Traumafolgestörung zeigen, dann jedoch mit einer Latenzzeit von Monaten bis Jahren klinisch erkranken. Dieses Latenzphänomen ist in der therapeutischen Praxis allgemein bekannt, da gerade die Folgen früher und sexualisierter Traumatisierung häufig erst nach Jahren bis Jahrzehnten manifest werden. Eine vergleichbare Dynamik findet sich jedoch auch bei den zahlenmäßig sehr häufigen Unfalltraumatisierungen, die eine schwere körperliche Verletzung erlitten haben. In der Akutphase sind die medizinischen Behandlungsbemühungen natürlicherweise bei polytraumatisierten oder schwer brandverletzten Patienten zunächst auf die körperliche Wiederherstellung ausgerichtet. Die Wahrnehmung dieser Priorität bestimmt nicht nur das medizinische Behandlungsmanagement, sondern häufig auch die Psychodynamik der betroffenen Patienten, die erst dann Kräfte für eine psychische Auseinandersetzung mit der Unfallerfahrung bereitstellen können, wenn die Bedrohung durch die gleichzeitige körperliche Traumatisierung gebannt ist. Dieses Latenzphänomen ist damit vergleichbar zur peritraumatischen Dissoziation, bei der als Schutzreflex Wahrnehmungsinhalte ja ebenso verzerrt oder abgespalten werden können, da eine Auseinandersetzung mit der realen Erfahrung zumindest zu diesem Zeitpunkt überfordern würde, nicht sinnvoll oder nicht möglich ist. Mit der körperlichen Wiederherstellung enden häufig aber auch die medizinischen Behandlungsangebote, so dass eine noch anstehende Phase der psychischen Auseinandersetzung erst im Alltag und meist ohne Unterstützung stattfinden kann. Eine nur an Einschlusskriterien und Symptomanzahl orientierte Störungsdiagnostik gerät hier in eine Falle, da sie mögliche Hinweise auf Latenzphänomene nicht wahrnehmen und einordnen kann. Wo keine Diagnose, da auch keine Behandlung. Zu befürchten ist also, dass eine nur am Krankheitsbild orientierte Diagnostik wichtige Möglichkeiten einer sekundären Prävention nicht einsetzen kann und durch verspätet auftretende Traumafolgestörungen zu einem Zeitpunkt rekonfrontiert wird, in dem bereits Chronifizierungsphänomene vorliegen.

Salutogenese versus Pathogenese – Der posttraumatische Prozess

Aus dem bislang Dargestellten lässt sich zusammenfassen, dass die Diagnostik der Traumafolgestörungen durch Prozessphänomene kompliziert wird. Eine traumareaktive Störung ist weniger als zeitunabhängige Krankheits-Entität, sondern eher als zeitabhängiger Anpassungsprozess zu verstehen, der den verschiedensten Einflüssen unterliegt. Es lohnt sich daher, diesem multimodal gesteuerten Prozessgeschehen mehr Aufmerksamkeit zu widmen.

In Anlehnung an Mardi Horowitz Konzeption der »states of mind« durchlaufen traumatisierte Menschen einen zeitabhängigen Prozess der Auseinandersetzung mit der traumatischen Erfahrung (Horowitz, 1987). Das Wiedererleben des traumdominierten »States« aktiviert kognitive und affektive Kontroll- und Abwehrprozesse in Form von Vermeidung, Verleugnung oder emotionaler Taubheit und begleitender Hyperarousalsymptomatik.

Als Risikofaktoren für den posttraumatischen Adaptationsprozess gelten eine Reihe intrapsychischer und biografischer Befunde. Hierzu gehören sowohl Erfahrungen früherer Traumatisierungen als auch vorbestehende psychische Krankheiten. Auch die Zugehörigkeit zum weiblichen Geschlecht bedingt ein größeres Risiko als Folge einer traumati-

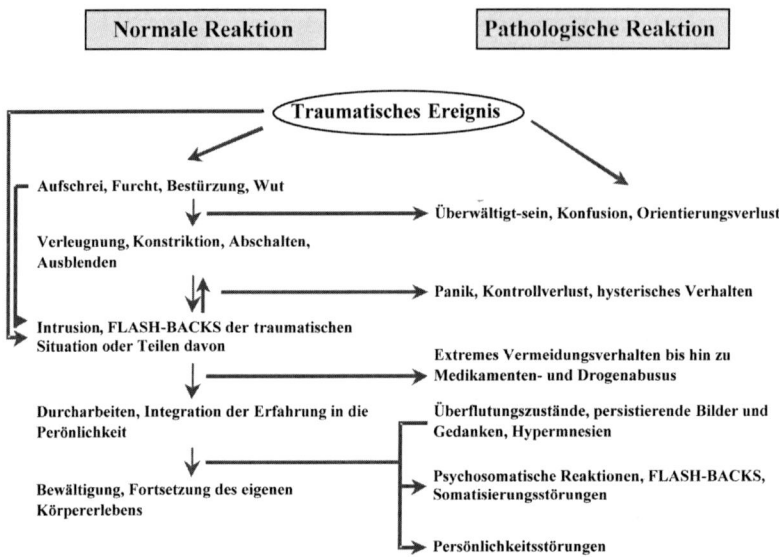

Abb. 2: Dynamik des posttraumatischen Prozesses (nach Horowitz)

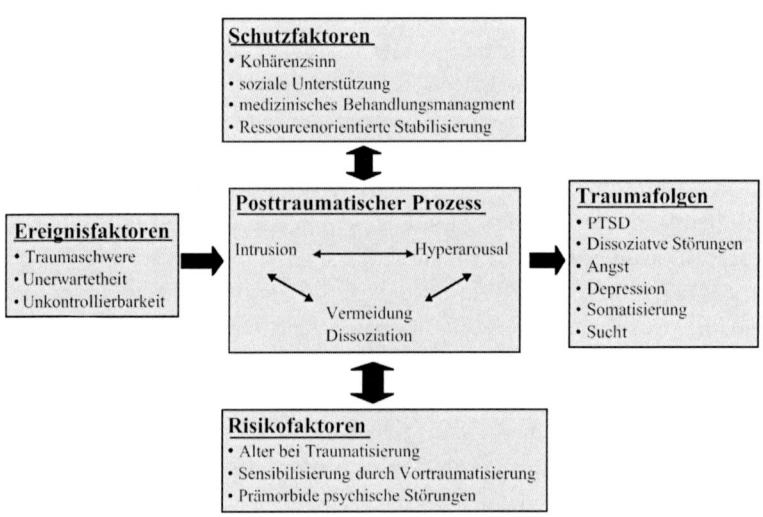

Abb. 3: Rahmenmodel posttraumatischer Prozesse

schen Erfahrung zu erkranken. Ob diese vermehrte Vulnerabilität als Ausdruck eines körperlichen, geschlechtsgebundenen Unterschieds oder mehr als Folge gesellschaftlich wirksamer Entwicklungsbedingungen zu erklären ist, bleibt in der Diskussion.

Deutlich wird durch die benannten Einflussfaktoren jedoch, dass die posttraumatische Störungsentwicklung als veränderungssensibler Prozess interpretiert werden muss. Der traumatische Stressor wird damit zu einer notwendigen, aber nicht hinreichenden Bedingung, Traumafolgestörungen diagnostizieren und in ihrem Verlauf verstehen zu können. Daraus ergibt sich eine allgemeine Forderung: Indikationsentscheidungen, d. h. die Frage, welche Therapie oder Unterstützung ist im individuellen Fall und in welchem Umfang indiziert, bedürfen nicht nur einer Störungs- sondern vielmehr einer ergänzenden Prozessdiagnostik. Entscheidend zu verstehen ist dabei, dass der posttraumatische Prozess im Sinne des von Horowitz skizzierten Verlaufsschemas eine Eigendynamik zu entwickeln vermag und ohne begünstigende Außenbedingungen leicht in einen traumaspezifischen Chronifizierungsprozess münden kann. Die neurobiologische Forschung hat inzwischen wesentlich dazu beigetragen, diese in die Pathologie führende Eigendynamik als neuronalen Lernprozess zu identifizieren. Angenommen wird dabei, dass durch die traumatische Erfahrung der Modus der cerebralen Informationsverarbeitung betroffen wird und zu veränderten Prozessen der Gedächtniskonsolidierung führt. Kreisende, sozusagen nicht integrierbare Erfahrungen bedingen, dass neuronale Netzwerke sich zu immer stärkeren funktionellen Einheiten und damit stabileren cerebralen Repräsentanzen (Attraktoren) der traumatischen Erfahrung aufschaukeln (Flatten., 2003). Je stärker die Repräsentanz, um so leichter ist ihre erneute Aktivierbarkeit. Die Stärke der neuronalen Repräsentanzen und ihre Vernetzung mit vegetativen Funktionsmustern dürfte, so kann derzeit angenommen werden, im wesentlichen das Ausmaß der posttraumatischen Störungsentwicklung erklären.

Die posttraumatischen Störungsentwicklung als Lernprozess zu verstehen impliziert auch die Forderung seiner Veränderbarkeit durch Prozesse des Umlernens. Als modulierende Faktoren bei diesem Lernprozess haben die oben beschriebenen Einflussvariablen wesentliche Bedeutung. Für eine Prozessdiagnostik ist daraus abzuleiten, dass die Diagnostik der individuellen Kompetenzen und Ressourcen im

Umgang mit dem traumatischen Material eine vergleichbare Relevanz erhält wie die Befunde zum traumatischen Stressor und der entwickelten Psychopathologie. Die Unterstützung und Stärkung dieser Kompetenzen und Ressourcen ist die Grundlage der therapeutischen Stabilisierungsbemühungen.

Fazit

Die Sichtung der historischen und aktuellen Konzepte zur Diagnostik und zur Klassifizierung von Traumafolgestörungen hat den Blick auf eine wechselhafte Geschichte des Umganges mit psychischer Traumatisierung ermöglicht. Als Erfolg ist es zu werten, dass mit den aktuellen Klassifikationssystemen des DSM-IV und ICD-10 differenzierte und international anerkannte Diagnosekriterien eingeführt wurden, die eine durch Studienbefunde gut validierte und verbindliche Diskussionsgrundlage schaffen. Die verbleibende Unterschiedlichkeit von DSM und ICD in konkreten Fragen der nosologischen Zuordnung, bezüglich der diagnostisch erforderlichen Symptomanzahl sowie der zu berücksichtigenden zeitlichen Verlaufskriterien zeigt auf, wie sehr weiterer Entwicklungs- und Definitionsbedarf ist. Beim gegenwärtigen Stand der Diskussion sind jedoch bereits eine Reihe von Aussagen und Präzisierungen möglich, die im Folgenden kurz benannt werden sollen. Natürlich geht es dabei darum, Bewährtes zu erhalten und Neues zu ermöglichen:

Um einer zunehmenden Aufweichung und Verallgemeinerung des Traumabegriffs entgegenzuwirken, sollte an der gegenwärtigen Definition des traumatischen Stressors festgehalten werden, als einer notwendigen (wenn auch nicht hinreichenden) Bedingung, eine Traumafolgestörung diagnostizieren zu können. Die aktuelle Differenziertheit in der Darstellung möglicher Stressoren durch das A-Kriterium des DSM-IV gibt genügend Freiheiten zur Einbeziehung subjektiver Belastungszustände in der Störungsgenese. Die Konfrontation mit einer lebensbedrohlichen Krankheit oder die Anerkennung der Zeugenschaft bei schweren Unfällen und Gewalttaten sind hier positive Beispiele.

Die bekannten Befunde zur Ätiopathogenese der Traumafolgestörungen sprechen jedoch gegen die Einordnung der Akuten Belastungsstörung und der Posttraumatischen Belastungsstörung bei den Angststörungen. Gerade die Betonung des Stressorkriteriums und der damit verbundenen subjektiven Erfahrung von Traumatisierung bietet sich an, eine eigene Störungsgruppe zu bilden, die diese Logik aufnimmt, um neben den phänomenologischen Ähnlichkeiten inhaltliche Ordnungskriterien für eine neue Klassifikation zu Grunde zu legen. Das Kapitel *Reaktionen auf schwere Belastungen* (F43) der ICD-10 kann hier Pate stehen, jedoch enthält es bislang mit der Akuten Belastungsreaktion und der Posttraumatischen Belastungsstörung nur das Grundgerüst der Traumafolgeerkrankungen.

Zu diskutieren ist, inwieweit die häufigsten traumareaktiv auftretenden komorbiden Störungen wie Depression, Angst, Sucht, Somatisierung und Dissoziation einem solchen Kapitel mit angehören sollten, und zwar in ihrer Modalität, ebenso wie die PTSD, häufige Folge einer nicht bewältigten Traumaerfahrung sein zu können. Die bisherige Praxis erlaubt es bislang leider nur, die erwähnten Störungsbilder eigenständig oder als zusätzliche sozusagen zweite Störung neben einer Posttraumatischen Belastung zu klassifizieren. Der Gedanke mit der Diagnose zweier unabhängiger Störungsbilder »Läuse und Flöhe« zu haben, verwischt aber gerade jene klassifikatorische Klarheit, die mit der Einführung eines ätiologischen Kriteriums angestrebt wurde und die auch für therapeutische Indikationsüberlegungen unbedingt wünschenswert ist.

Von klinischer Seite ist unbestritten, dass schwere und frühe Traumatisierungen zu komplexen Traumafolgestörungen mit Veränderungen der Beziehungsfähigkeit sowie affektiver Persönlichkeitsanteile führen können. Aufgrund ihrer Häufigkeit haben sie für Versorgungsfragen eine große Bedeutung. Es scheint deshalb sinnvoll, entsprechende diagnostische Klassifizierungsmöglichkeiten zu schaffen, die den ätiopathogenetischen Kontext als Traumafolgestörung zum Ausdruck bringt, anstatt rein phänomenologisch orientierte Befunde unterschiedlichster Genese nebeneinander zu stellen. Vorbild könnte hier die von Herman und van der Kolk vorgeschlagene Diagnose einer komplexen PTSD sein.

Mit Blick auf die vielen Studienbefunde zur klinischen Relevanz subsyndromaler Störungsbilder, muss eine größere Flexibilität bezüglich der diagnostisch notwendigen Einschlusskriterien gefordert werden als dies derzeit im DSM-IV ermöglicht wird. Unstrittig bleibt dabei die Bedeutung des ätiologischen A-Kriteriums sowie der intrusiven Belastungssymptome (B-Kriterium). Vermeidungsverhalten und Symptome der vegetativen Übererregung sollten hingegen als zusätzliche optionale Kriterien Berücksichtigung finden.

Die Betrachtung des Prozesscharakters der posttraumatischen Störungsentwicklung spricht dafür, einen angemessenen Zeitraum für den normalen individuellen Anpassungsverlauf zu definieren. Gerade die Erfahrungen bei körperlich schwer verletzten Patienten verweisen darauf, dass dieser Zeitraum länger gedacht werden sollte als die bislang im DSM für die Akute Belastungsstörung vorgegebenen 4 Wochen. Obwohl dieser zeitabhängige Anpassungsprozess als normal angesehen werden muss und in der Mehrzahl der Fälle zur Bewältigung und Integration der traumatischen Erfahrung führt, scheint es aus mehreren Gründen ratsam diesem Übergangsprozess einen Namen und eine klinische Diagnose zu geben. Dafür spricht, dass Patienten in dieser Phase vorübergehender Belastung Anerkennung und Entlastung (z. B. durch Krankschreibung) für einen gelingenden Adaptationsverlauf gebrauchen können. Frühe Belastungssymptome sind gleichzeitig als Vorzeichen einer möglichen späteren PTSD-Entwicklung einzustufen, denen durch entsprechende therapeutische Angebote im Sinne einer sekundären Prävention zu begegnen ist.

Unbedingt sollte klarer zwischen dem Konstrukt der Akuten Belastungsreaktion der ICD-10 als Schockreaktion und der Akuten Belastungsstörung des DSM-IV als vorübergehender Belastungssymptomatik unterschieden werden. Beide werden derzeit definiert durch unterschiedliche Zeitfenster und klinische Symptommuster, die aufeinanderfolgende Phasen des traumatischen Prozesses beschreiben. Beide könnten bei klarer inhaltlicher Unterscheidung in einer zukünftigen Nosologie durchaus nebeneinander Bestand haben.

Literatur

American Psychiatric Association (1952): Diagnostic and Statistical Manual of Mental Disorders. Washington, DC (American Psychiatric Association).

American Psychiatric Association (1980): Diagnostic and Statistical Manual of Mental Disorders, 3rd ed. Washington, DC (American Psychiatric Association).

American Psychiatric Association (1987): Diagnostic and Statistical Manual of Mental Disorders, 3rd ed., revised. Washington, DC (American Psychiatric Association).

American Psychiatric Association (1994): Diagnostic and Statistical Manual of Mental Disorders. Washington, DC (American Psychiatric Association) (dt.: Diagnostisches und Statistisches Manual Psychischer Störungen DSM-IV, deutsche Bearbeitung und Einführung von H. Saß, H.-U. Wittchen und M. Zaudig. Hogrefe: Göttingen 1996).

Antonowsky, A. (1987): Unraveling the mystery of health. San Francisco (Jossey-Bass).

Blanchard, E. B.; Hickling, E. J.; Taylor, A. E. & Loos, W. R. (1995): Psychiatric morbidity associated with motor vehicle accidents. In: Journal of Nervous and Mental Disease 183, S. 495–504.

Bloom, S. L. (2000): Our hearts and our hopes are turned to peace: origins of the International Society for Traumatic Stress Studies. In: A. Y. Shalev; R. Yehuda & A. C. McFarlane (Hg.) (2000): International Handbook of Human Response to Trauma. New York (Kluwer Academic/Plenum Publishers). S. 27–50.

Carlier, I. & Gersons, B. (1995): Partial posttraumatic stress disorder (PTSD): the issue of psychological scars and the occurrence of PTSD symptoms. In: Journal of Nervous and Mental Disease 183, S. 107–109.

Charcot, J. M. (1887): Lecons sur le maladies du système nerveux faites à la Salpêtrière. Paris (Delahaye & Lecrosnie).

Davidson, J. R. & Foa, E. B. (1991): Diagnostic issues in posttraumatic stress disorder: Considerations for the DSM-IV. Special Issue. Diagnoses, dimensions, and DSM-IV: The science of classification. In: Journal of Abnormal Psychology 100, S. 346–355.

Davidson, J. R.; Smith, R. D. & Kudler, H. S. (1989): Validity and reliability of the DSM II criteria for posttraumatic stress disorder: Experience with a structured interview. In: Journal of Nervous and Mental Disease 177, S. 336–341.

Dilling, H.; Mombour, W. & Schmidt, M. (1991): Internationale Klassifikation psychischer Störungen: ICD-10, Kap. V(F); klinisch-diagnostische Leitlinien/Weltgesundheitsorganisation. Bern, Göttingen, Seattle (Huber).

Erichsen, J. E. (1866): On railway and other injuries of the nervous system. London (Walton & Moberly).

Flatten, G. (2003a): Neurobiologie der Posttraumatischen Belastungsstörung. In: G. Schiepeck (Hg.) (2003): Neurobiologie der Psychotherapie. Stuttgart (Schattauer).

Flatten, G.; Alt, V.; Wälte, D.; Pallua, N. & Petzold, E. (2003b): Self efficacy as a screening factor for therapy indication by acute traumatization. In: Journal of traumatic stress (in press).

Flatten, G.; Hofmann, A.; Liebermann, P.; Wöller, W.; Siol, T. & Petzold, E. (2001): Posttraumatische Belastungsstörung. Leitlinie und Quellentext, 4. Stuttgart, New York (Schattauer).

Gast, U.; Rodewald, F.; Kersting, A. & Emrich, H. (2001): Diagnostik und Therapie Dissoziativer (Identitäts-) Störungen. In: Psychotherapeut 46, S. 289–300.

Gast, U.; Rodewald, F.; Nickel, V. & Emrich, H. (2001): Prevalence of dissociative disorders among psychiatric inpatients in a German university clinic. In: Journal of Nervous and Mental Disease 189, S. 249–257.

Herman, J. L. (1992): Complex PTSD: A syndrom of prolonged and repeated trauma. In: Journal of Traumatic Stress 5, S. 377–391.

Horowitz, M. (1987): States of mind: configuration analysis of individual psychology. New York (Plenum Press).

Janet, P. (1889): L' automatisme psychologique. Paris (Félix Alcan). Reprint: Paris 1973 (Société Pierre Janet).

Jones, B. (1995): Post-traumatic stress disorder in United States legal culture: an historical perspective from World War I through the Vietnam conflict [dissertation]. University of Minnesota.

Kardiner, A. (1941): The traumatic neuroses of war. New York (Hoeber).

Kessler, R. C.; Sonnega, A.; Bromet, E.; Hughes, M. & Nelson, C. B. (1995): Posttraumatic Stress Disorder in the National Comorbidity Survey. In: Archives of General Psychiatry 52, S. 1048–1060.

Oppenheim, H. (1889): Die traumatischen Neurosen. Berlin (Hirschwald).

Page, H. (1885): Injuries of the spine and spinal cord without apparent mechanical lesion. In: American Journal of Psychiatry 154, S. 1114–1119.

Schützwohl, M. & Maercker, A. (1999): Effects of varying diagnostic criteria for posttraumatic stress disorder are endorsing the concept for partial PTSD. In: Journal of Traumatic Stress 12, S. 155–165.

Stein, M.; Walker, J.; Hazen, A. & Forde, D. (1997): Full and partial posttraumatic stress disorder: findings from a community survey. In: American Journal of Psychiatry 154, S. 1114–1119.

Terr, L. (1991): Childhood Traumas:an outline and overview. In: American Journal of Psychiatry 148(1), S. 10–20.

van der Kolk, B. A. (1996): The Complexity of Adaptation to Trauma Self-Regulation, Stimulus Discrimination, and Characterological Development. In: B. A. van der Kolk; A. McFarlane & L. Weisaeth (Hg.) (1996): Traumatic Stress. New York (Guilford Press). S. 182–213.

Weiss, D. S.; Marmar, C. R.; Schlenger, W. E. & Fairbank, J. A. (1992): The prevalence of lifetime and partial post-traumatic stress disorder in Vietnam theater veterans. In: Journal of Traumatic Stress 5 (3), S. 365–376.

Komplexe Traumatisierung und Persönlichkeitsstörungen

Peter Fiedler

In den letzten Jahren ist das Interesse an der Untersuchung und Behandlung von Traumastörungen enorm angewachsen. In diesem Zusammenhang wurde von Traumaforschern wiederholt auf eine gleichermaßen merkwürdige wie hochinteressante Beobachtung aufmerksam gemacht: Epidemiologische Studien zeigen nämlich, dass jene Personen, die mit einer Posttraumatischen Belastungsstörung in die Behandlung kommen, in fast unglaublich hoher Zahl zusätzlich auch noch die Kriterien einer oder mehrerer Persönlichkeitsstörungen erfüllen (vgl. Tabelle 1). Die Persönlichkeitsstörungen, die am häufigsten zusätzlich zur Diagnose einer posttraumatischen Belastungsstörung vergeben wurden, sind »paranoid« (in bis zu 90 Prozent der Fälle), »Borderline« (in bis zu 92 Prozent der Fälle), »schizotypisch« (in bis zu 77 Prozent der Fälle) und die »ängstlich-vermeidend« (in bis zu 63 Prozent der Fälle). Inzwischen ist über die Ausdeutung dieser Befunde ein heftiger Streit entstanden.

Einerseits wird von Kritikern dieser Befunde angemerkt, dass es sich bei den vermeintlichen »Persönlichkeitsstörungen« von Traumaopfern gar nicht um Persönlichkeitsstörungen handelt, sondern möglicherweise nur um Persönlichkeits-änderungen. Entsprechend sei die Diagnose »Persönlichkeitsstörung« eine Fehldiagnose, zumal nicht beachtet worden sei, dass die Diagnose-Systeme für schwere und chronifizierte Traumafolgen eigenständige Diagnosekategorien bereit hielten. Kategorisierungsmöglichkeiten dieser Art fänden sich in der ICD-10 als »andauernde Persönlichkeitsänderung nach Extrembelastung« (F62.0). Und im DSM-IV sei die Posttraumatische Belastungsstörung breiter gefasst als die in der ICD-10; sie schließe in der vorliegende Form »chronifizierte Traumastörungen« mit ein. Schließlich sei für das kommende DSM-V bereits heute eine der ICD-10 entsprechende Kategorie für Extrembelastungsfolgen in der Vorbereitung, die in Forschungsarbeiten gegenwärtig als sog. »Disorder of Extrem Stress Not Otherwise Specified« (DESNOS), also als »Chronifizierte Belastungsstörung« erforscht werde.

Andere Autoren wiederum sehen in den Ergebnissen kein sonderliches Problem, indem sie folgende Position vertreten: Nur bei jeweils einer Untergruppe von Menschen würde sich in der Folge traumatischer bzw. lebensbedrohlicher Erfahrungen eine posttraumatische Störung entwickeln. Diese hänge offensichtlich eng mit der jeweiligen prämorbiden Persönlichkeitsstruktur zusammen. In diesem Zusammenhang wird auf zahlreiche empirische Befunde verwiesen, nach denen sich bei fast allen Persönlichkeitsstörungen (mit Ausnahme der dissozialen) ein erhöhter Neurotizismus finden lässt, und Neurotizismus gälte als »klassisches« Persönlichkeitsmerkmal für Vulnerabilität. Insofern sei es nur zu verständlich, dass bei vulnerablen Menschen nach Traumaerfahrungen auch die jeweilige Persönlichkeit verändert hervortrete und dass dann zwangsläufig die Kriterien von Persönlichsstörungen schneller erfüllt würden.

Posttraumatische Belastungsstörung, Persönlichkeitsstörung oder Persönlichkeitsänderung?

Nachfolgend möchte ich als Erstes die zu dieser Kontroverse vorliegenden empirischen Befunde etwas genauer darstellen und diskutieren. Dann werde ich am Beispiel von drei ausgewählten Persönlichkeitsstörungen (dissozial, Borderline, schizotypisch) das sich ergebende Überlappungsproblem zwischen Traumastörungen und Persönlichkeitseigenarten vertiefend darstellen. Schließlich sollen einige Perspektiven angedeutet werden, die sich daraus für die therapeutische Praxis ergeben. Doch zunächst etwas detaillierter einige der oben angesprochenen Befunde, nach denen Personen mit Traumastörungen (konkret: mit der DSM-Diagnose einer »Posttraumatischen Belastungsstörung« und als Grund der Behandlungsaufnahme) offensichtlich in überraschend hoher Zahl die Diagnosekriterien einer oder mehrerer Persönlichkeitsstörungen zusätzlich erfüllen. Wir haben hierzu die Ergebnisse aus drei aktuelleren Studien mit insgesamt 232 Fällen in Tabelle 1 zusammengefasst (vgl. Shea et al. 1999).

Die Persönlichkeitsstörungen, die am häufigsten zusätzlich zur Diagnose einer posttraumatischen Belastungsstörung vergeben wurden, sind »paranoid«, »Borderline«, »schizotypisch« und »ängstlich-vermeidend« in jeweils weit mehr als 60 Prozent der Fälle. Wenn man sich die Merkmale/Kriterien der posttraumatischen Belastungsstörung genauer ansieht,

von jeweils 100 Prozent Patienten mit PTB erfüllten die Mindestkriterien von jeweils mehreren der folgenden **Persönlichkeitsstörungen**	**Prozentangaben**
paranoid	82 bis 90
schizoid	30 bis 59
schizotypisch	66 bis 77
antisozial / dissozial	10 bis 54
Borderline	52 bis 92
histrionisch	5 bis 40
narzisstisch	2 bis 37
ängstlich-vermeidend	50 bis 63
dependent	38 bis 40
zwanghaft	47 bis 68
passiv-aggressiv	20 bis 58

Tab. 1: Prozentuale Angaben über die gleichzeitige (komorbide) Kriterienerfüllung von Persönlichkeitsstörungen bei Patienten mit einer Posttraumatischen Belastungsstörung (PTB) aus einer Stichprobe mit 92 traumatisierten Kriegsveteranen und aus zwei Stichproben mit insgesamt 140 sexuell missbrauchten Frauen (Shea et al. 1999).

wird schnell klar, warum sich angesichts dieses Überlappungsproblems Kritik und Widerstände artikulieren – die gelegentlich bis zur Forderung reichen, die Kriterien der Persönlichkeitsstörungen insgesamt um Aspekte, die Traumafolgen darstellen könnten, zu bereinigen. Die für Trauma eher typischen und die für Persönlichkeitsstörungen eher kritischen Merkmale betreffen unter anderem:

• Schwierigkeiten in der Modulation von Gefühlen, vor allem die von Angst (ängstlich-vermeidend, schizotypisch) oder von Ärger und Wut (paranoid; Borderline);
• die Suizidalität, Identitätsstörungen oder dissoziative Erfahrungen (Borderline);
• Depersonalisationsgefühle der Entfremdung von anderen und sozialer Rückzug (schizotypisch; ängstlich-vermeidend);
• in der Folge von demoralisierenden Traumaerfahrungen auch noch der Verlust von Vertrauen in andere Personen (paranoid, ängstlich-vermeidend; schizotypisch).

Diese Eigenarten finden sich übrigens bereits so ausgearbeitet in den aktuell diskutierten und beforschten DESNOS-Konzepten der sogenannten »Chronifizierten Belastungsstörung«, die spätestens im nächsten DSM-V fester Bestandteil der Diagnosesysteme werden soll (vgl. Fiedler 2001a).

Damit sind wir bei jenem wichtigen Problem angelangt, dem in dieser Arbeit ein besonderes Augenmerk gewidmet werden soll. Vielleicht liegen die bis heute bei einigen Persönlichkeitsstörungen berichteten eher geringen Erfolgszahlen ihrer Behandlung u. a. darin begründet, dass bei einigen bis vielen der Betreffenden möglicherweise fehlerhaft die Diagnose »Persönlichkeitsstörung« vergeben wurde (und nicht die der eventuell angemesseneren »Chronifizierten Trauma- bzw. Belastungsstörung«), eine Fehldiagnose – die dann vielleicht sogar im weiteren Verlauf als Leitorientierung einer dann ebenfalls unangemessen begründeten Behandlung der vermeintlichen »Persönlichkeitsstörung« zugrunde gelegt wurde.

Dennoch in einem Punkt scheint sich bereits heute ein gewisser Konsens abzuzeichnen: Sollten bei Patienten Traumastörungen im Vordergrund ihrer psychischen Beschwernisse stehen, dann sollten diese auch und zwar noch vor jeder Auseinandersetzung mit vermeintlichen oder realen Persönlichkeitsstörungen in den Mittelpunkt therapeutischer Maßnahmen gestellt werden (zusammenfassend: z. B. Fiedler 2002). Es könnte nämlich sein, dass sich eine therapeutische Auseinandersetzung mit auffälligen Persönlichkeitsmerkmalen erübrigt, wenn die Traumastörungen erfolgreich behandelt wurden. Dies wird gegenwärtig insbesondere in der Behandlung von Borderline-Störungen vermutet.

Borderline: Trauma- oder Persönlichkeitsstörung?

Denn insbesondere für die Borderline-Persönlichkeitsstörung wird nun bereits seit Jahren hochgradig kritisch beobachtet und z. T. ebenfalls heiß diskutiert, dass die diagnostischen Kriterien von »Borderline als Persönlichkeitsstörung« sehr häufig auch von Personen erfüllt werden, (a) deren z. T. extreme Traumaerfahrungen wie in den gerade zitierten Studien erst wenige Monate bis Jahre zurückliegen und (b) bei denen aufgrund sorgsamer Anamnesen eindeutig auszuschließen ist, dass frühe traumatische Kindheitserfahrungen als Borderline-Ursache mit in Betracht gezogen werden könnten (vgl. auch Van der Kolk 1999; Fiedler 2001b). Bei den hervorstechendsten vermeintlichen »Borderline«-Eigenarten, die Forscher bei Traumapatienten dingfest machen konnten, handelt es sich um folgende Merkmale, für die hier die entsprechenden DSM-IV-Borderline-Kriterien übernommen wurden (APA 1994; deutsche Fassung 1996, S. 739):

• Identitätsstörung: ausgeprägte und andauernde Instabilität des Selbstbildes und der Selbstwahrnehmung.

• Affektive Instabilität infolge einer ausgeprägten Reaktivität der Stimmung (z. B. hochgradige episodische Dysphorie, Reizbarkeit oder Angst, wobei diese Verstimmungen gewöhnlich einige Stunden und nur selten mehr als einige Tage andauern).

• Chronisches Gefühl der Leere.

• Vorübergehende, durch Belastungen ausgelöste paranoide Vorstellungen oder schwere dissoziative Symptome.

Diese für Borderline typischen Eigenarten ließen sich beispielsweise bei Personen beobachten, die erst in der Jugend oder im frühen Erwachsenenalter wiederholt folgende traumatisierenden Erfahrungen machten: zum Beispiel das Leben in gefahrvollen, zumeist gewalttätigen Nachbarschaftsbeziehungen – oder – in Kriegszeiten das Miterleben des gewaltsamen Todes anderer Menschen – oder – todesnahe Erfahrungen wie z. B. bei Kriegswirren und Naturkatastrophen – bis hin zu dem überraschenden, oben erneut mit Zahlen belegten Befund, dass selbst erwachsene Kriegsveteranen bereits wenige Jahre nach ihrem Fronteinsatz das Symptombild der Borderline-Störung präsentieren, ohne jemals in der Kindheit misshandelt worden zu sein (Figley bereits: 1978 für Vietnamsoldaten; neuerlich für Kriegsveteranen aus dem Golfkrieg: Shea et al. 1999).

Ganz ähnliche Beobachtungen finden sich bei Frauen, die erst in der Jugend oder im frühen Erwachsenenalter Opfer mehrfacher Vergewaltigung waren (z. B. in Kriegszeiten; Burges & Holmstrom ebenfalls bereits 1974). Es kommt schließlich hinzu, dass einige Forschungsarbeiten verdeutlichen, dass sich bei Patienten mit kumulierten Traumaerfahrungen die jetzige Borderline-Diagnose vor allem wegen des Zutreffens der genannten Kriterien eindeutiger über die Traumata selbst als durch Variablen der frühkindlichen familiären Situation voraussagen lassen (Laporte & Guttman 1996).

Von herausragender Bedeutung für eine mögliche Fehldiagnose »Borderline« statt »Traumastörung« scheint übrigens das Borderline-Zentral-Kriterium »Identitätsstörung« zu sein. Denn auch bei Extremtraumatisierung kann es zu einer bemerkenswerten Desintegration des

Identitätsbewusstseins kommen. Dieser Prozess wird von Trauma-forschern allgemein als Demoralisierung bezeichnet. Demoralisierung ist fast immer bei Traumata beobachtbar, die Betroffenen durch Menschen-hand zugefügt wurden, wie z. B. Gewalttaten, Vergewaltigung oder Folter (engl. Man-Made-Desaster).

Gleiches gilt für multiple Missbrauchserfahrungen in Kindheit und Jugend, insbesondere dann, wenn diese wie »Familiengeheimnisse« mit Tabu und Sprachlosigkeit belegt sind. Wo es keine Worte für Gewalt-erfahrungen gibt, wo kein Sprechen über emotional bedeutsame Erfah-rungen stattfindet, bleibt Erfahrung unbegreifbar. Dieser häufig an-dauernder Zustand der »Wortlosigkeit« kann mit der Zeit in einen bös-artigen Prozess der »chronifizierten Demoralisierung« übergehen – mit der Folge, dass es zu einer ausgeprägten und andauernden Instabilität des Selbstbildes und der Selbstwahrnehmung kommt:

Natürlich wird zu Recht von den Traumaforschern angemahnt, dass es völlig unangemessen wäre, in allen diesen Fällen unterschiedslos noch von »Borderline« als Persönlichkeitsstörung zu sprechen. Schon eine gewisse Zeit lang wird von verschiedener Seite gerade bei Diagnose-Vergabe der Borderline-Störung gefordert, jeder Extremtraumatisierung in Kindheit, Jugend und natürlich auch noch im Erwachsenenalter in Diagnostik und Behandlung als Leitorientierung deutlich den Vorrang einzuräumen, was zumeist heißt, dass psychodynamisch orientierte Therapieansätze zunächst nur mit großem Bedacht gewählt werden sollten – dies auch dann, wenn sich nach Kriterienlage des DSM-IV die Diagnose einer Borderline-Persönlichkeitsstörung rechtfertigen würde (Herman 1992; Davidson et al. 1996; Reddemann & Sachsse 1999; Van der Kolk 1999; Fiedler 2001c).

Persönlichkeitsstörungen: Struktur und Vulnerabilität

Bevor wir auf das Problem der traumabedingten Persönlichkeitsänderung am Beispiel der drei Persönlichkeitsstörungen »dissozial«, »Borderline« und »schizotypisch« näher eingehen, sollen zunächst die zentralen Eigen-arten dieser drei Persönlichkeitsstörungen selbst in Erinnerung gebracht werden. Alle drei zeichnen sich recht konvergent durch besondere Schwie-rigkeiten der inneren Strukturbildung und Selbstsicherheit aus. Psycho-analytiker und Verhaltenstherapeuten haben zur Beurteilung dieser klinischen Phänomene zwei hypothetische Konstrukte entwickelt, die sich in vielerlei Hinsicht entsprechen: Die Psychoanalytiker sprechen z. B. im Sinne ihrer Operationalen Psychodynamischen Diagnostik (Arbeitskreis OPD 1996) gern von (verminderter) »Struktur«, wo Verhaltenstherapeuten häufig eine (erhöhte) »Vulnerabilität« diagnostizieren (vgl. Abbildung 1).

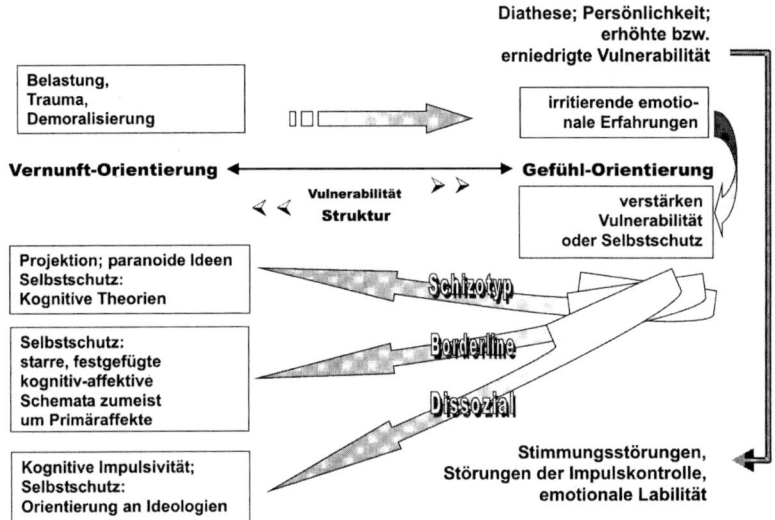

Abb. 1: Einordnung der dissozialen, Borderline- und schizotypischen Persönlichkeitsstörungen auf der Strukturachse zwischen hoher bzw. geringer Vulnerabilität

Bei »Struktur« bzw. »Vulnerabilität« handelt es sich um hypothetische Konstrukte, die sich zumeist erst durch Fremdbeurteilung nach sorgsamer Analyse der Gesamtsituation des Patienten erschließen. Einbezogen werden in die Bestimmung beider Aspekte einerseits diathetische Variablen (wie Genetik oder prä-, peri-, postnatale Traumen) sowie psychosoziale Entwicklungsbedingungen, die wie Traumen in Kindheit und Jugend die Diathese überformen können. Ausschlaggebend ist zumeist weiter, über welche Kompetenzen und Ressourcen eine Person verfügt, um mit der eigenen Vulnerabilität umzugehen bzw. die innere Struktur zu sichern und zu festigen.

Auf der Strukturachse, wie sie im Folgenden kurz benannt werden soll, lassen sich Menschen im Normalbereich (mit hoher Struktur bzw.

61

geringer Vulnerabilität) üblicherweise hinsichtlich ihrer persönlich bevorzugten Stile danach einordnen, ob sie sich eher auf ihre »Vernunft« oder ob sie sich eher auf ihr »Gefühl« verlassen. Für viele Menschen ist das Bedürfnis nach »kognitiver Selbstsicherheit« dominierend, weil sie gegenüber emotionalen Erfahrungen grundlegende Vorbehalte oder Befürchtungen entwickeln. Nicht immer ist dieser Stil sinnvoll, insbesondere dann nicht mehr, wenn rigide und wenig flexibel nur um des Erhalts von Selbstsicherheit an eigenen kognitiven Konstruktionen festgehalten wird. Andere Menschen verlassen sich eher auf ihre Gefühle, was in vielen Fällen durchaus sinnvoll und vernünftig ist, jedoch durchaus nicht immer. Psychisch als »gesund« angesehene Menschen jedenfalls bewegen sich zumeist recht flexibel zwischen Vernunft-Orientierung und Gefühl-Orientierung hin und her. Dies unterscheidet sie deutlich von Menschen mit Persönlichkeitsstörungen, deren persönliche wie zwischenmenschliche Probleme häufig als Vereinseitigung in eine der beiden Richtungen aufgefasst werden können – oder als »Konflikt« bzw. »Ambivalenz« im Umgang mit beiden Aspekten.

Bei den in Abbildung 1 angegebenen Patientengruppen mit Persönlichkeitsstörungen, auf die jetzt einzugehen ist, lässt sich nun beobachten, dass ihr Verhalten und Denken stark stimmungs-, also gefühlsabhängig erscheint. Lassen sie sich auf emotionale Erfahrungen ein, kann es zu großer Irritierbarkeit und spontanen Reaktionen kommen, die nicht gerade selten mit (Selbst-)Kontrollverlusten verbunden sind. Da ihre Handlungen häufig als »wenig durch Vernunft geleitet« erscheinen, werden sie auf der Strukturachse zumeist ganz weit rechts, nämlich im Bereich »geringer Struktur« oder als »emotionale Labilität« verortet.

Die Betroffenen scheinen Probleme mit dem Aufbau einer stabilen Identität zu besitzen. Sie können ihre Gefühle offensichtlich nicht sehr gut als Orientierungshilfe für vernünftig begründbare Entscheidung nutzen. Und sie haben häufig eine weitere Eigenart gemeinsam, nämlich dass sie die Ursachen für Missempfindungen und Missgeschicke, ja selbst für die eigenen spontanen Handlungen »projektiv« in äußeren Bedingungen und bei anderen Menschen vermuten.

Dissoziale Persönlichkeitsstörung

Das Kernproblem der dissozialen Persönlichkeitsstörung wird inzwischen konvergent folgendermaßen beschrieben: Die Temperamentsausstattung der Betroffenen wird wesentlich bestimmt durch eine Dämpfung bis hin zur chronischen Unterfunktion einer negativen Emotionalität. Diese Unterfunktion einer negativen Emotionalität wird sehr treffend auch noch mit einem Mangel an Angst beschrieben. Mangel an Angst bedeutet, dass die Betroffenen nicht sehr empfindlich auf Strafreize reagieren. Dies wiederum führt sehr häufig zu fehlenden Schuldgefühlen und zu einem Mangel an Introspektionsfähigkeit. Introspektionsfähigkeit setzt offensichtlich einen von Vernunft geleiteten Bezug zu einem differenzierten Gefühlsleben voraus. Auch die beobachtbare Selbstbewusstheit oder besser Selbstbezogenheit dissozialer Personen kann auf diese Weise erklärt werden. Mangel an Angst fördert schließlich eine hohe Risikobereitschaft. Rücksichtslosigkeit und Gewalttätigkeit können die Folge sein.

Weiter bleiben einige Besonderheiten der kognitiven Informationsverarbeitung zu beachten, die in der Forschung zunehmend deutlicher werden. So scheint bei der dissozialen Persönlichkeit nicht nur eine Über-Ich-Problematik zu bestehen, wie diese von psychoanalytisch orientierten Autoren gern hervorgehoben wird. Auffällig ist vielmehr eine ganz besondere Art der Impulsivität des kognitiven Stils, der sich aus einem Mangel an Angst und dem Mangel an Schuldbewusstsein erklärt: egozentrisch, konkretistischer Blickwinkel, das Fehlen von langfristigen Zielen und Werten, die über den schnellen Erfolg hinausweisen – schließlich: rasches und ungeplantes Handeln bis hin zu impulsiven Handlungen, die nicht selten in Gewalt enden.

Borderline Persönlichkeitsstörung

Was die Borderline-Persönlichkeitsstörung angeht, so dominiert hier eine grundlegende Störung in der Modulation des Affekterlebens. An typischen Verhaltensmerkmalen sind neben unangemessener Wut und aggressiven Durchbrüchen unter emotionaler Belastung und in zwischenmenschlichen Krisen oder Konfliktsituationen immer wieder auch autoaggressive Impulse bis hin zu teils drastischen Selbstverletzungen oder parasuizidale Gesten zu nennen. Es kann zu spontanen Gefühlsveränderungen mit zumeist positiver oder negativer Valenz kommen (Schwarz-Weiß-Denken; fehlende Lebensziele, Schwanken zwischen Idealisierung und Abwertung).

Dieser Persönlichkeitsstil hat erhebliche interpersonelle Konsequenzen: Unsicherheiten hinsichtlich einer angemessenen interaktionellen

Rolle oder das Schwanken zwischen Rollen können die Folge sein. Betroffene können einerseits für eine gewisse Zeit an einem affektiven Interaktionsmuster starr festhalten, jedoch andererseits unvermittelt in einen anderen Gefühlszustand wechseln. Diese für die Interaktionspartner häufig uneinsichtigen und überraschenden Gefühlsschwankungen ergeben sich daraus, dass die Betroffenen nicht die rational-inhaltlichen Strukturen zwischenmenschlicher Beziehungen zum Orientierungspunkt wählen. Vielmehr richten sie sich ausgesprochen unmittelbar an ihren jeweils vorhandenen aktuellen Stimmungen und Affekten aus oder an den ihnen verblieben Möglichkeiten, diese zu kontrollieren.

Schizotypische Persönlichkeitsstörung

Mit der schizotypischen Persönlichkeitsstörung ist eine der Persönlichkeitsstörungen seit jetzt mehr als zwanzig Jahren dem Bereich der prämorbid möglichen Voraussetzungen zur Entwicklung schizophrener Störungen zugeordnet worden. Bei den meisten Betroffenen wird sich zwar lebenslang niemals eine Schizophrenie entwickeln, aber bei einigen wenigen besteht durchaus das Risiko. Alles was jetzt in aller Kürze zur schizotypischen Persönlichkeit gesagt werden kann, gilt in ausgeprägterer Form auch für die Schizophrenie.

Bei den Betroffenen verhält es sich mit den Affekten offensichtlich diametral unterschiedlich zur Affektregulation bei dissozialen Persönlichkeiten. Besonders unter Stress findet sich eine Aktivierung von sowohl positiven wie negativen Affekten. Und diese emotionale Aktivierung stört den Zugriff auf sachliches Nachdenken. In der Folge werden ungewöhnliche oder gar irrational anmutende kognitiv-affektive Schemata entwickelt und später unbewusst aktiviert. Diese Reaktionen treten vermehrt unter Belastungen auf (häufig verbunden mit Angst und Unbehagen), teils sind sie Bewältigungsversuche zum Schutz vor Belastungen (einschließlich einer ahnungsvoll-sensiblen Ausdeutung von Erfahrungen bis hin zu paranoid anmutenden Erklärungen).

Immer wieder werden von den Betroffenen zwischenmenschliche Situationen vermieden, in denen starke Affekte vermutet werden. Gleichzeitig sind sie bemüht, aufwühlende Erfahrungen zu vermeiden. Diese Affektvermeidung wird aus der Außenperspektive gelegentlich etwas ungünstig als »Affektverflachung« bezeichnet, was sie jedoch nicht ist. Sie ist vielmehr als Sicherheitsoperation zu verstehen, die zum Schutz vor gefühlsmäßiger Verunsicherung eingeübt wurde und die nicht vorschnell als störendes Symptom behandelt werden darf.

In der zunehmenden Vermeidung sozialer Kontakte liegen viele Ursachen für die Entwicklung zahlreicher sozialer Defizite, die später nur schwer aufgeholt werden können. Diese können gelegentlich deutliche Entwicklungsrückstände im Bereich sozialer, beruflicher wie interaktioneller Kompetenzen nach sich ziehen. In diesem Sinne folgt die Störungsentwicklung häufig einem Circulus vitiosus, in dem affektive, soziale und zwischenmenschliche Umgangsformen wegen der Verletzlichkeitsvermeidung nicht oder nur verzögert mitgelernt werden. Dies hat zur Folge, dass das sowieso gegebene Vulnerabilitätsrisiko ansteigt und sich psychotische Episoden einstellen können.

Traumata und die Möglichkeit der Persönlichkeitsänderung

Soweit die knapp zusammengefassten Struktur-Merkmale der drei hier beispielhaft ausgewählten Syndromgruppen »Schizotypische Persönlichkeitsstörung«, »Borderline-Persönlichkeitsstörung« und »dissoziale Persönlichkeitsstörung«. Im Folgenden soll der Frage nachgegangen werden, ob und in wie weit sich die genannten Eigenarten dieser drei Störungsgruppen tatsächlich nur als Persönlichkeitsmerkmale auffassen lassen. Könnte es nicht sein, dass sie sich genauso gut aus Traumaerfahrungen herleiten lassen?

Das sich eine solche Differenzierung lohnen könnte, zeigen die Befunde der Ätiologieforschung zu allen drei Bereichen:

Dissoziale Persönlichkeitsstörung. Bei der dissozialen Persönlichkeitsstörung schwanken die Angaben über sexuellen und v. a. physischen Missbrauch in Kindheit und Jugend zwischen 30 und 70 Prozent. Angesichts der hohen Bedeutung, denen Missbrauchserfahrungen heute in Ätiologiekonzepten zugesprochen wird, bleibt zu beachten, was diese Angaben im Umkehrschluss bedeuten: Bei 30 bis 70 Prozent der untersuchten Personen lassen sich Missbrauchserfahrungen nicht nachweisen. Aber immerhin ist die Zahl der in Kindheit und Jugend traumatisierten Personen mit dissozialer Persönlichkeit beträchtlich. Ähnliches gilt für etwa gleich hohe Angaben über elterliche emotionale Vernachlässigung, die als dritter Faktor für kindliche Traumatisierung häufig mituntersucht wurde. Weitere wichtige Beobachtungen betreffen wiederholte negative soziale Lebensereignisse, wie Bestrafungen in der Schule, Verlust von Ausbildungs- und Arbeitsplätzen sowie Schlägereien in der Jugend. Dabei handelt es sich um Bedingungen, deren traumatisierende Qualität nur teilweise eingeschätzt werden kann. Demoralisierende Funktionen können diesen Ereignissen dennoch zugesprochen werden (vgl. z. B. Marshall & Cooke 1999; Fiedler 2001b). Bedenkenswert bleibt schließlich die ebenfalls häufig bestätigte Hypothese, dass für das spätere Deutlichwerden einer dissozialen Persönlichkeitsstörung die Jugendzeit eine besondere Schaltstelle darstellt, und zwar in zweierlei Richtung: einerseits die Möglichkeit, dass es bei unauffälliger Kindheit in dieser Zeit zu einem Hineingleiten in dissoziale, z. T. gewalttätig agierende Subkulturen kommen kann (sog. Antisozialisation in der Jugend), wie auch umgekehrt, dass sich nach ausgesprochen problematischer Kindheit eine weitgehend unauffällige Zeit des Erwachsenensein anzuschließen vermag (Dolan & Coid 1993). Wichtig hier: Selbst erstmalige Gewalterfahrungen in der Jugend bei unauffälliger Kindheit wurden in neuerlichen Studien wiederholt als deutlicher Prädiktor der dissozialen Persönlichkeit ausgemacht (Gibb et al. 2001).

Borderline-Persönlichkeitsstörung. Bei der Borderline-Persönlichkeitsstörung sind Missbrauchserfahrungen in Kindheit und Jugend weitgehend gut untersucht worden. Die Angaben schwanken jedoch ebenfalls von Studie zu Studie beträchtlich zwischen 30 und 60 Prozent, was wiederum im Umkehrschluss heißt, dass sich bei 40 bis 70 Prozent der später als Borderline diagnostizierten Personen keine Missbrauchserfahrungen in der Kindheit nachweisen lassen (zusammenfassend: Fiedler 2001c; vgl. Paris 1997; Sabo 1997). Neben sexuellen und physischen Missbrauchserfahrungen in der Kindheit scheinen – wie eingangs angedeutet – auch kritische Ereignisse und Erlebnisse in der Jugend wie noch im frühen Erwachsenenalter eine deutliche Voraussagekraft für die Kriterienerfüllung der Borderline-Störung zu besitzen, wobei regelhaft »Gewalterfahrungen« und »emotionale Vernachlässigung« als übergreifende Begriffe für solchermaßen demoralisierende Erfahrungen benutzt werden (Gibb et al. 2001).

Schizotypische Persönlichkeitsstörung. Etwas niedriger als bei der Borderline-Persönlichkeitsstörung fallen die Angaben über Missbrauchserfahrungen bei der schizotypischen Persönlichkeitsstörung (wie auch bei der Schizophrenie) aus, nämlich zwischen 20 und 50 Prozent je nach Studie, und auch hierzu bleibt die umgekehrte Betrachtungsweise wesentlich, dass nämlich zwischen 50 und 80 Prozent dieser Syndromgruppe keine Missbrauchserfahrungen zu finden sind (Fiedler 2001b). Aber auch bei dieser Patientengruppe wurde ein die Probleme verschärfender und z. T. demoralisierender Prädiktor in der Jugendzeit ausgemacht, nämlich eine zunehmende emotionale Vernachlässigung in dieser Zeit des Übergangs in das Erwachsenenalter durch Eltern und Verwandte (Gibb et al. 2001).

Damit sind wir wieder beim Thema: Könnte es nicht sein, dass sich erst nach wiederholter oder extremer Trauma- und Belastungserfahrung so etwas wie die Veränderung persönlichkeitsnaher Merkmale eingestellt hat? Ist dies der Fall, dann wäre die Diagnose einer »persönlichkeitsbedingten Störung« problematisch und die einer »Persönlichkeitsänderung nach Trauma« bzw. die einer »Chronifizierten Belastungsstörung« als angemessenere Diagnose vorzuziehen. Vielleicht ergeben sich unter dieser Perspektive sogar einige neuartige therapeutische Ansatzpunkte. Auf beide Aspekte soll jetzt näher eingegangen werden.

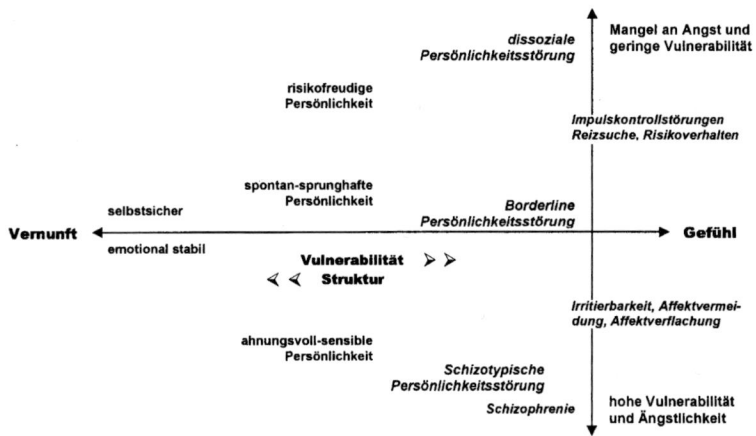

Abb. 2: Die Auswirkung von Trauma und Persönlichkeit auf die persönlichen Selbstsschutzstile bei dissozialer, schizotypischer und Boderline-Persönlichkeitsstörung

Unsere Darstellung ist dabei nach zwei Gesichtspunkten zu entfalten: Einerseits lässt sich natürlich vermuten, dass sich ein bereits immer schon latent vorhandener Persönlichkeitsstil (risikofreudig oder sprunghaft-spontan oder ahnungsvoll-sensibel) durch die Erfahrung von existenziellen Belastungen oder demoralisierenden Traumata weiter verstärken kann. Andererseits lässt sich aber auch vermuten, dass es in der Folge von Traumata zu einer Erhöhung bzw. zu einer Abschwächung der Vulnerabilität kommen kann. Beides könnte schließlich den Eindruck des Vorhandenseins einer Persönlichkeitsstörung entstehen lassen, obwohl es sich dabei vorrangig um Folge oder Ausdruck traumatischer Erfahrungen handelt.

Extremtrauma und die Verminderung von Vulnerabilität und Angst (dissoziale Persönlichkeitsmerkmale)

Was die Trauma bedingten Veränderungen im Sinne einer »Imitation« von Merkmalen der »Dissozialen Persönlichkeitsstörung« angeht, so ist dieser Bereich bisher nur sehr peripher untersucht, auch wenn die nachfolgenden Schlussfolgerungen hochgradig plausibel erscheinen. So muss beispielsweise die oben beschriebene »Dämpfung oder Unterfunktion negativer Emotionalität« nicht zwingend persönlichkeitsbedingt (also hereditär) vermittelt sein. Sie kann sich in der Tat auch in der Folge von Traumaerfahrungen einstellen: Etwa im Prozess einer Habituation, quasi als Gewöhnungsprozess, z. B. als Ergebnis eines lebenslangen Einübens in das Ertragen von Gewalt- und Missbrauchserfahrungen. Habituationsprozesse allgemeiner Art sind vergleichsweise gut untersucht, nicht zuletzt im Bereich der verhaltenstherapeutischen Angst- und Traumabehandlung – wenngleich seltener bei der dissozialen Persönlichkeit. Andererseits finden sich hierzu bereits lange Zeit nicht nur Überlegungen, sondern auch empirische Befunde, und zwar bereits seit den siebziger Jahren, zum Beispiel bei Hans-Jürgen Eysenck (1977), der u. a. mit einer nur schwer überschaubaren Vielzahl von Forschungsarbeiten zur Psychopathie wichtige Beiträge zu dieser Frage geliefert hat.

Oder um ein alltagsnäheres Beispiel zu nehmen, so lassen sich ganz ähnliche »Gewöhnungsprozesse« an bedrohliche Erfahrungen bei Angehörigen vieler Helferberufe beobachten: bei Feuerwehrleuten, Notfallhelfern oder auch bei Ärzten, die tagtäglich mit Sterben und Tod und zum Teil bizarren Formen der Verstümmelung konfrontiert sind. Bei den z. T. extremen Belastungen der Helfer handelt es sich um Erfahrungen, die bei vielen anderen Menschen zwangsläufig posttraumatische Belastungsstörungen auslösen würden. Von Notfallhelfern und Ärzten jedoch wird über kurz oder lang Habituation oder Gewöhnung »erwartet«, damit sie sich von schrecklichen Erfahrungen emotional nicht allzu sehr irritieren lassen und um professionell sachgerechte Hilfe leisten zu können. Ähnliches gilt für Personen, die hochgradig gefahrvolle Berufe oder Sportarten ausüben. Und nicht alle von ihnen dürften bereits von früher Kindheit an über Temperamentseigenarten verfügen, die zur dissozialen Persönlichkeitsstörung prädisponieren.

Viele Menschen können sich also mittels Einübung bzw. Habituation in Richtung auf eine zunehmende emotionale Unempfindlichkeit bis

Angstfreiheit hin entwickeln, wenn sie lange Zeit oder sogar lebenslang traumatisierenden Umweltbedingungen ausgesetzt waren oder noch sind. Dies ist bei einer Vielzahl jener Menschen möglicherweise der Fall, die später dann die Kriterien der »dissozialen Persönlichkeitsstörung« erfüllen. Wie bereits angedeutet, gelten als nach wie vor »harte Prädiktoren« für die dissoziale Persönlichkeitsstörung etwa folgende Beobachtungen: Die Betroffenen haben kriminelle, teils gewalttätige Eltern und Geschwister, erleben bereits früh regelmäßige Schlägereien im Familienverband und mit Nachbarn oder Bekannten oder sind aktiv involviert, häufig zusätzlich verschärft durch ein Leben in Großfamilien auf engstem Raum mit extrem niedrigem Einkommen (zusammenfassend: Fiedler 2001b). Um zu überleben, so drängt sich der Eindruck auf, mussten sich viele Betroffene von Kindheit an regelrecht »durchschlagen«, und zwar im wahrsten Sinn des Wortes.

Fehlen eigene Angst und weitere damit assoziierte Gefühle (wie z. B. Schuld und Scham), bietet gelegentlich die strikte Orientierung an »Theorien«, besser: an »Ideologien« Halt und Sicherheit. Diese können ausgefeilter Natur sein (wie die Ideologien von Terroristen), oder sehr schlichten und einfachen Charakter tragen (wie z. B. »Wer mich nicht mag, ist mein Feind«). In dieser Hinsicht wird die Jugend als besonderer Angelpunkt für die weitere persönliche Entwicklung erklärlich: Je nach Ideologie der Subgruppenkultur kann es von hier ausgehend zur Entwicklun einer dissozialen Karriere kommen. Menschen ohne Ängstlichkeit sind in unterschiedlichen Jugendgruppierungen hoch angesehen und sehr erfolgreich. Nur macht es eben einen Unterschied aus, ob man heute bei Greenpeace oder bei den Neonazis einen Unterschlupf findet.

Extremtrauma und die Fehlregulation emotionalen Erlebens und Handelns (Borderline-Persönlichkeitsstörung)

Was die Wirkung von Traumata bei Borderline-Patienten angeht, so ist dies inzwischen ebenfalls vergleichsweise gut untersucht, was ja letztlich zur aktuell bereits artikulierten Forderung einer strikteren Trennung von Trauma- und Persönlichkeitsstörungen bei Borderline-Patienten geführt hat. Wichtig an dieser Stelle zu erwähnen bleiben jedoch folgende Aspekte: Je jünger die Betroffenen zu der Zeit waren, als sie erste traumatisierende Erfahrungen machten, umso umfangreicher ist offensichtlich ihre psychische Gestörtheit im Bereich des gefühlsmäßigen Handelns und

Erlebens. Dies betrifft auch die Neigung zu Impulshandlungen, weshalb einige Autoren die durch Gefühle modulierten Impulskontrollstörungen inzwischen als Zentralsymptombereich traumatisierter Borderline-Patienten betrachten (Links et al. 1999).

Traumatisierung scheint eine erhebliche Fehlregulation emotionalen Erlebens und Handelns zu bewirken. Und viele traumatisierte Borderline-Patienten weisen hochgradig auffällige dissoziative Störungen auf. Es gibt inzwischen sehr gute neurobiologische Erklärungen, warum Traumatisierte gravierende Gedächtnisstörungen haben, abrupte Identitätswechsel aufweisen oder ihre Traumaerfahrungen in der Form von Flashbacks und als konditionierte Reaktionen wieder erleben – gelegentlich ohne bewusste kognitive Verbindung zwischen gegenwärtigem Verhalten und vergangenen Erfahrungen (van der Kolk 1999; Fiedler 2002).

Für einige Patienten sind die erlebten Dissoziationen (z. B. Trance, Gefühlsverlust, Depersonalisation) so unangenehm, dass selbstverletzendes Verhalten ihnen dazu verhilft, aus diesem mentalen Zustand wieder herauszukommen (van der Kolk et al. 1991). Bemerkenswert ist, dass die meisten Studien über selbstverletzendes Verhalten zeigen, das dieses überhaupt nicht ausschließlich nur bei Borderline-Patienten beobachtbar ist. Selbstverletzungen können auch bei Depression, Schizophrenie, Essstörungen wie auch bei dissozialer Persönlichkeitsstörung vorkommen. Und in den meisten Fällen korreliert die Neigung zur Selbstverletzung mit physischen und sexuellen Missbrauchserfahrungen, und zwar auch dann, wenn diese Erfahrungen erst in später Kindheit und Jugend gemacht wurden.

Dass diagnostisch bisher nicht sehr eindeutig zwischen Borderline-Störungen mit versus ohne Traumastörungen differenziert wurde, liegt daran, dass sich die ins Auge fallenden Interaktionsprobleme und Beziehungsstörungen beider Untergruppen sehr ähnlich sind. Beide genannten Ätiologieaspekte – traumatische Erfahrungen einerseits wie die persönlichkeitsbedingte Orientierung an Gefühlen und Stimmungen andererseits – können offensichtlich gleichermaßen zu einem hochgradig auffälligen Interaktionsverhalten führen, sodass die Traumastörungen zunächst nicht entdeckt werden. Störungen in der Modulation von Gefühlen wie das Nichtvorhandensein eines differenzierten emotionalen Beurteilungssystems führen zu interaktionellen Rollenunsicherheiten oder Schwankungen zwischen Rollen, in denen vorrangig ein emotionales Grundmuster Sicherheit bietet. Und genau in diesem Sinne ähnelt das

Interaktionsverhalten von Borderline-Patienten mit Traumaerfahrungen jenem Interaktionsmuster, das bis heute auch bei Borderline-Patienten ohne Traumaerfahrungen beobachtbar ist.

Hier liegt übrigens einer der Gründe, warum viele Borderline-Patienten angstvoll bemüht sind, nicht allein zu sein oder nicht verlassen zu werden. Sie benötigen ein Gegenüber, weil ihnen Interaktion mit anderen »Gefühl« zurück gibt. Das jeweils vorhandene Gefühl (Feeling) erleichtert die Wahl einer emotionalen Rolle. In der unmittelbaren emotional positiven wie auch emotional negativ getönten Interaktion wirken Borderline-Patienten häufig scheinbar hochgradig selbstsicher: Sie haben offensichtlich ein gutes Gespür, die Umwelt nach Richtlinien für die Einnahme einer vermeintlich legitimierbaren Rolle abzusuchen – einer Rolle, die dann zumeist recht kompetent, weil zuvor gut eingeübt, eingenommen werden kann (»scheinbare Kompetenz« sensu Linehan 1993a, b).

Traumatisierte Borderline-Patienten lassen sich recht gut daran erkennen, dass die spontan eintretenden Rollenwechsel häufig mit kontextuellen Bedingungen in einem engen Zusammenhang stehen. Spezifische Kontextbedingungen wie bestimmte Themen oder Personen können automatisch (gelernt, konditioniert) einen Wechsel in der Stimmungslage der Betroffenen auslösen. Gefühlsmäßige Rollen werden deshalb nicht immer bewusst eingenommen. Sind die Rollen etabliert, können sie nur sehr schwer oder für eine gewisse Zeit gar nicht aufgegeben werden. Offensichtlich sind festgefügte kognitiv-affektive Schemata für die zeitweilige Stabilität eines Rollenzustands verantwortlich. Diese rollengebundenen Schemata geben den Betroffenen zumindest zeitweilig das subjektive Gefühl kognitiver Sicherheit (Renneberg & Fiedler 2001).

Extremtrauma und die Verstärkung von Angst und Vulnerabilität (schizotypische Persönlichkeitsstörung)

Vielleicht ist die »schizotypische« Form der innerpsychischen Verarbeitung von Belastung, Trauma und entsprechenden Erfahrungen der Demoralisierung noch am ehesten in die Nähe eines zugrunde liegenden Persönlichkeitsstil zu rücken, obwohl dies nicht immer der Fall sein wird. Extreme Traumata können eine massive Stimulation der menschlichen Vulnerabiltät bewirken, so dass sie sogar einmalige Schizophrenien auslösen können, in deren Folge die Betroffenen jedoch vollständig gesunden und später offensichtlich kein Rückfallrisiko besteht.

Paradoxerweise führt die bereits angesprochene »schizotypische« Selbstsicherheitsoperation der »aktiven Vermeidung affektiver Erfahrungen« auf längere Sicht zu einer kognitiven Unsicherheit: Erfahrungen und Erlebnisse werden »gefühlsmäßig« nicht mehr richtig eingeschätzt und beurteilt. Mit dieser persönlichkeitsbedingten Verunsicherung lassen sich eine Reihe eigentümlicher Verhaltensweisen der schizotypischen (wie zugleich schizophrenen) Menschen erklären: ihre Beziehungsideen, seltsame Glaubensinhalte bis hin zu magischem Denken, einschließlich einer zumeist unverkennbaren Neigung zu jener – das Selbst schützenden – Projektion. So steht es denn auch in den DSM-Diagnosekriterien der schizotypischen Persönlichkeitsstörung.

Genau diese Eigenarten jedoch lassen sich nun sehr häufig auch bei Menschen beobachten, bei denen die Diagnose einer Posttraumatischen Belastungsstörung als erfüllt angesehen werden kann. Unter extremen Belastungen können innere Unsicherheiten zu Depersonalisationserfahrungen und zur Bewusstseinsfragmentierung führen, die – von außen betrachtet – einer psychotischen Dekompensation sehr ähneln oder in diese Richtung entgleiten. Viele schizotypische wie gleichermaßen Trauma bedingte Störungen betreffen die kognitive Aufmerksamkeits- und Informationsverarbeitung. Schizotypische Menschen wie Traumaopfer sind zeitweilig nur schwer in der Lage, ihrem Denken eine logische Ordnung zu geben, weshalb sie häufig auf »projektive Ursachenerklärung« ausweichen (müssen).

Sowohl schizotypische Personen als auch Traumaopfer berichten gleichermaßen über somatoforme Auffälligkeiten und Konversionserfahrungen. Vielleicht liegt aber gerade hier eine Möglichkeit, zwischen Traumastörung und schizotypischer Persönlichkeit zu unterscheiden. Es ist zu erwarten, das schizotype Menschen in ganz spezifischer, nämlich lebenslang eingeübter Weise reagieren werden: Für eigene körperliche Beschwernisse werden Gründe gesucht, für die äußere Auslöser oder andere Menschen verantwortlich gezeichnet werden. Letzteres gilt denn auch als gutes differenzialdiagnostisches Abgrenzungskriterium gegenüber somatoformen Störungen. Bei somatoformen Störungen dominiert üblicherweise – und das heißt: auch nach Trauma – eine subjektive Angst vor Erkrankung. Ähnliches dürfte bei Traumatisierten mit Konversionsstörungen zu erwarten sein.

Einige therapeutische Konsequenzen

Wie angedeutet besteht inzwischen weitgehend Konsens, bei dem Vorliegen von Traumastörungen diese als vorrangige Leitorientierung für die Entwicklung von Behandlungsmaßnahmen zu betrachten. Sollten sich die Traumastörungen erfolgreich behandeln lassen, könnte sich herausstellen, dass sich eine Behandlung von vermeintlichen Problemen der Persönlichkeit weitgehend erübrigt. Wenn ich jetzt im Folgenden einige Anmerkungen zur Behandlung mache, so habe ich mich bemüht, sie so zu formulieren, dass sie in gleicher Weise auf die drei näher besprochenen Bereiche (dissozial, schizotypisch, Borderline) in Anwendung gebracht werden können: also sowohl bei einer durch Trauma bedingten Verminderung als auch bei einer durch Trauma bedingten Erhöhung der Vulnerabilität. Gleichermaßen gilt für alle drei besprochenen Gruppen, dass sie über Probleme in der vernunftgeleiteten Modulation des Gefühlslebens und über Identitätsprobleme verfügen.

Therapeutische Grundhaltung

Die Grundeinstellung des Therapeuten zu traumatisierten Patienten trägt maßgeblich zur Gestaltung der therapeutischen Beziehung bei. Wenn lebenslange zwischenmenschliche Beziehungen traumabedingt durch Feindseligkeiten, Tätlichkeiten, Anschuldigungen und Missbrauch gekennzeichnet waren (und dies vielleicht sogar noch weiterhin sind), dann müssen Therapeuten respektieren lernen, dass auch die therapeutische Beziehung zunächst durch einen »Filter« der vergangenen Erfahrungen kritisch und misstrauisch bewertet wird. Genau dies sind die dem Patienten aktuell zur Verfügung stehenden Kompetenzen und Ressourcen, auch wenn sie für eine gewisse Zeit noch – wie Linehan (1993a, b) dies für Borderline-Patienten beschreibt – als »scheinbare Kompetenz« angesehen werden müssen.

Krisenmanagement

Ein zweites wichtiges Therapieelement zum Aufbau einer tragfähigen Therapiebeziehung ist das Krisenmanagement. Krisen treten ein, weil die gelernten Rollen nicht mehr tragfähig sind und zusammenbrechen, Impulskontrollstörungen möglich sind oder weil anderweitige Traumastörungen auftreten. Das häufig zu verfolgende Ziel ist hierbei einerseits die möglichst unmittelbare Bewältigung einer akuten Krise. Andererseits könnten Krisen in der Therapeut-Patient-Beziehung genutzt werden, um die Verbindung zu überdauernden Themen, zum Erkennen von automatisch ablaufenden Verhaltensmustern und zu den aktuell wirkenden kognitiv-affektiven Schemata herzustellen.

Thema Missbrauch

»Körper« und »Geist« trennen keine unterschiedlichen Verarbeitungsprozesse. Die gesamte Struktur neuronaler Verbindungen bestimmt ganzheitliches Erleben und beeinflusst ganzheitlich zwischenmenschliche Beziehungen. Insbesondere jene subjektiven Erfahrungen, die eng mit Gefühlen zusammenhängen, beziehen ihre Grundlage wesentlich aus perceptuellen und körperlichen Prozessen. Und diese gefühlsmäßigen Erfahrungen ihrerseits sind grundlegende Voraussetzung für intentionales, kognitiv und interpersonell gesteuertes Handeln.

In vielen Fällen war der Körper von Trauma-Patienten Gegenstand von Verletzung und Schmerz durch physischen und sexuellen Missbrauch. Biologisch oder auch normativ verfrühte sexuelle Erfahrungen finden sich gepaart mit Angst und konflikthaften Beziehungen. Es ist nicht ungewöhnlich, dass Patienten ihren Körper als Ursache von Scham oder Verrat an sich selbst erleben. Nicht ungewöhnlich ist auch, dass es Patienten gibt, die in der »Dissoziation von Körper versus Geist« eine Möglichkeit entwickelt haben, ihr Selbst und ihr bewusstes Handeln vom eigenen körperlichen Erleben strikt abzutrennen.

Gerade mit Blick auf körperlich erlebte Missbrauchserfahrungen stellt die »Paralyse« emotionaler und körperlicher Erfahrungen eine wichtige adaptive Überlebensstrategie dar. Deshalb bleibt zu beachten, dass bei Beobachtung solcher Phänomene nicht konfrontativ oder gar provokativ gearbeitet werden darf. Letzteres gilt es m. E. in besonderer Weise für traumatisierte Personen mit dissozialen Stilen zu beachten, die sich nach »Konfrontation« erwartungsgemäß erst recht weiteren therapeutischen Maßnahmen verschließen könnten.

Die dissoziative Separation körperlich-gefühlsmäßiger von kognitiv-reflexiven Prozessen sowie der innere Rückzug auf projektive Erklärungen oder auf Ideologien als »Sicherheitsoperation« sollte solange akzeptiert, wenn nicht sogar von Patienten beibehalten werden, bis alternative Bewältigungsformen etabliert sind – dies auch dann, wenn sich die therapeutische Arbeit mit den Betroffenen als äußerst schwierig gestalten sollte. Zunächst gilt es, eine vertrauensvolle Beziehung aufzubauen. Ist Vertrauen erst einmal vorhanden, kann man mit Patienten üblicherweise über alles leichter sprechen (einschließlich einer Konfrontation mit unangemessenen persönlichen Stilen).

Aktivierung sprachlicher Ressourcen

Traumatisierte Patienten hatten und haben in der Regel wenig Möglichkeiten, ihre Erfahrungen und inneren Zustände sprachlich auszudrücken, die sie im Zusammenhang mit traumatischen Erfahrungen erlebten. Alle näher beschriebenen Problemgruppen haben Schwierigkeiten, Gefühle differenziert zu artikulieren. Wer keinen Zugang zur Sprache hat, für den wird die Therapie nur in dem Maße neue Ressourcen ermöglichen, wenn Wortlosigkeit abgebaut und Sprache wieder aktiviert werden kann.

Ein therapeutisch mögliches Ziel der Aktivierung sprachlicher Ressourcen könnte es beispielsweise sein, in sich selbst und in anderen Menschen Personen mit verschiedenen Seiten zu erkennen: Menschen mit positiven und zugleich negativen, mit gut und weniger gut akzeptierbaren Anteilen, mit Stärken und Schwächen oder auch mit Stimmungswechseln. Der Prozess einer therapeutisch angeregten Sprach- und Bedeutungsfindung bedarf einer ausgesprochen sachlichen Reflexion von vielen eng mit ihr zusammenhängenden Aspekten des Selbst und der Anderen.

Therapeuten können im Prozess der Ausdifferenzierung von Reflexionsmöglichkeiten durchaus auch als Modell zu wirken – z. B. für Möglichkeiten unterschiedlicher Ansichten der eigenen Person oder anderer Personen. Sie sollten jeweils nur beachten, dass ihre Transparenz hinsichtlich der eigenen durch Vernunft geleiteten Ansichten realitätsorientiert und ethisch begründbar bleibt – und – dass sie als Modell mit Anregungsfunktion gedacht ist, also keine Aufdringlichkeit impliziert.

Aktivierung persönlicher Ressourcen

Insbesondere in einer Hinsicht sollte sich im Rahmen der Fortentwicklung von Behandlungsansätzen bei Traumapatienten zukünftig ein Konsens herstellen lassen, nämlich über die große Bedeutung, die dem realen sozialen Umfeld für eine Generalisierung therapeutischer Änderungen zugemessen werden sollte. Eine ausschließliche Fokussierung auf Entwicklungen in der therapeutischen Beziehung sollten als nicht mehr hinreichend betrachtet werden! Insbesondere der gezielte Einsatz von Übungen und Hausaufgaben zwischen den Therapiesitzungen kann entscheidend zu einem Wiedergewinn von Selbstsicherheit und Selbstvertrauen beitragen.

Im einfachsten Fall sollten die Patienten angeregt werden, Problemsituationen und Veränderungen, die sich im Alltag zwischen den Therapiesitzungen ereignen, genau zu registrieren. Nicht nur, dass diese Ereignisse in den Folgesitzungen klarer erinnert werden können, die Therapieforschung macht eindrücklich darauf aufmerksam, dass die therapeutisch geplante Beobachtung und bewusste Registrierung ausgewählter Handlungen, Beziehungskonflikte, Impulskontrollstörungen oder die Umsetzung neuer Interaktionsformen oder anderer wünschenswerter Änderungen im Lebensalltag bereits unmittelbar – und zwar ohne weitere therapeutische Besprechung bereits durch sich selbst – zu wesentlichen Korrekturen und damit zu therapeutisch intendierten günstigen Veränderungen im alltäglichen Leben führt.

Aktivierung sozialer Ressourcen

In der Behandlung der Trauma-Störungen der in dieser Arbeit besprochenen Patientengruppen sieht sich der Therapeut immer wieder mit einer Vielzahl psychosozialer Problemstellungen konfrontiert, wie Arbeitslosigkeit, Obdachlosigkeit, Kontakt der Patienten zur Drogenszene, misshandelnde Partner. Alle diese Bedingungen stellen nicht nur Folge der maladaptiven Verhaltensweisen der Patienten dar. Sie müssen in der Behandlung zwingend als mögliche aufrechterhaltende Faktoren Beachtung finden. Gelegentlich kommen Therapeuten nicht darum herum, bei bestimmten Problemen selbst zum Berater, zum Modell für die konkrete Lösung von Alltagsproblemen oder gar zum Anwalt des Patienten zu werden.

Transfer

Schließlich ist die persönliche Integration und Identitätsstiftung das Ziel der Psychotherapie aller hier thematisierten Traumaprobleme. Dieses Ziel kann erreicht werden, wenn es gelingt, die traumatischen Erfahrungen in einer Weise ganzheitlich zu integrieren, damit diese die Patienten nicht länger unerwartet und ungewollt überwältigen. Erinnerungen an traumatische Erfahrungen sollten nicht mehr direkt oder konflikthaft als Bedrohung des eigenen Selbst angesehen werden.

In der Konsequenz sollte Psychotherapie deshalb und soweit dies zeitlich möglich ist, immer auch in eine Phase der weiteren Lebensplanung einmünden. Eine solche Transferphase scheint insbesondere bei jenen Patienten geboten, deren bisheriges Leben schon längere Zeit mit dem Handicap ständiger Identitäts-Instabilität belastet war. Um die erreichte Kongruenz weiter zu stabilisieren, sollten Therapeuten sich nicht scheuen, jenen immer gegebenen »Rest unbeeinflussbarer Unsicherheit« anzusprechen, der mit der (immer gegebenen) »stabilen Instabilität« menschlichen Daseins schlechthin zusammenhängt. In dieser Transferphase gilt es also abschließend auch noch, die besondere Last der Faktizität zu beachten, die der Patient zukünftig selbst zu tragen hat.

Literatur

American Psychiatric Association (1994): Diagnostic and Statistical Manual of Mental Disorders. Washington, DC (American Psychiatric Association) (dt.:Diagnostisches und Statistisches Manual Psychischer Störungen DSM-IV, deutsche Bearbeitung und Einführung von H. Saß, H.-U. Wittchen und M. Zaudig. Hogrefe: Göttingen 1996).

Burgess, A. W. & Holmstrom, L. L. (1974): The rape trauma syndrome. In: American Journal of Psychiatry 131, S. 981–986.

Davidson, J.; Foa, E. B.; Blank, A. S.; Brett, E. A.; Fairbank, J.; Green, B. L.; Herman, J. L.; Keane, T. M.; Kilpatrick, D. L.; March, J. S.; McNally, R. J.; Pitman, R. K.; Resnick, H. S. & Rothbaum, B. O. (1996): Posttraumatic Stress Disorder. In: T. A. Widiger; A. J. Frances; H. A. Pincuset al (Hg.) (1996): DSM-IV Sourcebook. Washington, DC (American Psychiatric Press): S. 577–606.

Dolan, B. & Coid, J. (1993): Psychopathic and antisocial personality disorders. Treatment and research issues. London (Gaskell).

Eysenck, H. J. (1977): Crime and Personality. London (Routledge & Kegan Paul).

Fiedler, P. (2001a): Dissoziative Störungen und Konversion. Trauma und Traumabehandlung, 2. Aufl. Weinheim (Beltz PVU).

Fiedler, P. (2001b): Persönlichkeitsstörungen, 5. neu bearbeitete Aufl. Weinheim (Beltz PVU).

Fiedler, P. (2001c): Borderline: Chronifizierte Belastungsstörung oder Persönlichkeitsstörung? – Zur aktuellen Diskussion über die Neubestimmung eines nach wie vor faszinierenden Störungsbildes. In: Verhaltenstherapie und Psychosoziale Praxis 33 (4), S. 661–675.

Fiedler, P. (2002): Dissoziative Störungen. [Reihe: Fortschritte der Psychotherapie]. Göttingen (Hogrefe).

Figley, C. (1978): Stress disorders among Vietnam Veterans: Theory, research, and treatment implications. New York, NY (Brunner/Mazal).

Gibb, B. E.; Wheeler, R.; Alloy, L. B. & Abramson, L. Y. (2001): Emotional, physical, and sexual maltreatment in childhood versus adolescence and personality dysfunction in young adulthood. In: Journal of Personality Disorders 15, S. 505–511.

Herman, J. L. (1992): Complex PTSD: A syndrom of prolonged and repeated trauma. In: Journal of Traumatic Stress 5, S. 377–391.

Laporte, L. & Guttman, H. (1996): Traumatic childhood experiences as risk factors for borderline and other personality disorders. In: Journal of Personality Disorders 10, S. 247–259.

Linehan, M. (1993a): Cognitive behavioral treatment of borderline personality disorder. New York, NY (Guilford) (dt. (1996): Dialektisch-Behaviorale Therapie der Borderline-Persönlichkeitsstörungen. München (CIP-Medien).

Linehan, M. (1993b): Skills training manual for treating borderline personality disorder. New York, NY (Guilford) (dt. (1996): Trainingsmanual zur Dialektisch-Behavioralen Therapie der Borderline-Persönlichkeitsstörungen. München (CIP-Medien).

Links, P. S.; Heslegrave, R. & van Reekum, R. (1999): Impulsivity: Core aspect of borderline personality disorder. In: Journal of Personality Disorders 13, S. 1–9.

Marshall, L. A. & Cooke, D. J. (1999): The childhood experience of psychopaths: A retrospective study of familial and societal factors. In: Journal of Personality Disorders 13, S. 211–225.

Arbeitskreis OPD (Hg.) (1996): Operationalisierte Psychodynamische Diagnostik. Grundlagen und Manual. Bern (Huber).

Paris, J. (1997): Childhood trauma as an etiological factor in the personality disorders. In: Journal of Personality Disorders 11, S. 34–49.

Reddemann, L. & Sachsse, U. (1999): Trauma first! Persönlichkeitsstörungen. In: Theorie und Therapie 3, S. 16–20.

Renneberg, B. & Fiedler, P. (2001): Ressourcenorientierte Therapie der Borderline-Persönlichkeitsstörung: kognitive und interpersonelle Ansätze. In: G. Dammann & P. Janssen (Hg.) (2001): Psychotherapie der Borderline-Störungen. Stuttgart (Thieme): S. 125–135.

Sabo, A. N. (1997): The etiological significance of associations between childhood trauma and Borderline Personality Disorder: Conceptual and clinical implications. In: Journal of Personality Disorders 11, S. 50–70.

Shea, M. T.; Zlonick, C. & Weisberg, R. B. (1999): Commonality and specificity of personality disorder profiles in subjects with trauma histories. In: Journal of Personality Disorders 13, S. 199–210.

Van der Kolk, B.; Perry, J. C. & Herman, J. L. (1991): Childhood origins of self-destructive behavior. In: American Journal of Psychiatry 148, S. 1665–1671.

Zusammenhang von Trauma und Dissoziation

Ursula Gast

Der französische Psychiater Pierre Janet (1859–1947) führte den Begriff der Dissoziation als Desintegration und Fragmentierung des Bewusstseins in die Fachliteratur ein. Als einen der wichtigsten auslösenden Faktoren für dissoziative Symptome nannte Janet (1889) erlebte Traumata, die zu einer Störung der integrativen Funktionen des Bewusstseins führen und sich zu sogenannten »Idées fixes« weiterentwickeln können. Der aktuelle Stand zum Zusammenhang zwischen Trauma und Dissoziation wird in diesem Kapitel anhand komplexer Dissoziativer Störungen, nämlich der Dissoziativen Identitätsstörung (DIS) und ihre Subform, der Nicht Näher Bezeichneten Dissoziativen Störung (NNBDS) beschrieben. Diese Erkrankungen stellen im Syndromspektrum der Dissoziativen Störungen die schwerste Form dar. Bereits in den frühen Fallbeschreibungen der Dissoziativen Identitätsstörung (DIS) wurde ein Zusammenhang zwischen Trauma und Dissoziation geschildert (M. Prince, 1906; W. F. Prince, 1916). Dieser konnte in den letzten 20 Jahren empirisch gut belegt werden.

Im Folgenden werden verschiedene Studien zur Erforschung dieses Zusammenhanges anhand von Fragebogen-Erhebungen dargestellt, ebenso die Erforschung weiterer Prädiktoren, die für die Entwicklung Dissoziativer Störungen Bedeutung haben. Auch werden verschiedene Studien mit DIS-Patienten vorgestellt, in denen Art und Häufigkeit der Traumatisierungen systematisch untersucht wurden. Zudem wird auf die Besonderheiten traumatischer Erinnerungen bei DIS-Patienten eingegangen und die Schwierigkeiten der Validierung von Erinnerungen erläutert. Abschließend wird das posttraumatische Modell vorgestellt, mit Hilfe dessen die Endstehung der Dissoziativen Identitätsstörung beschrieben werden kann.

Korrelationsstudien anhand von Fragebögen

Retrospektive Studien

Um den Zusammenhang zwischen Trauma und Dissoziation zu untersuchen, wurden eine Reihe von Korrelationsstudien bzw. von quasi-experimentellen Gruppenvergleichen durchgeführt, die übereinstimmend

auf einen Zusammenhang zwischen dem Vorliegen von Kindheitstraumatisierungen und dem Ausmaß an dissoziativen Symptomen hinweisen.
Eine tabellarische Übersicht über diese Studien findet sich in Tab. 1.

Studie	Stichprobe	Ergebnisse
Studien mit nicht-klinischen Stichproben		
Becker-Lausen, Sanders & Chincky, 1995	301 Studierende	Kindheitsmisshandlungen korrelieren mit negativen Lebenserfahrungen, wobei Depressivität und Dissoziativität als Mediatorvariablen wirken
Briere & Runtz, 1988	278 weibliche Universitätsangehörige	15% der Teilnehmerinnen berichten über sexuellen Missbrauch vor dem 15. LJ; diese Frauen berichten über höhere Belastungen mit Symptomen von Dissoziation, Somatisierung, Angst und Depression als die nicht-missbrauchten Frauen
Coe, Dalenberg, Aransky & Reto, 1995	447 Studierende	Gewalterfahrungen während der Kindheit korrelieren mit negativem Bindungsstil und erhöhter Dissoziativität
DiTomasso & Routh, 1993	312 Studierende	positive Korrelation zwischen Missbrauchs-Variablen und Dissoziations-Scores
Ferguson & Dacey, 1997	110 weibliche Mitarbeiterinnen medizinischer Einrichtungen	Teilnehmerinnen mit einer Vorgeschichte emotionaler Gewalt während der Kindheit berichteten über signifikant schwerere Symptome von Depressionen und Ängsten und über signifikant häufigere dissoziative Symptome als Teilnehmerinnen ohne entsprechende Erfahrungen
Irwin, 1996	nicht-klinische Stichprobe	positive Korrelation zwischen Kindheitstraumata und dem Ausmaß an dissoziativen Symptomen sowie ein schwächer ausgeprägter negativer Zusammenhang zwischen der subjektiven Verfügbarkeit von emotionaler Unterstützung während der Kindheit und dem Ausmaß an Dissoziativität
Irwin, 1999	je 50 männliche u. weibliche College-Studenten	positive Korrelation zwischen Missbrauchs-Variablen und pathologischer Dissoziation, nicht jedoch zwischen Missbrauchs-Variablen und nicht-pathologischer Dissoziation
Mulder, Beautrais, Joyce & Fergusson, 1998	Allgemeinbevölkerung, n = 1028	6,3% der Stichprobe leiden unter 3 oder mehr häufig auftretenden dissoziativen Symptomen. In dieser Teilstichprobe lag die Prävalenz für sexuellen Missbrauch 2,5x so hoch wie in der restlichen Population, die Prävalenz für körperliche Misshandlung 5x und über die Vorliegen einer akuten psychiatrischen Erkrankung 4x so hoch wie in der restlichen Stichprobe. Körperliche Gewalterfahrungen bzw. akute psychiatrische Erkrankungen korrelieren direkt mit dem Ausmaß dissoziativer Symptome, nicht jedoch sexueller Missbrauch
Studien mit Personen mit (zumeist sexuellen) Gewalterfahrungen		
Cloitre, Scarbalone & Difede, 1997	Frauen mit sexuellen Gewalterfahrungen in Kindheit und im Erwachsenenalter (n = 24), nur im Erwachsenenalter (n = 16) bzw. Frauen ohne sexuelle Gewalterfahrungen (n = 16)	In beiden Gruppen von Gewaltopfern zeigen sich ausgeprägte PTB-Symptome, retraumatisierte Frauen zeigen jedoch häufiger alexithyme Symptome und Dissoziations-Scores, die auf das Vorliegen einer schweren Dissoziativen Störung hindeuten, als Frauen ohne Retraumatisierungen im Erwachsenenalter.
Keaney & Farlex, 1997	53 Frauen mit und 30 ohne eine Vorgeschichte sexuellen Missbrauchs	Unabhängig vom Einfluss körperlicher und/oder anderer nicht-sexueller Missbrauchserlebnisse in der Kindheit zeigen sexuell missbrauchte Frauen höhere Dissoziationswerte als Frauen ohne eine Vorgeschichte von sexuellem Missbrauch in der Kindheit
Malinosky-Rummell & Hoier, 1991	10 Mädchen die innerhalb der letzten 24 Monate sexuell missbraucht wurden vs. 50 Mädchen ohne sexuelle Gewalterfahrungen	familiäre Risikofaktoren korrelieren positiv mit dem Ausmaß an Dissoziation, nach statistischer Kontrolle dieses Einflusses zeigen sexuell missbrauchte Mädchen signifikant höhere Dissoziationswerte als Mädchen ohne sexuelle Gewalterfahrungen
Maynes & Feinauer, 1994	226 Opfer sexuellen Kindesmissbrauchs	positive Korrelation zwischen dem Schweregrad des Missbrauchs und dem Ausmaß an dissoziativen Symptomen und körperlichen Angst-symptomen
Roesler & McKenzie, 1994	188 Opfer (168 w, 20 m) sexueller und nicht-sexueller Gewalt in der Kindheit	nicht-sexuelle Kindheitstraumatisierungen korrelieren mit höherer Symptombelastung in den Bereichen Depression, Selbstwertgefühl, allgemeine Posttrauma-Symptome, sexuelle Störungen, PTB und Dissoziation. Die Varianzaufklärung liegt zwischen 5,2% (Posttrauma-Symptome) und 12,3% (PTB). Sexuelle Kindheitstraumatisierungen korrelieren mit der Symptomausprägung bis zu 20,5% für Dissoziation
Schulte, Dinwiddie, Pribor & Yutzy, 1995	20 männliche Opfer sexuellen Missbrauchs in Kindheit u. Jugend	hohe Prävalenz von affektiven Störungen, Angststörungen, Suchtkrankungen und Dissoziativen Störungen

van der Kolk, Pelcovitz, Roth, Mandel et al., 1996	traumatisierte Menschen mit (n = 395) und ohne (n = 125) Behandlungswunsch	hohe Interkorrelationen zwischen PTB, Dissoziation, Somatisierung und Affekt-Regulationsstörungen, wobei die Symptomatik nach interpersonellen Traumatisierungen stärker ausgeprägt ist als nach Katastrophen und nach interpersonellen Kindheitstraumatisierungen stärker als nach Traumata im Erwachsenenalter
Zlotnick, Begin, Shea & Pearlstein, 1994	56 Frauen mit einer Vorgeschichte körperlicher o. sexueller Kindheitstraumata	mit steigender Anzahl der Täter bei sexuellem Missbrauch steigt das Ausmaß an dissoziativen Symptomen, kein Zusammenhang mit dem Alter bei Beginn des Missbrauchs und der Dissoziativität
Zlotnick, Zakriski, Shea & Costello, 1996	74 Frauen mit und 34 ohne eine Vorgeschichte sexuellen Missbrauchs	Frauen mit Missbrauchserfahrungen zeigten schwerere Symptome einer komplexen posttraumatischen Belastungsstörung incl. ein erhöhtes Ausmaß an dissoziativen Symptomen als Kontrollpersonen
Studien mit psychiatrischen bzw. Psychotherapie-Patienten		
Atlas & Hiott, 1994	57 jugendliche Psychiatriepatienten (m/w) mit und 47 ohne Missbrauchserfahrungen	Missbrauchsopfer zeigen signifikant stärkere dissoziative Symptome als die Kontrollpatienten
Atlas, Wolfson & Lipschitz, 1995	19 Psychiatriepatienten (m/w) mit sexuellen o. körperlichen Gewalterfahrungen u. 14 ohne Missbrauchserfahrung	Missbrauchsopfer zeigen mehr dissoziative Symptome und Somatisierungen als Patienten ohne Missbrauchserfahrungen
Draijer & Langeland, 1999	160 Psychiatriepatienten (m/w)	Dissoziationswerte lassen sich nach multipler Regressions-Analyse über sexuelle und körperliche Gewalterfahrungen sowie mütterliches Fehlverhalten vorhersagen
Kirby, Chu & Dill, 1993	64 Psychiatriepatientinnen mit körperlichen oder sexuellen Gewalterfahrungen	positive Korrelation zwischen dem Schweregrad sexueller Gewalterfahrungen bzw. der Häufigkeit körperlicher Misshandlungen und dem Ausmaß dissoziativer Symptome, negative Korrelation zwischen dem Alter bei Beginn der Misshandlungen und der Dissoziativität
Kroll, Fiszdon & Crosby, 1996	38 Patientinnen in ambulanter psychologischer Beratung	Prävalenz sexuellen Missbrauchs 55%, Dissoziativität korreliert positiv mit einer Vorgeschichte sexuellen Missbrauchs und allgemeinen schlechten Entwicklungs-Bedingungen in der Herkunftsfamilie
Liptschitz, Kaplan, Sorkenn, Chorney et al., 1996	144 ambulante Psychiatriepatienten (m/w)	Dissoziative Symptome korrelieren positiv mit der Ethnizität sowie wiederholten Missbrauchs-Episoden oder Erfahrungen kombinierter Missbrauchsarten in Kindheit oder im Erwachsenenalter; an Missbrauchsvariablen korrelieren wiederholte körperliche Gewalt und Vater-Tochter-Inzest mit der Dissoziativität
Pribor, Yutzy, Dean & Wetzel, 1993	99 ambulate Psychiatrie-Patientinnen	Patientinnen mit hohen Dissoziationsscores und zahlreichen Somatisierungssymptomen berichten häufiger über sexuellen Kindesmissbrauch als Patientinnen mit niedrigen Dissoziationsscores und ohne bzw. wenigen körperlichen Symptomen
Sanders & Giolas, 1991	47 jugendliche Psychiatriepatienten (m/w)	Dissoziations-Scores korrelieren positiv mit subjektiven Berichten über das Ausmaß an körperlicher Gewalt bzw. Bestrafung, sexueller Gewalt, emotionaler Gewalt, Vernachlässigung und einer schlechten allgemeinen Atmosphäre im Elternhaus
Zlotnick, Shea, Pearlstein, Begin, Simpson & Costello, 1996	Psychiatriepatientinnen, davon 81 Inzestopfer (Tatzeitpunkt vor 13. LJ) u. 38 Gewaltopfer (Tatzeitpunkt nach 17. LJ)	Inzestopfer zeigen höhere Dissoziations-Werte als Opfer von körperlicher oder sexueller Gewalt im Erwachsenenalter
Metaanalyse		
Neumann, Houskamp, Pollock & Briere, 1996	Metaanalyse über 38 Studien	unabhängig von den erfassten Symptombereichen zeigt sich ein positiver Zusammenhang zwischen einer Missbrauchsgeschichte und der Symptomatologie im Erwachsenenalter, für die Bereiche Angst, Wut, Depression, Retraumatisierung, Selbstverletzung, sexuelle Probleme, Zwanghaftigkeit, posttraumatische Reaktionen und Somatisierung zeigt sich jeweils ein positiver Zusammenhang mit sexuellen Gewalterfahrungen

Tab. 1: Zusammenhang zwischen Kindheitstraumatisierungen und Dissoziation

Wie aus der Tabelle ersichtlich ist, liegen Studien sowohl aus nicht-klinischen Populationen als auch aus Risikogruppen (Menschen mit Gewalterfahrungen, meist sexueller Art) und psychiatrischen Stichproben vor. Alle Studien zeigen eine positive Korrelation zwischen Kindheitstraumata und dem Ausmaß an dissoziativen Symptomen. Wurde zunächst vermutet, dass vor allem *sexuelle* Gewalt bei der Dissoziation eine entscheidende Rolle spielt (Briere & Runtz, 1988; DiTomasso & Routh, 1993), zeigen neuere Studien an nicht klinischen und klinischen Populationen, dass auch körperliche (Becker-Lausen et al., 1995; Coe et al., 1995) und emotionale Gewalt (Ferguson & Dacey, 1997; Mulder et al., 1998) sowie Vernachlässigung (Irwin, 1996) die Entwicklung dissoziativer Symptome begünstigen. Überraschenderweise finden Mulder et al. (1998) in ihrer relativ großen Stichprobe von 1028 Teilnehmern, dass Dissoziation zwar mit körperlicher Gewalt und psychiatrischen Erkrankungen, nicht aber mit sexuellen Traumatisierungen korreliert, ein Befund, der im Gegensatz zu allen anderen zitierten nicht-klinischen und klinischen Studien steht.

So finden verschiedene Untersuchungen an Risikogruppen das Ergebnis, dass sexuelle Gewalt in der Kindheit stärker mit Dissoziation korreliert als andere Formen von Kindheitstraumatisierungen (Keaney & Farley, 1997; Malinosky-Rummell & Hoier, 1991; Roesler & McKenzie, 1994). Das Ausmaß dissoziativer Symptome korreliert außerdem mit folgenden Faktoren: Retraumatisierungen im Erwachsenenalter (Cloitre et al., 1997); Anzahl der Täter (Zlotnick et al., 1994) und Schweregrad des Missbrauchs (Maynes & Feinauer, 1994). Intrafamiliäre Traumatisierungen zeigen ein höheres Risiko für Dissoziation als Traumatisierungen durch außenstehende Täter (van der Kolk et al., 1996; siehe auch Zlotnick et al., 1996a und 1996b). Auch in den insgesamt 9 Studien mit psychiatrischen Patienten zeigt sich eine hohe Korrelation von kindlichen Traumatisierungen mit Dissoziation. Insbesondere findet sich ein signifikanter Zusammenhang zwischen sexuellem Missbrauch und Dissoziation (Atlas & Hiott, 1994; Atlas et al., 1995; Kroll et al., 1996; Pribor et al., 1993). Das Ausmaß der Dissoziativität korreliert hierbei mit der Schwere der sexuellen Gewalterfahrung und der Häufigkeit körperlicher Misshandlungen (Kirby et al., 1993) sowie mit kombinierten Gewalterfahrungen (sexuelle *und* körperliche Gewalt, Liptschitz et al., 1996). Zusätzlich zu den erwähnten Faktoren spielen aber auch allgemeine schlechte Entwicklungsbedingungen (Kroll et al., 1996), emotionale Gewalt, Vernachlässigung und eine schlechte allgemeine Atmosphäre im Elternhaus (Sanders & Giolas, 1991) sowie mütterliches Fehlverhalten (Draijer & Langeland, 1999) bei der Entwicklung dissoziativer Symptome eine wichtige Rolle.

Eine Meta-Analyse über 38 Studien zeigt einen positiven Zusammenhang zwischen sexuellen Gewalterfahrungen in der Kindheit und späteren Symptomen in den Bereichen Angst, Wut, Depression, Retraumatisierung, Selbstverletzung, sexuelle Probleme, Zwanghaftigkeit, Dissoziativität, posttraumatischen Reaktionen und Somatisierung (Neumann et al., 1996).

Prospektive Studien

Alle in Tab. 1 zusammengestellten Studien geben als retrospektive Zusammenhangs-Analysen Hinweise im Sinne von Indizien auf eine kausale Verbindung zwischen Kindheitstraumata und einer späteren Dissoziativen Störung. Ein ursächlicher Zusammenhang kann damit jedoch nicht bewiesen werden. Um so wichtiger sind die inzwischen ebenfalls vorliegenden, aussagekräftigeren Studien mit Längsschnitt- bzw. prospektivem Ansatz, die in Tabelle 4–2 zusammengestellt sind.

Studie	Stichprobe	Erfassungs-zeitraum	Ergebnisse
Darvez-Bornoz, Berger, Gegiovanni, Gaillard & Lepine, 1999	102 weibliche Opfer intra-familiärer bzw. extra-familiärer Vergewaltigungen	6 Monate follow-up	PTB, dissoziative Störungen, Agoraphobie und Selbstwert-Probleme waren in der Inzest-Gruppe signifikant häufiger als in der Gruppe von Opfern, die von fremden Tätern vergewaltigt wurden
McFie, 1999	missbrauchte vs. nicht-missbrauchte Vorschulkinder (t1: n = 25; t2: n = 92)	2 Messzeitpunkte im Abstand von 12 Monaten	missbrauchte Kinder zeigten zu beiden Zeitpunkten höhere Dissoziationswerte als nicht-missbrauchte Kinder, wobei das Ausmaß an dissoziativen Symptomen bei missbrauchten Kindern zwischen t1 und t2 anstieg, während es bei nicht-missbrauchten Kindern abfiel
Ogawa, Sroufe, Weinfield, Carlson & Egeland, 1997	Risiko-Population: 168 Jugendlichen mit ungünstigen Entwicklungsbedingungen aufgrund von Armut in der Herkunftsfamilie	4 Messzeitpunkte in 19 Jahren	Alter bei Beginn, Chronizität und Schweregrad von Traumatisierungen sind eng mit dem Ausmaß an Dissoziation korreliert; vermeidender und desorganisierter Bindungsstil korrelieren positiv mit Dissoziation

Tab. 2: Prospektive Studien zum Zusammenhang von Kindheitstraumatisierungen und Dissoziation

Es handelt sich um drei Studien, die den Zusammenhang von Trauma und Dissoziation in einem prospektiven Design untersuchen, sonst aber sehr unterschiedlich aufgebaut sind: Die erste Studie (Darves-Bornos et al., 1999) befragt Vergewaltigungsopfer hinsichtlich der Entwicklung von Folgeschäden, während die zweite Studie (McFie, 1999) das Dissoziationsverhalten von Kindern untersucht. Die dritte Studie ist Teil der groß angelegten Minnesota-poverty-sample-Studie (Ogawa et al., 1997), die die Entwicklung von Kindern und Jugendlichen über einen Zeitraum von 19 Jahren hinsichtlich verschiedener Belastungsfaktoren und Symptomentwicklungen untersucht.

Bei der französischen Studie von Darves-Bornos et al. (1999) wurden 102 Klientinnen interviewt, die ein forensisches Zentrum zur Beratung aufsuchten. Es wurde die Frage überprüft, ob es zwischen den Opfern von inzestuösen und nicht-inzestuösen Vergewaltigungen Unterschiede hinsichtlich chronischer psychischer Störungen sowie posttraumatischer Symptome und Verhaltensweisen gibt. Die Probandinnen wurden in einer follow-up-Studie sechs Monate lang mit strukturierten Interviews untersucht. Dabei zeigte sich, dass Inzest-Opfer deutlich mehr Probleme durch Posttraumatische Störungen, Dissoziative Störungen, Agoraphobie sowie durch ein geringes Selbstwertgefühl hatten als die Teilnehmerinnen in der Nicht-Inzestgruppe. Diese Befunde weisen darauf hin, dass eine inzestuöse Vergewaltigung durch ihre zusätzliche Beziehungstraumatisierung als besonders schwerwiegend einzuschätzen ist.

Die zweite, methodisch sehr aufwendige, dreiteilige Studie von McFie (1999) misst das Ausmaß dissoziativer Symptome bei missbrauchten/misshandelten versus nicht-missbrauchten bzw. misshandelten Vorschulkindern (N = 199) sowie deren Verlauf über einen längeren Zeitraum. Hierbei wurde eine Querschnitts-Stichprobe von misshandelten und nicht-misshandelten Kindern (N = 199) mit der Child Dissociative Checklist (CDC; Putnam et al., 1993) untersucht. Sowohl in der Gruppe mit sexuellem Missbrauch als auch in der mit körperlichen Misshandlungen und Vernachlässigungen zeigte sich beim ersten Messpunkt eine höhere dissoziative Symptomatik als in der nicht-traumatisierten Vergleichsgruppe. Darüber hinaus zeigte sich ein positiver Zusammenhang zwischen der Schwere und Chronizität der Misshandlung und Dissoziation.

Im zweiten Teil der Studie wurde ein neues Messinstrument, die Narrative Dissociation Scale (NARR_DIS) entwickelt, die dissoziative Prozesse aus Sichtweise des Kindes erfasst. Hierbei wurde eine Video-Aufnahme der Kinder beim Vervollständigen einer standardisierten Geschichte angefertigt und es wurden dabei auftretende dissoziative Phänomene registriert (z. B. sich aufdrängende traumatische Ereignisse, inkonsistentes Verhalten, kontrollierendes Verhalten, Grandiosität,

Vermeidungsverhalten, Unaufrichtigkeit). Der NARR_DIS wurde an einer Untergruppe von traumatisierten und nicht-traumatisierten Kindern validiert (N = 56).

Der NARR_DIS wurde dann im dritten Teil der Studie verwendet, um Dissoziation bei traumatisierten und nicht-traumatisierten Vorschulkindern im Langzeitverlauf zu messen. Auch hier zeigen traumatisierte Kinder sowohl zu Beginn der Messung als auch bei dem zweiten Messpunkt nach einem Jahr mehr dissoziative Prozesse als nicht-traumatisierte Kinder. Zudem stieg der Grad an Dissoziation bei traumatisierten Kindern zwischen Messpunkt 1 und 2 an, während er bei nicht-traumatisierten Kindern sank. Die Ergebnisse wurden von den Autoren dahingehend interpretiert, dass mit zunehmendem Alter der Kinder die Dissoziation durch physiologische Reifung abnimmt, während traumatisierte Kinder die Dissoziation offensichtlich als Coping-Strategie »brauchten«.

Bei der dritten Studie handelt es sich um eine prospektive Longitudinalstudie mit einem Langzeitverlauf von 19 Jahren, in der das (desorganisierte) Bindungsverhalten und der Zusammenhang zu dissoziativem Verhalten und psychopathologischen Auffälligkeiten in der Adoleszens untersucht wird (Carlson, 1998). Als Stichprobe diente die Minnesotapoverty-sample-Studie. Untersucht wurde eine Stichprobe von N = 130 Kindern über einen Zeitraum von 19 Jahren. Desorganisierte Bindung (siehe unten) erwies sich als signifikanter Prädiktor für späteres dissoziatives Verhalten. Außerdem fand sich ein signifikanter Zusammenhang zwischen diesem Bindungsstil und psychopathologischen Auffälligkeiten. Aus der Stichprobe konnten drei Jugendliche mit dissoziativen Störungen identifiziert werden, alle drei wiesen als Kind eine desorganisierte Bindung mit der Mutter auf.

Prävalenz traumatischer Erfahrungen bei Patienten mit Dissoziativer Identitätsstörung

Angesichts der bisher beschriebenen empirischen Ergebnisse zum Zusammenhang zwischen Trauma und Dissoziation ist es naheliegend, dass in einer Gruppe von hoch-dissoziativen Patienten die Prävalenz von traumatischen Erfahrungen besonders hoch sein muss. So wurde in einer Reihe von Studien aus Nordamerika und Europa übereinstimmend über lang andauernde schwere frühkindliche Traumatisierungen berichtet, meist in Form von sexueller Gewalt, häufig verbunden mit körperlicher und emotionaler Misshandlung sowie extremer Vernachlässigung. Entsprechende Vorerfahrungen wurden regelmäßig von über 90 % der befragten Patienten angegeben (Boon & Draijer, 1993a, b, c; Coons & Milstein, 1986; Putnam et al., 1986; Ross at al., 1989; Ross et al., 1990a, b; Schultz et al., 1989, siehe Tabelle 3). Mit Ausnahme der Studie von Schultz et al. wurden standardisierte Messinstrumente benutzt und die Dissociative Experiences Scale (DES; Bernstein & Putnam, 1986) zusammen mit einem Trauma-Fragebogen und/oder Trauma-Interview eingesetzt. Boon und Draijer (1993 a, b, c) untersuchten zudem das Vorkommen von PTSD in ihrer Stichprobe und fanden in 81 % der Fälle die entsprechenden Kriterien erfüllt.

Studie	N	sexueller Missbrauch %	körperl. Misshandl. %	sex. Missbr. od. körperl. Misshandl. %	kein Trauma %
Putnam et al., 1986	100	83,0	75,0	k.A.	3,0
Coons et al., 1988	50	68,0	60,0	96,0	k.A.
Ross, Norton & Wozney, 1989	236	79,2	74,9	88,5	k.A.
Ross et al., 1990 a und b	102	90.2	82,4	95,1	k.A.
Schultz et al., 1989	355	86,0	82,0	k.A.	2,0
Boon & Draijer, 1993 a, b, c	71	77,5	80,3	94,4	k.A.

Tab. 3: Kindheitstraumatisierungen bei Patienten mit Dissoziativer Identitätsstörung

Um die Formen der Traumatisierungen zu verdeutlichen, über die Patienten mit DIS berichten, soll hier die Untersuchung von Putnam et al. (1986) exemplarisch vorgestellt werden. Die durch das NIMH geförderte Studie fand folgende Ergebnisse (vgl. Abb. 1): Sexuelle Gewalt ist die am häufigsten berichtete Form der Traumatisierung bei Patientinnen mit Dissoziativer Identitätsstörung, meist in Form von Inzest. Häufig handelt es sich um Vater-Tochter-Inzest oder Stiefvater-Stieftochter-Inzest, aber auch von Mutter-Tochter-, Mutter-Sohn- oder Geschwister-Inzest oder inzestuöse Beteiligung mehrerer Familienmitglieder wird erzählt. Neben den Berichten von oralen, genitalen und analen sexuellen Kontakten wird auch regelmäßig über ungewöhnliche »Hygienepraktiken« berichtet, die in sexuell und körperlich missbräuchlicher Form bei den Patientinnen durchgeführt wurden.

Vergleicht man den sexuellen Missbrauch, der von Patientinnen mit Dissoziativer Identitätsstörung berichtet wurde, mit den Berichten von anderen Missbrauchsopfern, so fällt nach Putnam die extrem sadistische Qualität auf, die regelmäßig von DIS-Patientinnen berichtet wird. Extreme Gewaltanwendung in Form von Fesselungen, Penetration von Vagina, Mund und Anus mit Instrumenten sowie verschiedene Formen von physischer und sexueller Folter werden dargestellt. Viele Patientinnen mit DIS berichten, von verschiedenen Tätern oder Tätergruppen sexuell missbraucht worden zu sein, zu Kinderprostitution gezwungen oder von Familienmitgliedern oder von Partnern der Mutter als Sexualobjekt angeboten worden zu sein.

Über körperliche Gewalt wird zusätzlich von ca. 75 % aller DIS-Patienten in verschiedenen Studien mitgeteilt. Die Gewalterfahrung reicht von mit Fäusten geschlagen werden bis zu bizarren Formen körperlicher Folter. Schlagen mit Gegenständen, Verbrennungen mit Streichhölzern oder Bügeleisen, Schneiden mit Rasierklingen oder Glas sind häufig berichtete Erfahrungen. Viele Patienten berichten über körperliche Misshandlungen, die in ritualisierter Form von den Missbrauchern praktiziert wurden, häufig verbunden mit der Erklärung, dass sie dadurch »gereinigt« würden. Einige Multiple berichten zudem von Misshandlungen im Kontext von satanischen und Kult-Ritualen.

Verschiedene Formen von emotionalem Missbrauch werden ebenfalls festgehalten. Lächerlich machen, Erniedrigungen, Verunglimpfungen und Schuldzuweisungen wurden häufig systematisch in der Kindheit auf die Patienten angewandt. Auch wenn keine reale körperliche Misshandlung praktiziert wurde, wurden viele Kinder mit Androhungen von schwerer Strafe und Gewalt eingeschüchtert. Verschiedene Gegenstände oder sogar Haustiere wurden vor den Augen der Kinder zerstört, als Machtdemonstration dafür, was ihnen zustoßen könnte, wenn sie nicht gehorchen. Viele Kinder wurden von anderen isoliert und ihnen wurde verboten, Spielkameraden zu haben. Sie wurden in ihren Möglichkeiten behindert, zu lernen, praktische Fähigkeiten zu erwerben oder basale medizinische Hilfe in Anspruch zu nehmen.

In den wenigen Fällen, in denen weder Missbrauch noch Misshandlung gefunden wurden, spielten zumeist andere schwere Traumatisierungen eine Rolle, z. B. extreme Armut oder Zeuge werden von Kriegshandlungen, bei denen eigene Angehörige ums Leben kamen. Auch Trau-

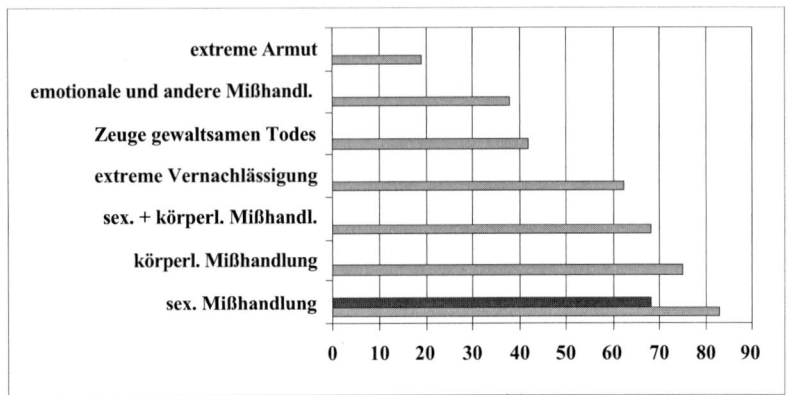

Abb. 1: Häufigkeit verschiedener Arten von Kindheits-Traumata bei 100 DIS-Patienten (%) NIMH-Untersuchung von Putnam et al., 1986

matisierungen durch langwierige medizinische Eingriffe, verbunden mit Deprivation, wurden bei einigen Patientinnen gefunden. Es blieben zudem einige Fälle, in denen sich keine solchen schwerwiegenden Belastungssituationen in der Lebensgeschichte der Patientinnen finden ließen (in ca. 2–3 % der Fälle, siehe Putnam et al., 1986 und Schultz et al., 1989), worauf weiter unten im Zusammenhang mit der Bindungsforschung noch ausführlicher eingegangen werden soll.

Zur Bewertung traumatischer Erinnerungen

Da viele Veröffentlichungen über den Zusammenhang von Trauma und Dissoziation auf Patientenberichten beruhen, wurde von einigen Autoren der Rückschluss gezogen, dass es keine nachweisbare Verbindung zwischen Dissoziativer Identitätsstörung und Kindheitstraumatisierungen gibt (Frankel, 1993; Ofshe & Watters, 1993; Spanos, 1994; Spanos & Burgess, 1994). Der Zusammenhang zwischen Trauma und Dissoziativer Identitätsstörung wurde als rein zufällig angesehen (Spanos, 1994) oder es wurde vermutet, dass es sich bei den Trauma-Angaben um iatrogene, konfabulierte oder in Hypnose von Psychotherapeuten suggerierte Pseudo-Erinnerungen handelt (Frankel, 1993; Spanos, 1994). Zweifel am Realitätsgehalt der Traumaangaben entstanden insbesondere dann, wenn es sich um Kindheitstraumata handelte, die im Rahmen einer Psychotherapie wieder erinnert wurden. Der Wahrheitsgehalt wurde entweder in Gänze (Brenneis,

1996; Frankel, 1993; Ganaway, 1989, 1994; Hacking, 1995; Piper, 1994; Simpson, 1995) oder teilweise (Kluft, 1984, 1993, 1995, 1996b) angezweifelt.

Zum Problem der Pseudo-Erinnerungen, insbesondere auch im Zusammenhang mit wiedererlangten Erinnerungen (»recovered memories«) haben inzwischen verschiedene Fachgesellschaften in Positionspapieren Stellung genommen und darin die Erkenntnisse der Trauma- und Gedächtnisforschung zusammengefasst (American Psychiatric Association, 1994; American Medical Association, 1995; Amercian Psychological Association, 1995; British Psychological Society, 1995; Canadian Psychiatric Association: Blackshaw et al., 1996; European Therapy Studies Institute: Winbolt, 1996; International Society for Traumatic Stress Studies, o. J.). Danach kann es sich bei Trauma-Angaben sowohl um valide, als auch um konfabulierte oder Pseudo-Erinnerungen (falsche Erinnerungen) handeln, die in verschiedenen Kombinationen auftreten können. Diese Erkenntnisse implizieren eine therapeutische Empfehlung zum Umgang mit traumatischem Material, die von Brenneis (1994) in die treffende Formel gebracht wurde, »skeptisch zu glauben und empathisch zu zweifeln«.

Neben den Phänomenen der konfabulierten und Pseudo-Erinnerungen ist bei DIS-Patienten zusätzlich das Problem der »multiplen Realitäten« zu bedenken, da jeder Persönlichkeitszustand nur über selektive Erinnerungen verfügt und daraus andere Schlussfolgerungen zieht. Auf die daraus erwachsenden besonderen Schwierigkeiten der Wahrheitsfindung bei DIS-Patienten hat Kluft (1984, 1993, 1995, 1996b) mit eindrucksvollen Fallbeispielen hingewiesen (siehe auch Gast 2003b). Zudem gibt es eine Fülle von Belegen für die erhöhte Suggestibilität der DIS-Patienten (Kluft, ebd.). Trotz dieser Gegebenheiten gibt es keinen wissenschaftlichen Beleg dafür, dass konfabulierte oder Pseudo-Erinnerungen in einem klinisch relevanten Maße in Therapien suggeriert werden (Brown, 1995; Chu & Bowman, 2000; Kluft, 1998; Pope, 1996).

Über die oben beschriebenen Prävalenzstudien hinaus gibt es weitere wissenschaftliche Belege, dass es sich bei DIS-Patienten um eine schwerst-traumatisierte Patientengruppe handelt. Eine Reihe von Autoren konnten in bis zu 100 % der Fälle für die Berichte ihrer Patienten über Traumatisierungen während der Kindheit Belege durch offizielle Aufzeichnungen (z. B. Kranken- oder Gerichtsakten, Jugendamt etc.) vorweisen (Bliss, 1984; Coons, 1984; Coons & Milstein, 1986; Hornstein & Putnam, 1992; siehe auch Kluft,, 1995, 1996a, 1998).

Außerdem weisen viele DIS-Patienten zusätzlich die Symptomatik einer posttraumatischen Belastungsstörung auf. Boon und Draijer (1993a, b, c) fanden, wie bereits oben erwähnt, diese zusätzliche Diagnose in 89 % der 49 untersuchten Fälle. Auch Ellason et al. (1996) fanden eine hohe Komorbidität von PTSD (79,2 %) bei den von ihnen untersuchten 107 DIS-Patienten. Als weitaus häufigste komorbide Achse-II -Erkrankung wird in der selben Studie in ca. 56 % der Fälle eine Borderline-Persönlichkeitsstörung gefunden. Bei dieser wird ebenfalls eine relativ hohe Prävalenz traumatischer Erfahrungen gefunden (siehe Gast, 2000). Auch in anderen Studien wurde eine große Überlappung der beiden Störungsbilder festgestellt (Coons & Sterne, 1986; Horevitz & Braun, 1984, siehe auch Gleaves et al., 2001).

Zusammenhang zwischen Dissoziation und Bindung

Wie oben beschrieben, begünstigen kindliche Traumatisierungen in Form emotionaler, körperlicher und sexueller Misshandlung die Entwicklung dissoziativer Symptome und Störungen. Neben diesen Faktoren spielen aber auch emotionale Vernachlässigung und elterliches Fehlverhalten eine ähnlich gravierende Rolle. Die Bindungsforschung hat durch ihre unmittelbare Beobachtung der Interaktion zwischen dem Kind und seinen Beziehungspersonen wichtige Aufschlüsse zum Zusammenhang zwischen Bindung und Dissoziation erbracht.

Ein wichtiges Instrument ist hier eine standardisierte Untersuchungssituation, die nach ihrer Autorin benannte Ainsworth-Strange-Situation (Ainsworth et al., 1978). Es handelt sich dabei um eine strukturierte Beobachtungssituation im Labor, bei der einjährige Kinder einer moderat stressvollen Situation in Form einer kurzen Trennung von ihren Eltern ausgesetzt werden. Beobachtet wird das Verhalten des Kindes während der Trennung von der Bezugsperson sowie nach deren Rückkehr in den Untersuchungsraum. Im Rahmen dieses Forschungssettings wurden anhand der kindlichen Verhaltensweisen vier charakteristische Bindungsmuster identifiziert: Das sichere Bindungsverhalten, das unsicher-vermeidende sowie das unsicher ambivalente Verhalten und schließlich das hier besonders interessierende desorganisierte/desorientierte Bindungsverhalten.

Bei Kindern mit desorganisiertem/desorientiertem Bindungsverhalten wurden charakteristische Verhaltensweisen beobachtet, die eine phänotypische Ähnlichkeit zu dissoziativen Symptomen bei Erwachsenen aufwiesen, nämlich tranceähnliche Zustände und dissoziiert erscheinende Handlungsabläufe wie z. B. verlangsamtes oder »eingefrorenes« Bewegungs- und Ausdruckverhalten, erstarrte Gesten mit in der Luft erhobenen Armen und Händen etc. (Main & Hesse, 1990; Liotti, 1992; Main & Morgan, 1996). In dieser Population mit desorganisiertem/desorientierten Bindungsverhalten fand sich ein sehr hoher Anteil von misshandelten Kindern. Diese Befunde unterstützen die Vermutung von Putman (1994), dass es bei traumatisierten Kindern zu einer mangelnden Modulierung und fehlenden Integration verschiedener angeborener »states« kommt. Wie oben bereits beschrieben, zeigt sich im Langzeitverlauf, dass der desorganisierte/ desorientierte Bindungsstil ein wichtiger Prädiktor für die spätere Entwicklung einer Dissoziativen Störung ist (Carlson, 1998).

Von besonderem Interesse waren für Main und Hesse (1990, 1992) aber auch die Unterstichproben von Kindern mit desorganisiertem/desorientiertem Bindungsmuster und gleichzeitig *niedrigem* Trauma-Risiko. Sie befragten die Eltern dieser Unterstichprobe über mögliche eigene traumatische Erfahrungen (z. B. über Missbrauch durch Beziehungspersonen oder Tod nahestehender Personen). Nachgewiesene mikro-dissoziative Pausen (»lapses«) im Gesprächsverlauf, wenn die Eltern über die erfragten traumatischen Erfahrungen berichten, erwiesen sich hierbei als Prädiktor für ein desorganisiertes/desorientiertes kindliches Bindungsmuster. Main & Hesse nehmen an, dass das Verbindungsstück zwischen elterlichen Gesprächslücken und kindlichem desorganisierten Verhalten in Episoden liegt, in denen das elterliche Verhalten ängstlich oder angstmachend wirkt. Vermutlich reagieren die Eltern in diesen Episoden auf partiell dissoziierte Trauma-Erinnerungen, die durch die Interaktion mit dem Kind angestoßen wurden. Dieses induzierte, ursprünglich traumagenerierte elterliche Verhalten konfrontiert das Kind mit so widersprüchlichen Signalen, dass es zu einem Zusammenbruch von Verhaltens- und Aufmerksamkeitsstrategien kommt, wie dies bei desorganisiertem Bindungsverhalten zu beobachten und durch die »lapses« im Untersuchungsgespräch vorhersehbar gemacht wird.

Main und Morgan (1996) nahmen ferner an, dass traumatische Erinnerungen, die ängstliches oder ängstigendes Verhalten der Eltern hervorrufen, sich später bei einigen Kindern als persönliche (aber falsche) Erinnerung an ein eigenes Trauma, das der von den Eltern erlebten Katastrophe ähnelt, »vermischen« kann, da das kindliche Bewusstsein in den Situationen tranceähnlich verändert war, in denen es das ängstliche/ängstigende elterliche Verhalten beobachtete (ebd.). Diese Thesen stellen im Zusammenhang mit der Erinnerungsforschung einen wichtigen Beitrag dar, um sowohl die transgenerationelle Weitergabe von traumatischen Erfahrungen als auch die Entstehung von Pseudo-Erinnerungen verständlich zu machen.

Konstitutionelle Faktoren

Neben Belastungsfaktoren traumatischer Natur sowohl in der eigenen Lebensgeschichte als auch in der der Eltern spielen konstitutionelle (z. B. Phantasiefähigkeit) und weitere genetisch mitdeterminierte Faktoren ebenfalls eine wichtige Rolle. Bereits Janet (1889) nahm hereditäre Faktoren für die Entstehung dissoziativer Symptome und Störungen an. Er schlug im Grunde ein Diathese-Stress-Modell vor, bei dem neben traumatischen Erlebnissen eine konstitutionelle, d. h. im wesentlichen genetische Prädisposition zur Dissoziation vorausgesetzt wird. Für dieses Modell spricht die Beobachtung, dass nicht alle in ihrer Kindheit schwer traumatisierten Menschen eine komplexe Dissoziative Störung entwickeln (sondern z. B. eine Borderline-Störung oder Somatisierungsstörung). Zu konstitutionellen und genetischen Faktoren liegen folgende zwei Studien vor:

Pekala et al. (1999) untersuchten die Dissoziation als Funktion von Kindheitstraumatisierung und *Phantasiefähigkeit.* Hierbei wurde eine männliche Stichprobe (N = 1229) von Abhängigkeits-Kranken untersucht. Als Instrumente wurde der DES, ein Fragebogen zur Erfassung traumatischer Kindheitserlebnisse sowie ein Inventar zur Erfassung von Erinnerungs- und Vorstellungsvermögen eingesetzt. In der Studie zeigten sich sowohl Phantasiefähigkeit als auch sexuelle Traumatisierung gleichermaßen als Prädiktoren für Dissoziation.

Die einzige Arbeit zur *Genetik* dissoziativer Psychopathologie wurde von Jang et al.(1998) erstellt. Es handelt sich um eine Zwillingsstudie mit Paaren aus der Normalbevölkerung. Das Ergebnis der Studie zeigte, dass sich die Hälfte der Varianz sowohl der nicht pathologischen als auch der pathologischen Dissoziation auf genetische Faktoren zurückführen ließ. Die Aussage der Studie ist jedoch dadurch begrenzt, dass keine hoch dissoziativen Patienten untersucht wurden. So steht eine Replikation dieser Befunde insbesondere für eine klinische Stichprobe noch aus. Dennoch sind die Befunde grundsätzlich mit einem Diathese-Stress-Modell der Dissoziation vereinbar.

Das posttraumatische Modell

Auf der Basis der dargestellten Studien (siehe Tabelle 1–3), nach denen 1. ein signifikanter Zusammenhang zwischen Trauma und Dissoziation nachgewiesen werden konnte und 2. Patienten mit Dissoziativer Identitätsstörung in über 90 % der Fälle von schweren Traumatisierungen berichten, wird die Dissoziative Identitätsstörung als chronische, komplexe, polysymptomatische posttraumatische Erkrankung angesehen (Braun, 1986; Kluft, 1984b, 1985a, 1998; Loewenstein, 1991a; Putnam, 1985, 1989; Putnam et al., 1986; Ross, 1989; Ross et al., 1989; Schultz et al., 1989). Die dissoziative Antwort auf diese frühen und wiederholten Traumata wird als Überlebensstrategie verstanden, die dem Individuum hilft, mit den überwältigenden Erfahrungen fertig zu werden (Nijenhuis et al., 1998).

Nach diesem Modell werden durch wiederholte Traumatisierungen alternative Persönlichkeits- oder Selbstzustände gebildet, die die dissoziierten Aspekte des Gesamtindividiums abgekapselt und abgespalten im Gedächtnis aufheben (Gleaves, 1996). Aus der Gedankenwelt eines kleinen Kindes heraus ist die Entwicklung der Störung folgendermaßen vorstellbar: Das Kind phantasiert, die (sexuelle) Traumatisierung sei nicht ihm, sondern einer anderen Person oder nur im Traum passiert (Ross, 1989). Unter dem Einfluss wiederholter Traumatisierungen kann sich die Identität aufsplitten und es können alternative Persönlichkeits- oder Selbstzustände herausgebildet werden, die sich an den Missbrauch oder die Misshandlung nicht mehr erinnern. Dadurch kann das Kind seine Beziehungsfähigkeit zur traumatisierenden Bezugsperson ohne unerträgliche Ambivalenzkonflikte aufrecht erhalten (Herman, 1992). Der Preis für diese Art der Traumabewältigung ist eine unkontrollierbare Dissoziation im Erwachsenenalter mit Amnesie, Entfremdungserleben und einem tiefgreifend fragmentierten Selbst- und Identitätserleben.

Dissoziative Störungen ohne nachweisbares Trauma

Grundsätzlich muss bei der therapeutischen Exploration und Aufarbeitung der Lebensgeschichte von hoch-dissoziativen Patienten aber auch die Möglichkeit in Betracht gezogen werden, dass *kein Trauma* vorliegt, wie dies bei einer kleinen Subgruppe von DIS-Patienten der Fall ist. (3 % bei Putnam et al., 1986, 2 % bei Schultz et al., 1989). Diese Ergebnisse führen zu der Frage, wie sich dennoch eine dermaßen schwere dissoziative Phänomenologie entwickeln konnte. Das Modell der transgenerationellen Weitergabe stellt hierbei einen wichtigen Schlüssel zum Verständnis dar. Wie oben bereits geschildert, können traumatisierte Eltern ihre angstmachenden Erfahrungen an ihre Kinder weitergeben und eine dissoziative Entwicklung in ihnen begünstigten oder anstoßen. Diese Möglichkeit soll hier an zwei eigenen Fallbeispielen verdeutlicht werden. In beiden Fällen handelt es sich um Patientinnen mit der Diagnose Nicht Näher Bezeichneter Dissoziativer Störung, die die Autorin über einen längeren Zeitraum selbst behandelte (Fall 1) bzw. supervidierte (Fall 2).

Im ersten Fall handelt es sich um eine Patientin mit der Vordiagnose einer Borderline-Persönlichkeitsstörung, bei der im Laufe einer analytischen Therapie zusätzlich eine schwere Depersonalisations- und Trance-Störung deutlich wurde (Nicht Näher Bezeichnete Dissoziative Störung Typ II). An klinischen Symptomen zeigte sich eine Depersonalisation, verschiedenste somatoforme Dissoziationen einschließlich des Empfindens, dass die rechte Gesichts- und Körperhälfte zu Stein erstarrt sei. Ebenso traten regelmäßig bis zu Stunden anhaltende Trance-Symptome auf. In der vier Jahre andauernden modifizierten psychoanalytischen Behandlung gab es immer wieder Phantasien über sexuellen Missbrauch, zumal der Vater der Patientin gelegentliche Alkoholexzesse hatte und dann ein übergriffiges Verhalten bei seinen Zärtlichkeitsbekundungen zeigte. Es gab aber keine darüber hinaus gehenden Erinnerungen, die die Diagnose eines sexuellen Missbrauchs gerechtfertigt hätte, obwohl die Patientin dies gelegentlich vermutete, befürchtete und auch Phantasien darüber anstellte. In der Therapie wurde zunehmend deutlich, dass die Mutter der Patientin sowohl durch häusliche Gewalt (körperliche und sexuelle Misshandlungen durch den alkoholkranken Großvater) als auch durch Kriegserlebnisse traumatisiert war. Als gravierendstes Trauma hatte sie als vierjährige auf der Flucht aus Ostpreußen miterlebt, dass ihre jüngeren Geschwister an ihrer Seite erfroren und förmlich erstarrt waren. Die Parallele dieser traumatischen Erfahrungen der Mutter zu dem subjektiv überwältigenden Erleben der körperlichen Erstarrung der einen Körperhälfte der Patientin war für diese von großer Evidenz. Gleichzeitig war es für die Patientin eine spürbare Entlastung, hierin eine vom Evidenzerleben schlüssige und entlastende Erklärung zu finden, so dass die Phantasien über einen möglichen eigenen sexuellen Missbrauch im weiteren Verlauf der Therapie keine Rolle mehr spielten.

Die zweite Patientin, Frau K. zeigte eine komplexe Dissoziative Symptomatik: Es lagen ausgeprägte Amnesien, Fugue-Zustände, Depersonalisations- und Derealisations-Symptome in schwerer Form vor. Zudem erlebte die Patientin zwei umschriebene Selbstzustände, die sie zwar als ich-fremd, aber doch grundsätzlich zu sich dazugehörig erlebte. Diese verschiedenen Selbstzustände konnten im Rahmen einer ambulanten psychodynamischen Psychotherapie von der Therapeutin beobachtet und sicher identifiziert werden. Anamnestisch war zu erfahren, dass die Patientin im fünften Lebensjahr ihre Mutter verloren hatte und von da an von ihrem Vater aufgezogen wurde, dem die Versorgung des Kindes nur mit Mühe und mit zeitweiliger Unterstützung des Jugendamtes gelang. Dennoch ließen sich im Laufe der Behandlung keine schweren Traumatisierungen evaluieren, die eine derart tiefgreifende dissoziative Symptomatik schlüssig erklärt hätten. Es stellte sich aber heraus, dass beide Eltern Holocaust-Opfer waren und beim Vater Menschenversuche durchgeführt worden waren. Bei solchen Extremtraumatisierungen der Eltern ist es sehr wohl vorstellbar, dass bei der körperlichen Versorgung des Kindes eine Fülle an Triggersituationen entstehen können, die die Interaktion zwischen Eltern und Kind erheblich stören und im Kind schwere Angstsituationen auslösen konnten.

Diese Beispiele zeigen, dass trotz hoher Prävalenz von (sexuellen) Traumatisierungen bei DIS-Patienten und Patienten mit NNBDS eine vorschnelle Annahme von bestimmten Traumatisierungen, insbesondere sexuellem Missbrauch, nicht gerechtfertigt ist und dass bei der Rekonstruktion der Lebensgeschichte eine unvoreingenommene therapeutische Haltung notwendig ist.

Zusammenfassung

Ein Zusammenhang zwischen Traumatisierungen in der Kindheit und der Entwicklung späterer komplexer Dissoziativer Störungen ist empirisch gut belegt. Entsprechend finden sich hohe Prävalenzzahlen von traumatischen Erfahrungen bei Patientenpopulationen mit Dissoziativer Identitätsstörung (und Nicht Näher Bezeichnete Dissoziative Störung Typ I). Die Symptomatologie dieser Krankheitsbilder werden danach als psychobiologische Antwort auf schwere kindliche Traumatisierungen in einem bestimmten Zeitfenster angesehen. Es gibt allerdings eine kleine Subpopulation von Patientinnen und Patienten mit komplexen Dissoziativen Störungen (ca. 1–3 % der DIS-Patienten), bei denen sich keine schweren Traumata in der Kindheit nachweisen lassen. Möglicherweise spielen in diesen Fällen schwere Traumatisierungen in der Elterngeneration ätiologisch eine wichtige Rolle. Das Modell der transgenerationellen Weitergabe stellt hierbei einen wichtigen Schlüssel zum Verständnis der Symptomentwicklung dar und bietet zudem eine These, wie traumatische Erinnerungen als Pseudoerinnerungen an die nächste Generation weitergegeben werden können.

Neben traumatischen Einflüssen tragen auch noch andere Einflüsse zur Entwicklung einer schweren Dissoziativen Störung bei. Hierbei spielen vor allem das frühkindliche Bindungsverhalten sowie die Phantasiefähigkeit und genetische Faktoren eine Rolle. Diese zusätzlichen Faktoren können zur Klärung der Frage beitragen, warum nicht alle schwer traumatisierten Kinder eine Dissoziative Identitätsstörung entwickeln, sondern z. B. eine Somatisierungsstörung oder eine Borderline-Persönlichkeitsstörung.

Literatur

Ainsworth, M.; Blehar, M.; Waters, E. & Wall, S. (1978): Patterns of attachement. A psychological study of the strange situation. Hillsdale, N.J. (Erlbaum).

American Medical Association, Council on Scientific Affairs (1995): Report on memories of childhood abuse. In: International Journal of Clinical and Experimental Hypnosis 43, S. 114–117.

American Psychiatric Association (1994): Diagnostic and Statistical Manual of Mental Disorders, 4. Aufl. Washington, DC (American Psychiatric Association).

American Psychological Association (1995): APA board of directors statement on recovered memories.

Atlas, J. A. & Hiott, J. (1994): Dissociative experiences in a group of adolescents with a history of abuse. In: Perceptual and Motor Skills 78, S. 121–122.

Atlas, J. A.; Wolfson, M. A. & Lipschitz, D. S. (1995): Dissociation and somatization in adolescent inpatients with and without history of abuse. In: Psychological Reports 76, S. 1101–1102.

Becker-Lausen, E.; Sanders, B. & Chincky, J. M. (1995): Mediation of abusive childhood experiences: Depression, dissociation, and negative life outcomes. In: American Journal of Orthopsychiatry 65, S. 560–573.

Bernstein, E. M. & Putnam, F. W. (1986): Development, reliability, and validity of a dissociation scale. In: Journal of Nervous & Mental Disease 174, S. 727–735.

Blackshaw, S.; Charandarana, P.; Garneau, Y.; Merskey, H. & Moscarello, R. (1996): Adult recovered memories of childhood sexual abuse. In: Canadian Journal of Psychiatry 41, S. 305–306.

Bliss, E. L. (1984): Spontaneous self-hypnosis in multiple personality disorder. In: Psychiatric Clinics of North America 7, S. 135–148.

Boon, S. & Draijer, N. (1993a): The differentiation of patients with MPD or DDNOS from patients with a cluster B personality disorder. In: Dissociation 6, S. 126–135.

Boon, S. & Draijer, N. (1993b): Multiple personality disorder in the Netherlands. Amsterdam (Zwets & Zeitlinger).

Boon, S. & Draijer, N. (1993c): Multiple personality disorder in the Netherlands: A clinical investigation of 71 patients. In: American Journal of Psychiatry 150, S. 489–494.

Braun, B. G. (Hg.) (1986): Treatment of multiple personality. Washington, DC (American Psychiatric Press).

Brenneis, C. B. (1994): Belief and suggestion in the recovery of memories of childhood sexual abuse. In: Journal of the American Psychoanalytic Association 42, S. 1027–1053.

Brenneis, C. B. (1996): Multiple personality: Fantasy proneness, demand characteristics, and indirect communication. In: Psychoanalytic Psychology 13, S. 367–387.

Briere, J. & Runtz, M. (1988): Symptomatology associated with childhood sexual victimization in a nonclinical adult sample. In: Child Abuse and Neglect 12, S. 51–59.

British Psychological Society (1995): Report by the working group on recovered memories. Leicester (The Britisch Psychological Society).

Brown, D. (1995): Pseudomemories, the standard of science, and the standard of care in trauma treatment. In: American Journal of Clinical Hypnosis 37, S. 1–24.

Carlson, E. A. (1998): A prospective longitudinal study of attachment disorganization / disorientation. In: Child Development 69, S. 1107–1128.

Chu, J. A. & Bowman, E. S. (2000): Trauma and dissociation: 20 years of study and lessons learned along the way. In: Journal of Trauma and Dissociation 1, S. 5–20.

Cloitre, M.; Scarbalone, P. & Difede, J. A. (1997): Posttraumatic stress disorder, self- and interpersonal dysfunction among sexually retraumatized women. In: Journal of Traumatic Stress 10, S. 437–452.

Coe, M. T.; Dalenberg, C. J.; Aransky, K. M. & Reto, C. S. (1995): Adult attachment style, reported childhood violence history and types of dissociative experiences. In: Dissociation 8, S. 142–154.

Coons, P. M. (1984): The differential diagnosis of multiple personality. In: Psychiatric Clinics of North America 7, S. 51–67.

Coons, P. M.; Bowman, E. S. & Milstein, V. (1988): Multiple personality disorder: A clinical investigation of 50 cases. In: Journal of Nervous and Mental Disease 176, S. 518–527.

Coons, P. M. & Milstein, V. (1986): Psychosexual disturbances in multiple personality, characteristics, etiology, and treatment. In: Journal of Clinical Psychiatry 47, S. 106–110.

Coons, P. M. & Sterne, A. L. (1986): Initial and follow-up testing on a group of patients with multiple personality disorder. In: Psychological Reports 58, S. 43–49.

Darvez-Bornoz, J. M.; Berger, C.; Gegiovanni, A.; Gaillard, P. L. & Lepine, J. P. (1999): Similarities and differences between incestuous and non-incestuous rape in a French follow-up study. In: Journal of Traumatic Stress 12, S. 613–623.

DiTomasso, M. J. & Routh, D. K. (1993): Recall of abuse in childhood and three measures of dissociation. In: Child Abuse and Neglect 17, S. 477–485.

Draijer, N. & Langeland, W. (1999): Childhood trauma and perceived parental dysfunction in the etiology of dissociative symptoms in psychiatric inpatients. In: American Journal of Psychiatry 156, S. 379–385.

Ellason, J. W.; Ross, C. A. & Fuchs, D. L. (1996): Lifetime axis I and II comorbidity and child-hood trauma history in dissociative identity disorder. In: Psychiatry 59, S. 255–266.

Ferguson, K. S. & Dacey, C. M. (1997): Anxiety, depression and dissociation in women health care providers reporting a history of childhood psychological abuse. In: Child Abuse and Neglect 21, S. 941–952.

Frankel, F. H. (1993): Adult reconstruction of childhood events in the multiple personality disorder. In: American Journal of Psychiatry 150, S. 954–958.

Ganaway, G. K. (1989): History versus narrative truth: Clarifying the role of exogenous trauma in the etiology of MPD and its variants. In: Dissociation 2, S. 205–220.

Ganaway, G. K. (1994): Transference and countertransference shaping influences on dissociative syndromes. In: S. J. Lynn & J. W. Rhue (Hg.) (1994): Dissociation: Clinical and theoretical perspectives. New York (Guilford Press). S. 317–337.

Gast, U. (2000): Diagnostik und Behandlung Dissoziativer Störungen. In: F. Lamprecht (Hg.) (2000): Einführung in die Traumatherapie – was kann EMDR leisten. Stuttgart (Klett-Cotta).

Gast, U. (2003a): Der psychodynamische Ansatz bei der Behandlung Dissoziativer Störungen. In: A. Eckhardt- Henn & S. O. Hoffmann (Hg.) (2003a): Diagnostik und Behandlung Dissoziativer Störungen. Stuttgart (Schattauer).

Gast, U. (2003b): Die Dissoziative Identitätsstörung. In: A. Eckhardt- Henn & S. O. Hoffmann (Hg.) (2003b): Diagnostik und Behandlung Dissoziativer Störungen. Stuttgart (Schattauer).

Gleaves, D. H. (1996): The sociocognitive model of dissociative identity disorder: a reexamination of the evidence. In: Psychological Bulletin 120, S. 42–59.

Gleaves, D. H.; May, C. M. & Cardena, C. (2001): An examination of the diagnostic validity of dissociative identity disorder. In: Clinical Psychological Review 21, S. 577–608.

Hacking, I. (1995): Rewriting the soul: Multiple personality and the sciences of memory. Princeton, NJ (Princeton University Press).

Herman, J. L. (1992): Complex PTSD: A syndrom of prolonged and repeated trauma. In: Journal of Traumatic Stress 5, S. 377–391.

Horevitz, R. P. & Braun, B. G. (1984): Are Multiple Personalities Borderline? An analysis of 33 cases. In: Psychiatric Clinics of North America 7, S. 69–83.

Hornstein, N. L. & Putnam, F. W. (1992): Clinical phenomenology of child and adolescent multiple personality disorder. In: Journal of the American Academy of Child and Adolescent Psychiatry 31, S. 1055–1077.

International Society for Traumatic Stress Studies Childhood trauma remembered – A Report on the Current Scientific Knowledge Base and Its Application. http://www.istss.org.

Irwin, H. J. (1996): Traumatic childhood events, perceived availability of emotional support, and the development of dissociative tendencies. In: Child Abuse and Neglect 20, S. 701–707.

Janet, P. (1889): L' automatisme psychologique. Paris (Félix Alcan). Reprint: Paris 1973 (Société Pierre Janet).

Jang, K. L.; Paris, J.; Zweig-Frank, H. & Livesley, W. J. (1998): Twin study of dissociative experience. In: Journal of Nervous and Mental Disease 186, S. 345–351.

Keaney, J. C. & Farley, M. (1997): Dissociation in an outpatient sample of women reporting childhood sexual abuse. In: Psychological Reports 78, S. 59–65.

Kirby, J. S.; Chu, J. A. & Dill, D. L. (1993): Correlates of dissociative symptomatology in patients with physical and sexual abuse histories. In: Comprehensive Psychiatry 34, S. 258–263.

Kluft, R. P. (1984): Treatment of multiple personality disorder. In: Psychiatric Clinics of North America 7, S. 9–29.

Kluft, R. P. (1985): Childhood antecedents of multiple personality. Washington, DC (American Psychiatric Press).

Kluft, R. P. (1993): The initial stages of psychotherapy in the treatment of multiple personality disorder patients. In: Dissociation 6, S. 145–161.

Kluft, R. P. (1995): Suicide in dissociative identity disorder patients: a study of six cases. In: Dissociation 8, S. 104–111.

Kluft, R. P. (1996a): Dissociative Identity Disorder. In: L. K. Michelson & W. J. Ray (Hg.): Handbook of Dissociation: Theoretical, Empirical, and Clinical Perspectives. New York (Plenum Press). S. 344–366.

Kluft, R. P. (1996b): Treating the traumatic memories of patients with dissociative identity disorder. In: American Journal of Psychiatry 153, S. 103–110.

Kluft, R. P. (1998): Reflecting of the traumatic memories of dissociative identity disorder patients. In: S. J. Lynn & K. M. McConkey (Hg.) (1998): Truth in Memory. New York, London (Guilford Press). S. 304–322.

Kroll, J.; Fiszdon, J. & Crosby, R. D. (1996): Childhood abuse and three measures of altered states of consciousness (dissociation, absorption and mysticism) in a female outpatient sample. In: Journal of Personality Disorders 10, S. 345–354.

Liotti, G. (1992): Disorganized/disoriented attachment in the etiology of the dissociative disorders. In: Dissociation 4, S. 196–204.

Liptschitz, D. S.; Kaplan, M. L.; Sorkenn, J.; Chorney, P. & M., A. G. (1996): Childhood abuse, adult assault, and dissociation. In: Comprehensive Psychiatry 37, S. 261–266.

Loewenstein, R. J. (1991): An Office Mental Status Examination for Complex Chronic Dissociative Symptoms and Multiple Personality Disorder. In: Psychiatric Clinics of North America 14, S. 567–604.

Main, M. & Hesse, E. (1990): Parent's unresolved traumatic experiences are related to infant disorganized attachment status: Is frightened and/or frightening parental behavior the linking mechanism? In: M. T. Greenberg; D. Cicchetti & E. M. Cummings (Hg.) (1990): Attachment in the preschool years: Theory, research, and intervention. Chicago (University of Chicago Press). S. 161–182.

Main, M. & Hesse, E. (1992): Disorganized/disoriented infant behavior in the Strange Situation, lapses in the monitoring of reasoning and discourse during the parent's Adult Attachment Interview, and dissociative states. In: M. Ammaniti & D. Stern (Hg.) (1992): Attachment and psychoanalysis. Rome (Gius, Laterza, and Figli). S. 86–140.

Main, M. & Morgan, H. (1996): Disorganization and disorientation in infant Strange Situation Behavior. Phenotypic resemblance to dissociative states. In: K. L. Michelson & W. J. Ray (Hg.) (1996): Handbook of Dissociation. Theoretical, Empirical, and Clinical Perspectives. New York (Plenum Press). S. 107–138.

Malinosky-Rummell, R. R. & Hoier, T. S. (1991): Validating measures of dissociation in sexually abused and nonabused children. In: Behavioral Assessment 13, S. 341–357.

Maynes, L. C. & Feinauer, L. L. (1994): Acute and chronic dissociation and somatized anxiety as related to childhood sexual abuse. In: American Journal of Family Therapy 22, S. 165–175.

McFie, J. A. (1999): The development of dissociation in maltreated preschoolers. (child maltreatment, dissociative disorders, narratives). In: Dissertation Abstracts International: Section B: The Sciences and Engineering 60 (4-B), S. 1861.

Mulder, R. T.; Beautrais, A. L.; Joyce, R. P. & Fergusson, D. M. (1998): Relationship between dissociation, childhood sexual abuse, childhood physical abuse, and mental illness in a general population sample. In: American Journal of Psychiatry 155, S. 806–811.

Neumann, D.; Houskamp, B. M.; Pollock, V. E. & Briere, J. (1996): The long-term sequelae of childhood sexual abuse in women: A meta-analytic review. In: Child Maltreatment: Journal of the American Professional Society on the Abuse of Children 1, S. 6–16.

Nijenhuis, E. R. S.; Spinhoven, P.; van Dyck, R.; Van der Hart, O. & Vanderlinden, J. (1998): Somatoforme dissociative symptoms as related to animal defensive reaction to predatory threat and injury. In: Journal of abnormal psychology 107, S. 63–73.

Ofshe, R. & Watters, E. (1993): Making monsters. In: Sociology 30, S. 4–16.

Ogawa, J. R.; Sroufe, L. A.; Weinfield, N. S.; Carlson, E. A. & Egeland, B. (1997): Development and the fragmented self: Longitudinal study of dissociative symptomatology in a nonclinical sample. In: Development and Psychopathology 9, S. 855–879.

Pekala, R. J.; Kumar, V. K.; Ainslie, G.; Elliott, N. C.; Mullen, K. J.; Salinger, M. M. & Masten, E. (1999): Dissociation as a function of child abuse and fantasy proneness in a substance abuse population. In: Imagination, Cognition and Personality 19, S. 105–129.

Piper, A., Jr. (1994): Multiple personality disorder: A critical review. In: British Journal of Psychiatry 164, S. 600–612.

Pope, K. S. (1996): Memory, abuse and science: Questioning claims about the false memory syndrome epidemic. In: American Psychologist 51, S. 957–974.

Pribor, E. R.; Yutzy, S. H.; Dean, J. T. & Wetzel, R. D. (1993): Briquet's syndrome, dissociation, and abuse. In: American Journal of Psychiatry 150, S. 1507–1511.

Prince, M. (1906): Dissociation of personality. New York (Longman, Green).

Prince, W. F. (1916): The Doris Case of quintuple personality. In: Journal of Abnormal Psychology 11, S. 73–122.

Putnam, F. W. (1989): Diagnosis and treatment of Multiple Personality Disorder. New York (Guilford Press).

Putnam, F. W. (1994): The switch process in multiple personality disorder and other state change disorders. In: R. M. Klein & B. K. Doane (Hg.) Psychological concepts and dissociative disorders. Hillsdale NJ (Erlbaum Press). S. 283–304.

Putnam, F. W.; Guroff, J. J.; Silberman, E. K.; Barban, L. & Post, R. M. (1986): The clinical phenomenology of multiple personality disorder. A review of 100 recent cases. In: Journal of Clinical Psychiatry 47, S. 285–293.

Putnam, F. W.; Helmers, K. & Trickett, P. K. (1993): Development, reliability and validity of a child dissociation scale. In: Child abuse and neglect 17, S. 731–741.

Roesler, T. & McKenzie, N. (1994): Effects of childhood trauma on psychological functioning in adults sexually abused as children. In: Journal of Nervous and Mental Disease 182, S. 145–150.

Ross, C. A. (1989): Multiple personality disorder. Diagnosis, clinical features, and treatment. New York (Wiley & Sons).

Ross, C. A.; Miller, S. D.; Bjornson, L.; Reagor, P.; Fraser, G. A. & Anderson, G. (1990a): Schneiderian symptoms in multiple personality disorder and schizophrenia. In: Comprehensive Psychiatry 31, S. 111–118.

Ross, C. A.; Miller, S. D.; Bjornson, L.; Reagor, P.; Fraser, G. A. & Anderson, G. (1990b): Structured interview data on 102 cases of Multiple Personality Disorder from four centers. In: American Journal of Psychiatry 147, S. 596–601.

Ross, C. A.; Norton, G. R. & Wozney, K. (1989): Multiple personality disorder: An analysis of 236 cases. In: Canadian Journal of Psychiatry 34, S. 413–418.

Sanders, B. & Giolas, M. H. (1991): Dissociation and childhood trauma in psychologically disturbed adolescents. In: American Journal of Psychiatry 148, S. 50–54.

Schultz, R.; Braun, B. G. & Kluft, R. P. (1989): Multiple personality disorder: Phenomenology of selected variables in comparison to major depression. In: Dissociation 2, S. 45–51.

Simpson, M. A. (1995): Gullible's travels, or the importance of being multiple. In: L. M. Cohen; J. N. Berzoff & M. Elin (Hg.) (1995): Dissociative Identity Disorder: Theoretical and treatment controversies. New Jersey (Jason Aronson). S. 65–84.

Spanos, N. P. (1994): Multiple identity enactments and multiple personality disorder. A sociocognitive perspective. In: Psychological Bulletin 116, S. 143–165.

Spanos, N. P. & Burgess, C. (1994): Hypnosis and multiple personality disorder: A sociocognitive perspective. In: S. J. Lynn & J. W. Rhue (Hg.) (1994): Dissociation – clinical and theoretical perspectives. New York (Guilford Press). S. 136–155.

van der Kolk, B. A.; Pelcovitz, D.; Roth, S. & Mandel, F. S. (1996): Dissociation, somatization, and affect dysregulation: The complexity of adaptation to trauma. In: American Journal of Psychiatry 153, S. 83–93.

Winbolt, B. (1996): 2. False memory syndrome – an issue clouded by emotions. In: Medical Science and the Law 36, S. 100–109.

Zlotnick, C.; Begin, A.; Shea, M. T. & Pearlstein, T. (1994): The relationship between characteristics of sexual abuse and dissociative experiences. In: Comprehensive Psychiatry 35, S. 465–470.

Zlotnick, C.; Shea, M. T.; Pearlstein, T.; Begin, A.; Simpson, E. & Costello, E. (1996): Differences in dissociative experiences between survivors of childhood incest and survivors of assault in adulthood. In: Journal of Nervous and Mental Disease 184, S. 52–54.

Zlotnick, C.; Zakriski, A. L.; Shea, M. T. & Costello, E. (1996): The long-term sequelae of sexual abuse: Support of a complex posttraumatic stress disorder. In: Journal of Traumatic Stress 9, S. 195–202.

Akut traumatisierte Gewaltopfer und ihre Therapie I – Die Heidelberger Gewaltopferstudie HeiGOS: Situation und Forschung[1]

Günter H. Seidler, Ralph Micka, Parfen Laszig,
Björn V. Nolting und Kathy Rieg

Im Folgenden wird die noch in der Durchführung befindliche *Heidelberger Gewaltopferstudie »HeiGOS«* kurz vorgestellt.

Sie gilt Opfern krimineller Gewalt. Die Geschädigten haben ein hohes Risiko, durch die erlebte Gewalttat traumatisiert zu werden und eine Traumafolgestörung zu entwickeln. Obwohl es ein Anliegen der Studie ist, Gewaltopfer tatzeitnah in die Untersuchung einzubeziehen, werden als »akute Traumaereignisse« solche Geschehnisse verstanden, die nicht länger als ein Jahr zurückliegen.

Einführung

Insgesamt ist festzustellen, dass es weltweit kaum ein Feld in der psychologischen Medizin gibt, das über eine derartig schmale Datenbasis verfügt wie der Bereich der Akut-Psychotraumatologie, wobei sich die Situation gegenwärtig ändert. Dem gegenüber gibt es durchaus gut fundierte Kenntnisse über traumadynamische und -therapeutische Zusammenhänge bei solchen Patientinnen und Patienten, die in ihrer Kindheit und/oder Jugend Opfer von – auch sexualisierter – Gewalt wurden. Sie werden in Anlehnung an Herman (1992) im Folgenden als »komplex Traumatisierte« bezeichnet. Für den psychotherapeutischen Umgang mit akut seelisch verletzten Menschen im deutschen Sprachraum ist bedauerlicherweise immer noch oft eine Position kennzeichnend, die im Jahre 1996 in einer psychoanalytischen Fachzeitschrift vertreten wurde: »Schwer traumatisierte Patienten sehen wir nach meiner klinischen Erfahrung i. d. R. frühestens 3–5 Jahre nach dem Trauma, vorher scheint mir eine psychotherapeutische Behandlung i. e. S. auch in fast allen Fällen

---

[1] Wir danken dem »Weißen Ring« für eine Sachbeihilfe, durch die diese Studie ermöglicht wird.

kontraindiziert zu sein.« (Ehlert-Balzer 1996, S. 306). Dieser Position wurde allerdings von Reddemann & Sachsse (1998) in aller Deutlichkeit widersprochen.

Das aus unserer Erfahrung wirklich interessante der Aussage von Ehlert-Balzer ist die Frage, wie man den akut traumatisierten Patienten in der »akuten« Phase seiner Traumatisierung einer professionellen Diagnostik und Therapie bzw. systematisch kontrollierter Forschung zuführen kann.

Für den weiteren Hintergrund der hier konzeptualisierten Studie sind neben verschiedenen, in Fachzeitschriften publizierten Originalarbeiten, etwa Schützwohl & Maercker (1997), auf die hier nicht näher eingegangen wird, im wesentlichen zwei Arbeiten von Bedeutung:

- der Projektbericht von Fischer, Becker-Fischer & Düchting (1998) über »Neue Wege in der Hilfe für Gewaltopfer. Ergebnisse und Verfahrensvorschläge aus dem Kölner Opferhilfe Modell (KOM)«;
- das amerikanische Handbuch von Bryant & Harvey (2000) über die »Acute Stress Disorder (ASD)«.

Die Heidelberger Gewaltopferstudie HeiGOS versteht sich als Beitrag zur etwa auch von Fischer & Riedesser (1998) geforderten differentiellen Psychotraumatologie, also zur Frage nach den unterschiedlichen Wirkungen verschiedener traumatischer Ereignisse.

Im Institut für Psychotraumatologie Köln wurden in dem *Kölner Opferhilfe Modell KOM* (Fischer, Becker-Fischer & Düchting 1998) Opfer von Gewaltverbrechen (Körperverletzung, Vergewaltigung oder Vergewaltigungsversuch, Bedrohung, Mordversuch, sonstiges – meist Straßenraub) untersucht. Die Hauptfragestellungen des Projektes war die Erforschung von Ausmaß, Verbreitung und Einflussfaktoren für psychotraumatische Folgerscheinungen bei den Gewaltopfern. Retrospektiv wurden an zwei unterschiedlichen Stichproben mit Fragebögen Daten erfasst. Bei den insgesamt 107 untersuchten Gewaltopfern lag bei der größeren Stichprobe (n = 68) das Gewaltereignis zwischen einem Jahr und über zehn Jahren zurück. Bei der kleineren Stichprobe (n = 39) waren einige Monate zwischen dem Ereignis und der Befragung vergangen. Durchschnittlich lag die Gewalterfahrung (für alle Fälle) etwa vier Jahre und vier Monate zurück. In der KOM-Studie konnten in einer »Traumaformel« unterschiedliche Risikofaktoren für die Entwicklung von Traumafolgekrankheiten erfasst werden. Allerdings wurde diese über

eine retrospektive Datenerhebung erarbeitet, was gerade bei Störungsbildern, zu deren Definition (dissoziative) Gedächtnisstörungen mit
erheblichen Veränderungen im Verlauf konstitutiv dazugehören, problematisch erscheint. Eine prospektive Erfassung möglichst zeitnahe zum
Ereignis erschien deshalb unumgänglich. Nur so dürfte es möglich sein,
diejenigen frühzeitig zu identifizieren, die hinsichtlich der Entwicklung
einer Traumafolgekrankheit gefährdet sind, und die frühzeitig ein therapeutisches Angebot erhalten müssen.

Die Arbeit von Bryant & Harvey (2000) stellt für eine systematische,
weiterführende Studie eine wertvolle Ausgangsbasis dar. Es wird eine
Fülle von offenen Fragen aufgezeigt, etwa zur Notwendigkeit, die
prädiktive Valenz dissoziativer Symptome empiriegestützt erneut zu
würdigen, und zwar unter besonderer Berücksichtigung der Ausgangspersönlichkeit, und zur bislang nicht hinreichend bekannten prädiktiven
Valenz anderer PTSD-Symptome. An die in der Arbeit vorgestellten
Befunde wird in der eigenen Studie angeknüpft. Die Autoren fokussie-
ren zentral auf die Thematik der Akut-Traumatisierung und stellen die
Einführung der Möglichkeit der Diagnose der »acute stress disorder
(ASD)« durch die American Psychiatric Association (1994) in den auch
für unsere Studie wichtigen Zusammenhang der Frage nach Prädiktoren
für die Entwicklung einer »posttraumatic stress disorder«. Aufgrund
klinischer Ableitungen, aber ohne ausreichende empirische Basis wurde
eine ASD als Prädiktor einer PTSD unterstellt. Damit wurde allerdings
die Prädiktorenfrage lediglich verschoben; wer entwickelt eine ASD?
Außerdem zeigt klinische Erfahrung, dass eine PTSD nicht zwingend aus
einer ASD folgt, so dass die Frage nach dem Verhältnis von unmittelbaren und mittel- bis langfristigen Traumafolgen unbeantwortet bleibt.

Gewarnt wird auch vor einer generalisierenden Annahme zum kausa-
len Zusammenhang von Traumatisierung und Entstehung dissoziativer
Symptome, eine Aussage, der wir aufgrund eigener Forschungen (siehe
unten) nur zustimmen können. Hier sind offenbar individuell prädispo-
nierende Faktoren weitaus stärker zu berücksichtigen als weithin angenommen, ein Befund, der im übrigen von den Ergebnissen der KOM-
Studie gestützt wird. Die Autoren halten es auch für möglich, dass retrospektive Studien zum Befund weitaus stärker ausgeprägter dissoziativer
Phänomene kommen als prospektive Studien. Auch spreche einiges dafür,
dass derartige Symptome mit anderen psychopathologischen Folgen stär-

ker korrelierten als mit PTSD. Auch deshalb wird in der HeiGOS nach »Traumafolgestörungen« gefragt und nicht nur nach »PTSD«.

Hervorzuheben ist darüber hinaus, dass wir mit der Untersuchung unterschiedlicher Coping-Stile, die als Ausdruck der Ausgangspersönlichkeit verstanden werden, in einem bislang so nicht realisierten Ansatz versuchen, Aussagen über den Zusammenhang von Persönlichkeitsmerkmalen, Deliktart und situativen Faktoren bei der Entstehung von Traumafolgestörungen zu formulieren.

Ganz besonders ist der Beginn der Datenerhebung zeitnah zum traumatisierenden Ereignis und damit der weitgehend prospektive Charakter der HeiGOS-Studie zu betonen. Mit der Öffnung der Fragestellung nach jedwelcher Art von »Traumafolgestörung« wird zudem einem verkürzenden Ansatz in der Psychotraumatologie, der etwa nur auf PTSD zentriert, entgegengewirkt. Obwohl die Studie von einer Psychosomatischen Klinik durchgeführt wird, wird über die Berücksichtigung der Realität der Opferbetreuung sozialen und gesellschaftlichen Aspekten angemessen Rechnung getragen. Mit der Zentrierung der Untersuchung auf Gewaltopfer werden bisherige Forschungsansätze, die etwa die Situation nach Verkehrsunfällen thematisierten, erweitert um die Einbeziehung einer Gruppe von Geschädigten, die durch datenschutzrechtlicher Bestimmungen nur schwer in Forschungszusammenhängen zu erreichen ist, und trotz der Aufmerksamkeit, die ihr in der Öffentlichkeit gegenwärtig zuteil wird, hinsichtlich der Realität ihrer Versorgung und Betreuung oftmals in den Hintergrund gerät.

Prävalenz

Zur Häufigkeit der Posttraumatischen Belastungsstörung (PTSD) liegen unterschiedliche Befunde vor (Übersichten etwa bei Maercker 1997; Seidler, Hofmann & Rost 2002). Das DSM-IV (American Psychiatric Association 1994) gibt als Lebenszeitprävalenz unter Bezugnahme auf Studien in der Allgemeinbevölkerung eine Zahl von 1–14 % an, die Leitlinien für die PTSD (Flatten, Hofmann, Liebermann, Wöller, Siol & Petzold 2001) gehen von 1–7 % aus, und Seidler, Hofmann & Rost (2002) schätzen die Punktprävalenz für das Vollbild der PTSD auf 1 %.

Damit sich eine PTSD entwickeln kann, muss es zunächst einmal ein Traumaereignis gegeben haben. Die Häufigkeit bestimmter Traumaereignisse unterliegt allerdings starken regionalen Schwankungen, etwa im Hinblick auf das unterschiedliche Vorkommen von Naturkatastrophen, Kriegen und politischer Verfolgung. Trotzdem ist insgesamt der Anteil der Opfer krimineller Gewalt an der Gesamtgruppe der Traumaereignisse sehr hoch; Maercker (1997b) hat die unterschiedlichen Traumaereignis-Häufigkeiten differenziert zusammengestellt (S. 21–22). Hierzu ist bemerkenswert, dass die nachfolgende Häufigkeit einer PTSD stark abhängig ist von der Art des Traumas und etwa für Vergewaltigungen weitgehend übereinstimmend mit ca. 50 % angegeben wird.

Prädiktoren

Trotz der Kenntnis dieses relativen Zusammenhanges ist die Frage, wer nach einem Gewaltereignis eine Traumafolgestörung entwickelt, als weitgehend offen anzusehen, ebenso wie die Frage nach den für das Eintreten eines Gewaltereignisses relevanten Risikofaktoren, trotz einiger Befunde hierzu. So beschreiben Breslau, Davis, Andreski & Peterson (1991) »(...) low education, male sex, early conduct problems, extraversion, and family history of psychiatric disorders or substance problems« als Prädiktoren für das Eintreten eines Gewaltereignisses (S. 216).

Sogar die bislang als weitgehend gesicherte Auffassung, dass Frauen eine doppelt so hohe Wahrscheinlichkeit für das Auftreten einer PTSD hätten als Männer, ist in der letzten Zeit angezweifelt worden (Brewin, Andrews & Valentine 2000; Pole, Best, Weiss, Metzler, Liberman, Fagan & Marmar 2001).

Das Ausmaß peritraumatischer Dissoziation wurde in der KOM-Studie wie auch in anderen Studien (Zusammenfassung etwa bei Bryant & Harvey 2000) als Prognosefaktor für die Entwicklung einer Posttraumatischen Belastungsstörung identifiziert. Welche genaue Form der Dissoziation jeweils vorlag und welche Auswirkung daraus für die Entwicklung von Traumafolgeerkrankungen resultierte, wurde jedoch kaum untersucht. Deshalb gilt eine Frage unserer Studie der Untersuchung unterschiedlicher Formen von Dissoziation und ihrer unterschiedlichen protektiven Funktion für die Betroffenen im Ein-Jahres-Verlauf.

Autoren wie etwa Bryant & Harvey (2000) betrachten eine »acute stress disorder« (ASD) als Prädiktor einer späteren PTSD. Andere Autoren sehen im »Ausdrucksverhalten« (ethnicity) (Ortega & Rosenheck

2000; Pole, Best, Weiss, Metzler, Liberman, Fagan & Marmar 2001) oder in der Persönlichkeit (Holeva & Tarrier 2001) relevante Faktoren. Auch wird diskutiert, ob möglicherweise unterschiedliche Prädiktoren für das Vollbild einer PTSD und für partielle PTSD anzunehmen seien (Brewin, Andrews & Valentine 2000).

Die Heidelberger Gewaltopferstudie HeiGOS

Auf dem Hintergrund derartiger Befunde wurde mit finanzieller Unterstützung durch den »Weißen Ring« die »Heidelberger Gewaltopfer-Studie (HeiGOS)« initiiert. Die Arbeitsgruppe Akuttrauma der Deutschsprachigen Gesellschaft für Psychotraumatologie DeGPT hat zeitgleich zur Vorbereitung der Studie im Juni 2001 in Heidelberg einen ersten unveröffentlichten Entwurf für Forschungsleitlinien im Bereich der Akut-Traumatologie entwickelt. Dort werden Erfordernisse an Inhalte und Zeitpunkte der Diagnostik, Populationsdefinitionen bezüglich verschiedener Betrachtungsperspektiven, Anforderungen an die Methodik, Standards der Vernetzung und Ziele der Forschung im Bereich der Akut-Traumatologie formuliert. Diese Vorstellungen haben wir soweit möglich in der Konzeption der Heidelberger Gewaltopferstudie umgesetzt, v. a. was die Diagnostik der Traumafolgestörungen angeht.

Diese Pilotstudie ist eine prospektiv angelegte Jahrgangserhebung aller Heidelberger Opfer von Gewalttaten aus dem Stadtgebiet Heidelberg. Einbezogene Delikte sind: Gefährliche und schwere Körperverletzung, Entziehung Minderjähriger, Brandstiftung, Versuchte Tötung, Raub und räuberische Erpressung, Erpressung, Freiheitsberaubung, Erpresserischer Menschenraub, Sexuelle Nötigung, Vergewaltigung – auch Widerstandsunfähiger, Menschenhandel und (Selbst-)Mord (Angehörige von Getöteten). Die Personen sind volljährig, mündig und der deutschen Sprache mächtig.

Nach den Vorjahresstatistiken der Polizeidirektion Heidelberg ist in einem Jahr mit ca. 230 Gewaltopfern der einbezogenen Delikte zu rechnen. Unter Berücksichtigung erwarteter Absagen wurde die Studie auf 150 Studienteilnehmer ausgelegt, was sich nach jetzt achtmonatiger Laufzeit als etwas zu hoch veranschlagt erweist.

Darüber hinaus werden unter Berücksichtigung der genannten Ein- und Ausschlusskriterien auch Probanden mit in die Studie einbezogen, die von einer Anzeige abgesehen hatten, etwa bei ehelicher Gewalt, jedoch auf anderem Wege von der Studie erfahren haben und sich spontan meldeten.

Die beiden *zentralen Aufgaben* dieser Pilotstudie sind:

- Die Untersuchung möglicher Prädiktoren für die Herausbildung einer Traumafolgekrankheit bei akut geschädigten Gewaltopfern und
- die Erfassung des aktuellen Standes der Opferbetreuung von Gewaltopfern im Stadtgebiet Heidelberg.

Ziele der Studie

Ein Ziel der Arbeit besteht in der Identifikation von *Prädiktoren für Traumafolgenkrankheiten.* Bei diesen Prädiktoren kann es sich z. B. um Merkmale der geschädigten Person handeln, um Art und Ausmaß der unmittelbaren Reaktion auf das traumatisierende Ereignis, etwa Dissoziation, oder um Merkmale der Tatumstände oder der Deliktart. Dabei sollen diejenigen aus der Gesamtgruppe der Gewaltopfer frühzeitig identifiziert werden können, die ohne ein angemessenes, frühzeitiges Behandlungsangebot mit großer Wahrscheinlichkeit im sozialen, psychischen und/oder psychosomatischen Bereich Traumafolgestörungen (ASD, PTSD und andere) entwickeln werden und die einer präventiven Intervention im Sinne einer Sekundarprävention bedürfen.[2] Ein Kriterium, an dem die Wahrscheinlichkeit einer späteren Traumafolgestörung abgelesen werden könnte, könnte etwa der Verlust der Fähigkeit zur Entwicklung von Zukunftsentwürfen sein, jenseits von allen PTSD-Kriterien. Derartige Einschränkungen in der subjektiven Verfügbarkeit zukunftsorientierter Entwürfe sind »klinisch« bei psychotraumatisierten Menschen häufig anzutreffen und nicht eindeutig bestimmten Krankheitsbildern zuzuordnen, trotzdem aber von großer Wichtigkeit für den posttraumatischen Lebensverlauf.

Das *Ausmaß des aktuellen Standes der Opferbetreuung* festzustellen soll dazu führen, über ein empirisch fundiertes »need-assessment« Vorschläge zu einer Verbesserung von Maßnahmen der Opferbetreuung auszuarbeiten. Es sollen Informationen gesammelt werden für die Entwicklung eines empirisch fundierten Konzeptes zum Aufbau einer

---

2 Die »primäre Prävention« zielt dem gegenüber auf die Vermeidung von Traumaereignissen, und ist Aufgabe des Staates, wenn er nämlich seine Bürger zu schützen hat!

lokalen Versorgungsstruktur für Gewaltopfer. Leitende Fragen sind etwa: Was brauchen die Geschädigten? Wie ist deren Hilfssituation? Welche Arten der Unterstützungen finden sie vor? Was sind Determinanten des Inanspruchnahme-Verhaltens?

Die *Einschätzung des Ausmaßes der posttraumatischen Amnesie* unter Prädiktorenperspektive wird von folgenden Fragen geleitet: Wie ist der Zugang zur Trauma-Erinnerung im Zeitverlauf des Untersuchungs-zeitraumes? Was sind Determinanten seiner Unterschiede bei den Probanden? Bei der Untersuchung dieser Fragestellung ist auch hier von Vorteil, dass die Geschädigten in einem Therapie-nahen Kontext exploriert werden, und im Falle von Belastungen zeitunmittelbar therapeutisch interveniert werden können. Derartige Interventionsmöglichkeiten bestehen bei vergleichbaren Studien aus dem Bereich der Kriminologie in der Regel nicht in dieser Weise.

Die *Untersuchung möglicher Stressoren*, die im Zeitraum nach dem Ereignis die Entstehung einer Traumafolgestörung begünstigen oder diese unterhalten sowie die Untersuchung von Bedingungen, unter denen bestimmte Geschädigte hilfreiche Copingstrategien entwickeln können, werden im Hinblick auf nachfolgende Interventionen ausgewertet. Mögliche Stressoren können wirtschaftliche Schwierigkeiten, juristische Probleme, Aspekte aus dem Bereich der Täterverfolgung, der Gerichtsverhandlungen und der letztendlichen Rechtsprechung, der Umgang mit Versicherungen, Krankenhausaufenthalte, körperliche Schmerzen und Beeinträchtigungen, etc. sein. Zu den Bedingungen, unter denen bestimmte Geschädigte hilfreiche Copingstrategien entwickeln können, kann etwa die Mobilisierung intrapsychischer und interaktioneller Ressourcen gehören. Leitende Fragen sind hierbei: Welche Qualität hat das soziale Netz? Wie ist die weltanschauliche und/oder Glaubensorientierungen? Wie ist die Anerkennung der Opfer-Situation durch andere Menschen, Einrichtungen und Institutionen? Des weiteren geht es darum, ob es eine protektive Wirkung »objektiver« Ressourcen gibt, wie z. B. wirtschaftliche Sicherheit.

Außerdem soll die *Identifizierung unterschiedlicher Coping-Strategien* in der Verarbeitung des Traumas und der Traumafolgestörungen Einblicke in die prämorbide Persönlichkeit geben. Da es methodisch nicht möglich erscheint, nach Eintritt einer Traumatisierung Merkmale der geschädigten Person aus dem »Zustand vorher« ohne mögliche Veränderung durch das traumatisierende Ereignis zu erfassen, andererseits

Coping-Strategien eine gewisse Stabilität zugesprochen werden kann, soll aus den identifizierten Coping-Strategien eine bedingte Aussage über Persönlichkeitsmerkmale abgeleitet werden, die die geschädigte Person schon vor dem Ereignis aufwies. Leitende Fragen sind hierbei etwa: Wer entwickelt welchen Stil? Welche Funktionalität haben die unterschiedlichen Stile? Ist die differentielle Wirkung dieser Stile wiederum abhängig von anderen Persönlichkeitsmerkmalen?

Das zweite Ziel der Studie besteht in der Vorbereitung der Entwicklung eines Traumafolgemodelles und der Entwicklung eines empirisch fundierten Konzeptes zum Aufbau einer lokalen Versorgungsstruktur für Gewaltopfer.

Das Traumafolgemodell sollte über das hinausgehen, was Bryant & Harvey (2000) hinsichtlich des Verständnisses der ASD anstreben: »A comprehensive model of ASD needs to be able to account for the interaction among acute dissociation, reexperiencing, avoidance, and arousal and how theses reactions mediate longer term PTSD.« (S. 18). Das resultiert aus dem gewählten Ansatz: In den eigenen Fragestellungen geht es nicht um die »kurze« Frage, ob etwa eine ASD als Prädiktor für die Entwicklung einer PTSD anzusehen sei, sondern darum, herauszuarbeiten, welche Merkmale aus den Bereichen der prätraumatischen Persönlichkeit in Verbindung mit welchen Tatmerkmalen vermittelt über welche Symptome als Prädiktoren für welche Nachfolgekrankheiten anzusehen sind, unter Berücksichtigung auch des Zeitverlaufes: etwa unterschiedliche prädiktive Valenz von initialer Vermeidung vs. fortbestehende. Eine spezielle Position hierzu ist: Was initial adaptiv sein kann, kann persistierend chronifizierend wirken.

In praktischer Hinsicht geht es zudem langfristig um die Entwicklun eines empirisch fundierten Konzeptes zum Aufbau einer lokalen Versorgungsstruktur für Gewaltopfer.

Dieses Konzept soll so angelegt sein, dass es zwar den lokalen Gegebenheiten Rechnung trägt, trotzdem aber Modellcharakter hat und übertragbar ist auf andere örtliche Gegebenheiten. Dabei ist dann etwa die Unterschiedlichkeit in der Art des jeweiligen Einzugsgebietes (grenznah, anderes Bundesland, Großstadt vs. Kleinstadt oder ländlicher Raum, Ausländeranteil, Sprachprobleme usw.) mit den entsprechenden jeweiligen Folgekonsequenzen angemessen zu berücksichtigen.

Vorbereitung der Studie

Für die Durchführung dieser Studie war es erforderlich, sowohl Zustimmung aus dem Innen- und dem Justizministerium zu erhalten als auch Unterstützung durch die Staatsanwaltschaft und die Polizeidirektion Heidelberg.

Mit der hiesigen Staatsanwaltschaft wurde lange darüber verhandelt, ob dem Projekt die Daten zu Person und Delikt der Geschädigten ohne deren vorherige Einverständniserklärung zur Verfügung gestellt werden können, was nach § 476 StPO möglich ist und was sowohl von der Polizeidirektion Heidelberg aufgrund der praktischen Erfahrungen in der Vernehmungssituation als auch von uns präferiert wurde, oder ob zunächst, in den ersten Vernehmungen, eine Einverständniserklärung der Geschädigten zur Datenweitergabe an uns eingeholt werden müsse. Die Staatsanwaltschaft bestand auf der Einholung einer Einverständniserklärung. Uns ging es dabei darum, die Betroffenen in der Vernehmungssituation nicht zu überfordern, die Vernehmung nicht mit der Frage zur Bereitschaft der Teilnahme an einem Forschungsvorhaben zu kontaminieren und darum, eine Kenntnis der Grundgesamtheit zu erhalten.

Die Einhaltung der Forderung der Staatsanwaltschaft stellte, wie von uns vorhergesagt, eine zusätzliche Belastung für die Betroffenen und die vernehmenden Beamten dar, was zu Beginn der Studie über eine hohe Anzahl von Absagen zu sehr geringen Teilnehmerzahlen führte. Aufgrund der guten Zusammenarbeit mit der Polizeidirektion Heidelberg konnte jedoch vor dem Hintergrund der Intensivierung des Opferschutzes mittels eines organisatorischen Kraftakts aller Beteiligten eine Strategie entwickelt werden, bei der speziell trainierte Polizeibeamte, sog. Konflikthandhabungstrainer, außerhalb des Vernehmungsvorganges, in der Regel in Form von Hausbesuchen, bei den Betroffenen um ihr Einverständnis zur Weitergabe ihrer Personalien an unsere Forschungsgruppe nachsuchten.[3]

Die Einverständniserklärungen mit den Personendaten werden dann beim zuständigen Kontaktbeamten der Polizei gesammelt und an den

---

[3] Wir danken Herrn Kriminalhauptkommissar K.-H. Bartmann und seinen Kolleginnen und Kollegen an dieser Stelle für die fortwährende Unterstützung, ohne die die Studie nicht durchgeführt werden könnte.

Projektleiter gefaxt. Dieser baut in einem ersten telefonischen Kontakt eine erste Anbindung an das Projekt auf und lädt zum Erstinterview ein.

Studienablauf, Interview und Instrumente

Dieser erste Termin besteht aus einem strukturierten Interview (»GeO-I«) sowie nachfolgenden Testuntersuchungen. Das Interview dauert ziemlich genau eine Stunde, die gesamte erste Untersuchung ca. 100 Minuten. Das Interview selbst wird in der Regel von dem Leiter der Projektarbeitsgruppe (G. H. Seidler) durchgeführt, der auch den Termin verabredet. Die nachfolgenden Testuntersuchungen werden von einem weiteren Mitarbeiter des Projektes durchgeführt. Die Instrumente werden wahlweise auf Papier oder über die hierfür erstellte »HeiGOS itemwise« Access-Datenbank am PC ausgefüllt (siehe dazu den Beitrag von Micka, Weiser & Seidler). Beide Abschnitte finden in unterschiedlichen Räumlichkeiten statt. Der gesamte Untersuchungszeitpunkt endet mit der Verabredung weiterer Termine und der Weitergabe von Informationsmaterialien und Anschriftenlisten der Ansprechpartner in der Klinik.

Die Messzeitpunkte 2–5 teilen sich ebenfalls in ein vorausgehendes Interview mit nachfolgender Instrumentenerhebung auf. Zum 3. Messzeitpunkt wird zusätzlich ein SKID-Interview (SKID-I und II) durchgeführt.

Instrumente

In der HeiGOS kommen drei Gruppen von Instrumenten zur Anwendung. Dabei handelt es sich um Instrumente, mit denen an der hiesigen Klinik schon seit längerer Zeit Erfahrungen bei stationär behandelten Traumapatienten gesammelt werden. Hinzu kommen Instrumente, die erprobt sind, ohne dass sie bislang in eigenen Untersuchungen angewandt wurden. Des Weiteren wurden Instrumente für spezielle Fragestellungen neu entwickelt. Ein zusätzliches Ziel dieser Studie ist damit, nach ihrer Durchführung ein erprobtes Basispaket an Instrumenten zur Forschung an Akut-traumatisierten zur Verfügung stellen zu können.

Zum ersten Messzeitpunkt, der regulär in der zweiten Woche nach der Tat durchgeführt wird, wird die Deutsche Version des Peritraumatic Dissoziative Experiences Questionaire (PDEQ, Marmar, Weiss & Metzler 1996) erhoben, welche das Ausmaß peritraumatischer Dissoziationen misst, die seit langem als bedeutsamer Prädiktor bei der Vorhersage von Traumafolgestörungen angesehen werden. Die Subjective Units of Distress (SUD) (Wolpe 1982) stellt einen allgemeinen Belastungsindize dar, der u. a. auch zur Verlaufskontrolle verschiedener Traumaexpositionsverfahren (z. B. EMDR) verwendet wird. Mit Hilfe der revidierten Symptom Checklist (SCL-90-R) (Derogatis 1977, deutsche Version von Franke 1995) wird die subjektiv empfundene Beeinträchtigung einer Person durch körperliche und psychische Symptome innerhalb eines Zeitraumes von sieben Tagen erhoben. Damit ergänzt sie Verfahren zur Messung der zeitlich extrem variablen Befindlichkeit und der zeitlich überdauernden Persönlichkeitsstruktur. Sie bietet eine mehrdimensionale Auswertung mit der Möglichkeit der Messwiederholung zum Einsatz in Verlaufsuntersuchungen. Die 90 Items der neun Skalen beschreiben die Bereiche »Somatisierung«, »Zwanghaftigkeit«, »Unsicherheit im Sozialkontakt«, »Depressivität«, »Ängstlichkeit«, »Aggressivität/Feindseligkeit«, »Phobische Angst«, »Paranoides Denken« und »Psychotizismus«. Drei Globale Kennwerte geben Auskunft über das Antwortverhalten aller Items. Der »GSI« misst die grundsätzliche psychische Belastung, der »PSDI« misst die Intensität der Antworten und der »PST« gibt Auskunft über die Anzahl der Symptome, bei denen eine Belastung vorliegt. Mit der revidierten Fassung der Impact of Event Scale (IES-R) (Weiss & Marmar 1997) in der deutschen Bearbeitung von Maercker & Schützwohl (1998) wird die Häufigkeit des Auftretens der genannten Erlebnisphänomene in den letzten sieben Tagen ermittelt. Abschließend wird mittels des Imaginationstests die Vorstellungskraft auf verschiedenen Kanälen der Wahrnehmung festgestellt, welche in engem Zusammenhang zur Suggestibilität steht (Revenstorf & Zeyer 2001).

Eine Woche später, in der dritten Woche nach der Tat, enthält unser Fragebogenpaket erneut die IES-R, die im gesamten Verlauf zur Anwendung kommt. Hinzu kommt der Fragebogen zu dissoziativen Symptomen (FDS) von Freyberger, Spitzer & Stieglitz (1999). Es handelt sich dabei um die deutsche Adaption der viel verwendeten Dissoziative Experience Scale (DES) von Bernstein & Putnam (1986) zur selbstbeurteilten Quantifizierung dissoziativer Symptome. Zur Einschätzung einer entstehenden oder bestehenden Alkoholgefährdung wird hier auch der Münchner Alkoholismus-Test (MALT) (Feuerlein, Küfner, Ringer & Antons-Volmerg 1999) ausgefüllt. Dabei handelt es sich um ein Verfahren für die

Fremd- und Selbstbeurteilung, welches zuverlässig Alkoholiker aus unausgewählten Patientenkollektiven zu identifizieren vermag und gleichzeitig in der klinischen Praxis ökonomisch eingesetzt werden kann. Entgegen der Empfehlung der Autoren wird aus Ressourcengründen jedoch nur die Selbsteinschätzung durchgeführt. Diese wird aber zum dritten Messzeitpunkt mit dem Kurzfragebogen für Alkoholgefährdete KFA (Feuerlein, Küfner, Haf, Ringer & Antons 1989) abgesichert. Welche Verhaltensweisen die Probanden im Umgang mit ihrer Situation wählen, wird mit einer traumaadaptierten Version des Freiburger Fragebogens zur Krankheitsverarbeitung T-FKV-SE (nach dem Freiburger Fragebogen zur Krankheitsverarbeitung von Muthny 1989) abgesichert. Zu diesem Zeitpunkt wird auch die Zufriedenheit mit wichtigen Bereichen des Lebens mittels des Fragebogen zur Lebenszufriedenheit FLZ (Fahrenberg, Myrtek, Schumacher & Brähler 2000) erhoben.

Zwei weitere Wochen später, in der fünften Woche nach der Tat, enthält unser Fragebogenpaket neben der IES-R und dem T-FKV-SE zunächst die Posttraumatic Diagnostic Scale (PDS-d-1) von Ehlers, Steil, Winter & Foa (1996a), der deutschen Fassung der Posttraumatic Diagnostic Scale (PDS) von Foa (1995). Diese ermöglicht die Erfassung der PTSD nach DSM IV-Kriterien. Abschließend wird, wie oben bereits erwähnt, der KFA vorgelegt, um die Alkoholgefährdung der Probanden einzuschätzen.

Zu den abschließenden Erhebungszeitpunkten sechs und zwölf Monate nach der Tat wird nochmals eine umfangreiche Fragebogenbatterie vorgelegt die alle bisher ausgefüllten Instrumente enthält. Lediglich der FDS wird nur noch einmal 12 Monate nach der Tat erhoben. Hinzu kommt bei diesen beiden Messzeitpunkten noch der Fragebogen zum Gesundheitszustand (SF 36) (Bullinger & Kirchberger 1995), ein krankheitsübergreifendes Messinstrument zur Erfassung der gesundheitsbezogenen Lebensqualität von Patienten auf 8 Dimensionen, wie z. B. Körperliche Funktionsfähigkeit, Körperliche Rollenfunktion Körperliche Schmerzen, etc.

Das Gewaltopferinterview (GeO-I)

Das Gewaltopferinterview (GeO-I) reflektiert die in unserer Arbeitsgruppe in klinischen Kontexten gewonnenen Erfahrungen im Umgang mit traumatisierten Menschen: Es geht darum, dem oder der Betroffenen ein Höchstmaß an eigener Kontrolle in Abhängigkeitssituationen – und jede Fragesituation ist in unserem Verständnis eine Abhängigkeitssituation – zu überlassen, ein Höchstmaß an Informationen über aktuelle Zusammenhänge zur Verfügung zu stellen und – trotzdem – derartige Situationen so strukturiert wie möglich zu gestalten.

Das Interview beginnt mit der Erhebung ereignisrelevanter Daten, wobei auch nach der retrospektiven Einschätzung des Erlebens nach der Tat gefragt wird und, im Anschluss an die Schilderung des Ereignisses, nach dem in der Gegenwart. Der Interviewer ist instruiert, die vorgegebene Formulierung der Frage zwar situativ anzupassen, aber nicht assoziativ seinen intermittierenden Einfällen zu folgen.

An diesen ersten Teil des Interviews schließen sich Fragen an nach körperlichen Verletzungen und folgenden Behandlungen. Aus auswertungstechnischen Gründen sehen die Fragen, wenn irgend möglich, dichotome Ja/Nein-Antworten vor, alternativ frei formulierte Aussagen.

Ein weiterer Abschnitt zentriert sich auf nähere Tatumstände, der Hypothese folgend, dass diese möglicherweise mit zu den Prädiktoren einer späteren Traumafolgestörung zu rechnen seien. So wird nach weiteren Opfern gefragt, nach Zeugen und deren Verhalten sowie nach bestimmten Täterverhaltensweisen und Einstellungen dem Täter gegenüber. Eingestreut sind manualgeleitete Ratings des Interviewers nach der Angemessenheit oder nach der prognostischen Valenz der Antworten des Opfers. Weiterer Bestandteil des Interviews sind auch die Abschnitte zur ASD und zur PTSD aus dem SKID-I (Wittchen, Zaudig & Fydrich 1997).

Da das Interview auch dazu dient, Fragen nach der vorhandenen Hilfe und nach der erforderlichen Unterstützung zu beantworten, beziehen sich auf diesen Bereich weitere Abschnitte. Das Interview schließt mit der Erhebung soziodemographischer Fragen und mit dem Versuch, ein Bild über mögliche Ressourcen und Sinnfindungen zu bekommen.

Das Interview für die weiteren Messzeitpunkte zielt auf die Erhebung von Veränderungen in den zentralen abgefragten Bereichen des GeO-I ab.

Zur Situation der Gewaltopfer: Ergebnisse orientierender Sichtungen der HeiGOS

Da die Studie sich noch in der Phase der Datenauswertung befindet, werden hier nicht Ergebnisse einer ausführlichen Vorauswertung referiert, sondern es geht nur darum, an Daten gestützt einige Aspekte zur Situation von Gewaltopfern darzustellen, wie sie sich in der HeiGOS zeigt.

Bislang haben nur etwa 1/3 der polizeibekannten Opfer ihr Einverständnis zu einer Weitergabe ihres Namens und ihrer Telefonnummer an unser Projekt gegeben. Von diesem Personenkreis verweigerten nochmals 40 % die Teilnahme, meist vordergründig aus Zeitgründen, z. T. sicher auch in Kombination mit geringem Leidensdruck. Allerdings ließ sich oft schon bei der Kontaktaufnahme am Telefon die psychische Belastung der Betroffenen feststellen, jedoch gepaart mit einem Ausmaß an Scham, das jede Teilnahme unmöglich machte. Bei einem weiteren Anteil von denen, die im zweiten Schritt ihre Teilnahme ablehnten, wurden ausgeprägte paranoid anmutende Ängste spürbar. Dieser Personengruppe konnte nur mit einer niederschwelligen psychoedukativen Intervention i. S. einer Information über Traumafolgesymptome und die Möglichkeit ihrer Behandlung eine Entscheidungs- und Motivationshilfe zur angemessenen Hilfesuche an die Hand gegeben werden, über deren Nutzen sich jedoch keine Aussage machen lässt.

Die verbleibenden Studienteilnehmer, bislang etwa 50, lassen sich in etwa zwei gleichgroße Gruppen aufteilen. Die erste Gruppe unterscheidet sich von der zweiten deutlich darin, dass in dieser Personengruppe zwar kurzfristige Belastungen sowie ein allgemeiner Verlust an Sicherheitsempfinden und erhöhte Aufmerksamkeit für Themen der inneren Sicherheit festzustellen sind, jedoch keine krankheitswertigen oder behandlungsbedürftigen Symptome und Störungsbilder vorzufinden sind.

In der zweiten Gruppe sind hingegen offensichtliche Traumafolgesymptome manifestiert wie Intrusionen, dissoziative Symptome, ängstliche Vermeidung, Rückzug, Schreckhaftigkeit, Interessenverlust, Konzentrations- und Schlafstörungen, Depressionen usw. Auffällig waren diese Personen durch eine, in der Interaktion spürbare »Dünnhäutigkeit«, Erschöpfung, Getriebenheit und Verzweiflung. Auf einen Nenner gebracht erschienen die schwerbelasteten Probandinnen und Probanden in drei elementaren Grundbedürfnissen erschüttert – den Bedürfnissen nach Normalität, Sicherheit und Kontrolle.

Gleichzeitig fiel auf, wie entlastend und stärkend bereits eine gezielte, kompetente Befragung der Gewaltopfer wirkte. So verließen vom äußeren Eindruck her die überwiegende Mehrheit der Probandinnen und Probanden bereits den ersten Messzeitpunkt – mit dem kein therapeutischer Anspruch verbunden ist! – spürbar hoffnungsvoll und zuversichtlich. Eine Erklärungsmöglichkeit sehen wir darin, dass für die traumatisierten Personen gerade wieder die eben genannten Grundbedürfnisse zumindest in Ansätzen befriedigt werden. Wir verstehen dies so, dass die Tatsache, dass Symptome, auf welche die Betroffenen z. B. mit der Angst des »verrückt-werdens« oder Gefühlen des »sich-selbst-fremd-seins« reagieren, schon dadurch an Bedrohlichkeit verlieren, dass plötzlich in der Untersuchungssituation ganz selbstverständlich danach gefragt wird und die Bejahung beim Gegenüber nicht die Panik und Ohnmacht oder aber Abweisung und Bagatellisierung auslöst, mit der man selbst oder das nähere Umfeld darauf reagiert hat.

Hierin sehen wir ein weiteres deutliches Argument dafür, akut traumatisierten Menschen nur mit entsprechendem traumaspezifischen Hintergrundwissen und einer realistischen Erwartungshaltung bezüglich des bevorstehenden Heilungsprozesses zu begegnen. Vernichtend wirken hingegen Äußerungen von »kompetenten« Kollegen, die nach schweren traumatisierenden Erlebnissen etwa die Botschaft von der wahrscheinlich bevorstehenden lebenslangen »Unfähigkeit zu Lieben« verbreiten, oder Äußerungen wie: »Da lässt sich ja auch nicht drüber hinwegkommen!« Auch entgegengesetzte Äußerungen wie: »Zeit heilt alle Wunden!« vermitteln angesichts des subjektiven Stillstandes der Zeit wenig Hoffnung, und die Anregung, zu klären, was jemand selbst zum Ereignis beigetragen habe, spricht eher für eine Täteridentifikation des Therapeuten als für dessen therapeutische Kompetenz.

Neben Belastungen durch Äußerungen wie diese, die natürlich auch von Nicht-Therapeuten kommen können, sehen sich Opfer von Gewalttaten mit vielfältigen Herausforderungen konfrontiert. Dazu kann eine schamlos-aggressive Berichterstattung, gehören, wobei Journalisten interessanterweise das Prinzip der »Aufsuchenden Arbeit«, welches nach unserer Erfahrung unverzichtbar in der unterstützenden Arbeit mit akut traumatisierten Menschen ist, seit jeher ganz selbstverständlich zum Leitsatz ihrer Arbeit machen, dazu können Partner- und Familienbeziehungen gehören, ein häufig nicht zu unterschätzendes Problemfeld. Einerseits können sich die Partner nicht über das Geschehene austauschen, da sich die Opfer schämen, Opfer geworden zu sein, andererseits können die Partner offensichtlich nicht ertragen, dass sie ihre Partner nicht bewahren konnten. Oder es fehlt am Verständnis dafür, dass sich die Auswirkungen einer solchen Tat über Wochen hin erstrecken und alle Familienmitglieder in große Ohnmacht versetzen können. Die Symptomatik der Reizbarkeit etwa beim Opfer, das Auftreten von Wutausbrüchen oder der affektiv »abgeschaltete« Zustand kann vom Partner nicht als Symptom der Störung betrachtet werden, sondern stellt eine Belastung des Zusammengehörigkeitsgefühls dar.

Ein weiteres Feld der Belastung bildet die Leistungsfähigkeit am Arbeitsplatz: zum einen, wenn der Arbeitsplatz, etwa bei Raubüberfällen, der Tatort war, zum anderen kann gerade eine Traumafolgesymptomatik mit Konzentrations- und Schlafstörungen eine erfolgreiche Berufstätigkeit verhindern. Erste Ergebnisse zeigen, dass sich bei jedem vierten Gewaltopfer nach der Tat die berufliche Situation negativ verändert, z. B. durch Studienabbruch, Arbeitslosigkeit, verlängerte Probezeit, langfristige Krankschreibung, usw.

Als andere mögliche Bereiche der Belastung sind zudem die körperliche Schädigung durch die Tat, ein üblicherweise sehr zurückhaltendes Informationsverhalten der Ermittlungsbehörden hinsichtlich der Täteridentifizierung, juristische Vorgänge wie Vormundschafts- und Erbschaftsangelegenheiten, Strafprozesse, u. v. m. zu nennen. Fast 2/3 der Betroffenen sind in der 3. Woche nach der Tat – gemessen mit der Symptom Checklist SCL-90-R von Derogatis (1977; Franke, 1995) – deutlich messbar bis hoch psychisch belastet. Die höchsten Belastungen zeigen die Gewaltopfer in den Subskalen Depressivität, Ängstlichkeit, Phobische Angst, Paranoides Denken und Somatisierung, in denen mindestens jedes dritte Gewaltopfer hohe psychische Belastungen aufweist.

Auch im Bereich der Dissoziativen Symptomatik erreichen drei von zehn Gewaltopfern Dissoziationswerte im Fragebogen zu Dissoziativen Symptomen FDS (Freyberger et. al. 1999), die unbedingt einer weiteren klinischen Abklärung bedürfen. Zwar sind diesbezüglich in der HeiGOS keine Aussagen darüber zu machen, ob die Symptomatik erstmals vor oder nach der Tat zuerst auftrat, doch weisen die Ergebnisse der peritraumatischen Dissoziation – gemessen mit dem Peritraumatic Dissoziative Experiences Questionaire PDEQ (Marmar et. al. 1996) – aus, dass es bei jedem fünften Betroffenen »ziemlich zutrifft«, dass er die Tat in einem Zustand veränderter Wahrnehmung erlebt hat, also wie ein Zuschauer, selbst nicht Betroffen, mit verändertem Erinnerungsvermögen.

Allein die nachweisbaren psychischen Belastungen machen deutlich, dass im Bereich akut traumatisierter Gewaltopfer eine frühe Intervention erforderlich ist. Diese sollte zunächst auf die Stabilisierung in den Bereichen Sicherheit, Normalität und Kontrolle hinwirken. In diesem Sinne müsste zuallererst über die Symptomatik aufgeklärt werden. Zudem müssen die Betroffenen darin unterstützt werden, sich den Zugang zu herkömmlichen und neuen individuellen »Kraftquellen« zu erschließen, die das Überwinden dieser außergewöhnlichen Erfahrung wahrscheinlicher machen. Hierzu könnte z. B. auch eine frühe Paar- oder Familienintervention gehören, die etwa psychoedukativ über die Symptome aufklärte, mit denen beim Betroffenen zu rechnen sei. Auch könnte geprüft werden, wer von dessen Angehörigen indirekt belastet werden könnte.

Diese und andere Überlegungen spiegeln sich in der Entwicklung einer früh einzusetzenden Gruppentherapie wider, wobei deren Interventionslogik auch im Einzelsetting praktizierbar ist (siehe hierzu Seidler, Rieg, Hain, Micka, Hofmann in diesem Bande).

Literatur

American Psychiatric Association (1994): Diagnostic and Statistical Manual of Mental Disorders. Washington, DC (American Psychiatric Association) (dt.:Diagnostisches und Statistisches Manual Psychischer Störungen DSM-IV, deutsche Bearbeitung und Einführung von H. Saß, H.-U. Wittchen & M. Zaudig. Hogrefe: Göttingen 1996).

Bernstein, E. M. & Putnam, F. W. (1986): Development, reliability, and validity of a dissociation scale. In: Journal of Nervous & Mental Disease 174, S. 727–735.

Breslau, N.; Davis, G.; Andreski, P. & Peterson, E. (1991): Traumatic events and Posttraumatic Stress Disorder in an urban population of young adults. In: Archives of General Psychiatry 48, S. 216–222.

Brewin, C. R.; Andrews, B. & Valentine, J. D. (2000): Meta-analysis of risk factors for Posttraumatic Stress Disorder in trauma-exposed adults. In: Journal of Consulting and Clinical Psychology 68, S. 748–766.

Bryant, R. A. & Harvey, A. G. (2000): Acute stress disorder. A handbook of theory, assessment, and treatment. Washington, DC (American Psychological Association).

Bullinger, M. & Kirchberger, I. (1995): Der SF36 Fragebogen zum Gesundheitszustand. Handbuch für deutschsprachige Fragebogenversion. Göttingen und Bern (Hogrefe und Huber).

Derogatis, L. R. (1977): SCL-90-R, administration, scoring and procedures manual for the R(evised) version. Baltimore (Johns Hopkins University, School of Medicine).

Ehlers, A.; Steil, R.; Winter, H. & Foa, E. B. (1996a): Deutschsprachige Übersetzung der Posttraumatic Diagnostic Scale von Foa (1995) – PDS-d-1. Unveröffentlichtes Manuskript. Oxford.

Ehlers, A.; Steil, R.; Winter, H. & Foa, E. B. (1996b): Deutschsprachige Übersetzung der Posttraumatic Diagnostic Scale von Foa (1995) – PDS-d-2. Unveröffentlichtes Manuskript. Oxford.

Ehlert-Balzer, M. (1996): Das Trauma als Objektbeziehung. Veränderungen der inneren Objektwelt durch schwere Traumatisierung im Erwachsenenalter. In: Forum der Psychoanalyse 12, S. 291–314.

Fahrenberg, J.; Myrtek, M.; Schumacher, J. & Brähler, E. (2000): Fragebogen zur Lebenszufriedenheit (FLZ). Handanweisung. Göttingen (Hogrefe).

Feuerlein, W.; Küfner, H.; Haf, G. C.-M.; Ringer, C. & Antons, K. (1989): Kurzfragebogen für Alkoholgefährdete (KFA). Weinheim (Beltz Test Gesellschaft).

Feuerlein, W.; Küfner, H.; Ringer, C. & Antons-Volmerg, K. (1999): Münchner Alkoholismus-Test (MALT), 2., ergänzte Aufl. Göttingen (Hogrefe).

Fischer, G.; Becker-Fischer, M. & Düchting, C. (1998): Neue Wege in der Hilfe für Gewaltopfer. Ergebnisse und Verfahrensvorschläge aus dem Kölner Opferhilfe Modell (KOM). Köln (Institut für Psychotraumatologie).

Fischer, G. & Riedesser, P. (1998): Lehrbuch der Psychotraumatologie. München (Ernst Reinhardt Verlag).

Flatten, G.; Hofmann, A.; Liebermann, P.; Wöller, W.; Siol, T. & Petzold, E. (2001): Posttraumatische Belastungsstörung. Leitlinie und Quellentext, 4. Stuttgart (Schattauer).

Foa, E. B.; Cashman, L.; Jaycox, L. & Perry, K. (1997): The validation of a self-report measure of posttraumatic stress disorder: The Posttraumatic Diagnostic Scale. In: Psychological-Assessment 9, S. 445–451.

Franke, G. H. (1995): SCL-90-R. Die Symptom-Checkliste von Derogatis – Deutsche Version. Göttingen (Beltz Test).

Freyberger, H. J.; Spitzer, C. & Stieglitz, R.-D. (1999): Fragebogen zu Dissoziativen Symptomen (FDS). Ein Selbstbeurteilungsverfahren zur syndromalen Diagnostik dissoziativer Phänomene. Deutsche Adaptation der Dissociative Experience Scale (DES) von E. Bernstein-Carlson und F. W. Putnam. Bern (Huber).

Herman, J. L. (1992): Trauma and recovery. New York (Basic Books).

Holeva, V. & Tarrier, N. (2001): Personality and peritraumatic dissociation in the prediction of PTSD in victims of road traffic accidents. In: Journal of Psychosomatic Research, 51, S. 687–692.

Horowitz, M.; Wilner, N. & Alvarez, W. (1979): Impact of event scale: A measure of subjective stress. In: Psychosomatic Medicine 41, S. 209–218.

Maercker, A. (Hg.). (1997a). Therapie der posttraumatischen Belastungstörungen. Berlin (Springer).

Maercker, A. (1997b). Erscheinungsbild, Erklärungsansätze und Therapieforschung. In A. Maercker (Hg.), Therapie der posttraumatischen Belastungstörungen (S. 3–49). Berlin (Springer).

Maercker, A. & Schützwohl, M. (1998): Erfassung von psychischen Belastungs-
folgen: Die Impact of Event Skala-revidierte Version (IES-R). Göttingen
(Hogrefe).

Marmar, C. R.; Weiss, D. S. & Metzler, T. (1997): The Peritraumatic Dissociative
Experiences Questionaire. J. P. Wilson & T. M. Keane (Hg.) (1997): Assessing
Psychological Trauma and PTSD: A Practioners handbook. New York, NY
(Guilford Press).

Muthny, F. A. (1989): Freiburger Fragebogen zur Krankheitsverarbeitung (FKV).
Weinheim (Beltz Test Gesellschaft).

Ortega, A. N. & Rosenheck, R. (2000): Posttraumatic stress disorder among
Hispanic Vietnam veterans. In: American Journal of Psychiatry 157,
S. 615–619.

Pole, N.; Best, S. R.; Weiss, D. S.; Metzler, T.; Liberman, A. M.; Fagan, J. &
Marmar, C. R. (2001): Effects of gender and ethnicity on duty-related posttraumatic stress symptoms among urban police officers. Journal of Nervous
and Mental Disease 180, S. 442–448.

Reddemann, L. & Sachsse, U. (1998): Welche Psychoanalyse ist für Opfer geeignet? Einige Anmerkungen zu Martin Ehlert-Balzer: Das Trauma als Objektbeziehung. In: Forum der Psychoanalyse 14, S. 289–294.

Revenstorf, D. & Zeyer, R. (2001): Hypnose lernen. Leistungssteigerung und
Streßbewältigung durch Selbsthypnose, 4. Aufl. Heidelberg (Carl Auer Systeme Verlag).

Schützwohl, M. & Maercker, A. (1997): Posttraumatische Belastungsreaktionen
nach kriminellen Gewaltdelikten. In: Zeitschrift für Klinische Psychologie 26,
S. 258–268.

Seidler, G. H.; Hofmann, A. & Rost, C. (2002): Der psychisch traumatisierte
Patient in der ärztlichen Praxis. In: Deutsches Ärzteblatt 99 (5), S. 295–299.

Weiss, D. & Marmar, C. (1997): The Impact of Event Scale -Revised. J. Wilson &
T. Keane (Hgs.) (1997): Assessing psychological trauma and PTSD. New
York (Guildford).

Wittchen, H.-U.; Zaudig, M. & Fydrich, T. (1997): Strukturiertes klinisches Interview für DSM-IV : SKID ; eine deutschsprachige, erweiterte Bearbeitung der
amerikanischen Originalversion des SCID. Göttingen (Hogrefe).

Wolpe, J. (1982): The practice of behaviour therapy. New York (Pergamon Press).

Akut traumatisierte Gewaltopfer und ihre Therapie II – Studie zur Entwicklung einer traumaadaptierten Ambulanten Ressourcengruppe (ARG) in Kombination mit EMDR

Günter H. Seidler, Kathy Rieg, Bernhard Hain,
Ralph Micka und Arne Hofmann

Zusammenfassung

Zur Entwicklung eines Therapiemanuals für Praxen und Einrichtungen, in denen akut traumatisierte Menschen Hilfe suchen, wird die Kombination aus zwei Therapiemethoden geprüft und evaluiert. Dabei handelt es sich um eine neu entwickelte traumaadaptierte Gruppentherapie mit dem Fokus auf Stabilisierung und Ressourcenaktivierung (Ambulante Ressourcengruppe ARG) und die EMDR-Therapie (Eye Movement Desensitization and Reprocessing). Dieses kombinierte Treatment soll gegenüber den einzelnen Verfahren auf klinische Praktikabilität und Effektivität geprüft werden.

Kriterien zur Aufnahme in die hier beschriebene Drittmittel-geförderte Studie[1] sind, dass die Patienten einem Unfall- oder Gewaltereignis mit einer erheblichen Gefährdung für Leib und Leben oder verbunden mit dem Erleben von Todesangst innerhalb der letzten zwölf Monate ausgesetzt waren. Dieses traumatische Ereignis muss entweder zum Vollbild einer Akuten Stressstörung (ASD) oder einer Posttraumatischen Belastungsstörung (PTSD) oder zu mindestens zwei der drei folgenden Symptomgruppen geführt haben: Übererregbarkeit (Schreckhaftigkeit, Schlaflosigkeit, Reizbarkeit), Intrusionen (wiederkehrende, sich aufdrängende belastende Vorstellungen und Gedanken) oder Vermeidungsverhalten (einschließlich emotionaler Stumpfheit, Teilnahmslosigkeit gegenüber der Umgebung, »sich nicht mehr freuen können«). Die Kriterien für die Diagnose einer Posttraumatischen Belastungsstörung muss somit nicht vollständig erfüllt sein.

---

[1] Wir danken Herrn M. Lautenschläger, Ehrensenator der Universität Heidelberg, für eine großzügige Sachbeihilfe.

Neben der Frage nach dem Ausmaß der Reduktion dieser Symptomatik werden folgende weitere hypothesengenerierende Fragestellungen untersucht: Gibt es Veränderungen in den Bereichen Lebensqualität, soziale Unterstützung, Persönlichkeit, interpersonale Beziehungen, Ressourcen und Selbstmanagementfähigkeiten? Welche unmittelbaren Auswirkungen hat das gruppenpsychotherapeutische Geschehen auf den Patienten, im Sinne der Wirkfaktoren einer Gruppe nach Yalom (1996)?

Einleitung

Unter »(Psycho-)Trauma« wird eine psycho-somatische Verwundung verstanden, die auf ein Ereignis (oder auf deren mehrere) zurückgeht, bei dem im Zustand von extremer Angst (Todesangst) und Hilflosigkeit die Verarbeitungsmöglichkeiten des betroffenen Individuums überfordert waren.

Der genannte Traumabegriff ist bewusst eng gehalten, entsprechend seinem Verständnis in der aktuellen Traumaforschung und entsprechend seiner Definition in ICD-10 (World Health Organization, 1992) und DSM-IV (American Psychiatric Association, 1994): Ein etwa durch Entwertungen und Demütigungen gekennzeichneter Erziehungsstil oder eine an Entbehrungen reiche Frühgenese rechtfertigen in dieser (!) Definition nicht die Kennzeichnung eines Patienten als »traumatisiert«.

Dabei stellt sich die Frage, wie man »akut traumatisiert« definiert. Im DSM-IV und im ICD-10 gibt es keine Definitionen.

Sowohl im ICD-10 wie auch im DSM-IV werden akute Störungsbilder beschrieben, im ICD-10 die »Akute Belastungsreaktion« (F43.0) und im DSM-IV die »Akute Belastungsstörung« (308.3). Sie unterscheiden sich von der Posttraumatischen Belastungsstörung vor allem durch das Zeitkriterium. Die Akute Belastungsstörung wird maximal innerhalb eines Zeitraums von vier Wochen diagnostiziert, die Posttraumatische Belastungsstörung frühestens nach vier Wochen.

In unserem Ansatz verstehen wir unter »akut traumatisiert«, dass die Traumatisierung nicht länger als ein Jahr zurückliegt.

Wissenschaftliche Grundlagen

Die wissenschaftlichen Grundlagen werden zuerst für die Gruppenpsychotherapie dargestellt, im Anschluss daran für die EMDR-Therapie.

Die Gruppenpsychotherapie ist in unterschiedlichen Ausformulierungen und in Abhängigkeit von der Orientierung des Autors (vgl. Fiedler, 1996) als ein Therapieverfahren bekannt geworden, das insbesondere dann zur Entfaltung seiner Wirksamkeit kommen kann, wenn es für Patientengruppen zur Anwendung kommt, die durch belastende Ereignisse eine Art Schicksalsgemeinschaft bilden können.

Einen Überblick über die Entwicklung der ambulanten Gruppentherapie und die Ergebnisse ambulanter Gruppenpsychotherapie in Deutschland referiert Tschuschke (2001). »Erste vorläufige Ergebnisse abgeschlossener gruppenpsychotherapeutischer Behandlung erlauben – vorläufig – die Aussage, dass ambulante Gruppenpsychotherapie, die von Gruppenpsychotherapeuten ausgeübt wird, eine sehr wirksame Behandlungsform darstellt (...). Gruppenpspychotherapie ist nicht nur mindestens so wirksam für ein soziodemographisch und diagnostisch absolut vergleichbares Patientenklientel, sondern benötigt auch noch im Durchschnitt deutlich weniger Sitzungen als Einzelbehandlung, um die besagte vergleichbare Wirksamkeit zu erreichen (...)« (Tschuschke, 2001, S. 224). Störungsspezifische Gruppenkonzepte z. B. bei Posttraumatischen Belastungsstörungen unter besonderer Anwendung von Stabilisierungsübungen wurden von Reddemann (2002) zusammengestellt, jedoch ohne Evaluation.

In der Einzeltherapie hat sich für Menschen mit Monotraumata unabhängig von der Zeit, die ein Ereignis zurückliegt, die EMDR-Therapie (Eye Movement Desensitization and Reprocessing) als traumaadaptierte Methode bewährt (vgl. Hofmann, 1999). EMDR wurde 1987 von Shapiro (1995) entwickelt. Zunächst stand bei der Autorin das Verständnis im Vordergrund, es handele sich um eine Variante einer Desensibilisierungsmethode, und so nannte sie ihr Verfahren EMD (Eye Movement Desensitization). Später wurden jedoch deutliche Unterschiede zu bisherigen verhaltenstherapeutischen Verfahren unübersehbar; dem wurde durch eine erweiterte Bezeichnung [»(...) and Reprocessing«] Rechnung getragen. Hofmann (1999, S. 15) sieht Zusammenhänge sowohl zur Verhaltenstherapie wie auch zur Psychoanalyse.

Als Indikationsgebiete sieht Hofmann (1999, S. 19) »alle Folgeerkrankungen von traumatischen Ereignissen«. Gegenwärtig gelten als Kontraindikationen floride Psychosen, hirnorganische Erkrankungen sowie eine körperlich eingeschränkte Belastungsfähigkeit und Augenerkrankungen, wenn über bilaterale Augenbewegungen stimuliert werden soll.

Das therapeutische Vorgehen ist manualisiert durchstrukturiert und umfasst acht Behandlungsphasen, von der Anamnese und Behandlungsplanung bis zur Überprüfung des Erreichten. Für eine differenzierte Darstellung wird auf den Artikel von Hofmann in diesem Band verwiesen.

Abschließend bleibt festzustellen, dass hinsichtlich aller genannten Verfahren keine geprüften Studien bei akut Traumatisierten im obigen Sinne vorliegen und keine Ergebnisse zur Kombination der Verfahren.

Beschreibung des Settings

Im Folgenden werden das Gruppentherapie-Setting (ARG) und das Einzeltherapie-Setting (EMDR) beschrieben.

Nach einer ausreichenden Stabilisierungsphase wird in der EMDR-Therapie angestrebt, dass voneinander dissoziierte Erinnerungsbruchstücke, die sich als Intrusionen manifestieren, zu Erinnerungen werden sollen, über die die Betroffenen verfügen können, dass vermeidende Erlebens- und Verhaltensweisen zurückgehen sollen und Hyperarousal-Symptome, die als Ausdruck einer Arretierung der Physiologie des Organismus in der Situation der Lebensgefahr aufgefasst werden, sich ebenfalls zurückbilden.

Eine darüber hinausgehende Psychotherapie – etwa mit dem Ziel, sich von verloren gegangenen Möglichkeiten, Perspektiven oder Werten zu lösen – wird als Aufgabe einer weiterführenden therapeutischen Arbeit an anderer Stelle verstanden.

In der ARG-EMDR-Studie werden die Module der Ambulanten Ressourcengruppe (ARG) und EMDR (Eye Movement Desensitization and Reprocessing) in Einzeltherapie angeboten. Die Teilnehmer werden bei der Kombination der beiden Treatments ARG und EMDR nach Maßgabe freier Plätze der halboffenen Ambulanten Ressourcengruppe (ARG) zugewiesen und nach ausreichender Stabilisierung durch die Gruppentherapie und Maßgabe freier Plätze in die EMDR-Therapie vermittelt.

Die Patienten kommen zur Stabilisierung über zehn Sitzungen in die Ambulante Ressourcengruppe, in der die vier Bausteine *Psychoedukation, Stabilisierungsübungen, Ressourcenaktivierung* sowie *interaktionelle Interventionen* eingesetzt werden. Die interaktionellen Interventionen werden mit der Ressourcenaktivierung über die im Vorgespräch benannte Grundregel verknüpft, es ginge darum, sich darüber zu verständigen, was in letzter Zeit gut gelungen sei und wo Hilfe benötigt werde. Angestrebt wird damit, die Patienten wieder in Kontakt zu bringen mit »nicht-trauma-infizierten« Lebensbereichen.

Als Stabilisierungsübung kommen der *Sichere Ort*, die *Tresorübung*, die *Screen-Technik*, die *Lichtstromtechnik*, die *Baumübung* oder auch das *Innere Team* in Frage (vgl. Reddemann, 2002). Die Auswahl in der jeweiligen Gruppensitzung erfolgt indikationsgeleitet nach den Bedürfnissen der Teilnehmer. Kommen neue Patienten hinzu, wird mit dem *Sicheren Ort* als Übung begonnen.

Alle Teilnehmer erhalten in der ersten Sitzung eine CD oder Kassette mit den Übungen: *Sicherer Ort, Tresorübung* und *Screen-Technik*, um die Übungen auch zuhause durchführen zu können.

Die Gruppe wird von einem Therapeuten und einem Co-Therapeuten geleitet, wobei ein Therapeut jeweils zehn Wochen teilnimmt und danach im Sinne eines Rotationsverfahrens mit einem Kollegen tauscht. Somit wird auch auf der Settingebene Stabilität vermittelt, und die Gruppenteilnehmer begegnen nicht zeitgleich zwei neuen Therapeuten.

Im Rahmen dieses Artikels kann auf spezifische Fragen, wie z. B. ob traumatisierte Paare gemeinsam an der Gruppe teilnehmen oder wie mit der gleichzeitigen Anwesenheit von durch das gleiche Ereignis betroffenen Berufskollegen umgegangen wird, lediglich hingewiesen und auf zukünftige Publikationen (z. B. das Manual zur Therapie) verwiesen werden.

Auf der Forschungsebene werden die Gruppentherapiesitzungen anhand des Gruppenerfahrungsbogens von Strauß & Eckert (1994) und Eckert (1996) sowie des Gruppenleiter-Bogens von Tschuschke (in Vorbereitung) evaluiert. Die beiden Instrumente werden im Studienablauf (s. u.) kurz beschrieben.

Das Rahmenkonzept der Ambulanten Ressourcengruppe mit den vier Bausteinen *Psychoedukation, Stabilisierungsübungen, Ressourcenaktivierung* und *interaktionellen Interventionen* ist aus der Abgrenzung zum Konzept des »Debriefing« entstanden. Ziel beim Debriefing ist es, die unmittelbare Traumareaktion in ihrer Intensität abzuschwächen und die Entwicklung einer Traumafolgestörung zu vermeiden. Bisher publizierte Studien belegen nicht eindeutig, »dass die Anwendung von Debriefings Traumafolgekrankheiten verhindert (...). Es gibt sogar Hinweise darauf, dass die Anwendung von Debriefing einen generell schlechteren Verlauf begünstige (...) und zwar aufgrund der mit den Debriefing-Sitzungen einhergehenden Retraumatisierung.« (Seidler, 2002, S. 11).

In der Ambulanten Ressourcengruppe wird demgegenüber das Ziel verfolgt, positive Netzwerke zu triggern etwa durch die Stabilisierungsübungen, aber auch durch die Fokussierung auf das, was in der letzten Zeit/Woche gut gelungen ist. Statt permanent die Aufmerksamkeit auf traumatische Bereiche und deren negative Folgewirkungen zu lenken, werden gemeinsam Alternativen und Lösungsansätze gesucht. Durch nur vorsichtig dosiertes Berichten über traumatische Ereignisse werden auch die anderen Teilnehmer/innen der Gruppe vor Retraumatisierungen geschützt und nicht noch mehr getriggert. Dies geschieht bewusst in Abgrenzung zum Debriefing-Ansatz, wo es »Ziel dieser Gruppen ist (...), mit den von einer Katastrophe Betroffenen die traumatischen Erlebnisse möglichst bald danach gemeinsam zu besprechen, um zu verhindern, dass sich der einzelne mit der psychischen Verarbeitung überfordert fühlt« (Maercker, 1997, S. 263ff). Fischer & Riedesser (1999, S. 188) berichten im Übrigen ebenfalls von widersprüchlichen, teilweise negativen Effekten des Debriefing-Verfahrens in Kontrollstudien.

Nach Zuweisung an den den EMDR-Einzeltherapeut wird von diesem abgeklärt, ob es Kontraindikationen zur Anwendung von EMDR gibt. Dann werden EMDR-Sitzungen in der klinisch notwendigen Anzahl durchgeführt. Kontraindikationen können neben den oben erwähnten auch bestehender Täterkontakt oder nicht ausreichende äußere sichere Lebensumstände sein.

Der Einzeltherapeut, der zur Durchführung der EMDR-Therapie im Rahmen der Studie in die Psychosomatische Universitätsklinik kommt, ist ein niedergelassener EMDR-Supervisor. Damit wird eine standardisierte Durchführung der Einzeltherapie garantiert.

Die zentrale Forschungsfrage ist durch die genannten klinisch notwendigen Vorgaben zunächst die Prüfung, inwieweit die Kombination aus ARG und EMDR bei akut traumatisierten Patienten wirkt. Im zweiten Schritt werden bei ausreichend großen Fallzahlen die einzelnen Module getrennt voneinander evaluiert.

Fragestellungen

Die zentralen Ziele der Studie sind
- die Prüfung und Evaluation der drei geschilderten Treatments bei akut traumatisierten Menschen und
- die Entwicklung eines Therapiemanuals für Praxen und Einrichtungen, in denen akut traumatisierte Menschen Hilfe suchen.

Weitere Fragestellungen mit hypothesengenerierendem Charakter sind folgende: Gibt es Veränderungen in den Bereichen Lebensqualität, soziale Unterstützung, Persönlichkeit, interpersonale Beziehungen, Ressourcen und Selbstmanagementfähigkeiten und welche unmittelbaren Auswirkungen hat das gruppenpsychotherapeutische Geschehen auf den Patienten, im Sinne der Wirkfaktoren einer Gruppe nach Yalom (1996).

Mögliche Veränderungen in diesen Konstrukten werden über zwei Messzeitpunkte vor Beginn der Intervention und nach Interventionsende gemessen.

Einschlusskriterien

Folgende vier Kriterien müssen gegeben sein:
1) Es werden volljährige und mündige Patienten in die Studie aufgenommen, mit denen eine Verständigung ohne Dolmetscher möglich ist und
2) die einem Unfall- oder Gewaltereignis mit einer erheblichen Gefährdung für Leib und Leben oder verbunden mit dem Erleben von Todesangst ausgesetzt waren.
3) Dieses traumatische Ereignis führt zu mindestens zwei der drei folgenden Symptomgruppen: Übererregbarkeit (Schreckhaftigkeit, Schlaflosigkeit, Reizbarkeit), Intrusionen (wiederkehrende, sich aufdrängende belastende Vorstellungen und Gedanken), Vermeidungsverhalten (einschließlich emotionaler Stumpfheit, Teilnahmslosigkeit gegenüber der Umgebung, »sich nicht mehr freuen können«). Daraus folgt, dass die Diagnose einer Akuten Belastungsstörung oder einer Posttraumatischen Belastungsstörung nicht vollständig erfüllt sein muss.
4) Das traumatisierende Ereignis liegt im Zeitraum der vergangenen zwölf Monate.

Ausschlusskriterien

Aus der Studie ausgeschlossen werden Betroffene mit komplextraumatischen Störungen als Folge anhaltender Traumatisierung (z. B. anhaltend erlittene sexuelle Gewalt, Gefangenschaft mit Folter) und Patienten mit bekannten oder nach dem klinischen Eindruck zu erwartenden psychotischen Krisen, Suizidalität oder Drogenproblemen.

Bei Betroffenen, bei denen eine EMDR-Therapie aufgrund von hirnorganischen Erkrankungen oder körperlich eingeschränkter Belastungsfähigkeit (z. B. Koronarerkrankungen oder nicht einstellbare Hypertonie) kontraindiziert ist, kann die Ambulante Ressourcengruppe dennoch in Frage kommen.

Bei Betroffenen, bei denen EMDR aufgrund einer Augenerkrankung (z. B. drohende Netzhautablösungen) kontraindiziert ist, wird auf andere Formen der Stimulation wie taktile oder akustische Reize zurückgegriffen.

Studienablauf

Es gibt zwei Zugangswege in diese Therapiestudie: a) Teilnehmer aus der HeiGOS-Studie (siehe hierzu den Beitrag von Seidler, Micka, Laszig, Nolting & Rieg in diesem Bande) mit Traumasymptomen und b) Patienten, die aus der Klinikambulanz oder aus einer niedergelassenen Praxis vermittelt wurden.

a.) Falls sich im HeiGOS-Erstinterview durch die Diagnostik einer Akuten Stressstörung (ASD) bzw. einer Posttraumatischen Belastungsstörung (PTSD) und durch die Einschätzung des Therapeuten herausstellt, dass bei dem Probanden eine traumaadaptierte Therapie indiziert ist, werden Möglichkeiten zur Teilnahme an der Therapiestudie besprochen und ggf. eine Teilnahmevereinbarung getroffen sowie Informationsmaterialien ausgehändigt. Anschließend wird das Strukturierte Klinische Interview für DSM-IV (SKID-I) (Wittchen, Zaudig & Fydrich 1997) durchgeführt, in welchem die PTSD-Diagnostik nochmals (meistens ein bis zwei Wochen nach dem Erstinterview) abgeklärt wird.

b.) Die Betroffenen kommen entweder über die Klinikambulanz in die Studie oder werrden anhand eines Flyers von einem niedergelassenen Praktiker über die Studie informiert. Die Diagnose wird in diesen Fällen im ambulanten Anamnesegespräch und im Strukturierten

Klinischen Interview für DSM-IV (SKID-I und II nach DSM-IV) gestellt.

Um das dargestellte Therapiekonzept auch auf seine Eignung für Patienten mit einer Traumafolgestörung zu prüfen, die nicht auf ein Gewaltereignis zurückgeht, werden auch volljährige und mündige Patienten (oder Angehörige) mit Unfallereignissen, problematischen Schwangerschaftsunterbrechungen oder Abort aus dem Heidelberger Raum einbezogen.

Nach dem SKID I-Interview sind zwei Messzeitpunkte geplant. Der erste Messzeitpunkt wird individuell auf den Beginn der Intervention abgestimmt. Zur Prüfung der erzielten Veränderungen werden vor Beginn der Therapie bei allen Teilnehmer der ARG-EMDR Studie folgende Fragebogenuntersuchungen durchgeführt: Fragebogen zu dissoziativen Symptomen (FDS), Fragebogen zur Erfassung von Ressourcen und Selbstmanagementfähigkeiten (FERUS), Freiburger Persönlichkeitsinventar (FPI-R), Fragebogen zur Sozialen Unterstützung (F-SOZU), Fragebogen zur Lebenszufriedenheit (FLZ), Impact of Event Scale (revidiert) (IES-R), Inventar zur Erfassung interpersonaler Probleme (IIP-D), Münchner Alkoholismus-Test (MALT), Symptom Checklist (SCL-90-R), Fragebogen zum Gesundheitszustand (SF-36), Subjective Units of Distress (SUD), traumaadaptierte Version des Freiburger Fragebogens zur Krankheitsverarbeitung (T-FKV-SE), Posttraumatic Diagnostic Scale (PDS-d-1), Posttraumatic Diagnostic Scale (Verlauf) (PDS-d2), Deutsche Version des Peritraumatic Dissoziative Experiences Questionaire (PDEQ).

Der zweite Messzeitpunkt, bei dem wieder die genannten Fragebogeninstrumente erhoben werden, erfolgt ein bis zwei Wochen nach Ende der Intervention.

In der Ambulanten Gruppentherapie wird nach jeder Therapiesitzung der Gruppenerfahrungsbogen (GEB) (Strauß & Eckert, 1994; Eckert, 1996) bei den Patienten und der Gruppenleiterbogen (Tschuschke, in Vorbereitung) bei den Therapeuten miterhoben, so dass für jede Ambulante Ressourcengruppe 10 Messzeitpunkte vorliegen, an denen evaluiert werden kann, wie die Gruppe aus verschiedenen Perspektiven erlebt wurde.

Eine kurze Beschreibung der Fragebögen, die auch im HeiGOS-Projekt eingesetzt werden (PDEQ, SCL-90-R, IES-R, FDS, MALT, FLZ, PDS-d1 bzw. PDS-d2) findet sich im Kapitel zur HeiGOS-Studie.

Zusätzlich dazu werden in der ARG-EMDR-Studie folgende Fragebögen erhoben: Fragebogen zur sozialen Unterstützung (F-Sozu) (Sommer & Fydrich, 1989), Ressourcen (FERUS) (Jack, 2001), Persönlichkeit (FPI-R) (Fahrenberg, Hampel & Selg, 1994) und interpersonale Probleme (IIP-D) (Horowitz, Strauß & Kordy, 1994). Beabsichtigt ist dabei, im Sinne hypothesengenerierender Fragestellungen mögliche Veränderungen in den Lebensbereichen sozialer Unterstützung, Ressourcen, Persönlichkeit und interpersonaler Probleme zu erfassen.

Es folgt eine kurze Beschreibung der Fragebogeninstrumente, die zusätzlich zu den Fragebögen aus der HeiGOS-Studie in der ARG-EMDR-Studie eingesetzt werden.

- Fragebogen zur Sozialen Unterstützung (F-SOZU) (Sommer & Fydrich, 1989):
  Mit dem F-SOZU wird soziale Unterstützung als wahrgenommene bzw. antizipierte Unterstützung aus dem sozialen Umfeld operationalisiert. Das dem Verfahren zugrunde liegende Konzept geht auf kognitive Ansätze zurück und erfasst die subjektive Überzeugung, im Bedarfsfall Unterstützung von anderen zu erhalten sowie die Einschätzung, auf Ressourcen des sozialen Umfeldes zurückgreifen zu können. Die Langform des Fragebogens erfaßt mit 54 Items die Skalen »Emotionale Unterstützung«, »Praktische Unterstützung«, »Soziale Integration« und »Soziale Belastung«, die zu einem Gesamtwert »Wahrgenommene Soziale Unterstützung« zusammengefasst werden, sowie die ergänzenden Skalen »Reziprozität«, »Vertrauensperson« und »Zufriedenheit mit sozialer Unterstützung«.

- FERUS – Fragebogen zur Erfassung von Ressourcen und Selbstmanagementfähigkeiten (Jack, 2001): Der FERUS dient der Erfassung von gesundheitsrelevanten Ressourcen und Selbstmanagementfähigkeiten. Er besteht aus 66 Items, die folgenden sieben Skalen zugeordnet sind: Veränderungsmotivation, Coping, Selbstbeobachtung, Selbstverbalisation, Selbstwirksamkeit, Hoffnung und Soziale Unterstützung.

- Das Freiburger Persönlichkeitsinventar (FPI-R) (Fahrenberg, Hampel & Selg, 1994): Das Freiburger Persönlichkeitsinventar ist ein faktorenanalytisch und itemmetrisch begründetes Persönlichkeitsverfahren. Die Testform (FPI-R) umfasst 138 Items, die sich zu folgenden Skalen zusammensetzen: Lebenszufriedenheit, Soziale Orientierung, Leistungsorientierung, Gehemmtheit, Erregbarkeit, Aggressivität,

Beanspruchung, Körperliche Beschwerden, Gesundheitssorgen, Offenheit, außerdem die zwei Sekundärskalen Extraversion und Emotionalität im Sinne Eysencks.

- Inventar zur Erfassung interpersonaler Probleme (Deutsche Version) (IIP-D) (Horowitz, Strauß & Kordy, 1994): Das IIP-D, ist ein Fragebogen zur Selbsteinschätzung interpersonaler Probleme, d. h. zu Problemen im Umgang mit anderen Menschen. Erfragt werden interpersonale Verhaltensweisen, (a) die dem Probanden schwer fallen und (b) die ein Proband im Übermaß zeigt. Die Auswertung kann über acht faktorenanalytisch gebildete Skalen erfolgen, die den Oktanten des interpersonalen Kreismodells entsprechen. Daneben wird ein Gesamtwert gebildet, der das Ausmaß an interpersonaler Problematik charakterisiert.

- Fragebogen zur Lebenszufriedenheit (FLZ) (Fahrenberg, Myrtek, Schumacher & Brähler, 2000): Der FLZ dient der Erfassung relevanter Aspekte der Lebenszufriedenheit in zehn Lebensbereichen (Gesundheit, Arbeit und Beruf, Finanzielle Lage, Freizeit, Ehe und Partnerschaft, Beziehung zu den eigenen Kindern, Eigene Person, Sexualität, Freunde/Bekannte/Verwandte, Wohnung). Neben der Erfassung der bereichsspezifischen Lebenszufriedenheit gestattet der FLZ die Abschätzung der allgemeinen Lebenszufriedenheit, wobei diese als Summenwert von sieben der zehn Skalen berechnet wird (nicht berücksichtigt werden die Skalen »Arbeit und Beruf«, »Ehe und Partnerschaft« sowie »Beziehung zu den eigenen Kindern«).

- Der Gruppenerfahrungsbogen (GEB) (Strauß & Eckert, 1994; Eckert, 1996): Der GEB erfasst mit 32 Items die Selbstbeurteilung des Patienten in Gruppensitzungen. Folgende Aspekte werden erfasst: Gruppenkohäsion, Gruppenklima, Therapieoptimismus, Körperliche Reaktionen des Patienten auf das Therapiegeschehen, Aspekte des Therapeutenverhaltens aus der Sicht des Patienten, Identifikation, Einsicht und korrigierende Rekapitulation früher familiärer Erfahrungen, Universalität des Leidens, Interpersonales Lernen, Altruismus.

- Der Gruppenleiter-Bogen (Tschuschke, in Vorbereitung): Der Gruppenleiter-Bogen erfasst die subjektiven Eindrücke des Therapeuten. Bisher besteht er aus elf Fragen und hat die Dimensionen Kontrolle, Optimismus, Aktivität (persönliche Mitteilung des Autors).

Die Studie befindet sich im Moment in der Phase der Datenerhebung und der Durchführung der Therapieangebote.

Literatur

American Psychiatric Association (1994): Diagnostic and Statistical Manual of Mental Disorders. Washington, DC (American Psychiatric Association) (dt.: Diagnostisches und Statistisches Manual Psychischer Störungen DSM-IV, deutsche Bearbeitung und Einführung von H. Saß, H.-U. Wittchen & M. Zaudig. Hogrefe: Göttingen 1996).

Eckert, J. (1996): Gruppenerfahrungsbogen. In: B. Strauß (Hg.) (1996): Methoden der empirischen Gruppentherapieforschung. Opladen (Westdeutscher Verlag). S. 161–171.

Fahrenberg, J.; Hampel, R. & Selg, H. (1994): Das Freiburger Persönlichkeitsinventar FPI. Göttingen (Hogrefe).

Fiedler, P. (1996): Verhaltenstherapie in und mit Gruppen. Weinheim (Psychologie Verlags Union).

Fischer, G. & Riedesser, P. (1998, 2. Aufl. 1999): Lehrbuch der Psychotraumatologie. München (Ernst Reinhardt Verlag).

Hofmann, A. (1999): EMDR in der Therapie posttraumatischer Belastungssyndrome. Stuttgart (Thieme).

Horowitz, L. M.; Strauß, B. & Kordy, H. (1994): Inventar zur Erfassung interpersonaler Probleme (Deutsche Version) (IIP-D). Göttingen (Hogrefe).

Jack, M. (2001): Entwicklung eines ressourcen- und selbstmanagementorientierten Evaluationsinstrumentes zur psychotherapeutischen Informationsgewinnung und Qualitätssicherung in der stationären Psychosomatik. Regensburg (Roderer).

Maercker, A. (Hg.) (1997): Therapie der posttraumatischen Belastungstörungen. Berlin (Springer).

Reddemann, L. (2001): Imagination als heilsame Kraft. Zur Behandlung von Traumafolgen mit ressourcenorientierten Verfahren. Stuttgart (Pfeiffer bei Klett-Cotta).

Seidler, G. H. (2002): Aktuelle Therapieansätze in der Psychotraumatologie. In: Zeitschrift für Psychosomatische Medizin und Psychotherapie 48, S. 6–27.

Shapiro, F. (1995, dt. 1998): EMDR: Grundlagen und Praxis. Handbuch zur Behandlung traumatisierter Menschen. Paderborn (Junfermann).

Sommer, G. & Fydrich, T. (1989): Soziale Unterstützung: Diagnostik, Konzepte, F-SOZU. Tübingen (Deutsche Gesellschaft für Verhaltenstherapie).

Strauß, B. & Eckert, J. (1994): Dimensionen des Gruppenerlebens: Zur Skalenbildung im Gruppenerfahrungsbogen. In: Zeitschrift für Klinische Psychologie 23(3), S. 188–201.

Tschuschke, V. (Hg.) (2001): Praxis der Gruppenpsychotherapie. Stuttgart (Thieme).

Tschuschke, V. (in Vorbereitung): Gruppenleiter-Bogen (Persönliche Mitteilung).

World Health Organization (1992): The ICD-10 classification of mental and behavioural disorders. Clinical descriptions and diagnostic guidelines. Geneve [World Health Organization (dt.: Weltgesundheitsorganisation (1995): Internationale Klassifikation psychischer Störungen (ICD-10 Kapitel V (F)), Klinisch-diagnostische Leitlinien. In: H. Dilling; W. Mombour & M. H. Schmidt (Hg.) (1995): (2. Aufl.). Bern (Huber)].

Wittchen, H. U.; Zaudig, M. & Fydrich, T. (1997): Strukturiertes Klinisches Interview für DSM-IV. Achse I und II. Göttingen (Hogrefe).

Yalom, I. D. (1996): Theorie und Praxis der Gruppenpsychotherapie: ein Lehrbuch (4. völlig überarbeitete und erweiterte Auflage). München (Pfeiffer bei Klett-Cotta).

Verhaltenstherapeutische Wege aus der Wortlosigkeit

Überblick und Stand der Forschung zur kognitiv-verhaltenstherapeutischen Behandlung der Posttraumatischen Belastungsstörung

Regina Steil

Einleitung

Behaviorale und kognitive Behandlungsstrategien haben sich bei der Behandlung der posttraumatischen und der akuten Belastungsstörung als sehr effektiv erwiesen, zahlreiche Studien von hoher methodischer Qualität belegen dies (vgl. Mitte & Steil, 2003). Die Behandlungsstrategien liegen in manualisierter Form vor (vgl. z. B. Ehlers, 1999). Neben der Behandlung durch EMDR (Eye Movement Desensitization and Reprocessing) gilt die Kognitive Verhaltenstherapie (im folgenden KVT) als empirisch bezüglich ihrer Wirksamkeit als am besten abgesicherte Behandlungsform der Posttraumatischen Belastungsstörung. Zahlreiche randomisierte und kontrollierte Studien zu den Folgen unterschiedlicher Formen der Traumatisierung belegen die kurz- und langfristige Wirksamkeit der KVT. Bis in die Mitte der 90er Jahre bestimmten streng behaviorale und auf die Habituation an die traumatischen Erinnerungen ausgerichtete Vorgehensweisen (wie z. B. prolongierte Exposition nach Foa & Rothbaum, 1998) das Bild der Verhaltenstherapie der Posttraumatischen Belastungsstörung (im folgenden PTBS). Seit ca. zehn Jahren jedoch gewinnen kognitiv orientierte Behandlungsstrategien immer mehr an Bedeutung (vgl. Ehlers, 1999; Resick et al., 2002). Sie erwiesen sich als mindestens genauso effektiv wie die rein konfrontative Behandlung, gehen aber mit wesentlich weniger Belastung für die Patienten während der Therapie einher und tragen neuen Befunden zur immensen Bedeutung von Einstellungen und Überzeugungen zum Trauma und seinen Folgen bei der posttraumatischen Anpassung Rechnung (Steil, 2001). Moderne Methoden der KVT erweisen sich auch als wirksam bei der Behandlung von akuter Belastungsstörung und der Prävention der PTBS (vgl. Bryant et al., 1999), bei Kindern und Jugendlichen mit PTBS, z. B. nach sexuellem Missbrauch (vgl. Steil, im Druck), und bei der Behandlung der schweren Folgen von sexuellem Kindesmissbrauch bei erwachsenen Patientinnen (Cloitre et al., 2002). Dabei wird heute nicht mehr die Habituation an die traumatischen Erinnerungen und Emotionen als wirksames Agens angesehen, sondern die Möglichkeit, das Geschehene angemessen einzuordnen in die eigene Lebensgeschichte, unangemessene und dysfunktionale Überzeugungen und Einstellungen zu ändern und hilfreiche Sichtweisen zu finden. Ziel ist, dass der Patient sich an das Geschehene erinnern kann, ohne sehr starke Belastung zu empfinden, und ohne die Erinnerungen bekämpfen zu müssen.

Zugrunde liegende Störungsmodelle

Die KVT basiert vorwiegend auf psychologischen Konzepten der PTBS. Lerntheoretische Modelle stellen eine Anwendung der Zwei-Faktoren-Theorie von Mowrer (1947) auf die psychischen Folgen einer Traumatisierung dar (Foa & Kozak, 1986; Keane et al., 1985). Sie erklären die PTBS als konditionierte emotionale Reaktion, welche schwer löschbar ist, mit Hilfe der Prinzipien der klassischen Konditionierung (während des Traumas werden Merkmale der traumatischen Situation verknüpft mit den emotionalen und physiologischen Reaktionen, in der Folge lösen ähnliche Merkmale vergleichbare Reaktionen aus) und der operanten Konditionierung (eine Löschung wird durch die Vermeidung traumarelevanter Stimuli verhindert, letztere bleibt operant im Sinne einer negativen Verstärkung aufrechterhalten). Möglicherweise werden auch aggressives Verhalten, Rumination, das Empfinden von Wut und Ärger und Substanzmissbrauch, welche ebenfalls die mit der Erinnerung verbundenen belastenden Emotionen beenden, operant aufrechterhalten (Steil et al., 1997).

In Netzwerkmodellen wird die Symptomatik der PTBS auf die Ausbildung eines spezifischen Traumagedächtnisnetzwerkes zurückgeführt, welches die Wahrnehmung und Verarbeitung von Reizen in selektiver Weise lenkt (Chemtob et al., 1988; Foa et al., 1989). Hierbei wird das Modell pathologischer Furchtstrukturen von Lang (1979) auf die Ätiologie der PTBS angewandt. Die Gedächtnisrepräsentation traumatischer Geschehnisse, so die Annahme, ist umfassend und leicht aktivierbar, die

Aktivierung zeigt sich in intrusivem Wiedererleben, Angst und Erregung sowie in der chronischen Erwartung erneuter Bedrohung und der aktiven Suche nach Gefahrensignalen. Eine Veränderung des spezifischen Furchtnetzwerkes ist nur durch dessen direkte Aktivation (d. h. über Konfrontation mit traumatrelevanten Reizen) möglich.

In Modellen kognitiver Schemata wird postuliert, dass eine Traumatisierung grundlegende Überzeugungen und Erwartungen (von persönlicher Sicherheit, von der Welt als bedeutungsvoll und sinnhaft und von sich selbst als kompetent und zur Kontrolle fähig) grundlegend erschüttert und dysfunktional verändert, bzw. dass sie prätraumatisch latent vorhandene dysfunktionale Schemata und Überzeugungen (z. B. von sich selbst als wertloser Person, die Bestrafung verdient hat) validiert (Beck et al., 1986; Brewin et al., 1996; Foa & Riggs, 1993; Horowitz 1976, 1986; Janoff-Bulman, 1992). Die traumatische Information bleibt solange in einem aktiven Teil des Gedächtnisses, bis das Geschehen in das persönliche Weltbild integriert ist. Die Vermeidung traumarelevanter Stimuli verhindert generell eine Veränderung dysfunktionaler Einstellungen, z. B. durch neue, korrigierende Erfahrungen.

Neuere kognitive Modelle betonen die Rolle der idiosynkratischen Bedeutung der Traumatisierung und ihrer Folgen sowie die kognitiven Vermeidung bei der Aufrechterhaltung der Symptomatik (Ehlers & Clark, 2000; Steil et al., 1997). So ist von großer Bedeutung, ob eine Person ihre posttraumatischen Symptome als Teil eines normalen Genesungsprozesses wertet oder sie katastrophisierend interpretiert. Dysfunktionale Kognitionen, die mit den Intrusionen zusammen auftreten (z. B.: »Diese starken Erinnerungen bedeuten, ich werde verrückt«, »Es ist passiert, weil ich so bin, wie ich bin«) determinieren die subjektive Belastung, die mit dem Auftreten von Intrusionen einhergeht. Sie vermitteln Symptome eines erhöhten Erregungsniveaus. Sie motivieren Betroffene, Strategien zur Kontrolle der intrusiven Erinnerungen und Gedanken einzusetzen, die ihrerseits die Symptome entweder direkt verschlimmern (so z. B. führt Gedankenunterdrückung zum vermehrten Auftreten intrusiver Erinnerungen) oder eine adäquate Auseinandersetzung mit dem Trauma unterbinden (z. B. durch Rumination oder den Gebrauch von Anxiolytika). Überlegungen zur Entwicklung des episodischen bzw. des autobiografischen Gedächtnisses sind ebenfalls wichtiger Teil neuer kognitiver Theorien der PTBS: so vermuten Ehlers und Clark (2000), dass eine persistierende PTBS dann entsteht, wenn die traumatische Erinnerung nur ungenügend elaboriert und in einen autobiografischen Kontext eingeordnet wird. Postuliert wird, dass eine daten-gesteuerte Enkodierung traumatischer Informationen (d. h. primär die Verarbeitung sensorischer Reize) im Gegensatz zu einer konzeptuell gesteuerten Enkodierung (d. h. eine Verarbeitung der Bedeutung der Situation und ihres Kontextes in einer geordneten und organisierten Weise) das Risiko der Ausbildung einer PTBS erhöht, da sie die willentliche Abrufbarkeit der Erinnerung erschwert und zu einem starken Priming für traumarelevante Stimuli führt. Joseph et al. (1995) betonen die Rolle der Attribution bezüglich dessen, warum das Trauma geschah, bezüglich des Geschehens während der Traumatisierung und bezüglich der nachfolgenden emotionalen Reaktionen. Über Formen der unterschiedlichen Attribuierung lassen sich, so die Autoren, Gefühle wie Schuld, Scham, Wut und Ärger, die in der Folge des Traumas auftreten, erklären.

Gemeinsam sind allen psychologischen Modellen folgende Annahmen: a) Vermeidung, emotionale Taubheit und sozialer Rückzug werden als Reaktion des Individuums auf das Auftreten belastender Intrusionen und damit einhergehender Übererregung gewertet, das heißt Intrusionen und ihre physiologischen, emotionalen und kognitiven Begleitumstände werden als primäres Symptom der PTBS gewertet, b) eine dysfunktionale Bewertung des Traumas ist an der Pathogenese der PTBS beteiligt, c) Vermeidung verhindert eine hilfreiche und adäquate Konfrontation mit den traumatischen Erlebnissen, sie verhindert weiterhin korrigierende emotionale Erfahrungen und die Veränderung ungünstiger Einstellungen und Überzeugungen.

Bsp.: Eine Patientin fühlt sich schuldig daran, dass ihr Vater sie missbraucht hat (»Ich habe mich nicht genügend gewehrt, er hat es getan weil ich so bin wie ich bin etc...«). Damit verbunden ist eine tiefe Scham, die sie immer fühlt, wenn sie sich an Aspekte des Missbrauches erinnert. Diese Scham hindert sie daran, über ihre Gefühle und Erfahrungen mit anderen zu sprechen bzw. therapeutische Hilfe zu suchen. Sie vermeidet Gedanken und Gespräche über diesen Lebensbereich und bekämpft Erinnerungen auf verschiedenste Weise. Damit nimmt sie sich die Chance, korrigierende Erfahrungen zu machen, wie z. B. die, dass andere Menschen keinerlei Schuld und Verantwortung für das Geschehene bei ihr erkennen können, oder die, im Rahmen einer kognitiven Behandlung geleitet von der Therapeutin und in geschütztem Rahmen in Ruhe zu überprüfen, ob ihre Überzeugung zu ihrer eigenen Verantwortung angemessen ist oder vielleicht bestimmt durch Äußerungen des Täters.

Als Interventionen werden aus den beschriebenen Störungsmodellen die Konfrontation mit den traumabezogenen Reizen sowie die Identifikation und Veränderung dysfunktionaler Kognitionen abgeleitet.

Beschreibung der Kognitiven Verhaltenstherapie der Posttraumatischen Belastungsstörung

Behandlungsziel ist a) die Veränderung dysfunktionaler Einstellungen und Interpretationen zum Trauma und seinen Folgen, das Erarbeiten einer hilfreicheren bzw. realistischeren Einstellung und der Abbau kognitiver und behavioraler Vermeidung traumarelevanter Stimuli und b) *nicht* die »Beseitigung« intrusiven Wiedererlebens (welche von vielen Betroffenen zunächst als obersten Behandlungsziel gewünscht wird im Sinne von »Löschen Sie das Erlebte aus meinem Gedächtnis!«), sondern die Fähigkeit des Patienten, Intrusionen mit geringer subjektiver Belastung zu erleben.

Therapeutische Beziehung und therapeutisches Setting

Sitzungen von 90 Minuten Dauer haben sich bewährt. Hilfreich ist der Einsatz einer Tafel, um diagnostische Informationen zusammenzutragen und sich ein »Bild« (= idiosynkratisches Modell) der Symptomatik zu machen. Hausaufgaben sind obligatorisch und bieten Gelegenheit fehlende Informationen einzuholen und die Exposition in vivo durchzuführen. Jede Sitzung wird audiografiert, der Patient hört den Mitschnitt als Hausaufgabe zuhause an. Die Konfrontation mit den traumatischen Erinnerungen ist für Diagnostik und Behandlung unerlässlich, aber gefürchtet von den Patienten. So findet man bei der PTBS-Behandlung relativ hohe Therapieabbruchquoten. Der Aufbau einer vertrauensvollen therapeutischen Beziehung ist besonders wichtig und kann mit Hilfe folgender Faktoren gelingen: Grundlage der Gesprächsführung ist der sokratische Dialog. Weiterhin fließen Elemente der Gesprächspsychotherapie ein wie Empathie, unbedingter Respekt vor dem Patienten, Ehrlichkeit des Therapeuten. Der Therapeut spricht kritische Situationen (der Patient weint oder zeigt Zeichen von Misstrauen) immer offen an. Der Patient erhält maximale Kontrolle über äußere Bedingungen der Behandlung (Sitzplatz, Lichtverhältnisse, Abfolge und Beginn von Interventionselementen etc.). Am Ende jeder Sitzung wird die Rückmeldung des Patienten erbeten zu a) dem, was für ihn heute das Wichtigste war und b) Aspekten der Behandlung, die er sich anders wünscht/die geändert werden sollten. Die Standarddiagnostik findet nicht in der ersten, sondern frühestens in der zweiten Sitzung statt. Der Therapeut fragt detailliert nach Aspekten der Traumatisierung, zeigt, dass er den Bericht über schreckliche Dinge wird ertragen können, benutzt kritische Begriffe (z. B. bei der Exploration sexueller Traumata) und signalisiert dem Patienten so, dass er belastbar ist. Er wiederholt Teile des Berichtes, und spiegelt die Gefühle des Patienten. Bisweilen ruft die Schilderung der Patienten sehr viel Mitgefühl oder Entsetzen auch beim Therapeuten hervor, er muss möglicherweise sogar weinen. Eine mögliche Reaktion wäre: »Ich merke, wie sehr mich Ihre Schilderung bewegt. Um wie viel schwerer muss es für Sie sein, die Sie all das erlebt haben.«.

Der Beginn der Intervention/das Erstgespräch

Inhalt des Erstgespräches ist eine Exploration zur Traumatisierung und die Psychoedukation über die üblichen Folgen einer Traumatisierung zur Entlastung des Patienten. Mit Hilfe von geeigneten Interviews und Fragebögen (vgl. Steil, 2003 oder auch Ehlers, 1999) erfolgt eine ausführliche therapiebezogene Eingangsdiagnostik. Empfehlenswert ist eine ausführliche Erfassung der (auch komorbiden) Symptomatik, eine Erhebung des Ausmaßes kognitiver und behavioraler Vermeidung, eine Erfassung möglicher dysfunktionaler Kognitionen und Interpretationen des Geschehenen. Im Alltag des Patienten auftretende Intrusionen, Kognitionen und Vermeidungsverhaltensweisen werden mit Hilfe eines Tagebuches erfasst (Steil et al., 1997), welches der Patient als Hausaufgabe über jeweils sieben Tage hinweg führt. Der Therapeut klärt den Patienten darüber auf, dass sich seine psychische Befindlichkeit in den ersten Wochen der Behandlung durch die intensive Beschäftigung mit den traumatischen Erinnerungen zunächst kurzfristig verschlechtern kann. Den Abschluss der ersten Sitzung bildet ein Ausblick auf Ablauf und Inhalte der Intervention sowie die Besprechung der Ressourcen des Patienten (unterstützende Personen, gesunde Bereiche des Lebens, Hobbys, Dinge, die der Patient genießen kann).

Entwicklung eines persönlichen Störungsmodells und Erarbeitung des Rationals der Behandlung

Als nächster Schritt der Intervention ist die Entwicklung eines persönlichen Modells der Störung zu empfehlen: Die am meisten belastenden Intrusionen werden aktiviert, die mit ihnen verknüpften Emotionen und Kognitionen wie die Reaktion auf ihr Auftreten wird erfragt und in ein graphisches Schema der Aufrechterhaltung der Symptomatik integriert. Diese Teilintervention beinhaltet bereits eine erste, kurze Expositionsphase: Der Patient wird gebeten, die am meisten belastende Erinnerung kurz in der Gegenwarts- und Ich-Form zu schildern (vgl. auch den Abschnitt zu den Expositionselementen). Ziel ist, dass der Patient die Zusammenhänge zwischen seinen Gefühlen, seinen Gedanken, seinen körperlichen Reaktionen und Reaktionen der Vermeidung kennen lernt.

Zentral für die Compliance des Patienten und den Erfolg der Behandlung ist es, dass der Patient den Sinn des Einsatzes der Exposition und des Überprüfens von Einstellungen und damit das Rational der Behandlung versteht. Als besonders hilfreich hierbei hat sich erwiesen, auf Erfahrungen zurückzugreifen, die der Patient bereits in anderen Lebensbereichen mit der Habituation an negative Emotionen oder der Veränderung von Einstellungen gemacht hat (»Haben Sie schon einmal erlebt, dass etwas, was Ihnen zu Beginn sehr schwer gefallen ist, mit der Zeit für Sie leichter geworden ist?«; »Wenn Ihr Kind sehr große Angst vor dem Fahrrad fahren hat, wie würden sie ihm helfen?«), oder bisherigen Strategien des Patienten zur Bewältigung der Symptomatik (behaviorale und kognitive Vermeidung) gemeinsam auf ihre Wirksamkeit zu prüfen und alternative Bewältigungsmöglichkeiten zu sammeln (»Wie sind Sie bislang mit den Erinnerungen umgegangen? Wie hilfreich war diese Strategie? Was waren die kurzfristigen, was die langfristigen Konsequenzen? Welche anderen Möglichkeiten haben wir noch?«). Von Vorteil ist hier auch der Einsatz eines Experimentes zu den paradoxen Konsequenzen der Gedankenunterdrückung: man lässt den Patienten erleben, ob man tatsächlich seine Gedanken steuern kann oder nicht, indem man ihn bittet, in der nächsten Minute *nicht* an weiße Bären (oder einen anderen festgelegten Reiz) zu denken. Der Patient wird erleben, dass er dies nicht vermeiden kann, die Rolle der Gedankenunterdrückung bei der Aufrechterhaltung seiner belastenden Erinnerungen an das Trauma kann dann besprochen werden. Die aufrechterhaltende Bedeutung der Gedankenunterdrückung, des

Grübelns oder anderer Strategien kognitiver Vermeidung wird mit dem Patienten erarbeitet, im Rahmen von Hausaufgaben wird die Reduktion dieses Verhaltens geübt.

Das imaginative Nacherleben der Traumatisierung

Zu Beginn jeder Sitzung wird der Patient gebeten, die in der vergangenen Woche jeweils am meisten belastenden Teile der Erinnerung an die Traumatisierung nachzuerleben (so erfolgt die Exposition immer mit den Teilen der Erinnerung, die für den Patienten aktuell von größter Bedeutung sind). Der Patient imaginiert (möglichst mit geschlossenen Augen) Teile des traumatischen Geschehens so als würden sie wieder stattfinden, und berichtet dabei über sein Erleben in der Ich- und der Gegenwartsform. Andere Formen der Konfrontation wie z. B. das Schreiben oder auch Malen über die Traumatisierung sind ebenfalls möglich. Während des Nacherlebens soll der Patient die auftretenden Kognitionen und Emotionen nicht bekämpfen. Je nach Ausmaß der Belastung beim Patienten kann ein hierarchisches Vorgehen gewählt oder mit stark angstauslösenden Situationen begonnen werden. Die Exposition in vivo spielt im Vergleich zur KVT anderer Angststörungen eine eher untergeordnete Rolle und gewinnt erst im Verlauf der Behandlung an Bedeutung. Typisch wäre, dass der Patient den Ort der Traumatisierung bzw. eine ähnliche (natürlich immer objektiv ungefährliche) Situation aufsucht, dass er Bilder oder Filmszenen mit ähnlichem Inhalt anschaut etc. Zu Beginn geschieht dies unter Begleitung des Therapeuten, danach zunehmend selbstgesteuert in Form von Hausaufgaben. Die Exposition in vivo ermöglicht die Überprüfung von katastrophisierenden Befürchtungen und ergänzt die Beschaffung wichtiger Informationen (z. B. »Wie viel Zeit hätte ich tatsächlich gebraucht, um von A nach B zu laufen etc.?«).

Vor Beginn des imaginativen Nacherlebens werden die Befürchtungen des Patienten, was geschehen könnte, genauestens erhoben und mit Hilfe typischer kognitiver Methoden einer Überprüfung unterzogen (vgl. kognitive Methoden). Typische Befürchtungen (wie z. B. »Ich werde verrückt.«, »Ich verliere die Kontrolle über mich.«, »Ich fange an zu weinen und kann nie mehr aufhören.«) erschweren dem Patienten die Auseinandersetzung mit den Erinnerungen. Während des imaginativen Nacherlebens verhält sich der Therapeut sehr zugewandt, er gibt Hörersignale und spendet Lob, stellt bei längeren Pausen Fragen (»Was fühlen Sie jetzt? Was sehen Sie?« etc.). Verliert der Patient den Kontakt zur Gegenwart indem er z. B. dissoziative Symptome zeigt, so fokussiert die Therapeutin auf sein gegenwärtiges körperliches Befinden (»Sie fühlen, wie Sie im Sessel sitzen/sich bewegen (...)«). Nach Beendigung des Nacherlebens werden die befürchteten Konsequenzen verglichen mit den eingetretenen und so einer Realitätstestung unterzogen. Empfohlen wird im Rahmen der KVT, die Kontrolle über die Durchführung des Nacherlebens (Beginn, Tempo, Ende, Pausen) beim Patienten zu belassen. Bricht der Patient ab, so kann dies als beispielhafte Situation zur weiteren Diagnostik besonders kritischer Emotionen und Kognitionen genutzt werden (»Was hat es Ihnen eben so schwer gemacht, sich weiter zu erinnern?«).

Zur Evaluation des therapeutischen Vorgehens ist es ratsam, dass der Patient nach jedem imaginativen Nacherleben der Ausmaß der subjektiven Belastung auf einer Skala von 0 bis 100 abträgt. Zu Beginn sollte sich eine Belastung deutlich abzeichnen. Geschieht dies nicht, so besteht die Gefahr, dass der Patient verdeckte Formen kognitiver Vermeidung nutzt. So z. B. sollte die Sprache des therapeutischen Nacherlebens möglichst gleich sein mit der Sprache, in der der Patient während des traumatischen Geschehens gedacht oder interagiert hat.

Hilfreich zur Besserung persistierender Alpträume ist ein Verfahren, bei dem der Patient angeleitet wird, im Wachen in der Imagination seine belastenden Erinnerungen hin zu weniger bedrohlichen oder hilfreichen Vorstellungen zu verändern (das sogenannte Imagery Rehearsal Treatment von Krakow et al., 2001).

Restrukturierung kritischer Überzeugungen

Das geleitete Entdecken ist die Basis kognitiver Intervention. Am Anfang steht die Identifikation zentraler dysfunktionaler Kognitionen des Patienten. Die subjektive Gültigkeit dieser Kognitionen wird zunächst mit Hilfe von Ratingskalen erfasst (z. B. »Wie sehr sind Sie davon überzeugt auf einer Skala von 0 = überhaupt nicht bis 100 = voll und ganz?«). Geduldig lässt der Therapeut den Patienten prüfen, ob seine Einstellungen, Überzeugungen und Interpretationen zum Trauma und seinen Folgen angemessen und hilfreich sind. Welche Belege hat der Patient dafür, dass seine Auffassung (z. B. bezüglich seiner eigenen Verantwortung für das Geschehene) zutreffend ist? Sind auch andere Auffassungen denkbar? Gemeinsam suchen Patient und Therapeut Argumente für und wider seine Auffassung. Zum Ende der Debatte über die Kognition schätzt der Patient erneut deren Gültigkeit ein. In einem zweiten Schritt werden im Sinne der Spaltentechnik hilfreiche Kognitionen gesucht, mit denen der Patient die maladaptiven ersetzten kann. In der Imagination kann die Implementierung der neuen, hilfreichen Kognition geübt werden. Typische kognitive Techniken sind:

Demonstrationen zum Zusammenhang zwischen Gedanken und Gefühlen (Bsp: »Immer, wenn ich denke, dass ich es hätte verhindern können, fühle ich mich noch trauriger und schlechter.«).

Die Betrachtung von Befürchtungen und Erwartungen als Hypothesen, die man testen kann sowie der Gebrauch von Wahrscheinlichkeitsschätzungen, Beweissammlung und Verhaltensexperimenten, um Überzeugungen und Erwartungen zu überprüfen (»Sie befürchten, dass Sie nicht mehr aufhören können zu weinen, wenn Sie mir genau erzählen, was vorgefallen ist. Haben Sie schon einmal einen Menschen erlebt, der bei einer traurigen Erinnerung nie mehr aufhören konnte, zu weinen? Wie wahrscheinlich ist es, dass Sie drei Stunden lang weinen werden?«).

Die logische Analyse von Gedanken und Überzeugungen (»Wenn Sie sich an das Ereignis erinnern, dann denken Sie, Ihr Leben sei ruiniert. Was meinen Sie genau damit? Bedeutet das, dass in Ihrem Leben nie mehr etwas Positives wird passieren können? Welche Bereiche in Ihrem Leben sind Ihnen wichtig? Welche Dinge genießen Sie in Ihrem Leben? Auf welche Dinge in der Zukunft könnten Sie sich sogar freuen?«).

Advocatus diaboli Technik (»Sie werfen sich vor, dass Sie sich als Kind nicht gegen die sexuellen Übergriffe Ihres Vaters gewehrt haben. Ich würde gerne genau wissen, warum Sie sich nicht gewehrt haben. Wie kam es dazu?«).

Dem Patienten helfen, sich mit den Augen des Menschen zu sehen und zu beurteilen, der er vor der Traumatisierung oder währenddessen war, bzw. sein Handeln auf der Grundlage der Informationen zu beurteilen, die ihm vor oder während des Traumas zur Verfügung standen (»Sie grübeln darüber nach, warum Sie an diesem Tag trotz Nebel und ihrer Erkältung mit dem Auto gefahren sind. Sie haben, so sagen Sie, den Radfahrer, der vom Radweg abkam, einfach nicht gesehen, und Sie meinen, Sie hätten seinen Tod verhindern können, wenn Sie das Auto nicht benützt hätten. Was dachten Sie an jenem Morgen, bevor Sie losfuhren? Als wie groß schätzten Sie das Risiko an diesem Morgen, dass Sie eventuell den Tod eines anderen Menschen mit herbeiführen könnten, wenn Sie sich in das Auto setzen und losfahren?«).

Schuld und Verantwortung

Häufig schreiben sich PTBS-Patienten in sehr unangemessener Weise selbst die Verantwortung für weite Teile des traumatischen Geschehens zu (so z. B. sind Opfer sexuellen Missbrauchs häufig der Ansicht, durch ihr Verhalten/ihre Persönlichkeit die sexuelle Gewalt verursacht zu haben). Zunächst muss das Ausmaß der eigenen Verantwortungszuschreibung erfasst werden. Hierzu sammeln Patient und Therapeut, wer bzw. welche Umstände Anteil an der Verantwortung für die Taumatisierung bzw. für bedeutende Elemente daraus tragen könnten. Hernach zeichnet der Therapeut einen »Verantwortungskuchen« (einen leeren Kreis), in dem der Patient den Anteil der Verantwortung für jede beteiligte Person/jeden Umstand markiert. Überschätzt der Patient den eigenen Anteil, so wird in der Folge debattiert, auf welche Weise er zu dem Geschehen beigetragen hat. Kubany (1998) erläutert hierzu eine Vielzahl möglicher kognitiver Fehler bzw. falscher Schlussfolgerungen. Zunächst analysieren Therapeut und Patient gemeinsam die Vorgänge und Handlungen während des traumatischen Geschehens wie auch die wahrscheinlichen Konsequenzen alternativer Verhaltensweisen. Die Frage, warum der Patient sich in der Situation so und nicht anders verhalten hat, erlaubt ihm, noch einmal detailliert die Gründe für sein Handeln zusammenzutragen (»Wie genau haben Sie ihren Vater als 8-Jährige dazu gebracht, Sie zu missbrauchen?«).

Einbeziehen der Angehörigen

Partner oder Eltern können auf vielfältige Weise den Erfolg der Behandlung fördern (indem sie den Patienten bei der Konfrontation mit Erinnerungen und der Veränderung dysfunktionaler Einstellungen unterstützen) oder behindern (indem sie ihn schützen wollen vor der Belastung durch das Erinnern und zur Aufrechterhaltung ungünstiger Einstellungen beitragen). Daher sollten sie in die Behandlung eingebunden werden: sie erhalten Informationen über das Störungsbild, die Behandlung, hilfreiches und nicht hilfreiches Verhalten, entweder in gemeinsamen Sitzungen oder indem die Patienten den Angehörigen über vereinbarte Inhalte der Sitzungen informieren (auch möglich ist, dass der Patient den Angehörigen ausgewählte Teile der Aufzeichnung der Therapie per Tonband anhören lässt). Eine besondere Bedeutung hat die Integration der Angehörigen bei der Behandlung von Kindern und Jugendlichen. Die Eltern fungieren hier als Filter, durch die das Kind die Welt und auch das traumatische Geschehen wahrnimmt und interpretiert. Sie sind Modelle für adaptives oder dysfunktionales Coping bei der posttraumatischen Anpassung. So leiten Kinder z. B. die Interpretation des traumatischen Geschehens und seiner Folgen auch aus den Reaktionen der nahen Bezugspersonen ab. Hier haben sich Verfahren bewährt, im Rahmen derer Eltern zu Kotherapeuten ausgebildet werden. Im Rahmen des sehr erfolgreichen Programmes von Deblinger und Heflin (1996) zum Beispiel werden die Eltern in prinzipiellen Techniken der Verhaltenssteuerung geschult (Behavior Management Skills bzw. Kontingenzmanagement). Diese – meist operanten – Techniken lernen die Eltern einzusetzen, um unerwünschtes, d. h. die PTBS aufrechterhaltendes Verhalten des Kindes zu löschen und erwünschtes, mit den Zielen der Behandlung übereinstimmendes und funktionales Verhalten gezielt zu verstärken, selbst Modell für funktionales Verhalten zu sein. Generell sollen die Erziehungskompetenzen der Eltern gestärkt werden. Die Eltern werden darin trainiert, dem Kind bei der Elaboration des Geschehenen Partner zu sein. Eine offene Kommunikation zwischen Eltern und Kind wird gefördert (vgl. auch Steil, im Druck).

Evaluation des Behandlungsverlaufes und Abschluss der Behandlung
Zur Evaluation des Behandlungsverlaufes eigenen sich die üblichen Selbstbeurteilungsinstrumente, welche in angemessenem Abstand gegeben werden können. Ein Anstieg der Symptomatik zu Beginn der Behandlung ist normal und durch die vermehrte Beschäftigung mit dem traumatischen Geschehen zu erklären. Weiterhin ist das Führen einer Verlaufskurve durch den Patienten selbst empfehlenswert: Auf einer Graphik wird die durchschnittliche Belastung durch Intrusionen in der letzten Woche auf einer Ratingskala von 0 (überhaupt keine Belastung)

bis 100 (extrem starke Belastung) eingeschätzt. Am Ende der Behandlung ist auch der erneute Einsatz des Tagebuches bzw. der einschlägigen Fragebögen zu dysfunktionalen Kognitionen hilfreich. In allen Instrumenten sollte sich im Vergleich zur Eingangsdiagnostik im Laufe von acht bis zehn Sitzungen eine deutliche Besserung abzeichnen.

In den letzten Sitzungen steht die Generalisierung und das erneute Üben der neu erlernten Bewältigungsstrategien im Vordergrund. So kann der Therapeut sich z. B. im Rollentausch vom Patienten über den angemessenen Umgang mit belastenden Erinnerungen bzw. kritischen Interpretation und Bewertungen »beraten« lassen. Der Patient sammelt, welche Verbesserungen und Veränderungen er wahrnimmt und welche Verhaltensweisen oder Strategien ihm dabei am meisten hilfreich waren. Zukünftige möglicherweise belastende Situationen werden mit dem Patienten besprochen, Bewältigungsstrategien vorbereitet (Jahrestages, Gerichtsverhandlungen etc.). Booster-Sitzungen können je nach Bedarf verabredet werden.

Wirksamkeit der Kognitiven Verhaltenstherapie bei der Posttraumatischen Belastungsstörung

Einen Überblick über Befunde zur Wirksamkeit der KBT bietet Steil (2001). Die Wirksamkeit eines vorwiegend behavioralen wie eines vorwiegend kognitiven therapeutischen Vorgehens wurde in kontrollierten und randomisierten Studien belegt (vgl. z. B. Marks et al., 1998; Tarrier et al., 1999). Die Kombination kognitiver und behavioraler Intervention erwies sich ebenfalls als wirksam (Devilly & Spence, 1999; Fecteau & Nicki, 1999; Marks et al., 1998; Resick & Schnicke, 1992). Im Vergleich mit nur einer der Behandlungskomponenten ergaben sich jedoch bislang keine Effektivitätsvorteile, beide Behandlungsstrategien scheinen gleich erfolgreich zu sein (Marks et al., 1998, Tarrier et al., 1999).

Für den Vergleich mit Wartelistenkontrollgruppen fanden Mitte und Steil (2003) bei einer Meta-Analyse von 13 Studien (bis 2002) zur Effektivität der behavioralen, kognitiven oder kognitiv-behavioralen Behandlung mittlere Effektstärken für die PTBS-Symptomatik von 0,91 und für die Depressivität von 0,84 (Hedge's g). Beide Effektstärken spiegelten eine signifikante Wirksamkeit der Interventionen im Vergleich zu Wartelistenkontrollgruppen. Ferner zeigte sich eine höhere Akzeptanz der Interventionen aus dem Spektrum der KVT im Vergleich mit einer Pharmakotherapie: die Abbruchraten waren wesentlich geringer (18 % vs. 34 %). Bemerkenswert ist ferner, dass sich bei dieser Meta-Analyse auch bei Kontrolle unspezifischer, gemeinsamer therapeutischer Faktoren durch den Einsatz eines Therapieplacebos eine spezifische und bedeutsame Wirksamkeit kognitiv-behavioraler Interventionen zeigte (Hedge's g = 0,46).

Bei besonders stark ausgeprägter Symptomatik bzw. bei Komorbidität mit anderen Störungsbildern hat sich eine Kombination zwischen Expositionselementen und vorgeschaltetem Training der Affektregulation als wirksam erwiesen (vgl. Cloitre et al., 2002). Die Adaptation einer kognitiv-behavioralen Intervention zur Behandlung der akuten Belastungsstörung bzw. zur Prävention der PTBS zeigte in einer randomisierten und kontrollierten Studie eine gute Wirksamkeit (vgl. z. B. Bryant et al., 1999). Dies steht im Kontrast zu der bislang nicht nachgewiesenen Wirksamkeit des häufig angewandten Critical Incident Stress Debriefings (vgl. Steil et al., 2001). Auch bei Kindern und Jugendlichen zeigte die KVT eine erstaunlich gute Wirksamkeit (vgl. Steil, im Druck). Bemerkenswert ist hier, dass auch eine Intervention mit einem Elternteil alleine (ohne Behandlung des Kindes) einen deutlichen Behandlungserfolg zeitigte und so als Alternative zur Behandlung des Kindes selbst in Betracht gezogen werden könnte (vgl. Deblinger et al., 1996; Deblinger et al., 1999).

Literatur

Beck, A. T.; Rush, A. J.; Shaw, B. F. & Emery, G. (1986): Kognitive Therapie der Depression. München (Psychologie Verlags Union, Urban & Schwarzenberg).

Brewin, C. R.; Dagleish, T. & Joseph, S. (1996): A dual representation theory of posttraumatic stress disorder. In: Psychological Review 103, S. 670–686.

Bryant, R.; Sackville, T.; Dang, S. T.; Moulds, M. & Guthrie, R. (1999): Treating acute stress disorder : An evaluation of cognitive behavior therapy and supportive counseling techniques. In: American Journal of Psychiatry 156, S. 1780–1786.

Chemtob, C.; Roitblat, H. L.; Hamada, R. S.; Carlson, J. G. & Twentyman, C. T. (1988): A cognitive action theory of post-traumatic stress disorder. In: Journal of Anxiety Disorders 2, S. 253–275.

Cloitre, M.; Karestan, K. C.; Cohen, L. R. & Han, H. (2002): Skills training in affective and interpersonal regulation following traumatic exposure: A phase based treatment for PTSD related to child sexual abuse. In: Journal of Clinical and Consulting Psychology 70, S. 1067–1074.

Deblinger, E. & Helfin, A. H. (1996): Treating sexually abused children and their nonoffending parents. Thousand Oaks, CA (Sage).

Deblinger, E.; Lippman, J. & Steer, R. (1996): Sexually abused children suffering post-traumatic stress symptoms: Initial treatment outcome findings. In: Child Maltreatment: Journal of the American Professional Society on the Abuse of Children 1, S. 310–321.

Deblinger, E.; Steer, R. A. & Lippmann, J. (1999): Two-year follow-up study of cognitive and behavioural therapy for sexually abused children suffering posttraumatic stress symptoms. In: Child Abuse & Neglect 23, S. 1271–1378.

Devilly, G. J. & Spence, S. H. (1999): The relative efficacy and treatment distress of EMDR and a cognitive-behavior trauma treatment protocol in the amelioration of posttraumatic stress disorder. In: Journal of Anxiety Disorders 13, S. 131–157.

Ehlers, A. (1999): Posttraumtische Belastungsstörung. Göttingen (Hogrefe).

Ehlers, A. & Clark, D. M. (2000): A cognitive model of posttraumatic stress disorder. In: Behavior Research and Therapy 38, S. 319–345.

Fecteau, G. & Nicki, R. (1999): Cognitive behavioural treatment of post traumatic stress disorder after motor vehicle accident. In: Behavioural and Cognitive Psychotherapy 27, S. 201–214.

Foa, E. B. & Kozak, M. J. (1986): Emotional processing of fear: Exposure to corrective information in rape victims. In: Psychological Bulletin 99, S. 20–35.

Foa, E. B. & Riggs, D. S. (1993): Posttraumatic stress disorder in rape victims. In: J. Oldham; M. B. Riba & A. Tasman (Hg.) (1993): American Psychiatric Press review of psychiatry. Washington, D.C. (American Psychiatric Press). Vol. 12: S. 273–303.

Foa, E. B. & Rothbaum, B. (1998): Treating the trauma of rape. New York (Guilford Press).

Foa, E. B.; Steketee, G. & Rothbaum, B. (1989): Behavioral/cognitive conceptualizations of post-traumatic stess disorder. In: Behavior Therapy 20, S. 155–176.

Horowitz, M. J. (1976, 2. Aufl. 1986): Stress response syndromes, 2nd Edition. New York (Jason Aronson).

Janoff-Bulman, R. (1992): Shattered assumptions: Towards a new psychology of trauma. New York (The Free Press).

Joseph, S.; Williams, R. & Yule, W. (1995): Psychosocial perspectives on posttraumatic stress. In: Clinical Psychology Review 15, S. 515–544.

Keane, T. M.; Zimering, R. T. & Caddell, R. T. (1985): A behavioral formulation of PTSD in Vietnam Veterans. In: Behavior Therapist 8, S. 9–12.

Krakow, B.; Johnston, L.; Melendrez, D.; Hollifield, D.; Warner, T. D.; Chavez-Kennedy, D. & Herlan, M. J. (2001): An open-label trial of evidence-based behavior therapy for nightmares and insomnia in crime victims with PTSD. In: American Journal of Psychiatry 158, S. 2043–2047.

Kubany, E. S. (1998): Cognitive therapy for trauma-related guilt. In: V. M. Folette & J. I. Ruzek (Hg.) (1998): Cognitive-behavioral therapies for trauma. New York (Guilford Press).

Lang, P. (1979): A bio-informational theory of emotional imagery. In: Psychophysiology 16, S. 495–512.

151

Marks, I.; Lovell, K.; Noshirvani, H.; Livanou, M. & Thrasher, S. (1998): Treatment of Posttraumatic Stress Disorder by exposure and/or cognitive restructuring. In: Archives of General Psychiatry 55, S. 317–325.

Mitte, K. & Steil, R. (2003): The efficacy of psycho- and pharmacotherapy in PTSD. Poster auf der Konferenz der European Society for the Studies of Traumatic Stress. Berlin, Mai 2003.

Mowrer, O. H. (1947): On the dual nature of learning – a re-interpretation of »conditioning« and »problem-solving«. In: Harvard Educational Review 17, S. 102–148.

Resick, P. A.; Nishith, P.; Weaver, T. L.; Astin, M. C. & Feuer, C. A. (2002): A comparison of cognitive-processing therapy with prolonged exposure and a waiting condition for the treatment of chronic posttraumatic stress disorder in female rape victims. In: Journal of Consulting and Clinical Psychology 70, S. 867–879.

Resick, P. A. & Schnicke, M. K. (1992): Cognitive processing therapy for sexual assault victims. In: Journal of Consulting and Clinical Psychology 60, S. 748–756.

Steil, R. (2001): Posttraumatische Belastungsstörung. In: M. Hautzinger (Hg.) (2001): Kognitive Verhaltenstherapie bei psychischen Störungen. Weinheim (Beltz).

Steil, R. (2003): Fragebogen zu dysfunktionalen Kognitionen. In: J. Hoyer & J. Margraf (Hg.) (2003): Angstdiagnostik. Berlin (Springer).

Steil, R. (im Druck): Posttraumatische Belastungsstörung bei Kindern und Jugendlichen. In: A. Maercker (Hg.) (im Druck): Therapie der Posttraumatischen Belastungsstörungen. Berlin (Springer).

Steil, R.; Ehlers, A. & Clark, D. M. (1997): Kognitive Aspekte bei der Behandlung der posttraumatischen Belastungsstörung. In: A. Maercker (Hg.) (1997): Therapie der posttraumatischen Belastungsstörungen. Berlin (Springer).

Steil, R.; Mitte, K. & Nachtigall, C. (2001): A Meta-Analysis of the effectiveness of Psychological Debriefing. Vortrag auf dem 7. Kongress der European Society for the Study of Traumatic Stress. Edinburgh, Mai 2001.

Tarrier, N.; Pilgrim, H.; Sommerfield, C.; Faragher, B.; Reynolds, M.; Graham, E. & Barrowclough, C. (1999): A randomized trial of cognitive therapy and imaginal exposure in the treatment of chronic posttraumatic stress disorder. In: Journal of Clinical and Consulting Psychology 67, S. 13–18.

Mit EMDR aus der Wortlosigkeit

Arne Hofmann

Einleitung

Wortlosigkeit tritt im Bereich psychischer Traumatisierungen nicht nur durch die Unterdrückung des Brocca-Areals beim Auftreten flashback-artiger Erinnerungen auf. Es gibt eine traumazentrierte Psychotherapie-methode, bei der, – im Gegensatz zu den meisten anderen erfolgreichen Psychotherapiemethoden – Tonbandaufzeichnungen extrem wortarm und vielleicht sogar wenig aussagekräftig erscheinen. Dieser erste Eindruck ändert sich allerdings, wenn man eine Videoaufzeichnung der gleichen Behandlungssitzung oder gar die Ergebnisse derartiger Behandlungen sieht.

Ich meine damit die EMDR-Methode, einen neuen Behandlungs-ansatz für psychisch Traumatisierte, der sich in den letzten Jahren zunehmend als erfolgreich bewiesen hat.

EMDR steht hier als Abkürzung für »Eye Movement Desensitization and Reprocessing«, eine Wortschöpfung die auf eine wichtige Komponente der Methode, die Augenbewegungen und auf dadurch hervor-gerufene Heilungsvorgänge, das »Desensibilisieren« vor allem aber das »Reprozessieren« hinweist.

Grundlage der EMDR-Methode ist die Annahme eines neurobiolo-gisch verankerten Selbstheilungsmechanismus, der es vielen Traumatisier-ten ermöglicht, sich nach belastenden Erlebnissen, zum überwiegenden Teil auch ohne Psychotherapie, wieder von der belastenden Erinnerung und ihren Folgesymptomen zu erholen. Durch bilaterale Stimulationen wie z. B. die oben erwähnten Augenbewegungen aber auch Handberührungen scheint dieser zentrale Informationsverarbeitungsmechanismus auch bei Menschen, die sich nicht mehr spontan erholen können, wieder aktiv zu werden. Mittlerweile gelingt es so, auch bei fortgeschrittenen Formen von Traumafolgestörungen in vielen Fällen eine Verarbeitung und Integration der traumatischen Erinnerung zu ermöglichen. Entwicklerin der Methode ist Francine Shapiro Ph.D., eine Forscherin am Mental Research Institute in Palo Alto (Kalifornien), der es nach einer spontanen Beobachtung 1987 gelang, aus dieser Beobachtung eine weltweit erfolgreich eingesetzte

Psychotherapiemethode zu entwickeln (Shapiro 2001). Auch wenn der definitive neurobiologische Mechanismus – wie ja bei vielen anderen Psychotherapiemethoden auch – noch nicht letztlich geklärt ist, scheinen sich doch die Hinweise auf einen eigenständigen neurobiologischen Mechanismus der EMDR-Methode zu erhärten. Ob es sich dabei um einen den im REM-Schlaf beobachteten Augenbewegungen ähnlichen Prozess oder um ein Aktivieren der sogenannten Orientierungsreaktion handelt ist zur Zeit Gegenstand intensiver Forschungen u. a. am neurophysiologischen Labor der Harvard Universität (Stickgold). Fest steht, dass die EMDR-Methode nicht nur die psychologischen Testbefunde, sondern auch die pathologischen neuroimaginativen und hormonellen Veränderungen schwer Traumatisierter Patienten signifikant in Richtung einer Heilung zu verändern scheint (Levin, Lazrove et al. 1999; Heber, Kellner et al. 2002).

Aber – wie bei anderen Psychotherapiemethoden auch – haben diese offenen Fragen die Psychotherapeuten nicht gehindert die EMDR-Methode in den letzten 12 Jahren zunehmend zu erproben und in Behandlungen erfolgreich einzusetzen. Ein Blick auf die Zahlen zeigt, dass derzeit weltweit über 60 000 Therapeuten im Einsatz der EMDR Methode ausgebildet worden sind.

Ergebnisse der kontrollierten Studien

Welches sind die Belege, mit denen die EMDR-Methode ihre Wirksamkeit belegt? Ohne nun die sogenannte »evidence based medicine« als Allheilmittel gerade für den Bereich der Psychotherapie definieren zu wollen, sollen doch die wichtigsten Ergebnisse der großen Zahl kontrollierter Studienexperimente mit der EMDR-Methode bei posttraumatischen Belastungsstörungen hier kurz dargestellt werden. Das große Wissen, das durch eher qualitative Studien und vor allem detaillierten Einzelfallberichten zur EMDR-Methode, vor allem von Behandlern mit psychoanalytischen Hintergrund gewonnen wurde, soll hier zumindest kurz Erwähnung finden (Manfield 2000). Im Rahmen der kontrollierten Studienexperimente zeigten sich in über 20 prospektiven kontrollierten Behandlungsstudien die Behandlungsergebnisse nicht nur den Wartelistenkontrollen und nicht-traumaspezifischen Interventionen signifikant überlegen, sondern auch nach Kontrollen nach 15 Monaten stabil (Wilson, Becker et al. 1997)

(Power, McGoldrick et al. 2002). Dies galt dabei nicht nur für den Bereich der »einfachen« posttraumatischen Belastungsstörung (PTBS) sondern auch für den Bereich der sogenannten »komplexen« posttraumatischen Belastungsstörung, zu der es noch viel zu wenige Studien gibt, obwohl ein überwiegender Teil der traumatisierten Patienten daran leidet (Carlson, Chemtob et al. 1998; Scheck, Schaeffer et al. 1998). In einer Metaanalyse konnten Maxfield und ihre Kollegen zeigen, dass bei all diesen Studien die Qualitätskriterien der Studien in hohem Maße positiv mit den positiven Outcomedaten für die EMDR-Methode korrelierten (Maxfield and Hyer 2002). Das heißt, je besser eine Studie konzipiert und sowohl der manualgetreue Einsatz der jeweiligen Methoden aber auch die Resultate kontrolliert wurden, desto besser waren auch die Resultate, die sich für die EMDR-Methode ergaben. Wenn man sich einige, vor allem der frühen, EMDR-Studien anschaut macht dies auch Sinn. So ist es sicher sinnvoller eine Methode wie EMDR standardisiert und strukturiert zu erlernen als sich eine Methode einfach nur anzulesen (Jensen 1994). Sinnvoll ist es auch Patienten mit einer komplexen Traumstörung – auch in Studiensettings – nicht nur mit 2 oder 6 Behandlungsstunden sondern eher mit 12 Stunden EMDR (oder mehr) zu behandeln (Pitman, Orr et al. 1996; Carlson, Chemtob et al. 1998).

Vor allem in den letzten Jahren sind einige Studien erschienen, die einen direkten Vergleich von EMDR mit verschiedenen verhaltenstherapeutischen Verfahren ermöglichen.

Im Vergleich zur Reizüberflutungsmethode nach Foa zum Beispiel ergab sich in mehreren Studien, dass mit der EMDR-Methode in gleichem Maße (50–80 %) Remissionen bei einer PTBS erreicht werden können. Allerdings waren bei EMDR die 25–100 Stunden Hausaufgaben, die für einen Behandlungserfolg bei der Reizüberflutungsmethode nötig sind, nicht notwendig (Lee, Gavriel et al. 2002). In einer weiteren Studie wurden die zusätzlichen Stunden Hausaufgaben der Verhaltenstherapie in der Behandlung mit EMDR stundenmäßig ausgeglichen und es zeigte sich, dass bei gleicher »Dosis« von 3 Behandlungsstunden die Remissionsrate bei der Reizüberflutungsmethode bei 17 % , beim der EMDR-Methode bei 70 % lag (Ironson, Freund et al. 2002). In einer Vergleichsstudie zur kognitiven Therapie, die in einer Studie mit der Reizüberflutungsmethode kombiniert wurde (K + R), zeigte sich, das beide Methoden (K + R und EMDR) gleiche Behandlungsresultate erreichten. K + R

erreichte in dieser mit über 100 Patienten durchgeführten Studie eine
Effektstärke von 1,0, während EMDR dem gegenüber eine Effektstärke
von 1,65 erreichte. Ein weiterer Unterschied der Methoden war, dass die
K+ R Gruppe für diese Resultate durchschnittlich 6,4 Behandlungsstunden, die EMDR Gruppe 4,2 Behandlungsstunden (à 90 Minuten) benö-
tigte. Dieser Unterschied bestand abgesehen von den täglichen Hausaufgaben, die bei K+R, aber nicht bei der EMDR-Methode notwendig waren
(Power, McGoldrick et al. 2002).

Insgesamt hat diese vertiefte Forschung im Bereich der EMDR-
Methode zu einer zunehmenden wissenschaftlichen Anerkennung der
Methode geführt. Wichtige Schritte waren dabei die Anerkennung durch
die American Psychological Association (APA) vor 5 Jahren und die
Aufnahme in die Leitlinien der internationalen Fachgesellschaft für Trau-
matic Stress Studies (ISTSS) (Chambless, Baker et al. 1998); (Chemtob,
Tolin et al. 2000).

Indikationsbereich der Methode

Der wichtigste Indikationsbereich für die EMDR-Methode ist natürlich
der Bereich der klassischen posttraumatischen Belastungsstörungen
(ICD-10, F 43.1) und ihrer Teilsyndrome. Betrachtet man aber die Liste
der Störungen, die mittlerweile nachgewiesenermaßen einen Trauma-
hintergrund haben, so verwundert es nicht, dass es auch zunehmend
wissenschaftliche Arbeiten zum Einsatz von EMDR bei anderen, z. T.
deutlich schwerer chronifizierten, Traumafolgestörungen gibt.

Der Übersichtlichkeit halber sei hier auf die Darstellung psychischer
Traumafolgestörungen verwiesen, die sich in den deutschen Leitlinien zur
posttraumatischen Belastungsstörung findet (Flatten, Hofmann et al.
2001; *www.uni.duesseldorf.de/AWMF).*

Dies passt auch zu einem wachsenden Konsens bezüglich der Beobachtung, dass die posttraumatische Belastungsstörungen keineswegs die
einzige Folge einer psychischen Traumatisierung darstellen muss,
sondern dass es eine Vielzahl von Störungsbildern zu geben scheint, die
auf ihre Verbindung zu psychisch belastenden Erlebnissen untersucht
werden sollten und bei denen möglicherweise Chancen zu einer ver-
besserten Behandlung durch eine spezifische traumazentrierte Psychotherapie bestehen (Post, Weiss et al. 1997).

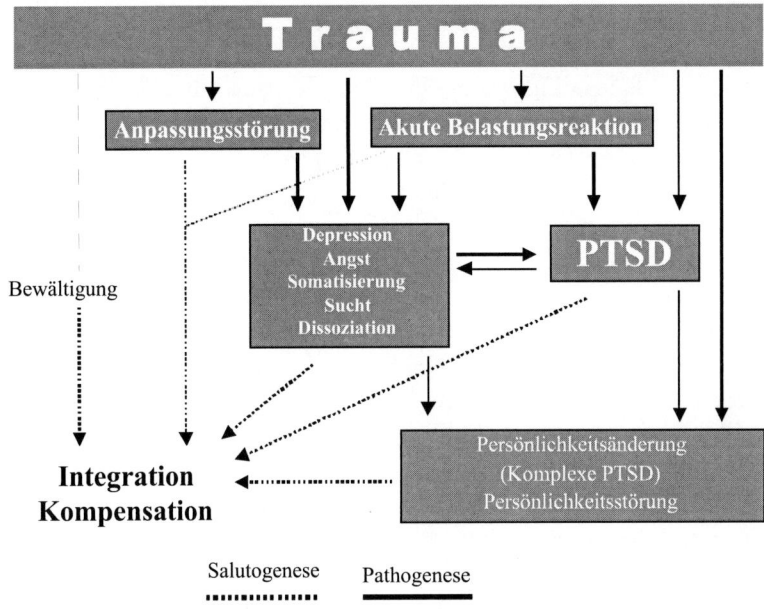

Abb. 1: Traumafolgestörungen (Aus: Leitlinien zur Posttraumatischen Belastungsstörung, Flatten et al. 2001)

Im Bezug auf die EMDR-Methode gibt es besonders zwei neue derartige Bereiche, in denen sich die Methode mittlerweile durch kontrollierte Studien als effektiv gezeigt hat: Es ist dies einerseits der Bereich der Behandlung von traumatisierten Kindern und andererseits die Behandlung der abnormen oder traumatischen Trauerreaktion, einer Störung, die normalerweise in den Bereich der Anpassungsstörungen gerechnet wird. So konnte Claude Chemtob an 32 Kindern, die nach einem Wirbelsturm auf Hawaii eine behandlungsrefraktäre posttraumatische Belastungsstörung aufwiesen, nach 3 EMDR-Behandlungssitzungen eine signifikante Verbesserung der Symptome und eine ebenfalls signifikante Verminderung der Arztbesuche feststellen (Chemtob, Nakashima et al. 2002).

Ginny Sprang fand in einer prospektiven kontrollierten Studie heraus, dass EMDR, im Vergleich mit einer in der Therapie mit Trauernden bewährten Methode (GM – Guided Mourning), gleiche Erfolge erbrachte. Der Eintritt der Symptomverringerung trat in der EMDR-Gruppe jedoch signifikant früher als bei der GM-Gruppe auf (Sprang 2001).

Der Behandlungsplan mit EMDR

Die kurzen Behandlungszeiten der kontrollierten Studien sind für den Einsatz einer Methode in der klinischen Realität natürlich irreführend. Die Experimente der Evidence-Based Medicine können hier lediglich als Hinweise auf eine gute Behandlungsmöglichkeit interpretiert werden. In realistischen, im Rahmen der Regelversorgung durchgeführten Psychotherapien muss die EMDR-Methode in einen gesamten Behandlungsplan eingebettet und – abhängig von dem jeweiligen Patient – auch mit anderen Methoden kombiniert werden. Eine Einbettung der EMDR-Methode in die Behandlungspläne vieler wirksamer Psychotherapien ist dabei gut möglich, sofern es sich um einen Behandlungsplan handelt, der auch trauma-spezifische Probleme berücksichtigt. Dies betrifft in Deutschland besonders die Richtlinienpsychotherapien wie die Tiefenpsychologie und Verhaltens-therapie (Wöller and Kruse 2002; Linden and Hautzinger 2000), in anderen Ländern ist die Diskussion über Konzepte verschiedener Therapieschulen für traumatisierte Patienten umfassender (Lipke 2001; Shapiro 2002).

Francine Shapiro hat das Grundgerüst, an dem ein derartiger gesamter Behandlungsplan sich orientieren sollte, in den »8 Phasen« der EMDR-Behandlung beschrieben (Shapiro 2001). Die 8 Phasen im Ablauf einer Behandlung mit EMDR sind:

1. *Erhebung der Vorgeschichte und Behandlungsplanung:* Hierbei wird die Traumavorgeschichte, die gegenwärtige Symptomatik und die seeli-sche Stabilität des Patienten festgestellt. Es werden Psychotherapie-fähigkeit und die Behandlungsindikation geprüft und EMDR in einen eventuell schon bestehenden Behandlungsplan integriert. Kontraindi-kationen wie die mögliche somatische Gefährdung durch das Wieder-Erleben emotionaler Erinnerungen (z. B. durch eine schwere Koronar-erkrankung) müssen ebenso wie z. B. schwere Augenerkrankungen ausgeschlossen werden.
2. *Vorbereitung und Stabilisierung* des Patienten: Bei diesem Schritt der Behandlung wird der Patient über den Behandlungsplan und die Methode aufgeklärt und, wenn nötig, durch Entspannungstechniken oder imaginative Verfahren, notfalls auch durch Medikamente stabili-siert (Reddemann 2001). Dabei werden Motivation und Indikation noch einmal überprüft. Ein besonderes Gewicht haben hier in den letz-

ten Jahren auch die bei einer Reihe von Patienten mit großem Erfolg einsetzbaren Möglichkeiten einer Stabilisierung durch eine Kombination von imaginativen Verfahren mit EMDR, sogenannte Ressourcenverankerungen gewonnen (Korn and Leeds 2002).

3. *Evaluation einer belastenden Erinnerung:* In dieser Phase wird eine bestimmte Erinnerung mit ihren visuellen, affektiven und sensorischen Komponenten in EMDR-typischer Weise systematisch erfasst. Kognitionen, die z. B. die Verletzung des Selbstwertgefühls durch das Ereignis erfassen, werden gesucht und bewertet (z. B. »Ich bin hilflos.«).

4. *Desensibilisierung und Durcharbeitung:* In dieser Phase wird der Patient aufgefordert, mit dem repräsentativen Bild der Erinnerung, der sensorischen Komponente des Traumas und der erarbeiteten negativen Kognition in Kontakt zu treten. Gleichzeitig wird, meist über Augenbewegungen, eine bilaterale Stimulation induziert. Von diesem Zeitpunkt an ist der Prozess so individuell wie jeder Patient, scheint aber, zum Teil nach Verstärkung der Emotionen (Abreaktionen), in der Regel eine Entlastung des Patienten zu bewirken. Parallel kommt es – ohne dass dies fokussiert wird – meist zu einer deutlichen Stärkung des Selbstwertgefühls (und der damit verbundene positive Kognitionen). Keinesfalls sollte der Prozess ohne entsprechende Ausbildung versucht werden, da es gerade in dieser Behandlungsphase zu schweren Re-traumatisierungen der Patienten kommen kann.

5. *Verankerung:* Nachdem der emotionale Druck der Erinnerung ausreichend abgenommen hat, wird die in Phase 3 erarbeitete, oder eine im Verarbeitungsprozess neu gefundene, bessere Kognition noch einmal in Erinnerung gerufen (z. B. »Ich habe überlebt.«). Ebenso, wie negative, traumatische Empfindungen durch bilaterale Stimulation abgeschwächt werden, wird diese positive Kognition durch bilaterale Stimulation verstärkt und scheint dadurch nachhaltiger aufgenommen zu werden.

6. *Körper-Test:* Hier werden eventuell noch persistierende sensorische Erinnerungsfragmente (»Körpererinnerungen«) des Traumas gesucht und wenn nötig bearbeitet.

7. *Abschluss:* In dieser Phase wird die häufig auch für den Patienten eindrückliche und meist zügige Bearbeitung nachbesprochen. Noch verbliebene Elemente des Traumas werden u. a. durch Distanzierungstechniken wieder »verpackt« und Verhaltensmaßnahmen für den Notfall besprochen.

8. *Nachbefragung:* Diese letzte Phase findet meist zu Beginn der nächsten Stunde statt und zeigt nicht selten, z. B. durch intensive Träume, Ansätze für die nächsten zu bearbeitenden Traumanteile.

Kosten und Nutzen bei der EMDR Methode im Vergleich

Ein Bereich, der uns Psychotherapeuten selbst immer wieder die Sprache verschlägt, ist die Tatsache, wie weit, trotz des nachgewiesenen medizinischen Nutzens von Psychotherapie, neuerdings die Fragen nach der wirtschaftlichen Zweckmäßigkeit im gesamten Gesundheitssystem dominant zu werden scheint. Sprachlos macht hier, wie diese Diskussion vorbei an allen wissenschaftlichen Einsichten dabei ist, Unwörter wie z. B.»Psychotherapie als Wahlleistung« in die Diskussion zu bringen. Angesichts der epidemiologischen Daten und der dokumentierten Leiden der Betroffenen fehlen einem da gelegentlich die Worte.

Nichtsdestoweniger ist Psychotherapie gerade von traumatisierten Menschen nicht nur ethisch geboten, sondern auch nachweislich ökonomisch sinnvoll. Auch wenn sich sicher nicht alle Aspekte der Diskussion so erfassen lassen, kann man doch bezüglich der EMDR-Methode festhalten, dass sich die EMDR-Methode als eine der effektivsten und auch in der regulären Versorgung zeitlich am wenigsten aufwendigen Behandlungsmethode für die posttraumatische Belastungsstörung gezeigt hat (Marcus, Marquis et al. 1997; Scheck, Schaeffer et al. 1998; van Etten and Taylor 1998).

Qualitätskontrolle bei der EMDR-Methode

Eine neue psychotherapeutische Methode kann sich nur auf Dauer im Gesundheitssystem bewähren, wenn sie eine gute Qualitätskontrolle sicher stellen kann. In der Regel ist dies die Aufgabe einer Fachgesellschaft, die für die Methode Regeln und Qualitätsstandards aufstellt und – unabhängig von anderen Interessen – überwacht.

Im Falle der EMDR-Methode erfüllt die 1995 gegründete Internationale Fachgesellschaft für EMDR (EMDRIA), die mit »EMDR-Europa« einen europäischen und EMDRIA-Deutschland eine deutsche Sektion hat, diese Aufgabe. Diese EMDR-Fachgesellschaften haben weltweit über 5000 Mitglieder (in Europa ca. 1500 Mitglieder) und beschäftigen sich mit den Fragen der Qualitätskontrolle, Standardisierung und Weiterentwicklung der EMDR-Methode.

Die Fachgesellschaft regelt so z. B. verbindlich Fragen der Zulassung zur Ausbildung, der Zertifizierung (von Therapeuten, Supervisoren und Ausbildern) sowie der Kontrolle dieser Standards. So dürfen weltweit nur von nationalen Behörden zugelassene Psychotherapeuten, in Deutschland nur ärztliche Psychotherapeuten, psychologische Psychotherapeuten sowie approbierte Kinder- und Jugendpsychotherapeuten die EMDR-Methode erlernen und das internationale Zertifikat »EMDR-TherapeutIn« als Abschluss der Ausbildung in EMDR erwerben.

Zum Erwerb dieses Zertifikates müssen, außer den bei den Fachgesellschaften zugelassenen Ausbildungsseminaren, auch eine entsprechende Zahl von supervidierten Behandlungsfällen von Traumatherapien bei dafür ausgebildeten und zugelassenen in der EMDR-Methode erfahrenen Supervisoren dokumentiert sein. Als Standard hat sich bei den Supervisionen auch der Einsatz von videodokumentierten Behandlungssitzungen soweit bewährt, dass als ein Kriterium für den zertifizierten Abschluss des »EMDR-Supervisors« mittlerweile das Einreichen einer als gut bewerteten Video-Dokumentation von eigenen Behandlungssitzungen notwendig scheint.

Insgesamt erscheint so die EMDR-Methode als eine Möglichkeit, über die ich durchaus hier noch mehr Worte verlieren könnte, die aber zusammenfassend eine sinnvolle Ergänzung für die Behandlungen psychisch traumatisierter Patienten sein kann.

Literatur

Carlson, J. G.; Chemtob, C. M.; Rusnak, K.; Hedlund, N. L. & Muraoka, M. (1998): Eye movement desensitization and reprocessing (EDMR) treatment for combat-related posttraumatic stress disorder. In: Journal of Traumatic Stress 11 (1), S. 3–24.

Chambless, D. L.; Baker, M. J.; Baucom, D. H.; Beutler, L. E.; Calhoun, K. S.; Crits-Christoph, P.; Daiuto, A.; DeRubeis, R.; Detweiler, J.; Haaga, D. A. F.; Bennett Johnson, S.; McCurry, S.; Mueser, K. T.; Pope, K. S.; Sanderson, W. C.; Shoham, V.; Stickle, T.; Williams, D. A. & Woody, S. R. (1998): Update on empirically validated therapies II. In: The Clinical Psychologist 51 (1), S. 3–16.

Chemtob, C. M.; Nakashima, J.; R. S., H. & Carlson, J. G. (2002): Brief Treatment for Elementary School Children with disaster-related posttraumatic stress disorder: A field study. In: Journal of Clinical Psychology 58, S. 99–112.

Chemtob, C. M.; Tolin, D. F.; van der Kolk, B. A. & Pitman, R. K. (2000): Eye movement desensitization and reprocessing. In: E. A. Foa; T. M. Keane & M. J. Friedman (Hg.) (2000): Effective treatments for PTSD: Practice Guidelines from the International Society for Traumatic Stress Studies. New York (Guilford Press). S. 139–155, 155, 333–335.

Flatten, G.; Hofmann, A.; Liebermann, P.; Wöller, W.; Siol, T. & Petzold, E. (2001): Posttraumatische Belastungsstörung. Leitlinie und Quellentext, 4. Aufl. Stuttgart, New York (Schattauer).

Heber, R.; Kellner, M. & Yehuda, R. (2002): Salivary cortisol levels and the cortisol response to dexamethasone before and after EMDR: A case report. In: Journal of Clinical Psychology 58 (12), S. 1521–1530.

Ironson, G. L.; Freund, B.; Strauss, J. L. & Williams, J. (2002): A comparison of two treatments for traumatic stress: a pilot study of EMDR and prologed exposure. In: Journal of Clinical Psychology 58 (1), S. 113–128.

Jensen, J. A. (1994): An investigation of eye movement desensitization and reprocessing (EMDR) as a treatment for posttraumatic stress disorder (PTSD) symptoms of Vietnam combat veterans. In: Behanvior Therapy 25, S. 311–326.

Korn, D. L. & M., L. A. (2002): Preliminary evidence of efficacy for EMDR resource developement and installation in the stabilisation phase of treatment of complex posttraumatic disorder. In: Journal of Clinical Psychology 58 (12), S. 1465–1487.

Lee, C.; Gavriel, H.; Drummond, P.; Richards, J. & Greenwald, R. (2002): Treatment of post-traumatic stress disorder: a comparison of stress inoculation training with prologed exposure and eye movement desensitization and reprocessing. In: Journal of Clinical Psychology 58, S. 1071–1089.

Levin, P.; Lazrove, S. & van der Kolk, B. A. (1999): What psychological testing and neuroimaging tell us about the treatment of posttraumatic stress disorder (PTSD) by Eye Movement Desensitization and Reprocessing (EMDR). In: Journal of Anxiety Disorders 13, S. 159–172.

Linden, M. & Hautzinger, M. (2000): Verhaltenstherapiemanual. Heidelberg (Springer).

Lipke, H. (2001): EMDR und andere Ansätze der Psychotherapie. Paderborn (Junfermann).

Manfield, P. (Hg.) (2000): Innovative EMDR-Ansätze. Paderborn (Junfermann).

Marcus, S. V.; Marquis, P. & Sakai, C. (1997): Controlled study of treatment of PTSD using EMDR in an HMO setting. In: Psychotherapy in practice 34, S. 307–314.

Maxfield, L. & Hyer, L. A. (2002): The relationship between efficacy and methodology in studies investigating EMDR treatment of PTSD. In: Journal of Clinical Psychology 58, S. 23–41.

Pitman, R. K.; Orr, S. P.; Altman, B.; Longpre, R. E.; Poire, R. E. & Macklin, M. L. (1996): Emotional processing during eye-movement desensitization and reprocessing therapy of Vietnam veterans with chronic post-traumatic stress disorder. In: Comprehensive Psychiatry 37, S. 419–429.

Post, R. N.; Weiss, S. N.; Smith, M.; McCann, L. H.; Li, H. & McCann, U. (1997): Kindling versus quenching; implications for the evaluation and treatment of posttraumatic stress disorder. In: R. Yehuda & A. C. McFarlane (Hgg.) (1997): Psychobiology of posttraumatic stress disorder. New York (The New York Academy of Sciences). 821, S. 285–295.

Power, K. G.; McGoldrick, T.; Brown, K.; Buchanan, R.; Sharp, D.; Swanson, V. & Karatzias, A. (2002): A controlled comparison of eye movement desensitisation and reprocessing versus exposure plus cognitive restructuring, versus waiting list in the treatment of posttraumatic stress disorder. In: Journal of Clinical Psychology and Psychotherapy 9, S. 299–318.

Reddemann, L. (2001): Imagination als heilsame Kraft. Zur Behandlung von Traumafolgen mit ressourcenorientierten Verfahren. Stuttgart (Pfeiffer bei Klett-Cotta).

Scheck, M. M.; Schaeffer, J. A. & Gillette, C. S. (1998): Brief psychological intervention with traumatized young women: The efficacy of eye movement desensitization and reprocessing. In: Journal of Traumatic Stress 11, S. 25–44.

Shapiro, F. (2001): Eye Movement Desensitization and Reprocessing – Basic principles, protocols, and procedures. New York (Guilford).

Shapiro, F. (2002): EMDR and the paradigm prism: experts of diverse orientation explore an integrated treatment. Washington, D.C. (American Psychological Association Press).

Sprang, G. (2001): The use of EMDR in the treatment of traumatic stress and complicated mourning: psychological and behavioral outcomes. In: Reserach on social work and practice 11 (3), S. 300–320.

van Etten, M. & Taylor, S. (1998): Comparative efficacy of treatments for posttraumatic stress disorder: a meta-analysis. In: Clinical Psychology and Psychotherapy 5, S. 126–144.

Wilson, S. A.; Becker, L. A. & Tinker, R. H. (1997): Fifteen-month follow-up of eye movement desensitization and reprocessing (EMDR) treatment for posttraumatic stress disorder and psychological trauma. In: Journal of Consulting and Clinical Psychology 65(6), S. 1047–1056.

Wöller, W. & Kruse, J. (2002): Tiefepsychologisch fundierte Psychotherapie. Basisbuch und Praxisleitfaden. Stuttgart (Schattauer).

Imaginative Wege aus der Wortlosigkeit

Luise Reddemann

»Dass es Traumata gibt, ist eine Tatsache des Lebens. Sie müssen jedoch nicht zur lebenslänglichen Strafe werden. Traumata sind nicht nur heilbar, sondern können auch transformierend wirken. Traumata zählen zu den wichtigsten Kräften der menschlichen Entwicklung, des psychischen, sozialen und spirituellen Erwachens.« (Levine, 1998)

Imagination ist, so weit wir das heute wissen, die älteste Form der Heilkunst überhaupt.

Heilkundige haben zu allen Zeiten Patienten angeregt, mittels ihrer Vorstellungskraft Heilung zu finden. Ob dies nun ausgesprochen wird oder nicht. Die Placebo-Forschung macht aus dieser Sicht vor allem deutlich, dass es die Vorstellung des Patienten ist, dass etwas oder jemand hilft, die zur Gesundung führt.

Bereits Paracelsus hat das so umrissen: »Der Arzt ist in uns selbst, und in unserer eigenen Natur liegt alles verborgen, des wir bedürfen.« (Achterberg 1994, S. 99) Über die Imagination sagt er. »Der Mensch besitzt eine sichtbare und eine unsichtbare Werkstatt. Die sichtbare, das ist sein Körper, die unsichtbare, das ist seine Imagination (Geist) (...). Die Imagination ist die Sonne in der Seele des Menschen (...). Der Geist ist der Meister, die Imagination sein Werkzeug und der Körper das formbare Material (...). Die Macht der Imagination ist ein bedeutender Faktor in der Medizin. Sie kann Krankheiten verursachen (...) und heilen.« (Achterberg 1994, S. 99)

Ein anderer Satz, den ich gerne zitiere, stammt von Hölderlin. »Ein Gott ist der Mensch, wenn er träumt, ein Bettler, wenn er nachdenkt.« Ich verstehe Hölderlin so, dass er nicht nur das nächtliche Träumen, sondern das Tagträumen in all seinen kreativen Formen meinte.

Imagination ist wirksam, wenn wir innere Bilder haben, aber genauso wenn wir innerlich Musik hören, wenn wir inspiriert denken, usw. Auch der Tanz oder das Psychodrama, jede künstlerische Expression benötigt imaginative innere Prozesse. Dies will ich zunächst an zwei Beispielen von künstlerisch begabten Menschen zeigen:

Musikalische Imagination und deren Ausdruck: Johann Sebastian Bach

Nach heutigen Maßstäben erlitt Bach durch den frühen Tod seiner Eltern, er war 9 als die Mutter starb und 10, als der Vater starb, traumatische Verluste. Mit 35 Jahren verlor Bach auf äußerst tragische Weise seine Ehefrau. Er war mit seinem Dienstherrn drei Monate in Karlsbad, also getrennt von seiner Familie in Köthen und als er zurückkam, musste er erfahren, dass seine Frau inzwischen gestorben und auch bereits begraben war. Dieser schwere Verlust wird Bach insbesondere auch auf dem Hintergrund seiner frühen Trennungserfahrungen sehr belastet haben. Es war Bach verwehrt, den Tod seiner Frau nach außen und offen zu betrauern, z. B. in Form irgend einer kirchenmusikalischen Komposition, etwa einer Kantate.

Bachs ungemein kreative Lösung war: Er komponierte scheinbar weltliche Musik, nämlich Sonaten/Partiten für Geige und versteckte in dieser Musik Choräle, die ihm halfen, sein Leid zu verarbeiten und sich zu trösten.

Bach hat – laut der Musikwissenschaftlerin Helga Thoene (2001) – insbesondere den Choral *Christ lag in Todesbanden* vielfach in die berühmte Chaconne, dem letzten Satz der Partita in d-moll eingearbeitet. Aber auch in den anderen Sätzen kann man Choräle hören.

Viele Menschen können sich mit Hilfe von Musik trösten. Die meisten wohl eher durch das Hören und Wiedergeben von Musik, die andere komponiert haben.

In unserer Klinik erfreut sich zum Beispiel das Singen großer Beliebtheit.

Wir haben immer wieder professionelle Musiker, allerdings auch hier eher Interpreten als Komponisten unter unseren Patienten.

Einige wenige fallen mir ein, die selbst komponiert haben. Häufig klagten sie allerdings während der Zeit der Therapie eher über die Schwierigkeit, kreativ zu sein. Der Presse ist zu entnehmen, dass Herbert Grönemeyer nach dem Krebstod seiner Frau vier Jahre brauchte, um ein neues Album herauszubringen.

Schmerz und Kummer in Musik umzusetzen und zu transformieren, so wie Bach es tat, braucht also wohl besondere Voraussetzungen.

Wichtig erscheint mir auch festzuhalten, dass es keine Musik gibt, die für alle Menschen zu jeder Zeit Trost bedeutet. Es wird gerne behauptet, Vivaldi, Bach und Mozart würden jedem gut tun. Leider stimmt das nicht. Auch die schönste Musik kann für einige Menschen als Trigger wirken, z. B. weil der missbrauchende Vater ein Liebhaber von Bach war und während der Vergewaltigung Bach hörte. Wir kennen solche Geschichten zur Genüge, so dass ich aus unserer klinischen Erfahrung sagen kann, es gibt leider gar nichts, was nicht vergiftet sein und wirken kann.

Noch einmal zurück zu Bach: Für ihn war Musik tatsächlich die Himmelsmacht für die sie viele halten. Auch das ist eine Imagination! Er teilte Luthers Verständnis von Musik. Luther hatte sie ein »Geschenk Gottes«, das den »nächsten Platz nach der Theologie hatte« genannt. So war für Bach Musik sicher auch als spiritueller Trost zugänglich.

Um ein Bach'sches Meisterwerk zustande zu bringen braucht es viel. Dennoch sind Kreativität, also Schöpferkraft und Vorstellungskraft, also die Fähigkeit zur Imagination, notwendige Voraussetzungen. Ich glaube kaum, dass Bach nur bewusst und konstruierend die Choräle in diese eher weltliche Musik eingefügt hat. Vielmehr stelle ich mir vor, dass er diese Musik in sich hatte, sie innerlich einfach hörte, so dass er sie notieren konnte. Imagination wird ja, obwohl begrifflich nicht ganz korrekt, auf alle inneren sinnesbezogenen Erfahrungen angewendet. Das heißt, man wird annehmen dürfen, dass er die Musik innerlich »imaginiert«, genauer wohl hörend erfahren hat.

Bach fand Trost in christlichen Chorälen, in denen viele kraftvolle Bilder enthalten sind, auch wenn sie für uns heute eher problematisch sein mögen. Psychologisch betrachtet ist die Fähigkeit, sich mit dem Göttlichen und mit Christus zu verbinden, ein Ergebnis von Vorstellungen.

Bachs Werk scheint mir an vielen Stellen, nicht nur bei der hier erwähnten Chaconne ein schönes Beispiel für die Verbindung von Kreativität und Imagination zu sein.

Nach dem Mythos von Orpheus war es seine *Musik*, die die Götter der Unterwelt umstimmte.

So gelingt es manchmal auf tiefgreifende Weise, die inneren Götter der Unterwelt umzustimmen, wenn man den richtigen Ton, die richtige Musik findet. Bach scheint ihn gefunden zu haben. Nicht nur für sich, sondern für viele, die seine Musik hören.

Bach ist fest verwurzelt in der Tradition der judäisch-christlichen Kultur. Mich selbst sprechen besonders die Bilder der Psalmen an.

Was anderes als die Fähigkeiten zur Imagination schaffte diese wunderbaren Bilder, z. B. von Gott als einem Hirten, der die Menschen, geplagt von vielerlei Nöten, auf grüne Auen führt.

Manche Psalmen sind in ihren wesentlichen Inhalten den von uns heutzutage vorgeschlagenen Imaginationen von guten, sicheren Orten sehr verwandt.

Und warum sollte uns das verwundern: Angesichts der Schrecken des menschlichen Lebens wird es in allen Kulturen und zu allen Zeiten das Bedürfnis nach Trost und Sicherheit gegeben haben und geben. Ich weiß von Notfallseelsorgern, dass sie gerade mit den Psalmen gerne arbeiten.

Wenn eine Patientin eine blühende, grünende Landschaft als ihren guten inneren Ort imaginiert oder dann auch gestaltet, dann ist sie angeschlossen an diese universellen Bilder, ob sie den Psalm kennt oder nicht. Und sie ist auf ihre Weise genauso kreativ wie die Schöpfer der Psalmen und auch wie Bach. Sie erschafft mit Hilfe ihrer Vorstellungskraft. Dass Bach in unserem Verständnis der größere Künstler war, spielt in diesem Zusammenhang keine Rolle.

Imagination als dichterischer Ausdruck: Friedrich Schiller

Friedrich Schiller wurde als junger Mensch vom Herzog von Württemberg bzw. dessen Leuten grausam misshandelt und eingesperrt. Heute würden wir das, was ihm widerfuhr, Folter nennen.

Schillers erste kreative Lösung war das Drama *Die Räuber*. So weit ich weiß, hat sich Schiller sein ganzes Leben künstlerisch immer wieder mit herrischer Willkür und mit deren Grausamkeit auseinandergesetzt, z. B. im *Don Carlos* und in seinem letzten Drama gewiss: Im *Wilhelm Tell*.

Es ist, als hätten diese Themen ihm keine Ruhe gelassen.

In den Räubern erscheint mir Schiller noch sehr stark täterindentifiziert zu sein, so dass er Karl am Ende »die unvollkommene irdische Ordnung als Stellvertreterin einer höheren Ordnung« anerkennen lässt. Wir wissen, dass die Täteridentifikation – und Introjektion ein Schutz sind und insoweit auch eine erste kreative Lösung aus Not und Ohnmacht. Später, im *Don Carlos* wird davon gesprochen, dass der Herrscher Gedankenfreiheit geben möge. Immer noch erscheint die Abhängigkeit groß. Erst im *Tell* ist es Schiller möglich, den Helden den Tyrannen erschießen zu lassen. Vielleicht auch ein symbolischer Mord am Tyrannen Herzog Karl Eugen von Württemberg.

In unseren Therapien sind wir froh, wenn die Patienten kreative Wege finden, sich von den Tätern und den Täterintrojekten zu befreien (Reddemann 1998, 2002). Wie lange haben wir oft zu ringen, dass Patienten sich selbst Gedankenfreiheit erlauben können, um sich dann auch äußerlich zu befreien. Und so weit ich es verstehe, ist der Prozess der Therapie auch nicht abgeschlossen, wenn dies nicht auf die eine oder andere Weise möglich ist.

Wir schlagen unseren Patienten vor, ihren Täterintrojekten eine Gestalt zu verleihen und sich dann mit ihnen auseinanderzusetzen analog den Mythen und Märchen über Drachenkämpfe. Diese imaginative Arbeit wird von nicht wenigen Patienten als große Befreiung erlebt. Dabei ist es wichtig, dass sie am Ende den Schatz des Drachen, den dieser quasi unrechtmäßig besaß, zurück erobern und dessen Kraft in die Alltagserfahrungen integrieren.

Zurück zum Schreiben als einer besonderen Ausdrucksform unserer Vorstellungskraft: Ein Dichter unserer Zeit, Jorge Semprun, der als junger Mann im KZ Buchenwald war, ist den Schwierigkeiten des Schreibens über traumatische Erfahrungen nachgegangen. Lange habe ihn die Frage beschäftigt, ob er es überlebe, wenn er schreibe. So heißt eins seiner letzten Bücher *Schreiben oder Leben* (1995). Viele Patienten helfen sich durch Schreiben. Für einige ist es befreiend, andere geraten durch das Schreiben nur tiefer in die Verstörung. Pennebaker (2000) und Mitarbeiter haben gezeigt, dass Schreiben dann hilft, wenn es dazu führt, dass die Kognitionen in Bezug auf das Trauma sich verändern, wenn Schreiben hilft, die Dinge in einem anderen Licht zu betrachten, wenn es also ein transformativer Prozess ist. Auch dazu braucht es Vorstellungskraft und imaginative Fähigkeiten.

Semprun schreibt in der ersten Person, vielleicht ist das kreative sich in eine andere Figur Hineinverwandeln hilfreicher. Wie im Mythos von Medusa ist möglicherweise die allzu direkte Konfrontation lebensbedrohlich.

Bessel van der Kolck meinte einmal, vielleicht sei jede Literatur der Versuch, traumatische Erfahrungen aufzuarbeiten.

Mir ist jedenfalls aufgefallen, wie häufig in literarischen Werken Traumata, deren Folgen und deren Verarbeitung eine Rolle spielen. Jedoch kann man nur selten direkte biografische Zusammenhänge herstellen.

A. Drees (2002) hat ein Verfahren entwickelt, das er als prismatische Poetik bezeichnet. Es geht ihm dabei um eine *Dezentrierung*. Statt einer einseitigen Fokussierung auf das Trauma weder im Subjekt, noch intersubjektiv in der therapeutischen Beziehung (»traumatische Übertragung«), wird die verletzende Erfahrung in der Gruppe »prismatisch« aufgefächert, es entwickelt sich eine durch das Trauma beeinflusste Gruppenatmosphäre, die durch das freie Phantasieren therapeutisch transformiert werden kann.

Kinder erzählen häufig spontan Belastendes, als sei es einem anderen begegnet. Für Dichter und Schriftsteller mag es ein Mittel sein das Unsagbare zu verwandeln und dennoch auszudrücken. Ein kreativer Akt ist dies allemal.

Hier ein Beispiel eines imaginativen Prozesses in einem Gedicht von Rose Ausländer (1990), die durch die Nazis im KZ war:

»Ich rede
von der brennenden Nacht
die gelöscht hat
der Ruth
von Trauerweiden
Blutbuchen
verstummtem Nachtigallengesang
vom gelben Stern
auf dem wir
stündlich starben
in der Galgenzeit
nicht über Rosen
red ich
fliegend
auf einer Luftschaukel
Europa Amerika Europa
Ich wohne nicht
Ich lebe.«

Es ist kaum vorstellbar, dass jemand sich der Kraft dieser Bilder, ihrem Schmerz und ihrer Schönheit entziehen kann. Diese achtzehn Zeilen sagen mehr als viele Seiten eines Lehrbuchs über Psychotraumatologie.

Während heilsam erlebte Musik eher so etwas zu sein scheint, wie ein nichtmenschliches Helferwesen, das uns tröstet, ja in den Arm zu nehmen scheint, so hilft beim von anderen Geschriebenen mehr die Identifikation, das Mitfühlen, manchmal auch Mitleiden, um darin dann schließlich Trost und Hilfe zu finden. Dies alles wäre ohne imaginative Fähigkeiten nicht möglich.

In meiner Kindheit, Ende der 40er, Anfang der 50er Jahre gab es die Bücher vom Kasperle, die recht populär waren (z. B. Siebe 1957). Dieses Kasperle war genau genommen ein misshandeltes, vernachlässigtes Kind. Und jedes Kind konnte sich mit seinem Schmerz identifizieren, aber auch mit seinen Streichen. Ich weiß noch genau, wie ich mit ihm litt und wie froh ich war, wenn sich ein liebevoller Mensch um es kümmerte. Übrigens erwähnt Phillip Reemtsma die Kasperle-Bücher in seinem Buch *Im Keller* (1997).

In diesen Tagen ist es *Harry Potter*, (Rowling 1998) der kindliches Leid erlebt und kreativ verarbeitet.

Dass die Kraft der Imagination nicht verloren geht, zeigt der Erfolg der Potter-Bücher, auch wenn ein Teil des Erfolgs geschickter Werbung geschuldet sein mag. Werbung allerdings arbeitet ohnehin mit unserer Vorstellungskraft, teils auf grobe, teils auf sehr subtile Weise.

Kulturhistorisch finde ich es interessant, Kasperle mit Harry Potter zu vergleichen. Während Kasperle noch sehr abhängig von Erwachsenen dargestellt wird, erscheint Harry viel autonomer. Heutige Kinder imaginieren sich sicher unabhängiger von den Eltern, als wir das taten.

Kinderbücher sind eine Fundgrube zum Thema Imagination, Verarbeitung und Transformation von traumatischen Erfahrungen.

In Kinderbüchern finden sich auch häufig Themen, die wir in der Therapie ebenso verwenden. So gibt es seit Anfang der 60er Jahre die Maus *Frederick* von Leo Lionni (1989), die die Sonnenstrahlen und die Farben für schwere Zeiten sammelt und damit dann im Winter die anderen Mäuse tröstet.

In einem andere Kinderbuch, das von John Burningham (1992) stammt, geht es um einen imaginären Begleiter eines kleinen Mädchens, das sich oft einsam fühlt. *Aldo* ist immer bei ihr.

Auch Pippi Langstrumpf kann man in diese Reihe stellen. Da Kinderbücher von Erwachsenen geschrieben und gezeichnet werden, lässt sich vermuten, dass hier viel selbst Erfahrenes verarbeitet wird.

Alle diese Kinderbücher vermitteln Trost und eine innere Stärkung durch Bilder. Später wird zu zeigen sein, dass die Fähigkeit zu innerem Trost erst die Voraussetzung schafft, für das Grauen Worte zu finden. Bildnerischer Ausdruck wird im allgemeinen als direkteste Form der Äußerung von Imagination angesehen.

Das Bild scheint mir wie kein anderes Medium die Möglichkeit zu bieten, Schmerz und Leid unmittelbar auszudrücken, um sie sogleich auch verwandeln zu können – falls möglich und erwünscht. Ist das Bild gestaltet, wird anschließend darüber gesprochen. Auch hier scheint der bildhafte Ausdruck dem verbalen voran zu gehen und erst die Voraussetzung für Worte zu schaffen.

Ich möchte auf ein weiteres populäres künstlerisches Ereignis der letzten Zeit eingehen, den Film *Amèlie*, weil hier kreativer Ausdruck und Imagination aufs Schönste verbunden wurde.

Hier ist auf eine humorvoll spielerische Weise die Geschichte einer jungen Frau dargestellt, die als Kind mehreren traumatischen Erfahrungen ausgesetzt war. Amèlie zieht sich hauptsächlich in ihre innere Welt zurück, die überraschend intensiv und kreativ ist. Jeder, der sich gerne mit Imagination beschäftigt, findet hier eine Fülle von Anregungen. Interessant an diesem Film ist für mich, dass Amélie so etwas wie einen therapeutischen Begleiter hat, den »Mann mit den Glasknochen«. Dieser spricht mit ihr über ihre inneren Vorgänge, indem er sich mit Amélie über eine junge Frau auf einem Bild unterhält. Er scheut auch nicht davor zurück, ihr ganz direkt Mut zu machen, sich endlich auf einen jungen Mann, in den sie sich verliebt hat, einzulassen, d. h. ihre inneren Welten zu verlassen und das äußere Leben zu wagen.

Das heißt, innere Vorgänge können nicht das ganze Leben bestimmen. Sie sollten dazu dienen, die äußere Welt zu bestehen. Wenn sie das bewirken und wenn wir das durch Therapie bewirken können, ist viel getan. Dazu können und sollten wir zum einen die kreativen Möglichkeiten unserer Patienten erkunden und sie anschließend auch nutzen.

Ganz sicher braucht nicht jeder traumatisierte Mensch Therapie. Jedoch sollten die, die Therapie brauchen, kreative Therapieangebote bekommen und nicht ausschließlich auf kognitive Arbeit festgelegt werden.

Imaginative Arbeit als »kreative Möglichkeit im Kopf« oder »Spiel-therapie im Kopf« ist, wenn Patienten etwas damit anfangen können, jederzeit und überall möglich und sollte dann wenn möglich mit expressiven Medien ergänzt werden.

Wir haben im Lauf der Jahre einige hilfreiche Imaginationen gefunden, die sich in unserer Arbeit bewährt haben (Reddemann 2002). Dazu gehören insbesondere die Bilder eines guten inneren Ortes, hilfreicher Wesen, des Genährtwerdens mit Hilfe eines Baumes, die imaginative Reinigung durch Licht, Wasser oder Atem, Gepäck ablegen und einiges mehr.

Des weiteren empfiehlt es sich, auf Sprachbilder der Patienten zu achten und im Fall von negativen Bildern anzuregen, ein Gegenbild zu finden, und dann zwischen beiden hin und her zu pendeln.

Ich habe es hilfreich gefunden, so wenig wie möglich von mir aus vorzugeben, sondern die Patienten anzuregen, ihre eigenen Vorstellungen zu entwickeln und eigene Bilder zu finden. Dies hat damit zu tun, dass es mir bei traumatisierten Menschen besonders wichtig erscheint, sie ihre eigenen Wege finden und gehen zu lassen, da sich ja allzu viel Einmischung in ihrem Leben abgespielt hat.

Imaginative Arbeit verwenden wir auch bei der Traumakonfrontation. Dies ermöglicht den Patienten eine heilsame Distanzierung, so dass sie bewusst das Trauma konfrontieren können, ohne davon überwältigt zu werden.

Wenn man sagt, dass die Musik eine Himmelskraft ist, so denke ich, die Vorstellungskraft ist es auch. Beide hängen zusammen. Die einen können in Klängen und Tönen imaginieren, die anderen in visuellen Bildern, wieder andere bewegt etwas. Hauptsache, wir integrieren diese Erfahrungen unserer Patienten in die Arbeit.

Abschließend möchte ich unsere Arbeitsweise mit Hilfe eines Fallbeispiels illustrieren. Bei diesem Beispiel handelt es sich um einen konstruierten Fall, in den verschiedene Patienten eingehen, um so der besonderen Schutzbedürftigkeit unseres Klientels zu entsprechen:

Frau M. ist eine im äußeren Leben gut etablierte Frau in mittleren Jahren. Ihren Beruf hat sie bis jetzt immer ausüben können. Sie lebt allein, verschiedene Beziehungen waren für sie nicht befriedigend, Sexualität war stets eher eine Belastung. Frau M. berichtet, dass sie als Kind viel Freude erlebt habe, in der Natur zu sein, sie habe gern am Wasser gesessen und geträumt. Sie habe sich dann vorgestellt, wie sie mit dem Wasser fließe und dann in schöne andere Länder komme, wo es wie im Schlaraffenland sei. Sie habe auch immer schon gerne etwas mit den Händen gemacht, habe gemalt, gerne im Garten gearbeitet und, als sie älter war, habe sie gerne Gedichte geschrieben, das tue sie immer noch. Lesen sei ihr immer sehr wichtig gewesen, ihre Bücher seien bis auf den heutigen Tag ihre Freunde. Sie kenne viele Gedichte auswendig. Sie fragt, ob sie eines, das sie z. Z. liebe, vortragen dürfe. Dem stimme ich zu, da ich mich ja stets besonders für die Ressourcen meiner Patienten interessiere. Sie rezitiert sehr gekonnt ein zauberhaftes, leichtes Gedicht von Mascha Kaleko, das mich heiter stimmt, ja uns beide heiter stimmt. Sie habe gute Freundinnen und arbeite immer noch gerne in ihrem Garten, den sie sich ganz nach ihren Wünschen gestaltet habe.

Die Patientin berichtet dann von den Schwierigkeiten, die sie z. Z. belasten. Sie habe nächtliche Albträume, könne sich aber nach dem Aufwachen nicht erinnern, worum es in den Träumen gegangen sei. Sie wache immer schweißgebadet auf. Sie sei leicht reizbar, gehe schnell an die Decke, auch aus geringem Anlass und sie leide an heftigen Kopfschmerzen, die nicht organisch bedingt seien. Früher sei sie anorektisch und danach bulimisch gewesen, das habe sie jetzt aber im Griff. Schon als Kind habe sie gelegentlich gedacht, dass es besser sei, tot zu sein, aber dann hätten ihr ihre Tagträume immer wieder geholfen. Sie habe eine schreckliche Kindheit gehabt, mit allen Scheußlichkeiten, die man sich vorstellen könne, darüber wolle sie jetzt aber lieber nicht sprechen. Sie habe das in diversen Therapien schon versucht, es sei aber nie gegangen. Entweder habe sie keine Worte gefunden, denn sie gerate, wenn sie versuche, darüber zusprechen, immer in so seltsame Zustände, wo sie wie neben sich stehe, oder die Therapeuten hätten ihr gesagt, über diese Dinge solle sie besser nicht sprechen, das sei doch ohnehin vorbei. Tatsächlich sei sie schon zu mir gekommen, um einen Weg zu finden, sich mit diesen belastenden Erfahrungen auseinander zu setzen, aber sie wolle sich dafür etwas Zeit lassen. Sie wisse ja auch, dass es nach unserem Konzept erst um Stabilisierung gehe und das habe sie überzeugt.

Hier handelt es sich um eine hoch kreative Patientin, die bereits von klein an diese Ressource für sich nutzte, und diese Ressource half ihr auch zu überleben. Ich sage der Patientin also genau dies, dass ich es für einen Segen halte, so kreativ zu sein, und dass wir diese Kreativität für die Therapie nutzen könnten, wenn es ihr recht sei. Die Patientin ist bereits darüber informiert, dass wir mit Imaginationen arbeiten, so dass ich ihr das nicht ausführlich erklären muss. Wir verabreden, dass sie an mehr innerer Stabilität arbeitet, damit sie es sich zutraut, sich ihren Albträumen zu nähern, und dass sie Fähigkeiten (wieder-) entdecken möchte, zu mehr innerer Ruhe zu finden. Danach frage ich sie, ob sie auf ihre früheren

Tagträume zurück greifen möchte, oder ob es ihr lieber ist, ein neues Bild eines guten sicheren Ortes zu erschaffen. Nach einigem Zögern meint sie, es sei vielleicht günstiger, neue Bilder zu finden, die alten seien doch auch mit den alten Leiden verbunden. Dann entwickelt sie ein Bild einer Insel im Ozean, die sie in den schönsten Farben beschreibt, so dass auch ich sie mir lebhaft vorstellen kann. Spontan fügt sie dann an, dass es auf dieser Insel, die durch eine Zaubergrenze geschützt ist, einige hilfreiche Wesen gäbe. Über diese wolle sie allerdings lieber nicht sprechen, denn sie wolle sie ganz für sich allein haben, ob das gehe. Ja, sage ich ihr, das sei völlig in Ordnung, vorausgesetzt, diese Wesen seien wirklich »ganz gut«. Sie lächelt, da könne ich sicher sein.

Wenn eine Patientin oder ein Patient so viel an imaginativer Fähigkeit mitbringt, ist es ein Leichtes, damit zu arbeiten und mir scheint, wir würden kostbare Ressourcen verschenken, wenn wir das nicht tun. Bei anderen sind die kreativen Möglichkeiten nicht so offensichtlich. Es lohnt den Versuch, Anregungen zu geben, da nicht wenige Patienten diese gerne aufgreifen. Diejenigen, die es ablehnen, mit Bildern zu arbeiten, sollte man allerdings nicht bedrängen. Hier helfen manchmal Geschichten weiter, wie sie Peseschkian z. B. (1979) beschreibt.

Durch die konsequente Beschäftigung mit ihren Ressourcen stabilisiert sich Frau M. relativ rasch, und sie kommt nach einigen Stunden und hat einen Fetzen der Erinnerung aus einem Albtraum. Es handelt sich darum, dass ein großer Hund auf sie zukommt und sie Todesangst erlebt. Ich schlage ihr vor, zunächst nicht nach der Bedeutung dieses Traumes zu forschen, sondern ein gutes Ende tagzuträumen. Das empfindet sie als ausgesprochen erleichternd. Es kommen jetzt nach und nach immer mehr Trauminhalte ins Taggedächtnis und wir verfahren jedesmal so, dass sie die Träume »umträumt« oder eine gutes Ende dazu tagträumt. Schließlich kann sie berichten, jetzt sei der große Hund wieder aufgetaucht, und diesmal habe sie ihn vertrieben und sich stark gefühlt. Ihr Unbewusstes hat also vom bewussten Tagträumen gelernt. Damit, das empfindet sie auch so, ist sie ein ganzes Stück weiter gekommen. Ihre starke Anspannung bei Tage lässt ebenfalls nach. Sie hat mehr das Gefühl, Kontrolle über sich zu haben und fühlt sich sich selbst gegenüber weniger hilflos.

Es ist wichtig, dass traumatisierte Patienten ein Gefühl der Kompetenz ihren inneren Zuständen gegenüber entwickeln, um aus der andauernden Hilflosigkeit heraus zu kommen.

Erst wenn diese Kompetenz erreicht ist, kann Traumakonfrontation ins Auge gefasst werden, egal wie lange dieser Prozess der Stabilisierung dauert.

Auf die traumakonfrontative Arbeit will ich hier nicht ausführlich eingehen. Nur so viel: Die Patientin arbeitete mit Hilfe einer inneren Beobachterin, die in diesem Fall als ein sprechender uralter Stein wahrgenommen wurde, ihre Traumata durch. Die betroffenen jüngeren Ichs waren jeweils am sicheren Ort. Durch die Sicherheit für die traumatisierten jüngeren Ichs und mit Hilfe des beobachtenden Teils gelang es der Patientin, schier Unsagbares in Worten auszudrücken, ohne zu verzweifeln. Oft versagte die Sprache und sie brauchte meine mitfühlende Präsenz, um dann nach und nach Worte zu finden. Oft fand sie zunächst Bilder, die sie mir beschrieb. Oft konnte sie schmerzliche Gefühle erst dann in Worte fassen, wenn sie zuvor ihre inneren Bilder betrachtet hatte. Die Arbeit an innerem Trost war mindestens so wichtig, wie die Bearbeitung der traumatischen Erfahrungen. Für den Trost der jüngeren Ichs schaffte die Patientin für jedes einzelne jüngere Ich eine oder mehrere Feen, die alle von einer Art »Oberfee« überwacht wurden. Zeitweilig war es wichtig, dass ich darauf hinwies, dass auch das Ich von Heute eine Unterstützung braucht.

Während der Traumakonfrontation tauchten Täterintrojekte auf. Diese verwandelten sich dadurch, dass sie an andere Orte gebracht wurden, zum einen von einem Seeadler auf ein Schiff im Meer, zum anderen von einem Löwen in die Wüste. Dort fand dann ein transformativer Prozess statt, so dass die bis dahin feindseligen Introjekte sich in wohlwollende Wesen verwandelten.

Jeder Traumakonfrontation folgte eine längere Phase des Trauerns und der Integration.

Nachdem alle Traumata bearbeitet waren, wurde deutlich, dass die Patientin über wenig Fähigkeiten zur Konfliktbewältigung verfügte. Sie war in der Regel in sie belastenden Situationen dissoziiert. So wusste sie wenig davon, dass man konstruktiv streiten kann, dass man seine Meinung äußern kann, dass man manchmal ertragen muss, dass Konflikte bestehen bleiben, usw. Ihre innere Weisheit entwickelte sich nach und nach zu einer guten Ratgeberin, aber die Patientin lernte auch, andere zu beobachten, wie diese mit Konflikten umgingen. Gefühle wie Wut und Ärger wurden ihr erst jetzt nach und nach vertraut und sie fand konstruktive Formen des Umgangs damit. Dabei half es ihr, sich ihre Gefühle jeweils als Gestalten vorzustellen und mit ihnen Gespräche zu führen.

Imaginative Arbeit spricht sowohl die linke wie die rechte Hirnhälfte an. Es wäre ein Irrtum anzunehmen, dass imaginative Arbeit keine Risiken birgt. Wenn man die Bilder forciert, kommen häufig viele Schreckensbilder. Daher braucht es ein behutsames Vorgehen. Bildhaftes Denken ist oft sicherer als Imaginieren im traditionellen Sinn, wobei oft eine viel zu tiefe Entspannung entsteht, die die Patienten ängstigen kann. Menschen, die sehr vertraut sind mit inneren tröstenden Bildern – und das sind nicht wenige der schwer traumatisierten Patienten – profitieren von der Arbeit mit imaginativen Techniken, insbesondere dann, wenn man ihre Ressourcen konsequent aufgreift.

Literatur

Achterberg, J. (1994): Gedanken heilen, dt. erstmals 1985. Reinbek (Rowohlt).

Ausländer, R. (1990): Biographische Notiz. In: H. Bender (Hg.) (1990): In diesem Lande leben wir. Deutsche Gedichte der Gegenwart. Frankfurt/M (Fischer).

Bauer, J. (2000): Schreimutter. Weinheim (Beltz u. Gelberg).

Burningham, J. (1992): Aldo. Aarau, Frankfurt/M., Salzburg (Sauerländer).

Drees, A. (2002): Prismatische Balintgruppen. Lengerich (Pabst).

Levine, P. (1998): Traumaheilung. Das Erwachen des Tigers. Unsere Fähigkeit, traumatische Erfahrungen zu transformieren. Essen (Synthesis).

Lionni, L. (1989): Frederick. Köln (Middelhauve).

Pennebaker, J. W. (2000): Putting Feelings into Words: Effects on Immune Systems and the Self. Psychological Trauma: Maturational Processes and Therapeutic Interventions. Boston 10.-11.03.2000.

Peseschkian, N. (1979): Der Kaufmann und der Papagei. Frankfurt/M. (Fischer).

Pole, N.; Best, S. R.; Weiss, D. S.; Metzler, T.; Liberman, A. M.; Fagan, J. & Marmar, C. R. (2001): Effects of gender and ethnicity on duty-related posttraumatic stress symptoms among urban police officers. In: Journal of Nervous and Mental Disease 180, S. 442–448.

Reddemann, L. (1998): Umgang mit Täterintrojekten. In: PTT 2, S. 90–96.

Reddemann, L. (2001): Imagination als heilsame Kraft. Zur Behandlung von Traumafolgen mit ressourcenorientierten Verfahren. Stuttgart (Pfeiffer bei Klett-Cotta).

Reemtsma, J. P. (1997): Im Keller. Hamburg (Hamburger Edition).

Rowling, J. K. (1998): Harry Potter und der Stein der Weisen. Hamburg (Carlsen).

Semprun, J. (1995): Schreiben oder Leben. Frankfurt/M. (Suhrkamp).

Siebe, J. (1957): Kasperle auf Burg Himmelhoch. Stuttgart (Herold).

van der Kolck, B. (persönl. Mitteilung).

Stationäre Therapie traumatisierter Patientinnen und Patienten

Ulrich Sachsse

Traumatisierte haben immer schon eine große Gruppe derjenigen gestellt, die stationär psychiatrisch oder psychotherapeutisch behandelt wurden. Die Hysterikerinnen, die Jean Martin Charcot in der Salpetriere in Paris behandelte, waren fast alle traumatisierte Frauen, und diese Tatsache war den behandelnden Ärzten genauso bekannt wie den Forschern (Sachsse, Venzlaff & Dulz 1997). Eine der meist zitierten, historischen Patientinnen Anna O. wurde von Josef Breuer stationär in dessen Sanatorium behandelt. Auf sie wird immer wieder verwiesen, wenn es um frühe Beispiele für Diagnosen wie Borderline-Persönlichkeitsstörung, multiple Persönlichkeit oder chronifizierte komplexe Posttraumatische Belastungsstörung geht (Dulz 1999).

Geschichtlich gingen wesentliche Impulse zur Diagnostik und Behandlung posttraumatischer Störungsbilder in Deutschland seit Mitte der 80er Jahre von stationären Behandlungseinrichtungen aus. An erster Stelle sind hier die Klinik für Psychosomatik und Psychotherapie Bielefeld unter Leitung von Frau Dr. Luise Reddemann sowie die Psychosomatik der Wicker-Klinik in Bad Wildungen unter Leitung von Frau Dr. Ingrid Olbricht zu nennen. Auch die Klinik Hohe Mark in Oberursel, die Ehrenwall'sche Klinik in Bad Neuenahr-Ahrweiler und seit 1994 die Fachklinik für Psychiatrie und Psychotherapie NLKH Göttingen verfügen über langjährige Erfahrung in der stationären Therapie traumatisierter Patienten.

Traumatisierte Patientinnen und Patienten machen einen Großteil der Klientel psychiatrischer Krankenhäuser aus, insbesondere im Bereich der Persönlichkeitsstörungen des Clusters B, und hier insbesondere bei der Borderline-Persönlichkeitsstörung (Sachsse, Eßlinger & Schilling 1997). Traumatisierte Männer finden sich in großer Zahl in forensischen Psychiatrien, traumatisierte Frauen unter vielfältigen Diagnosen von Borderline-Persönlichkeitsstörung über Somatisierungsstörung, Depression, Essstörung, Abususverhalten bis Schmerzsyndrom in psychotherapeutischen, psychiatrischen und internistischen

Kliniken (Egle, Hoffmann & Joraschky 1996). Seitdem die stationäre psychiatrische Behandlung nicht mehr als Dauerhospitalisierung eine Lebensform darstellt, und psychiatrische Kliniken keine Mischung aus Heimen und Krankenhäusern mehr sind, kann die stationäre Therapie nur Segment einer integrativen Behandlung sein. Unter diesem Aspekt soll sie im Folgenden dargestellt werden.

Die Krisenintervention auf geschlossenen Stationen

Traumatisierte entwickeln eine Vielzahl von Störungsbildern (Kessler, Sonnega, Bromet, et al 1995), Symptomen und Problemen, die eine stationäre Krisenintervention erforderlich machen können. Dies können ernsthafte Suizidversuche sein, parasuizidale Intoxikationen mit Medikamenten, Abususverhalten oder Selbstverletzungen (Sachsse 1996). Diese Untergruppe der Borderline-Patientinnen ist für viele geschlossene, psychiatrische Aufnahmestationen eine Problem-Gruppe. Die folgende, fiktive Situation ist typisch für die Problematik, die Traumatisierte auf solchen Stationen haben und machen können:

Frau T. war mit frischen Selbstverletzungen am linken Unterarm und einer leichten Alkohol- und Tablettenintoxikation eingewiesen worden. Sie ist seit zwei Tagen wieder relativ klar und bereitet ihre Entlassung von der Station vor. Abends gegen 23 Uhr sitzt sie noch vor dem Stationsfernseher und sieht irgendeine Sendung. Da wird plötzlich von zwei Polizisten und zwei Krankenpflegern ein alkoholisierter, verwahrloster Mann auf Station gebracht, der sofort anfängt rumzupöbeln: »Ist ja alles wie gehabt. Hier fühle ich mich so richtig wohl. Jede Menge scharfe Weiber (ein aggressiver, provokanter Seitenblick zur Patientin hin), und Schwester Edeltraud hat wieder Nachtdienst. Schätzchen, hast Du gleich mal Zeit für mich?« Die begleitenden Polizeibeamten und Pfleger werfen einen teils amüsierten, teils leicht angewiderten Blick gegen die Flurdecke und verfrachten den Patienten ins Isolierzimmer. Frau T. sitzt mit glasigen Augen und Tunnelblick vor dem Fernseher, bekommt 10 Minuten später plötzlich einen Raptus, stürzt auf die Toilette, zerschlägt den Spiegel und schneidet sich die Unterarme wieder auf. Am nächsten Morgen berichtet die Nachtschwester: »Mit Frau T. gab es mal wieder Ärger. Kaum ging es mal um einen anderen Patienten und nicht immer um sie, musste sie aufdrehen und Ärger machen. Die muss einfach immer im Mittelpunkt stehen. Wenn sich nicht alles um sie dreht, dann dreht sie eben auf.«

So kann diese Sequenz natürlich interpretiert werden. Es kann sein, dass eine narzisstisch gestörte Jugendliche es nicht ertragen kann, auch nur kurzfristig unwichtig und unbeachtet zu sein. Ich halte diese Interpretation aber selten für die vorrangig richtige. Ich denke, folgende Interpretation ist stimmiger: Der eingelieferte, aggressive und provokante Mann mit Alkoholfahne und sexistischen Äußerungen war für Frau T. ein Trigger. Er hat sie an andere Männer erinnert, die sie traumatisiert haben. Sie ist zunächst in einen dissoziativen Zustand geraten, aus dem sie sich schließlich nur durch Selbstverletzungen hat befreien können.

Geschlossene Stationen sind erforderlich für Menschen, die Schwierigkeiten haben, sich selbst zu steuern. Gerade untersteuerte Mitmenschen sind für Traumatisierte besonders problematisch, auch wenn sie selbst häufig untersteuert sind. Dies gilt natürlich für das ganze Spektrum der alkoholisierten, leicht mischintoxikierten, dissozialen, übergriffigen, provokanten, unverschämten oder distanzlos-klebrigen Männer. Dies gilt aber auch etwa für manische Frauen, die sexuell enthemmt agieren und in ihrer Art für diese Patientinnen unerträglich sind. Es kann selbst gelten für ebenfalls traumatisierte Mitpatientinnen, die von ihren Prostitutionserfahrungen berichten oder ständig davon reden, dass ihnen die ganzen Vergewaltigungen oder Misshandlungen inzwischen angeblich nichts mehr ausmachen.

Uns haben sich in Göttingen auf den geschlossenen Aufnahmestationen einige Grundregeln sehr bewährt:

Traumatisierte Patientinnen mit dissoziativen Symptomen, Borderline-Persönlichkeitsstörungen, Dissoziativer Identitätsstörung und anderen posttraumatischen Symptombildungen benötigen einen spezifischen Rückzugs-Raum. Dies ist zumindest ihr Patientinnenzimmer, das vor übergriffigen männlichen Mitpatienten, aber auch weiblichen Mitpatientinnen vom Personal aktiv geschützt wird. Noch besser ist eine kleine, aber sicher »männerfreie Zone«, in die diese Patientinnen sich zurückziehen können.

Darüber hinaus werden diese Patientinnen informiert, wenn problematische Neuaufnahmen absehbar sind. Sie werden dann auf ihr Zimmer geschickt, und es wird ihnen sehr nahe gelegt, nicht Zeugin der möglicherweise gewaltsamen Aufnahme eines Patienten oder einer Patientin zu werden. Viele sind selbst bereits gewaltsam aufgenommen worden oder mussten in Ausnahmezuständen überwältigt werden, und Gewaltanwendung ist für sie per se ein Trigger. Die Patientinnen ziehen sich dann auf ihr Zimmer zurück, setzen sich Kopfhörer auf und hören Musik, um sich sensorisch abzuschotten gegen das, was auf der Station vielleicht gerade passieren muss.

Wir haben auf den Akutstationen auch keine Gruppen, für die Teilnahmepflicht besteht. Gruppenangebote sind für diese Patientinnen sowieso schwierig, und wenn ein gerade aufgenommener, alkoholkranker Mitpatient in der Nähe sitzt, der still und leise seinen Alkohol an die gemeinsame Luft abatmet oder ausschwitzt, dann ist das für diese Patientinnen einfach unzumutbar.

Gerade an dieser Stelle kann eine sinnvolle Therapie kollidieren mit einer Stations-Behandlungsideologie. Manche Stationen stehen unter dem Primat der Sozialpsychiatrie, dass alle mit allen in der Gemeinde auskommen müssen. Niemand wird ausgegrenzt. Die Station ist damit das eigentliche sozialpsychiatrische Zentrum der Gemeinde, denn außerhalb der Station kommen natürlich nicht alle Menschen mit allen anderen immer aus. Was sozialpsychiatrisch in unserer Gesellschaft erreichbar ist, ist in den letzten 30 Jahren sicherlich versucht, größtenteils umgesetzt und weitgehend erreicht worden. Mehr dürfte gegenwärtig nicht möglich sein, manches wird auch wieder zurückgenommen. Einige Kolleginnen und Kollegen scheinen ihren Traum von der sozialpsychiatrischen Gemeinde-Harmonie aber wenigstens auf der Station verwirklichen zu wollen und erwarten, dass an den Gruppen alle teilnehmen, weil ja jeder mit jedem auskommen soll. Ich bin überzeugt, dass sehr viele Patientengruppen prinzipiell schlecht miteinander klar kommen: Persönlichkeitsstörungen und Psychosen, weil die Psychotiker den Persönlichkeitsgestörten Angst machen, auch verrückt zu werden, und weil die Psychotiker unter den dissozialen Zügen der Persönlichkeitsgestörten zu leiden haben; Abhängigkeitskranke und Psychosen, weil die Suchtkranken die Psychotiker ausbeuten; Traumatisierte und aggressiv oder sexuell Untersteuerte, wie schon erläutert. Viele Selbstverletzungen, Suizidversuche oder Tablettenintoxikationen sind Therapie-Artefakte, die ausgelöst worden sind durch ein therapeutisches Stationsmilieu, das für diese Klientel schädlich ist.

Die Behandlung Traumatisierter auf tiefenpsychologisch fundiert arbeitenden Psychotherapiestationen

Von 1994 bis 1996 haben wir in Göttingen versucht, auf einer tiefenpsychologisch fundiert arbeitenden Psychotherapiestation eine Untergruppe von vier bis fünf Patientinnen traumazentriert zu behandeln (Sachsse, Schilling & Eßlinger 1998). Dies ist uns nicht gut gelungen.

Gescheitert sind wir nicht daran, dass die Mitarbeiterinnen und Mitarbeiter des therapeutischen Teams ihren Therapiestil und ihre Behandlungsstrategie nicht von Patient zu Patient wechseln konnten, sondern an der Stationsatmosphäre. Wieder will ich eine fiktive, aber typische Situation schildern:

Frau T. ist von der Akutaufnahmestation auf die Psychotherapiestation verlegt worden und blättert abends in einer Zeitschrift. Ihr gegenüber sitzt Herr K., ein depressiv-zwanghaft strukturierter Patient mit vordergründig masochistischen Zügen, dem seine Frau mit Scheidung gedroht hat, der in dieser Situation einen Suizidversuch gemacht hat und so zur stationären Aufnahme kam. Herr K. spricht Frau T. an: »Warum bist Du denn hier?« Frau T. antwortet: »Ach, mein Therapeut hat mir gesagt, darüber sollte ich am besten gar nicht reden. Es wäre besser, wenn meine ganzen Schwierigkeiten und Probleme ausschließlich in der Einzeltherapie besprochen werden.« »Du, das musst Du missverstanden haben. Meine Therapeutin hat mir grade gesagt, ich soll viel über alles reden, was in mir so vorgeht, was mich so bewegt. Grade auch mit den Mitpatienten. Und ich muss Dir sagen: Das tut mir richtig gut. Ich hab' schon vielen erzählt, was mit mir alles schief gelaufen ist, und ich fühle mich jetzt doch richtig leichter. Du glaubst ja nicht, wie schlecht ich manchmal meine Kinder behandelt habe. Das tut mir heute so richtig leid. Und meine Frau erst!« Und dann berichtet Herr K. gründlich, detailliert, affektschwanger und sehr ausführlich Frau T. seine halbe Lebensgeschichte einschließlich diverser aggressiver Entgleisungen und einiger sexueller Übergriffe seiner Frau gegenüber. Frau T. ist schon nach wenigen Sätzen erstarrt. Sie fühlt sich mit Beschlag belegt, übergriffig behandelt, Herr K. erinnert sie wiederum an üble Erfahrungen aus der Vergangenheit mit klebrigen Männern, und sie würde am liebsten einfach nur flüchten. Sie sitzt aber da wie gebannt, kann sich gegen den Redestrom von Herrn K. nicht abgrenzen und wird immer dissoziativer. Schließlich kann sie sich mit einem »Ich muss mal zum Klo« für kurze Zeit entziehen und verletzt sich erneut, diesmal mit einer Rasierklinge, die sie auf die offene Station mitgebracht hat. Am nächsten Morgen stellt die Stationsschwester die Frage: »Ob das mit Frau T. hier geht? Gleich in der zweiten Nacht hat die sich verletzt, und mit den Mitpatienten kommt sie auch nicht gut aus.«

Etwas auszusprechen, etwas ins Gespräch zu bringen, etwas diskursfähig zu machen, ist einer der wesentlichen Wirkmechanismen jeder Psychotherapie. Wo *Es* war, soll *Ich* werden; Unbewusstes soll bewusst werden: Unsagbares soll sagbar gemacht werden. Grundregel der Psychoanalyse ist es, alles auszusprechen, was einem einfällt, was man fühlt, spürt, gerade auch Unwichtiges, Nebensächliches, Peinliches und Ängstigendes.

Ich will an dieser Stelle einen psychotherapeutischen Flachwitz erzählen: Zwei Therapeuten treffen sich auf einer Tagung. Der Eine fragt den Anderen: »Sagen Sie, wissen Sie, wo es hier zum Bahnhof geht?« Der Andere antwortet: »Tut mir leid, ich bin auch fremd hier.« Der Erste wieder: »Ach, macht ja nichts. Hauptsache, wir haben mal drüber geredet.«

Solche schlichten Flachwitze enthalten oft ein Körnchen Wahrheit. Unter Psychotherapeuten gibt es sicherlich manche, die davon überzeugt sind, etwas sei als Problem schon so gut wie gelöst, wenn es überhaupt ausgesprochen sei. Wer systemisch oder verhaltenstherapeutisch denkt und arbeitet, wird eine Überschätzung des Aussprechens allerdings nicht teilen. Andererseits ist die Wirksamkeit dieses Schrittes uns allen bekannt, und natürlich gilt dies auch für Traumatisierte. Der ursprünglich geplante Titel dieses Buches *Wege aus der Wortlosigkeit* steht in der Tradition dieser therapeutischen Überzeugung. Nur muss dies bei Traumatisierten ausgesprochen dosiert, gesteuert, reflektiert und ritualisiert erfolgen, viel mehr als in der üblichen psychoanalytischen oder tiefenpsychologisch fundierten Psychotherapie.

Die Atmosphäre auf tiefenpsychologisch fundiert arbeitenden Stationen ist zumindest unter den Patienten, oft aber auch unter dem Pflegepersonal weitgehend davon geprägt, dass die fast uneingeschränkte Empfehlung besteht: Aussprechen, drüber reden, das muss raus! Zur Krisenintervention wird meistens ein Gespräch angeboten, erst langsam entwickelt sich in manchen Kliniken als Interventionsmöglichkeit beispielsweise ein Aromabad, eine Empfehlung zum Waldlauf oder eine andere handlungsorientierte Empfehlung. Traumatisierte können sich nicht abgrenzen, haben durchlässige Grenzen, lassen alles in sich hinein, sofern sie nicht gerade völlig versteinert, depersonalisiert und abgeschottet sind. Die dynamische, konfliktzentrierte, auf Interaktion, Übertragung und Externalisierung zentrierte Atmosphäre einer psychodynamisch arbeitenden Station überfordert sie. Hier liegen aus anderen Kliniken bessere Erfahrungen vor, wobei ich allerdings nie etwas anderes gehört habe, als dass diese Probleme zwar lösbar sind, aber nur in der Form, dass sie als Dauerproblem die stationäre Arbeit begleiten.

Die Behandlung Traumatisierter auf Spezialstationen

Aus diesem Grund arbeiten wir in Göttingen seit 1996 mit traumatisierten Patientinnen auf einer Spezialstation. Wir haben das in Bielefeld von Reddemann und Mitarbeiterinnen entwickelte Modell übernommen, und wir haben mit diesem therapeutischen Vorgehen uneingeschränkt gute Erfahrungen gemacht (Sachsse, Schilling & Kremp 1998).

Als ich 1995 mit der Klinikleitung diskutierte, dass ich eine Spezialstation für 18 Patientinnen einrichten wollte, die sich fast alle selbst verletzen und überwiegend die Diagnose Borderline-Persönlichkeitsstörung haben, traf ich auf freundliche, aber deutliche kollegiale Skepsis: »Schon drei Patientinnen pro Station sind kaum zu händeln, dann 18? Das kann doch nicht gut gehen!« Die Erfahrungen in Bielefeld und Oberursel, auf die ich verweisen konnte, kamen mir zugute, aber auch die guten Erfahrungen mit unseren Spezialstationen für Konsumenten illegaler Drogen. Drei Junkies auf der Aufnahmestation belasten die ganze Atmosphäre; 15 Junkies gemeinsam auf einer Station sind wesentlich leichter zu behandeln. Aufbauend auf diesen Erfahrungen konnten wir zunächst für 12 traumatisierte Patientinnen mit posttraumatischen Symptombildungen eine Station einrichten, die seit mehreren Jahren für 18 Patientinnen zur Verfügung steht.

Wir behandeln inzwischen in Blöcken von zwei, vier oder sechs Wochen mehrfach im Intervall. Es hat sich für uns bewährt, wenn die Patientinnen für sechs Wochen bei uns sind und dann wieder für sechs Wochen zu Hause. Diese Zeit wird flexibel gehandhabt, nur noch selten aber auf mehr als acht Wochen ausgedehnt. Dies hat zwei Effekte: Die Patientin kann unmittelbar im häuslichen Bereich ausprobieren, ob inzwischen ihre Arbeit mit dem Inneren Kind vorausschreitet und wie weit sie zum Selbstmanagement in der Lage ist. Dabei kann sie sich auch zu Hause von den anstrengenden Traumaexpositionen, die alle zwei Wochen stattfinden, erholen. Ein positiver Nebeneffekt ist, dass wir auf Station sehr viel weniger Psychodynamik haben. Sofern sich zwei oder drei Patientinnen in irgendeiner Form verclinchen, können wir darauf verweisen, dass bald die eine oder andere entlassen wird, so dass das Problem nur noch wenige Tage bestehen wird. Wir haben auf der Station ein ständiges Kommen und Gehen mit wenigen näheren Beziehungen der Patientinnen untereinander. Das begrüßen wir, denn die Arbeit liegt nicht auf dem Schwerpunkt Beziehungsklärung, sondern auf dem Schwerpunkt Bearbeitung der Traumatisierungsfolgen.

Die Arbeitsweise auf unserer Station bringt viele Erleichterungen mit sich. Ausgesprochen angenehm ist es, dass jede Patientin ihr Einzelzimmer hat. Sie braucht sich nicht mit Fremden zu arrangieren, die ihren Zimmerbereich völlig anders gestalten wollen. Penible Ordnung oder leichte Verwahrlosung, Fenster auf oder zu, Musik an oder aus, Vivaldi oder Rammstein: Das alles kann jede Patientin für sich entscheiden, sie muss sich nicht mit anderen einigen.

Begünstigt wird unsere Arbeit auch dadurch, dass bei uns nur Schwestern arbeiten, die auf dieser Station arbeiten wollen. Niemand ist dorthin geschickt worden, niemand wäre lieber anderswo tätig. Dies gilt übrigens auch für andere Spezialstationen unseres Hauses, wo ebenfalls fast ausschließlich Personal eingesetzt wird, das sich für diese Gruppe psychiatrisch-psychotherapeutisch behandlungsbedürftiger Patientinnen und Patienten interessiert und engagiert. In Supervisionen höre ich gelegentlich, es gebe Pflegedienstleiterinnen oder -leiter, die jeden immer dahin schicken, wo er oder sie gerade nicht hinwollen. Diese Personalpolitik ist mir rational nicht nachvollziehbar, und sie wird in Zeiten um sich greifender Qualitätsberichte sicherlich auch zum Auslaufmodell.

Darüber hinaus haben wir einen Personalschlüssel nach PsychPV. Manche stationären Einrichtungen gerade des Reha-Bereiches etwa verfügen nur über eine Nachtwache für 120 Patienten. So kann keine Traumaexposition bei Patientinnen gemacht werden, die anschließend eine gewisse Betreuung und auch Aufsicht benötigen. Bis 24 Uhr haben wir zwei Nachtwachen auf Station, ab 24 Uhr eine Nachtwache. Viele stationäre Einrichtungen zögern deshalb auch mit Traumaexpositionsbehandlungen, weil sie zu Recht befürchten, die Zeit danach ihre Patienten nicht angemessen behandeln zu können.

Wir haben eine Station ausschließlich für Frauen. Das ist nicht zwingend erforderlich, erleichtert die Arbeit aber. Die Station ist – bis auf den Funktionsbereichsleiter und einen Pfleger – tatsächlich »männerfreie Zone«. Ohne es zu bemerken, verändern übrigens viele Patientinnen spontan ihre Körperhaltung, wenn ich über den Flur gehe.

Im Folgenden unser offiziöses, permanent in Überarbeitung und Aktualisierung befindliches *Stationskonzept*:

(1)

1. Therapeutische Zielvorstellungen

Die Mitarbeiterinnen und Mitarbeiter der Station 9 behandeln Patientinnen überwiegend mit intrusiven, aber auch mit konstriktiven Symptomen der chronifizierten, komplexen posttraumatischen Belastungsstörung (PTBS) mit dem Ziel, dass belastende Lebenserfahrungen ohne Symptombildungen oder mit deutlich verminderter Symptombildung als bisher erinnerbar werden.

2. Zielgruppe

Zielgruppe unseres Behandlungsangebotes sind Frauen ab 18 Jahren, die unter einer oder mehreren der folgenden Syndrome und Symptome leiden:

- *Chronifizierte, komplexe Posttraumatische Belastungsstörung (300.89/ F43.1) nach Typ-I und/oder Typ-II Trauma*
- *vom Phänotyp der Borderline-Persönlichkeitsstörung (301.83/F60.31)*
- *mit Dissoziativer Amnesie (30012/F44.0)*
- *mit Dissoziativer Fugue (300.13/F44.1)*
- *mit Depersonalisationsstörung (300.6/F48.1)*
- *und selbstverletzendem Verhalten: durch Rasierklingen (X.78),*
- *Verbrennungen mit Zigaretten (X.76), Blutentnahme (X.83)*
- *Dissoziative Identitätsstörung (300.14/F44.81)*
- *nicht näher bezeichnete Dissoziative Störung (300.6/F48.1)*
- *Somatisierungsstörung (300.81/F45.0)*
- *Major Depression (296.3/F33)*
- *Dysthymes Syndrom (300.40/F34.1)*
- *Paniksyndrom ohne Agoraphobie (300.01/F40.1)*
- *Agoraphobie (300.21/F40.0)*
- *Sozialphobie (300.23/F40.1)*

- *Spezifische (einfache) Phobien (300.29./F40.00)*
- *Generalisiertes Angstsyndrom (300.02/F41.1)*
- *Zwangssyndrom (300.30/F42)*
- *Anorexia nervosa (307.10/F50.0; F50.01)*
- *Bulimia nervosa (307.51/F50.2)*

sofern diese Symptombildungen mit Wahrscheinlichkeit auf traumatisierende Ereignisse zurückzuführen sind.

3.

Unter traumatisierenden Ereignissen verstehen wir im Sinne der ICD (WHO) und des DSM außergewöhnliche, gesundheits- und lebensbedrohliche Ereignisse wie schwere körperliche Misshandlungen, sexualisierte Gewalterfahrungen in Kindheit, Jugend und im Erwachsenenalter, Vergewaltigungen, Verkehrsunfälle, schwere Erkrankungen, medizinisch erforderliche Traumatisierungen, Kriegsereignisse oder Naturkatastrophen. Für die Behandlung von Deprivationserfahrungen hat sich unser Stationskonzept nicht bewährt (gerade das ändert sich, je mehr wir die Arbeit mit dem Inneren Kind Bradshaw 1992; Chopich & Paul 1996, und die Skills-Gruppen der Dialektisch-Behavioralen Therapie [Linehan 1996a; Linehan 1996b] ausbauen). Traumatisierend kann es auch sein, Zeuge solcher Ereignisse geworden zu sein.

4.

Unser therapeutisches Vorgehen ist zentriert auf Eigenverantwortlichkeit, Ressourcenorientierung, Selbstmanagement und Selbstfürsorge. Wir unterstützen Patientinnen, die an ihrer Gesundung und Entwicklung aktiv arbeiten wollen. Dies bedeutet, dass wir keine Patientin behandeln können, die nicht aus eigener Motivation, sondern aus Fremdmotivation »geschickt« oder zur Behandlung »gedrängt« wird.

5. Die Therapieelemente
Für jede Patientin wird ein individueller Therapieplan erstellt. Wir nutzen (»utilisieren«) die Bewältigungsstrategien unserer Patientinnen wie Dissoziation und Spaltung als Ressourcen der Behandlung. Es geht also darum, bewusst gute und schlechte psycho-somatische Zustände innerseelisch getrennt zu halten und sich darin zu schulen, sich wenigstens zeitweise selbst durch Imaginationen und körpertherapeutische Übungen beruhigen zu können.

6. Behandlungsregeln

Es ist unser Ziel, den Patientinnen auf Station so viele Ressourcen und Stabilisierungsmöglichkeiten zur Verfügung zu stellen, wie es machbar und vertretbar ist. Alle Patientinnen haben Einzelzimmer und sollten weitgehend jene Stabilisierungsmöglichkeiten haben, die sie auch zu Hause hätten. Wir behandeln so wenig wie möglich einzelne Symptombildungen, sondern streben eine Aufarbeitung der zugrundeliegenden, bisher unverarbeiteten traumatischen Erfahrungen an. Andererseits erfordert das Zusammenleben von 18 Patientinnen und ebenso vielen MitarbeiterInnen einige Regeln als Grenzmarken und Orientierungen:

I.   Gewalt gegen andere ist ausgeschlossen

II.   Lebens- oder massiv gesundheits-gefährdende Gewalt gegen sich selbst ist ausgeschlossen

III. Gespräche über eigene Trauma- oder Gewalterfahrungen mit Mitpatientinnen können diese »triggern«, ebenso wie Gespräche über die eigene Symptomatik. Solche Gespräche sind nicht therapiefördernd.

IV.   Jede Patientin sollte bemüht sein, ihre Mitpatientinnen durch ihre Symptomatik oder durch ihr Verhalten nicht mehr als unvermeidbar zu belasten. Dies ist immer nur teilweise erreichbar, gerade auch in seelischen Krisen. Unser Behandlungskonzept beinhaltet jedoch ausdrücklich nicht das Angebot, dass alle Symptome und Verhaltensschwierigkeiten sich auf Station im Zusammenleben entfalten sollten. Vielmehr erwarten wir, dass jede Patientin ihre individuelle Therapie macht und dabei die Möglichkeiten und Grenzen der Mitpatientinnen, der MitarbeiterInnen und der Gesamtstation soweit ihr möglich respektiert.

V.   Selbstverletzendes Verhalten kann als Symptombildung zur Selbstregulierung auch während der Behandlung zeitweise noch unverzichtbar sein. Es wird in Grenzen akzeptiert. Während des stationären Aufenthaltes muss eine Selbstverletzung aber unmittelbar einer Versorgung zugeführt werden, im Bedarfsfall durch unmittelbare Überweisung und Weiterbehandlung in Fachabteilungen anderer Kliniken. Die Entscheidung über die notwendigen Behandlungsschritte liegt beim medizinischen Fachpersonal.

VI.   Unsere Behandlung ist seelisch und körperlich belastend. Während der Behandlung muss eine Patientin in einem körperlichen Zustand sein, der ihr die Teilnahme an der Behandlung ermöglicht. Dies *bedeutet z. B., dass sie nicht so in ihrer Bewegung eingeschränkt sein darf, dass die Körpertherapie nicht möglich ist, oder so unterge-wichtig, dass ihr körperlicher Zustand bedrohlich wird oder die belastende Traumaexpositionsbehandlung nicht möglich macht. Dafür sind die Patientinnen selbst verantwortlich.*

VII. *Unsere Behandlung soll in einer überschaubaren Zeit zu einer Besse-rung der Symptomatik führen. Wenn die Behandlung dazu führt, dass es einer Patientin immer schlechter geht, kann dies bedeuten, dass die Behandlung zur Zeit überdosiert ist oder mehr schadet als nutzt. Dann kann eine Behandlungspause erforderlich sein.*

VIII. *Eine stationäre Behandlung beinhaltet stets die Gefahr, die Verbin-dung zum Alltagsleben zu verlieren (»Hospitalisierung«) und sich zu sehr in die Schonwelt der Station zurückzuziehen. Alle Patien-tinnen sollten häufiger am Wochenende nach Hause fahren, möglichst 14-tägig. (Diese »Heimfahrten« werden übrigens selten von den Krankenkassen übernommen).*

IX. *Selbstmanagement und Selbstfürsorge geschehen wesentlich über die sogenannte »Arbeit mit dem Inneren Kind«. Für diese Arbeit erhalten die Patientinnen Anregung und Unterstützung, es ist aber eine selbstverantwortliche und selbst gestaltete innere Arbeit. Die Station ist keine Station für Kinder oder Jugendliche, auch keine Station, auf der sich innere Kinder oder innere Jugendlich entfalten können oder sollen. Wir behandeln erwachsene Patientinnen, die sich um ihre inneren Anteile selbstfürsorglich kümmern.*

X. *Traumaexpositionsbehandlung ist eine konzentrierte Zuwendung zu belastenden Ereignissen der Vergangenheit. Sie ist nur möglich, wenn nicht zu viele belastende Gegenwartsprobleme alle Aufmerk-samkeit erfordern. Deshalb ist es uns ein Anliegen, dass während der Behandlungsphase 2 möglichst stabile soziale Verhältnisse bestehen. Dies bedeutet, dass äußere Probleme wie Wohnungssuche, Schul-denregulierung, Scheidungsprobleme oder Sorgerechtsstreitigkeiten vor oder nach der stationären Behandlungsphase erfolgen.*

XI. *Krisen- und Notaufnahmen sind auf der Station nicht möglich. Die therapeutische Arbeit bedarf dieser Regeln, ohne dass wir anstreben, dass alles geregelt ist. Probleme und Konflikte werden im Bedarfsfall im Rahmen der hierfür vorgesehenen Gruppen disku-tiert und einer Lösung zugeführt.*

(2)

Die milieutherapeutische Orientierung der Station 9

*Unter milieutherapeutischen Gesichtspunkten hat die Station 9 ein soge-
nanntes »reflektierendes Milieu«, in dem die Patientinnen möglichst weitgehend in Entscheidungen einbezogen werden und ein sehr hohes Maß an
Eigenverantwortung tragen. Das Stationsmilieu enthält folgende Prinzipien und Wirkfaktoren (Kirstin Klups, Fachschwester für Psychiatrie):*

2.1. Partizipation

*Partizipation beinhaltet Mitentscheidung, Mitverantwortung und
Autonomie der Patientinnen. Diesem Prinzip wird Rechnung getragen durch die grundsätzliche Freiwilligkeit des Stationsaufenthaltes
und den eigenen Behandlungswunsch der Patientinnen. Alle Patientinnen treten in die Behandlung mit ihrem selbstdefinierten Behand-
lungsauftrag und Behandlungswunsch ein, aus dem sich innerhalb der
therapeutischen Zusammenarbeit ihr individueller Behandlungsplan
ergibt. Therapeutische Priorität hat das eigenverantwortliche Erlernen von Selbstmanagementtechniken.*

*Selbstverantwortung und Mitverantwortung bezieht sich sowohl auf
den sorgsamen Umgang mit sich selbst als auch den Umgang mit den
Mitpatientinnen. So wird erwartet, dass eine Patientin auch in einer
Krise ihre Mitpatientinnen so wenig wie möglich »ansteckt«. Gespräche über Trauma- oder Gewalterfahrungen sind nicht gestattet, und
auch ein Gespräch über die Symptomatik wird nicht als therapiefördernd eingestuft.*

*Im rein organisatorischen Bereich wie der Küchendienstplanung oder
der Wochenendgestaltung wird die Mitverantwortung der Patientinnen gefordert und gefördert. Die Regelung dieser Belange geschieht
eigenverantwortlich durch die Patientinnen in der Patientinnenrunde
ohne Teambeteiligung.*

2.2. Offene Kommunikation

*Offene Kommunikation beinhaltet den Informationsaustausch und
die Klarheit der Informationen. Alle Patientinnen sind umfangreich
informiert über Hintergründe der Therapie, Therapieelemente und
unsere Therapieziele. Die Informationsweitergabe erfolgt durch*

psychoedukativen Unterricht, die wöchentliche Rückmelderunde, die Gruppe für themenzentrierte Interaktion TZI, durch die Informationstafel und in Einzelgesprächen.

Informationen mit persönlichem Charakter, auch organisatorische Informationen wie Einzeltermin-Klärung, Situationsklärung nach selbstverletzendem Verhalten oder ähnliches geschehen grundsätzlich im Einzelgespräch bei geschlossener Tür. So werden Individualität, Respekt, Achtung der Intimsphäre betont und im Verhalten vermittelt.

Die Informationsklarheit kann es erforderlich machen, Einzelabsprachen schriftlich festzuhalten, um Missverständnissen, Umdeutungen oder Vergessen vorzubeugen.

2.3. Soziales Lernen

Soziales Lernen beinhaltet Lernen am Modell, Aktivierung bzw. Wiedererlangung sozialer Kompetenz sowie ein Training sozialer Prozesse. Dieses Element tritt auf Station eher in den Hintergrund. Die Station bietet keine konfliktzentrierte Selbsterfahrungsgruppe an, und die Klärung von Spannungen und Konflikten dient ausschließlich dazu, eine fördernde Arbeitsatmosphäre für die einzelne Patientin aufrecht zu erhalten oder wieder herzustellen. Sehr viele Patientinnen empfinden es aber schon als wesentlichen Schritt sozialen Lernens, dass die Kommunikation auf Station nicht über Symptome und pathogene Erfahrungen erfolgen soll, sondern über Alltagsthemen. In diesem Feld haben viele Patientinnen erhebliche Defizite und profitieren vom Milieu.

(3)

Das Behandlungsteam der Station 9

Oberarzt (1/4), Stationsärztinnen (1 1/2), Psychologin (1/2) Pflege (11,9 Planstellen) Körpertherapie (1/2 Feldenkrais, 1/2 Kraftsport und Koordinationstraining) Ergotherapie (90 Minuten pro Woche), Sozialarbeiterin (60 Minuten pro Woche)

(4)

Die Therapieelemente der Station 9

1. Stabilisierende, ressourcenorientierte tiefenpsychologisch-fundierte oder kognitiv-verhaltenstherapeutische Einzelpsychotherapie
2. Traumaexpositionsbehandlung zur Traumasynthese (Eye Movement Desensitization and Reprocessing/EMDR; Beobachtertechnik; Bildschirmtechnik)
3. Körpertherapie
3.1. Aromatherapie
3.2. Qi Gong
3.3. Feldenkrais
3.4. Bewegungsbad (für Patientinnen ohne offene Wunde)
3.5. Entspannung und Stressmanagement
3.6. Kraftsport
4. Ergotherapie
5. Tagesausklang mit Imaginationen
6. Märchenrunde/Vorlesen
7. Skills-Gruppe
8. Themenzentrierte Interaktion (TZI-Gruppe)
9. Patientinnenrunde
10. Rückmelderunde
11. Medizinische Sprechstunde
12. Sozialarbeiterische Sprechstunde

In verkürzter Form informieren wir unsere Patientinnen über unser Stationskonzept bereits dann, wenn sie unser Informationsmaterial anfordern:

Station 9: Traumazentrierte Psychotherapie für Frauen

Station 9 ist eine Station für Patientinnen, die als Kinder, Jugendliche oder Erwachsene traumatische Erfahrungen wie Misshandlung, sexualisierte Gewalt, lebensbedrohliche Erkrankungen oder ähnliches durchlebt haben und diese Erfahrungen noch nicht verarbeiten konnten.

Behandelt werden Symptome der chronifizierten Posttraumatischen Belastungsstörung PTBS wie intrusive und dissoziative Zustände, die durch Selbstverletzendes Verhalten (SVV) oder andere Symptome unterbrochen werden müssen. Hintergrund solcher Zustände sind sehr oft unverarbeitete Erinnerungen an Realtraumata. Diese werden durch Traumaexposi-

tion mittels *Eye Movement Desensitization and Reprocessing (EMDR),
imaginative Bildschirm- oder Beobachter-Techniken gezielt aufgesucht.
Auf diese Traumaarbeit werden die Patientinnen vorbereitet, indem ihre
Fähigkeit, gesteuert mit Imaginationen und dissoziativen Zuständen
umzugehen, geübt und gefördert wird (Stabilisierung). Ermöglicht wird
die Traumaarbeit durch eine Stationsatmosphäre, die nicht konfliktzen-
triert und nicht mobilisierend ist, sondern stabilisierend, ressourcenorien-
tiert und genussfördernd. Qi Gong, Feldenkrais, Körpertherapie, psycho-
edukativer Unterricht, Ergotherapie und Imaginationsübungen erfolgen
in der Gruppe; Stabilisierung, Aromatherapie und Traumaarbeit in
Einzeltherapie.*

- *Die traumazentrierte Arbeit soll ungestört von anderen Problemen
  erfolgen, etwa Berufsplanung, Wohnungssuche, Rente, Schulden,
  Scheidungsstreit o. ä.*
- *Keine Gespräche der Patientinnen untereinander über Symptome oder
  Traumata! Jede Patientin fördert mit unserer therapeutischen Hilfe ihre
  inneren Selbstheilungskräfte, z. B. durch Arbeit mit dem Inneren Kind.*
- *Gewalt gegen andere ist ausgeschlossen.*
- *Während der stationären Behandlung ist ein Kontakt mit »Tätern«
  ausgeschlossen.*

*SVV ist eine Symptombildung, die auf Station von MitarbeiterInnen und
PatientInnen verstanden und akzeptiert wird. SVV kann andererseits
»ansteckend« wirken. Deshalb bemühen sich alle Patientinnen nach Kräften, auf SVV zu verzichten oder sich so zu verletzen, dass dies Mitpatientinnen nicht tangiert.
18 Patientinnen, überwiegend Einzelzimmer. Patientinnen aus der
Region Göttingen können tagesklinisch behandelt werden. Behandlungsdauer zunächst 2 Wochen zur Stabilisierung, Information und diagnostischen Abklärung. Traumatherapie als Intervalltherapie von mehrmals 6
Wochen. Längere, ununterbrochene Behandlungszeiten bergen die
Gefahr von Hospitalisierung.*

Wartezeiten:
*18 bis 24 Monate. Mütter mit erziehungspflichtigen Kindern werden
bevorzugt aufgenommen. Keine Akut- oder Krisenaufnahmen.*

Infos können angefordert werden über: Prof. Dr. Ulrich Sachsse – Station 9 – Sekretariat, NLKH Göttingen, Rosdorfer Weg 70, 37081 Göttingen
Wir freuen uns auf die gemeinsame Arbeit!
Die MitarbeiterInnen der Station 9.

Auf der Station hängt eine große *Schautafel*, auf der unsere Therapiestrategie als Schaubild erläutert ist. Wir möchten, dass alle Patientinnen so genau wie möglich über unser therapeutisches Vorgehen informiert sind. Die erwachsenen Anteile der Patientin müssen dem therapeutischen Vorgehen zugestimmt haben und aktiv mitarbeiten: Siehe Abb. 1.

Auf Station gelten zwei *Regeln*, die von den Patientinnen selbst vertreten und verteidigt werden. Die erste Regel besagt, dass über traumatisierende Lebenserfahrungen nicht gesprochen werden darf. Das steht schon in unserer Einladung, wird aber oft nicht ernst genommen. Wenn dann eine neue Patientin in der Raucherecke anfängt »Also, ich bin von meinem Bruder und meinen drei Cousins missbraucht worden. Weshalb seid Ihr denn hier?«, dann können wir uns darauf verlassen, dass eine Mitpatientin kommt und uns darauf aufmerksam macht, dass wir mit dieser Patientin noch einmal reden müssen. Viele Patientinnen glauben einfach nicht, dass wir diese Regel ernst meinen. Sie sind es gewohnt, dass auf psychotherapeutischen oder psychiatrischen Stationen jeder mit jedem über jeden und alles redet. Natürlich kann es vorkommen, dass zwei Patientinnen sich anfreunden und dann auch miteinander austauschen. Dies geschieht dann unter vier Augen im Zimmer, ohne Billigung des therapeutischen Teams und sozusagen auf eigene Verantwortung. Das können wir nicht verhindern, empfehlen es aber auch nicht. Uns ist es wichtig, dass Gespräche über traumatische Erfahrungen nicht im öffentlichen Raum der Station stattfinden, sondern konzentriert werden auf die Einzeltherapie.

Die zweite Regel beinhaltet, dass selbstverletzendes Verhalten und andere Symptombildungen nicht diskutiert werden sollen. Wir schätzen keine »Olympiade des Leidens« nach dem Motto: Mir geht es am schlechtesten, ich bin am schwersten traumatisiert, ich verletze mich am intensivsten, ich habe schon die meisten Selbstmordversuche hinter mir usw. Hier ist es sehr hilfreich, dass die meisten Patientinnen ähnliche Lebensgeschichten, Probleme und Symptome haben. Nicht alle unsere Patientinnen sind in Kindheit und Jugend sexualisierter Gewalt ausgesetzt

Imaginative traumazentrierte Psychotherapie
(Luise Reddemann und Ulrich Sachsse)

Konzeptentwicklung in Bielefeld (Reddemann und Mitarb.) ab 1986. In Göttingen seit Juni 1996 Spezialstation 9 für inzwischen 18 Patientinnen mit:

Kerndiagnosen: Chron. kompl. Posttraumatische Belastungsstörung (300.89/F43.1)
vom Phänotyp der Borderline-Persönlichkeitsstörung (301.83/F60.31)
Dissoziative Symptomatik:
mit Dissoziativer Amnesie (300.12/F44.0)
mit Depersonalisationsstörung (300.6/F48.1)
und Selbstverletzendem Verhalten (X.78, X.79)
Dissoziative Identitätsstörung (300.14/F44.81)
Konstriktive Symptomatik:
mit Somatisierungsstörung (300.81/F45.0)
mit Major Depression (296.3x/F33.x)

2 Patientinnen Behandlungsphase I: 2-3 Wochen: Stabilisierung und Diagnostik
16 Patientinnen Behandlungsphase II: mehrfach 6 Wochen oder 1-2 x 4 Monate: Traumaexposition

I Stabilisierung
durch Utilisation von Dissoziation und Spaltung
(Sei Borderline! - in Deiner Phantasiewelt, nicht in der Realität!)

nur schlecht	*nur gut*
Intrusionen, flash backs, Derealisationen	Tresorübung
	Dissoziationsstop (Bildrücklauf u. Gegenbildern)
Panik, Angst, Paranoia	Sicherer Innerer Ort
Chaotische Beziehungen	Nur gute Innere Helfer
Unkontrollierte Spontanregressionen	Arbeit mit dem Inneren Kind
Selbst- und Fremd-Destruktivität	Arbeit mit Täterintrojekten
Depersonalisation	Aromatherapie, Qi Gong, Feldenkrais

II Traumasynthese
- Zusammenführen von Wort, Bild, Affekt und Körpersensation (Gestalterleben)
- Umwandlung einer unkontrollierbaren Streßreaktion in eine kontrollierbare Streßreaktion
- Integration von Unsagbarem ins verbale Wachbewußtsein
- durch bifokale Aufmerksamkeit und
- Pendeln zwischen Dort-Damals und Hier-Jetzt
- Aufheben von Verarbeitungsbremsen auf Gehirnebene
- Verändertes Wieder-durchleben führt zur Veränderung der Erinnerung
- State dependent learning
  durch
- Eye Movement Desensitization and Reprocessing EMDR (Shapiro)
- Bildschirmtechnik / Beobachtertechnik

III Trauer und Neuorientierung

Literatur: Stabilisierung (Reddemann & Sachsse, 1997), Traumaexposition (Reddemann & Sachsse, 1998). Imagination als heilsame Kraft (Reddemann, 2001).

Abb. 1: Schaubild Therapiestrategie

gewesen, sondern 60 bis 80 %. Einige sind auch physisch schwer misshandelt worden oder waren Opfer medizinisch erforderlicher Traumatisierungen (Besser 2002). Es ist aber so, dass die wenigsten Patientinnen die anderen irgendwie beeindrucken oder schocken können mit ihrer Symptomatik. Dieser Effekt ist auch bekannt von den Stationen zur Entgiftung von illegalen Drogen. Auch dort wird ein Junkie, der mit seinen Drogenerfahrungen angibt, eher ein müdes Lächeln oder einen abfälligen Gesichtsausdruck ernten als Eindruck schinden können.

Jede Station muss sich Gedanken machen über die *Grenzen der Behandelbarkeit*. Einige Stationen behandeln keine Patientinnen, die sich auf Station selbst verletzen. Wir akzeptieren selbstverletzendes Verhalten (SVV) als Selbstmedikation, tolerieren aber nicht den interaktionellen Anteil dieser Symptomatik. Selbstverletzendes Verhalten ist immer beides: Selbstmedikation und Mitteilung. Auf die Mitteilung »ich bin verletzt« per SVV reagieren wir ungehalten, die Selbstmedikation akzeptieren wir. Dies bedeutet: Wenn eine Patientin sich gar nicht mehr anders steuern kann als durch SVV, dann soll sie das auf ihrem Zimmer tun (Rasierklingen haben unsere Patientinnen sicherlich alle auf dem Zimmer), sie soll dann umgehend zum Pflegepersonal kommen und eine erste Versorgung akzeptieren. Anschließend entscheidet das Personal, ob eine chirurgische Versorgung erforderlich ist. Dann fährt die Patientin kommentarlos in die Chirurgische Ambulanz und lässt sich die Wunde nähen (Wollschläger 1999). Wir schätzen es nicht, wenn SVV im öffentlichen Raum der Station demonstrativ oder interaktionell eingesetzt wird, wenn die Verletzung etwa auf der Toilette geschieht, dann über den Flur eine lange Blutspur läuft oder die Patientin offene Wunden nicht versorgen und verbinden lässt. Bei uns sind auf der Station nur Patientinnen in Behandlung, die ihre Symptomatik verändern, verbessern, irgendwann einmal loswerden wollen, nicht solche, die ihren Patientinnenstatus verteidigen.

Jeden Sommer führt das zu Diskussionen darüber, ob die T-Shirts langärmlig sein sollten oder kurz sein dürfen. Meist akzeptieren die Patientinnen untereinander kurzärmlige T-Shirts, während das therapeutische Team vertritt, dass die Verbände nicht so demonstrativ zur Schau gestellt werden sollten. Wenn die Patientinnen die Regelung der kurzärmligen T-Shirts untereinander akzeptieren, nehmen wir ihre Entscheidung an.

Selbstverständlich kann man mit SVV völlig anders umgehen. So hat die dialektisch-behaviorale Therapie für Borderline-Patientinnen ein völlig anderes Vorgehen, bei dem die Verhinderung von SVV ganz im Mittelpunkt steht (Linehan 1996a). Dieses Vorgehen ist therapeutisch erfolgreich, denn es ist auch theoretisch gut fundiert und bietet für die Selbstverletzung sinnvolle Alternativen an (Linehan 1996b). Was nicht gut und erfolgreich ist, ist eine Art Schlinger-Kurs. Schädlich wird es, wenn unterschiedliche Mitarbeiter des therapeutischen Teams unterschiedliche Haltungen zum selbstverletzenden Verhalten einnehmen. Das ist für Patientinnen grundsätzlich nicht entwicklungsfördernd, dann können sie sich an nichts orientieren (Sachsse 1989).

Überhaupt kämpfen wir auf Station so wenig wie möglich mit Symptomen und Selbstmedikationen. Wir akzeptieren auch sehr viele Medikamenten-Zusammenstellungen, die psychiatrisch wenig Sinn machen. Wir steigen so in die Therapie ein, und nach unserer Erfahrung lässt sich im Laufe der Therapie immer mehr an Medikation absetzen.

Grenzen sind erreicht, wenn eine Selbstverletzung so intensiv ist, dass die Patientin nicht mehr an der Körpertherapie teilnehmen kann oder nicht in der Lage ist, der Therapie zu folgen. Dann ist eine Beurlaubung sinnvoll, eine Therapiepause zur inneren Zwischenbilanz. Eine Grenze liegt auch dort, wo eine Patientin auf Station einen Selbstmordversuch macht, den die anderen mitbekommen. Wenn der Notarztwagen kommen muss, die Patientin auf der Trage von Station getragen werden muss, dann war die Therapie entweder falsch oder zumindest überdosiert. Wir verabreden im allgemeinen eine Therapiepause von mindestens einem halben Jahr, auch um die Mitpatientinnen vor dieser beunruhigenden Situation zu schützen. Natürlich wird die Patientin dann nicht nach der intensivmedizinischen Versorgung einfach auf die Straße gesetzt, sondern auf eine geschlossene Station verlegt. Von dieser kehrt sie dann aber höchstens noch für kurze Zeit auf unsere Station zurück, damit wir gemeinsam die Entlassung vorbereiten und planen können. Wir setzen nach einem solchen Ereignis die Therapie nicht einfach kommentarlos fort.

Dies gilt auch für Gewalt gegen Mitpatientinnen, Krankenschwestern oder auch Gegenstände. Gewalttätiges Verhalten ist ein so unerträglicher Trigger für fast alle Patientinnen, dass wir hier sehr enge Grenzen haben.

Auch eine Alkoholfahne können wir auf Station nicht akzeptieren, obwohl ich manches Mal schon gewünscht habe, statt Medikamenten einfach eine halbe Flasche Rotwein verordnen zu dürfen. Alkoholgeruch ist für die Mitpatientinnen völlig unerträglich.

Verkürzt könnte man als oberste Stationsregel eine modifizierte Form des § 1 der Straßenverkehrsordnung formulieren: Jede Patientin soll und darf auf der Station 9 Therapie machen, für die das indiziert ist. Sie darf sich aber nur in einer Form fördern, stabilisieren und therapieren, die für die anderen nicht schädlich oder beeinträchtigend wird. Oder: Was Du nicht willst, dass man Dir tu, das füg auch keiner andern zu!

Wie in den USA gibt es auch in Deutschland eine Tendenz, psychiatrische Behandlung auf die reine Krisenintervention zu reduzieren. Für traumatisierte Patientinnen und Patienten wäre dies ein inakzeptabler Verlust. Unsere Patientinnen könnten alle ambulant nicht mit Traumaexpositionen behandelt werden. Ich bin der Überzeugung, dass Traumaexpositionen bei dieser Klientel eine wesentliche Verbesserung der Symptomatik bringen, sofern sie ertragen werden. Hier kann der stationäre Rahmen jene zusätzliche Stabilität für die Zeit nach den Traumaexpositionen bieten, die ambulant gar nicht herstellbar ist. Außerdem kann die Station jene Arbeit mit den regressiven Zuständen, mit dem Inneren Kind ermöglichen, die ebenfalls ambulant oft nicht herbeigeführt werden kann. Stationäre Therapie ist für traumatisierte Patientinnen und Patienten erfolgreich und unverzichtbar (Sachsse, Schröder & Vogel 2002).

Literatur

Besser, L.-U. (2002): Vom Vergessen und Wiederholen medizinischer Traumata zum heilsamen Erinnern. Posttraumatische Belastungs- und Somatisierungsstörungen bei Frühgeborenen und Kleinkindern. In: U. Sachsse; I. Özkan & A. Streeck-Fischer (Hg.) (2002): Traumatherapie Was ist erfolgreich? Göttingen (Vandenhoeck & Ruprecht), S. 174–193.

Bradshaw, J. (1992): Das Kind in uns. München (Droemer).

Chopich, E. J. & Paul, M. (1990): Aussöhnung mit dem inneren Kind. München (Ullstein).

Dulz, B. (1999): Besitzt die Verführungstheorie von Freud hinsichtlich der Ätiologie von Borderline-Störungen eine neue Aktualität? In: O. F. Kernberg; B. Dulz & U. Sachsse (Hg.) (1999): Handbuch der Borderline-Störungen. Stuttgart, New York (Schattauer).

Egle, U.; Hoffmann, S. O. & Joraschky, P. (1997): Sexueller Mißbrauch, Mißhandlung, Vernachlässigung. Stuttgart (Schattauer).

Kessler, R. C.; Sonnega, A.; Evelyn, B.; Michael, H. & Nelson, C. B. (1995): Posttraumatic stress disorder in the National Comorbidity Survey. In: Archives of General Psychiatry 52, S. 1048–1060.

Linehan, M. (1993): Dialektisch-Behaviorale Therapie der Borderline-Persönlichkeitsstörung. München (CIP-Medien).

Linehan, M. (1993): Trainingsmanual zur Dialektisch-Behavioralen Therapie der Borderline-Persönlichkeitsstörung. München (CIP-Medien).

Reddemann, L. (2001): Imagination als heilsame Kraft. Zur Behandlung von Traumafolgen mit ressourcenorientierten Verfahren. Stuttgart (Pfeiffer bei Klett-Cotta).

Reddemann, L. & Sachsse, U. (1997): Praxis der traumazentrierten Psychotherapie I: Stabilisierung. In: Persönlichkeitsstörungen PTT 1(3), S. 113–147.

Reddemann, L. & Sachsse, U. (1998): Praxis der traumazentrierten Psychotherapie II: Traumaexpositionstechniken. In: Persönlichkeitsstörungen PTT 2(2), S. 77-87.

Sachsse, U. (1989): Psychotherapie mit dem Sheriff-Stern. Zum Umgang des Therapeuten mit der Hausordnung und zu möglichen Auswirkungen seiner Sozialisation zum Psychoanalytiker. In: Gruppenpsychotherapie und Gruppendynamik 25, S. 141–158.

Sachsse, U. (1996): Selbstverletzendes Verhalten. Psychodynamik-Psychotherapie. Das Trauma, die Dissoziation und ihre Behandlung, 3. Auflage. 6. Auflage 2001. Göttingen, Zürich (Vandenhoeck & Ruprecht).

Sachsse, U.; Eßlinger, K. & Schilling, L. (1997): Vom Kindheitstrauma zur schweren Persönlichkeitsstörung. In: Fundamenta Psychiatrica 11, S. 12–20.

Sachsse, U.; Schilling, L. & Eßlinger, K. (1998): Ein stationäres Behandlungsprogramm für Patientinnen mit selbstverletzendem Verhalten (SVV). In: A. Streeck-Fischer (Hg.) (1998): Adoleszenz und Trauma. Göttingen (Vandenhoeck & Ruprecht): S. 221–231.

Sachsse, U.; Schilling, L. & Kremp, J. (1998): Ressourcenorientierte Traumatherapie. In: Werkstattschriften Forensische Psychiatrie und Psychotherapie 5, S. 35–50.

Sachsse, U.; Schröder, S. & Vogel, C. (2002): Klinisch erfolgreich – empirisch erfolgreich? Zwischenergebnisse zur Behandlung traumatisierter Patientinnen vom Phänotyp der Borderline-Persönlichkeitsstörung mit selbstverletzendem Verhalten. In: U. Sachsse; I. Özkan & A. Streeck-Fischer (Hg.) (2002): Traumatherapie – Was ist erfolgreich? Göttingen (Vandenhoeck & Ruprecht): S. 39–53.

Sachsse, U.; Venzlaff, U. & Dulz, B. (1997): 100 Jahre Traumaätiologie. In: Persönlichkeitsstörungen PTT 1, S. 4–14.

Wollschläger, U. (1999): »Einen Taxischein, bitte!« – Die Traumatherapiestation des niedersächsischen Landeskrankenhauses Göttingen. In: V. W. Frauenhäuser; C. Matschi & S. Löw (Hg.) (1999): Strategien gegen Gewalt an Frauen: Wege aus der Ambivalenz. Wien (ad hoc wien 7, andrea zeitlhuber & REMAprint): S. 77–108.

Wege aus der Sprachlosigkeit – psychodynamische Traumatherapie (PTT) und die Psychodynamik des Traumas im Kassenantrag

Gottfried Fischer

Einführung – Sprachlosigkeit im Kassenantrag

Sprachlosigkeit ist ein bekanntes Symptom von Traumapatienten, das durch neuere Untersuchungsmethoden, wie etwa die Positronen-Emissions-Tomographie, inzwischen eine neurobiologische Begründung erfahren hat. Sprachloses Staunen verbreitet sich allerdings oft auch bei insbesondere tiefenpsychologisch und analytisch orientierten psychotherapeutischen Kolleginnen und Kollegen, wenn sie die Antwort mancher Gutachter auf Kassenanträge bei Traumapatienten zu lesen bekommen, nämlich dann, wenn im Antrag unter »Psychodynamik« die psychischen Folgen von Trauma dargestellt wurden. In den von uns gesammelten Stellungnahmen der Gutachter reichen die Anmerkungen dazu von »unverständlich« über »nicht nachvollziehbar« bis »auf die Psychodynamik wurde nicht eingegangen«. Spiegelt sich in dieser Interaktion zwischen Antragsteller und Gutachter die Psychodynamik des Traumas mit ihrem Symptom der Wortlosigkeit wieder? Uns psychodynamisch und psychoanalytisch geschulte Psychotherapeuten würde das nicht wundern. Oder manifestieren sich hier vielleicht ein akuter Weiterbildungsbedarf der Gutachter und mangelhafte Kriterien ihrer Auswahl und Ernennung durch die KBV (Kassenärztliche Bundesvereinigung)? Ich denke, beide Erklärungshypothesen schließen einander nicht aus, sondern befinden sich in einem Ergänzungsverhältnis.

Der Kassenantrag dient dem Ziel, die Behandlungsbedürftigkeit eines Patienten zu begründen bzw. zu überprüfen. Bei Traumapatienten wird dieser Forderung am ehesten entsprochen, wenn die Folgen akuter und/oder chronifizierter Traumatisierung auch in ihrer Psychodynamik verständlich dargelegt werden. Gerade dieser Nachweis führt nun oft zur Entscheidung, den Rechtsanspruch des Patienten auf psychotherapeutische Behandlung zurückzuweisen. Wenn rationale Gründe nicht auszumachen sind, sind wir als psychodynamisch orientierte Psychotherapeuten es gewohnt, nach irrationalen Motiven zu fragen. In der klinischen Praxis ist dieses Vorgehen durchaus bewährt. Ich möchte es hier jedoch, im Kontext wissenschaftlicher Diskurse, nicht weiter verfolgen, sondern der folgenden Frage nachgehen:

Was ist Psychodynamik?

In der klassischen Freudschen Psychoanalyse fällt die Antwort erfreulich klar aus. Unter Psychodynamik verstehen wir das Gegenspiel von (Trieb-)Wunsch und Abwehr. Werden vitale Triebimpulse libidinöser oder aggressiver Art durch Gegenbesetzung vom Bewusstsein ferngehalten, so baut sich zwischen den beiden Polen ein Spannungsfeld auf, das sich durch ein vektorielles Kraftfeld nach Art eines Kräfteparallelogramms beschreiben lässt (vergl. Abb. 1). Eine der genialen Entdeckungen Freuds, die noch heute für die Kognitionswissenschaft vorbildlich bleibt, war das Verständnis des Symptoms als einer »Kompromissbildung« zwischen Wunsch- und Abwehrkräften, das sich mosaikhaft zu annähernd gleichen Anteilen aus beiden Kraftfeldern zusammensetzt. In einem vektoriellen System nach Art eines Parallelogramms der Kräfte entspricht das Symptom der »Resultante«, der Diagonalen im Kräfteparallelogramm von Abb. 1 und damit dem Ausweg, den gegensätzliche psychophysische Kräfte immer dann nehmen, wenn ihnen der Weg zur bewussten Verarbeitung und Reflexion eines Konfliktes verstellt ist. Dieses »psychodynamische Modell« des unbewussten Seelenlebens behält seine strukturelle Gültigkeit und Erklärungskraft für psychopathologische Phänomene auch dann, wenn inhaltlich anders gelagerte dynamische Kraftfelder im »Kräfteparallelogramm« wirksam werden. Psychodynamische Psychotherapie können wir somit allgemein definieren als die Lehre von vektoriell wirksamen Kraftfeldern im Erleben und Verhalten, die bei – teilweisem oder vollständigem – Ausschluss vom Bewusstsein symptomproduktiv werden können. Psychodynamische Psychotherapie ist ein auf dieses Modell abgestimmter Behandlungsansatz.

Es kann hier nicht die psychoanalytische Triebtheorie von ihrem Ursprung bis zur Gegenwart dargestellt werden. Unter psychodynamisch und psychoanalytisch orientierten Psychotherapeuten besteht heute jedoch Einigkeit darüber, dass die von Freud begründete duale Lehre libidinöser und aggressiver Triebregungen zwar nach wie vor eine klinisch wichtige Heuristik bildet; Einigkeit aber auch darüber, dass sie ergänzt werden muss durch weitere, z. T. ebenfalls schon von Freud begründete Heuristiken, wie das Strukturmodell oder eine (objekt-)beziehungstheoretische Orientierung. Auch auf die Ergänzung der klassischen Triebtheorie durch eine Systematik der menschlichen »Motive« (etwa Lichtenberg 1988) soll hier nicht näher eingegangen werden. Von Bedeutung jedoch ist, dass mit Ausweitung der motivationalen Komponente und mit der Theorie der Objektbeziehungen das Psychodynamik-Konzept in Gefahr gerät, seine klassische Schärfe zu verlieren. Ersatzweise wurde oft mit einem erweiterten, relativ vagen Konfliktbegriff gearbeitet, dessen dynamische Komponente und psychische Architektur jedoch unklar bleibt. Eine der beobachtbaren Folgen ist ein weitreichender Verlust an begrifflicher Präzision dessen, was wir seit Freud unter dem »dynamischen Aspekt« der psychoanalytischen Metapsychologie verstehen.

Wie lassen sich Überdehnung und willkürliche Anwendung des Psychodynamikkonzepts vermeiden?

Die naheliegende Lösung besteht in der Annahme, dass im Einzelfall psychische Kräfte sehr unterschiedlicher Natur in ein psychodynamisch wirksames, symptomproduktives »Kräfteparallelogramm« eingehen können. Es ist also der strukturell-formale vom inhaltlichen Aspekt der Psychodynamik zu trennen. Ist dieser Erkenntnisschritt vollzogen, so lässt sich »Psychodynamik« nicht länger auf einen inhaltlich festgelegten (und beliebig erweiterbaren) Katalog von Trieben, Motiven oder Konflikten reduzieren. In den Mittelpunkt unserer Verständnisbemühungen tritt vielmehr die dialektische Logik des Umgangs mit »Konflikten, Paradoxien und Widersprüchen« (Fischer 1998a) selbst, die den klinischen Phänomenen zugrunde liegt. In dieser Perspektive können wir Psychodynamik als »eingefrorene Dialektik« bezeichnen. Wenn die dialektische »Aufhebung« widersprüchlicher und zugleich vital bedeutsamer psychischer Tendenzen dauerhaft misslingt, bildet sich das psychodynamisch wirksame Kraftfeld aus, worin das Symptom einer »Synthese« der konfligierenden Tendenzen entspricht; einer Synthese allerdings, der die Qualität einer wirklichen »Aufhebung« der Gegensätze fehlt. Dem Begriff »Aufhebung« kommt in der dialektischen Tradition die dreifache Bedeutung zu von Aufbewahren (lat. conservare), beseitigen (eliminare oder tollere) und emporheben (elevare), wobei der letzte Aspekt die Transformation des Gegensatzes auf einer »Metastufe« bezeichnet. Bleibt der Übergang zur Metastufe als neuer Qualität psychischer Selbstregulation versperrt, so bildet sich stattdessen ein Teufelskreis zwischen den konfligierenden Tendenzen aus, mit dem Symptombild als Substitut für die erforderliche, jedoch nicht mögliche dialektische »Aufhebung« der – paradox verzahnten – psychischen bzw. psychophysischen Tendenzen. »Dialektik der Veränderung in Psychoanalyse und Psychotherapie« (Fischer 1996) zielt im Gegenzug darauf ab, die paradox gebunden Kräfte zu »entzerren«, aus ihrer konflikthaften Verzahnung zu befreien, sie in einen der Selbst-Reflexion zugänglichen Widerspruch zu verwandeln und dem Patienten so den Übergang zu einer neuen Stufe dialektischer Selbstregulation zu erleichtern.

In dieser dialektisch-dynamischen Fassung der psychoanalytischen Metapsychologie bildet das klassische (Trieb-)Wunsch-/Abwehr-Konzept eine Subkategorie, die immer dann (aber auch *nur* dann) anwendbar ist, wenn tatsächlich ein Trieb-Abwehr-Konflikt dem dynamischen Kern eines individuellen Störungsbildes entspricht. Aus dem logisch korrekt gefassten psychodynamischen Modell der psychoanalytischen Metapsychologie lässt sich diese Annahme keinesfalls ableiten. Vielmehr muss sie im Einzelfall mit wissenschaftlichen Methoden detailliert belegt werden. Ebenso können psychische wie auch somatische Kräfte und Gegenkräfte anderer Art wirksam sein, die z. B. im Kassenantrag gleichermaßen zu spezifizieren sind.

Mit der dynamisch-dialektischen Fassung der psychoanalytischen Metapsychologie löst sich die problematische Verschmelzung des dynamischen Aspekts mit der klassischen Triebtheorie oder »moderneren« Trieb-, Motiv- oder Konfliktkatalogen auf. Zugleich gewinnt der dynamische Gesichtspunkt an empirischem Gehalt und klinischer Reichweite. Ferner lässt sich das Selbstverständnis psychoanalytischer und psychodynamischer Psychotherapie deutlicher umschreiben und von alternativen Ansätzen abgrenzen. Mit der Annahme von »Konflikten« oder gar »Problemen« ihrer Patienten arbeiten Psychotherapeuten so gut wie aller Therapierichtungen. Das dialektische Verständnis psychodynamischer Konfliktkonstellationen im beschriebenen Sinne verlangt hingegen jene spezifische Fachkompetenz, die sich in fast 100 Jahren psychoanalytischer und tiefenpsychologischer Forschung schrittweise und durchaus mühevoll heraus-

gebildet hat (zu Historie und Systematik der psychoanalytischen Begriffsbildung vgl. Fischer 1998b, Abschnitt 2.2). Zwar ist zu hoffen, dass die
gegenwärtig beobachtbare Integrationsbewegung der Psychotherapie
diesen dialektisch-dynamischen Verständniszugang zu seelischem Leiden
aufnimmt. Hierzu bedarf es jedoch zweier Voraussetzungen. Zum einen
muss das Konzept in klarer, logisch widerspruchsfreier Form verwendet
werden, wobei zahlreiche Beispiele aus Theorie und Praxis, nicht zuletzt
im Bereich der Begutachtung von Kassenanträgen, hier Zweifel erwecken.
Zum anderen sollte in der wissenschaftlichen Gemeinschaft der Psychotherapeutinnen und Psychotherapeuten die Bereitschaft vorhanden sein,
sich auf die dialektische Logik von Störungsbildern ihrer Patientinnen und
Patienten einzulassen. Die zunehmende Spezialisierung auf meist nur
punktuell wirksame »Techniken«, die leider auch im Bereich der Traumatherapie um sich greifen, lässt nicht viel Gutes erahnen.

Psychodynamik des Traumas

Wendet man nun die Subkategorie des Wunsch-/Abwehrkonflikts
deduktiv auf den dynamischen Kern psychotraumatischer Störungen an,
so kommt man zu dem einigermaßen absurden Ergebnis, dass sich die
meisten Patienten ihr Trauma jeweils »gewünscht« haben. Als Hilfs-
argument für diese Interpretationsfigur wird nicht selten der »Wiederholungszwang« angeführt. Dieses Phänomen ist zweifellos von grund-
legender theoretischer und praktischer Relevanz. Es erweist sich jedoch
unter dem genetischen Aspekt psychoanalytischer Metapsychologie bei
Traumapatienten zumeist nicht als Ursache, sondern als Folge psychischer Traumatisierung, die allerdings dann eine Sequenz traumatischer
Erlebnisse nach sich ziehen kann. Dies gilt sowohl für die Wiederholung
als aktiven Bewältigungsversuch wie auch für die Variante der passiven
Wiederholungsneigung. Das Trieb-/Abwehr-Konzept ist demnach unge-
eignet, den spezifischen Kern traumatischer Erlebnismuster psychodynamisch aufzuklären. Daher werden alternative Konzepte benötigt, die
der Psychodynamik des Traumas angemessen sind.

Aufbauend auf den Arbeiten psychoanalytischer Traumaforscher (vor
allem Mardi Horowitz, 1976 und Jacob Lindy, 1988) haben Fischer &
Riedesser (1998) ein ätiopathogenetisch spezifisches Modell der Traumadynamik vorgeschlagen. In Strukturen des limbischen Systems, die mit

dem »impliziten Gedächtnis« in Zusammenhang gebracht werden (Amygdalum), wird der dynamische Kern des »Traumaschemas« gespeichert, einer Struktur, die in Piagets Terminologie vor allem auf der »senso-motorischen« Ebene der kognitiv-emotionalen Entwicklungshierarchie organisiert ist, wie jedes »Schema« nach Piaget jedoch die Tendenz zur »reproduktiven Assimilation« ähnlich gelagerter Erfahrungsmuster aufweist. Beim »Traumaschema« wird die Reproduktionstendenz, die sich klinisch u. a. als »Wiederholungszwang« manifestiert, noch verstärkt durch die existentielle Bedeutsamkeit der traumatischen Erfahrung, die es repräsentiert. Auf die Reproduktion des Traumaschemas gehen die intrusiven Erinnerungsbilder, also die Plus-Symptome im PTBS (psychotraumatisches Belastungssyndrom), zurück.

Wegen der teilweise impliziten Speicherung im »emotionalen Gedächtnis« und wegen der, infolge einer Funktionsminderung der Hippocampusregion, fragmentierten sowie räumlich und zeitlichen dislokalen Erinnerungsbilder kommt die Reproduktion des Traumaschemas (im folgenden TS) für die betroffene Person einer Retraumatisierung gleich: Den intrusiven Bildern fehlt der Charakter üblicher Gedächtnisphänomene, wie ihre Zuordnung zur Vergangenheit. Vielmehr wird die traumatische Situation erneut durchlebt. Daher muss die psychophysische Persönlichkeit alle Ressourcen aufbieten, um der Reproduktion des Traumaschemas entgegenzuwirken. Die Gesamtheit dieser »traumakompensatorischen« Bemühungen entspricht dem »traumakompensatorischen Schema« (im Folgenden TKS), das als Voraussetzung für die Therapieplanung, in seiner individuellen Konfiguration diagnostiziert und analysiert werden muss. Seiner formalen Funktion nach ist das TKS bestimmt durch den Abwehr- bzw. Kontrollstil der Persönlichkeit (häufig auf der Grundlage peritraumatischer und postexpositorischer Dissoziation), inhaltlich durch kognitiv-emotionale Konzepte einer »naivpsychologischen Traumatheorie«, im einzelnen: Die »ätiologische« Frage, wie es zur Katastrophe kam und die individuelle, teils bewusste, teils unbewusste Antwort auf diese Frage; die »präventive« Theorie, wie eine vergleichbare Katastrophe in Zukunft zu vermeiden sei sowie durch die reparative, naiv-psychologische »Heilungstheorie«, oft verbunden mit illusionären »Rettungs-« oder »Erlösungspantasien«.

Das Traumaschema mit seiner Reproduktionstendenz und dessen kompensatorischer Gegenentwurf entsprechenden den konflikthaft gegenläufigen Kräften, die sich nach dem dialektisch-dynamischen

Aspekt der psychoanalytischen Metapsychologie zum vektoriellen Kraft-feld aufspannen. In dessen »synthetischem« Schwerpunkt befindet sich das psychotraumatische Symptom. Entsprechend dem dynamischen Aspekt der Metapsychologie ist es die »Kompromissbildung« zwischen den beteiligten Kräften und wird in den Konzepten der »Mehrdimensionalen Psychodynamischen Traumatherapie« (MPTT, Fischer 2000a) abwehr- bzw. kontrolltheoretisch gefasst: Als »minimales kontrolliertes Handlungs- bzw. Ausdrucksfeld« (MKH/A). Betrachtet man Trauma als eine »unterbrochene Handlung«, in einer Situation existentieller Bedrohung, als eine unterbrochene »fight/defense – flight – freeze«- Reaktion, so ist das traumakompensatorische Bestreben der Persönlichkeit darauf gerichtet, ein zumindest minimales, jedoch kontrollierbares Handlungs-bzw. Ausdrucksfeld wieder herzustellen. Dieser Tendenz verdanken sich Struktur und Inhalt der Symptome, die in ihrer dynamischen Infrastruktur Anteile des TS sowie die gegenläufigen des TKS vereinigen. Dieses Modell der Symptombildung besitzt den Status einer auch empirisch abgesicherten Heuristik (vgl. Nathan & Fischer 2001) und lässt sich zur Validierung der psychodynamischen Diagnose im klinischen Einzelfall verwenden: Dann und *nur* dann, wenn die wichtigsten individualisierten Symptome eines Patienten als Kompromiss zwischen TS und TKS lesbar sind, wurde die Psychodynamik korrekt erfasst (sog. »Gegenprobe« von MKH/A mit TS und TKS, s. u.; eine Visualisierung in Abb. 1).

Psychodynamik des Traumas am Beispiel einer chronifizierten Störung

Frau A, eine 26-Jährige Patientin, befindet sich für etwa ein Vierteljahr stationär in einer psychosomatischen Klinik. Seit zehn Jahren leidet sie an Unterleibsschmerzen bei Endometriose und an einer anorektiformen Essstörung, die vermehrt bei Stress auftritt. Außerdem klagt sie über soziale Ängste (immer anderen zustimmen müssen, Angst, was andere über sie denken).

Die Patientin wuchs als Einzelkind bei ihren Eltern auf. Der Vater war Alkoholiker, sie erlebte häufig Streit und wurde geschlagen. Auch in der Schule war Frau A »Prügelknabe« und »Sündenbock«, häufig gehänselt und geprügelt. Wenn ihr Vater oder Mitschüler sie verprügelten, habe sie alles »still erduldet« und sich »innerlich ausgeklinkt«. Wenn sie dann wieder allein war, weinte sie. Mit der Zeit habe sich in ihr eine solche Wut aufgestaut, dass sie begann, sich zu wehren. Dann habe sie nicht mehr aufhören können zurückzuschlagen, habe »nichts mehr mitgekriegt« und einmal einen Mitschüler krankenhausreif geschlagen.

Ihre Aggressivität macht Frau A Angst, und sie versucht, Konfrontationen aus dem Weg zu gehen, um ihre Wut zu kontrollieren.

Mit 14 Jahren hatte sie ihren ersten Freund. Die Eltern waren gegen die Beziehung, und hatten sie nach einem Jahr unterbunden. An dieser Beziehung habe sie »lange gehangen«, da sie bei ihrem Freund Geborgenheit und Zugehörigkeit gefunden hatte. Zu Hause hatte sie hingegen das Gefühl »da will dich eigentlich keiner, du bist für alle nur 'ne Belastung«. Nach der Trennung von diesem Freund, die durch die Eltern veranlasst war, begann die anorektiforme Essstörung. Mit 16 Jahren begannen die Unterleibsbeschwerden. In der Folgezeit wurden 15 Operationen durchgeführt aufgrund von rezidivierenden Zysten und Verwachsungen in der Gebärmutter. Mit 20 Jahren wurde der Patientin ein Eierstock entfernt.

Als die Patientin 15 Jahre alt war, trennten sich ihre Eltern. Mit 16 Jahren wurde sie für ein halbes Jahr vom Vater gegen ihren Willen in eine Pflegefamilie gebracht, danach kam sie zurück zur Mutter. Mit 19 Jahren fand sie einen neuen Freund, mit dem sie zusammenzog. Der begann zu trinken und wurde gewalttätig. Vom 20. bis 21. Lebensjahr zwang er Frau A mehrfach zu Geschlechtsverkehr, bei Gegenwehr reagierte er mit Schlägen und Vergewaltigung. Danach fühlte sich Frau A »total eklig« und duschte sich stundenlang. Bis heute, wenn auch in milderer Form, besteht ein Waschzwang. Zunehmend wurde sie nervös, zittrig und schreckhaft. Mit Hilfe von Freunden und der Mutter trennte sich Frau A von ihrem Freund. Im folgenden halben Jahr war sie mit Drohanrufen des Freundes und seinen Versuchen, in ihre Wohnung einzudringen konfrontiert.

Frau A hatte ein Jahr lang Alpträume, in denen sie von ihrem Ex-Freund bedroht wurde; dabei wachte sie jedes Mal schweißgebadet auf. Tagsüber erlebte sie die Bedrohung durch den früheren Freund in Form von flash-backs. Nachts konnte sie jetzt nicht mehr allein sein, aus Angst, er könnte in die Wohnung eindringen. Wenn sie ins Bad ging, musste sie ständig kontrollieren, ob abgeschlossen sei, sie habe eine regelrechte »Kontrollsucht« gehabt. Die Kontrollsucht und Angst vor dem Alleinsein bestehen fort bis zur Aufnahme in die Klinik.

Ein Arbeitskollege unterstützte sie in dieser Zeit und wurde ein Jahr später ihr Ehemann. Sexualität sei aber seit den Übergriffen des Ex-Freundes für sie problematisch gewesen. Sie habe versucht, körperliche Nähe zu vermeiden, weil sie diese kaum zu ertragen vermochte. Wenn es zu Geschlechtsverkehr kam, habe sie sich, wie schon während der Übergriffe durch den Ex-Freund, »aus der Besucherperspektive« in einem »Außerhalb-Erlebnis« mit ihrem Mann im Bett liegen sehen. Sie habe nichts gespürt.

25-jährig attackierte Frau A ihren Ehemann mit einer Gabel, die sie ihm in den Oberarm rammte. Sie hatte sich von ihm bedroht gefühlt, als er mit einer Bratpfanne auf sie zukam. In diesem Moment habe sie nichts mehr wahrgenommen und sei erst wieder zu sich gekommen, als sie ihren Mann sah, wie er die Gabel aus dem blutenden Arm zog. Das habe ihr danach furchtbar leid getan. In der Folgezeit sei sie noch vorsichtiger geworden, um die Kontrolle über ihre Wut nicht zu verlieren. Potentiellen Konflikten ging sie aus dem Weg.

Einige Zeit später trennte sich das Paar aufgrund zunehmender Streitigkeiten wegen der Frage eigener Kinder. Denn medizinisch bleibt zweifelhaft, ob Frau A noch Kinder bekommen kann. Sie fürchtete sich vor einer neuen Beziehung zu einem Mann, da dieser von ihren vielen Operationsnarben am Unterleib abgestoßen sein könnte.

Als Frau A 26 Jahre alt ist, stirbt eine um 20 Jahre ältere mütterliche Freundin an Asthma und die Patientin hätte sich »am liebsten auch umgebracht«, als sie davon erfuhr.

Betrachtet man diese Fallbeschreibung unter dem Blickwinkel der Traumadynamik, so kann folgendes festgehalten werden: Angesichts der von klein an bestehenden Belastungen entwickelte Frau A ein TKS von Aggressionskontrolle und Vermeidung von Konfrontationen. Unter dem »ätiologischen Aspekt« des TKS entstand so allmählich ein Selbstbild als »Sündenbock«, der alle belastet, an allem die Schuld trägt und dementsprechend die Prügel auch verdient hat. In den unterschiedlichen traumatischen Gewaltsituationen diente ihre peritraumatische Dissoziation als unmittelbarer Schutz.

Das Sündenbock-Verhalten besteht aber nicht durchgängig. Immer wieder erleidet Frau A Impulsdurchbrüche – gespeist aus der unbändigen Wut, die in den Situationen von Gewalterfahrung und Erniedrigung entstanden waren und, auf der Ebene des impliziten Gedächtnisses, im Traumaschema gespeichert bleibt.

Die folgende Abbildung veranschaulicht das traumadynamische Feld im Modell eines »Parallelogramms der Kräfte«.

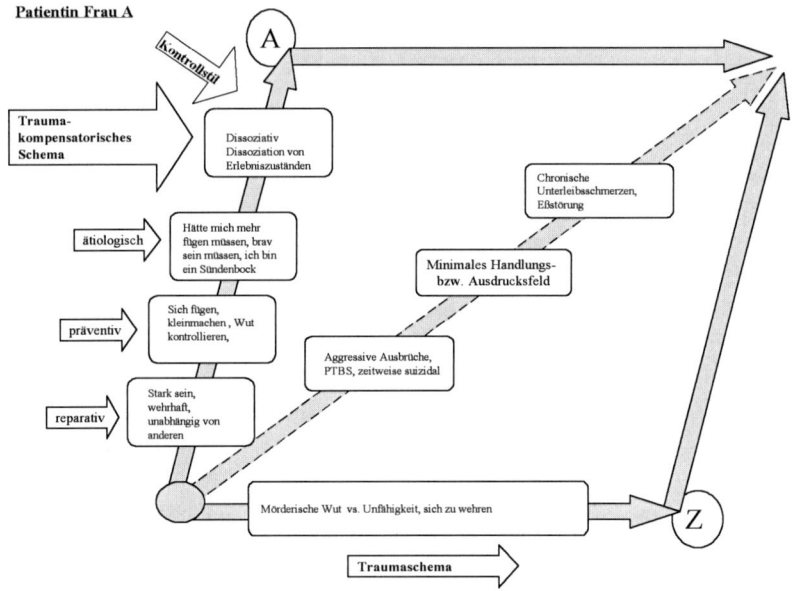

Abb. 1: Psychodynamik des Traumas bei Frau A (nach Nathan & Fischer 2001, Grafikformat in Fischer 2000b), dargestellt als »Parallelogramm der Kräfte«. Die Vektoren A und Z repräsentieren die konfligierenden Tendenzen von TKS und TS. Die Symptome als MKH/A sind auf der Diagonalen als dem »resultierenden« Vektor im Kräfteparallelogramm eingetragen.

Lebensgeschichtlich bleibt das dynamische Gleichgewicht von TS und TKS bis zu der von den Eltern herbeigeführten Trennung vom Freund mit 15 Jahren erhalten. Als jedoch diese Beziehung, die eher korrektive Züge aufwies, durch die Eltern beendet wird und bald darauf noch die Ehe der Eltern zerbricht, übernehmen die psychosomatischen Störungen eine zusätzliche Funktion im Sinne des MKH/A. Die anorektischen Störungen lassen sich mit Selbstablehnung und Selbstbeschuldigung aus der ätiologischen Komponente des TKS sowie mit seiner präventiven Komponente in Verbindung bringen: Sich klein und unscheinbar machen, um einer Reproduktion des TS vorzubeugen, in seiner passiven wie aktiven Form.

20-jährig erleidet Frau A weitere Traumatisierungen durch den zweiten Freund, auf die sie im Verlauf des ersten Jahres mit klassischen PTBS-Symptomen reagiert: Vermeidung von körperlicher Nähe und Sexualität, intrusives Erleben, erhöhte Schreckhaftigkeit und ein Waschzwang, der die erlebten Scham- und Ekelgefühle in ein *minimales kontrolliertes Ausdrucksfeld* überführt. Diese zweite traumatische Episode führt also zu einer eigenen Schicht der Symptombildung im Sinne der von Keilson (1979) beschriebenen »sequentiellen Traumatisierung«, worin verschiedene Symptomschichten einander überlagern.

Die PTBS-Symptomatik verringert sich in ihrer Intensität während der weiteren Entwicklung. Im Zusammenleben mit einem weniger aggressiven, ursprünglich sogar unterstützenden Ehepartner steigt dynamisch jedoch die Gefahr aggressiver Impulsdurchbrüche, in denen sich das Traumaschema (die traumatisch unterbrochene »defense-/fight-Reaktion«) in ihrer aktiven Variante wiederholt. Besonders bedrohlich entwickelt sich dies durch den persönlichkeitstypischen dissoziativen Kontrollstil und gipfelt darin, dass die Patientin beim Abklingen ihres dissoziativen Ausnahmezustands ihren Mann die Gabel aus seinem Arm ziehen sieht, was zirkulär wiederum die selbstanklagende und – erniedrigende Komponente im TKS verstärkt.

In einen vergleichbaren Teufelskreis führen auch die psychosomatischen Symptome und zahlreichen Unterleibsoperationen hinein. Sie erhöhen die Zweifel an Fertilität und weiblicher Attraktivität der Patientin und bestätigen damit letztlich ihr negatives Selbstbild als »Sündenbock« in Familie und Schule.

Auf der anderen Seite ermöglicht die Erkrankung, die einen unattraktiven, von Narben entstellten, weiblichen Körper mit sich bringt, Schutz vor ängstigender Sexualität. Auch die Essstörung führt zu einem mageren, asexuellen Körper. Als die ältere Freundin stirbt (eine wichtige protektive Beziehung), wird das labile Gleichgewicht zwischen TS und TKS endgültig erschüttert. Als schließlich auch diese Stütze wegbricht, reagiert Frau A mit Selbstzerstörungswünschen. Auch Traumabewältigung auf dem Weg psychosomatischer Erkrankung (im Sinne des »minimalen kontrollierten Ausdrucksfeldes«) wird durch die Eigendynamik der fortschreitenden Unterleibserkrankung mehr und mehr zu einem eigenen traumatischen Situationsfaktor, so dass die Patientin eine psychosomatische Behandlung aufnimmt. Das eskalierende psychosomatische

Störungsbild und ihre Suizidalität waren der Anlass zur Aufnahme der Patientin auf die psychosomatische Station.

Klinische Validierung traumadynamischer Diagnostik

Ein leicht praktikables Mittel, eine psychodynamische Diagnose bei Traumapatienten durch »Triangulation«, ein Verfahren der qualitatitiven Sozialforschung, zu überprüfen und zu validieren, bietet der Vergleich des MKH/A mit den dynamischen Tendenzen von TS und TKS unter der Fragestellung, ob und wieweit sich vor allem die idiosynkratischen, individualisierten Symptome als »Kompromissbildung« aus beiden Kraftfeldern verstehen bzw. erklären lassen. Wurden die Symptome aus der Psychodynamik also korrekt abgeleitet? Diese »Gegenkontrolle« soll zusammenfassend für drei der wichtigsten Symptome von Frau A durchgeführt werden.

Eine idiosynkratische, deutlich individualisierte Symptomhandlung stellt der aggressive Ausbruch gegenüber dem Ehemann dar. Er vollzog sich, dem persönlichkeitstypischen Kontrollstil des TKS der Patientin entsprechend, unter der Abwehr der dissoziativen Selbstschutztendenz, bei gleichzeitiger Reproduktion des Traumaschemas, letzteres geprägt durch Beziehungsmuster aus der Ursprungsfamilie der Patientin und der zweiten Partnerbeziehung. Aus dieser Konstellation heraus nimmt die Patientin dann erschrocken wahr, wie sich der Ehemann die Gabel aus dem blutenden Oberarm zieht.

Auch die Sexualität während ihrer Ehe weist den vom Modell her »geforderten« Kompromisscharakter auf. Das sexuelle Zusammensein mit ihrem Mann reaktiviert einen während der Beziehung zu ihrem zweiten Freund ausgebildeten Aspekt des Traumaschemas. Wie schon während der Übergriffe durch ihn, welche die Patientin erleben musste, bildet die persönlichkeitstypische Kontrolloperation »Dissoziation« auch hier den Gegenpol, und die Patientin erlebt die sexuelle Vereinigung »aus der Besucherperspektive« und sieht sich, körperlich empfindungslos, in einem »Außerhalb-Erlebnis« mit ihrem Mann im Bett liegen.

Die anorektischen Symptome wurden bereits in ihrem dynamischen Zusammenhang diskutiert. Sie stehen mit Selbstablehnung und Selbstbeschuldigung aus der ätiologischen Komponente des TKS sowie mit dessen präventiver Komponente in Verbindung: Sich klein und unscheinbar machen, um einer Reproduktion des TS vorzubeugen, in dessen passiver wie aktiver Variante. Zudem schützen sie in ihrer Folgewirkung vor sexueller Begehrlichkeit der Männer.

Die »Gegenkontrolle« kann in einer zeitlichen Längsschnittbetrachtung noch durch eine Analyse des Symptomwandels ergänzt werden, um die psychodynamische Diagnose weiter abzusichern. In dieser Perspektive überlagern sich bei Frau A zwar die traumatischen Episoden in teilweise diskontinuierlicher Form, weisen aber auch eine nicht unerhebliche Kontinuität auf. So wiederholt sich die Beziehung zu den männlichen Lebenspartnern, geprägt vor allem durch das Traumaschema aus der Vaterbeziehung, wenn auch in unterschiedlichen Reproduktionsmustern. Die Mutter scheint eine eher hilfreiche, bis zu einem gewissen Grad vielleicht korrektive Funktion wahrgenommen zu haben, lebensgeschichtlich ergänzt und unterstützt durch die »mütterliche Freundin«, nach deren Tod die Patientin eigene Todesphantasien entwickelte.

Psychodynamische Traumatherapie

Dem dialektisch-dynamischen Aspekt der psychoanalytischen Metapsychologie entsprechend ist ein dialektisches Vorgehen allgemein charakteristisch für das therapeutische Konzept der Psychodynamischen Traumatherapie (im Folgenden PTT). Ziel dabei ist es, der Patientin zur »Aufhebung« derjenigen Konflikte und Widersprüche zu verhelfen, in die sie ihre traumatischen Erfahrungen gestürzt haben. Dieser dialektische Ansatz unterscheidet die PTT grundsätzlich von reiner »Symptomtherapie«, die lediglich auf Beseitigung der »PTSD«-Symptome ausgerichtet ist. Traumasymptome sprechen ihre eigene Sprache. Sie schlicht zu »löschen«, würde bedeuten, den nach der traumatischen Erfahrung verbliebenen Ausdrucksmustern von Leib und Seele zusätzlich noch »den Mund verbieten« zu wollen. Die dialektische Konzeption der PTT hingegen zielt darauf ab, selbst-bewusste Eigenregulation und Autonomie wieder herzustellen und die Sprache der Symptome verstummen zu lassen, indem die Patienten ihre eigene Sprache (wieder)finden. Daher knüpft die PTT möglichst eng an den natürlichen Selbstheilungsprozess seelischer Verletzungen und die noch vorhandenen Tendenzen zu Selbstregulation und Selbstreflexion an.

Insofern können wir die Traumadynamik auch als unterbrochene Selbstregulation im Sinne eines kybernetischen Regelkreises verstehen.

Negatives Feedback, das die lebenswichtige Homöostase im psycho-physischen Organismus gewährleisten würde, ist weder in der trauma-tischen Situation möglich (Paradigma von Trauma als »unterbrochener Handlung«) noch aber im nachhinein, so dass die traumatische Erfahrung gleichsam zu einem »Fremdkörper« im psychophysischen Organismus wird, der weder eliminiert noch aber erfolgreich »gegenreguliert« werden kann. Aus einem biokybernetisch ausbalancierten Regelkreis zwischen Individuum und Umwelt im Sinne des »Situationskreis-Modells« (v. Uexküll & Wesiack 1988) bildet sich dann jenes zwischen aufgespal-tenen Polen oszillierende Kraftfeld, das als dynamisches System von TS und TKS beschrieben wurde.

Die psychotherapeutische Intervention in dieses System kann keines-wegs beliebig erfolgen. Stimulieren wir durch unsere Intervention das TS, so führt die »Therapie« zu einer Retraumatisierung der Betroffenen, was in der Praxis keineswegs selten geschieht. Der allein indizierte therapeuti-sche Zugang besteht vielmehr darin, das TKS gezielt und planmäßig zu stär-ken, zu differenzieren und dadurch seine Kontrolle über das Trauma-schema zu effektivieren. In biokybernetischer Terminologie ausgedrückt, bedeutet dies: Die noch vorhandenen Ansätze von »negativem Feedback« zu unterstützen, um die Selbstregulation des »psychischen Systems« auf einer neuen, »post-traumatischen« Stufe wieder herzustellen.

Die »Mehrdimensionale Psychodynamische Traumatherapie« (im Folgenden MPTT; Fischer 2000a) sieht dazu folgendes Verfahren vor.

Der *ätiologische* Aspekt des TKS wird durch psychoedukative Mittel (vgl. Fischer 2003), Deutung dysfunktionaler Attributionen, wie etwa die häufig beobachtbare Tendenz der Opfer zu irrationaler Selbstbeschuldi-gung und ggf. Sokratischen Dialog von dysfunktionalen Aspekten befreit, differenziert und gestärkt.

Präventiver und naiv-therapeutischer Aspekt des TKS werden in der dialektischen »Basisinterventionslinie« der MPTT als ihrem Ziel nach sinnvolle Antwort auf die traumatische Erfahrung verdeutlicht und in den Zusammenhang mit mindestens einem zentralen Symptom gebracht. Diese Intervention erweist sich im allgemeinen als geeignet, die traumabedingte Sprachlosigkeit ansatzweise zu unterbrechen und die Sprache der Symptome und automatisierten »Schemata« in Sprache und Selbstverständnis der traumatisierten Persönlichkeit zu über-führen. Unter dem präventiven und reparativen Aspekt des TKS erscheinen die Ziele, welche die traumatisierte Persönlichkeit verfolgt, z. B. die traumatische Erfahrung »vergessen« zu wollen, als rational, die Mittel zum Erreichen dieser Ziele hingegen oft als »irrational«, verstanden als Dysfunktionalität gegenüber dem angestrebten Ziel. Bei der Wahl von Übungselementen und verbalen Interventionen wird eine »homöotherapeutische«, dialektische Strategie verfolgt: Patientinnen mit dem persönlichkeitstypischen Kontrollstil der Dissoziation werden Dissoziationsübungen angeboten, bei Vorwiegen von Verdrängung, Verdrängungsübungen, wie etwa die »Sinnlosigkeitsübung« (Fischer 2003), misstrauischen Patienten die »Wachsamkeitsübung« (ebd.) usf. Nach dieser dialektischen Strategie werden die vorhandenen Ansätze zu Kontrolle und negativem Feedback gestärkt und die Ressourcen der Persönlichkeit, die sich in den traumakompensatorischen Bemühungen manifestieren, optimal genutzt.

Ist das TKS hinreichend stabilisiert, so wenden die Patienten sich erfahrungsgemäß von selbst schrittweise ihrer traumatischen Erfahrung zu. Die MPTT kann sich dann fortsetzen nach dem schon von Freud geprägten Motto »Erinnern, Wiederholen und Durcharbeiten« (1914), das diesen Abschnitt der dialektisch-dynamischen Traumatherapie recht treffend beschreibt. Im einzelnen sind verschiedene Regeln und Prinzipien des MPTT-Manuals zu beachten, so etwa die therapeutische »Faustregel«: Die Konstruktion geht der Rekonstruktion (dem Durcharbeiten der traumatischen Situationserfahrung) voraus. Erst wenn die Patientin zumindest ansatzweise eine Lösung für ihren traumabedingten individuellen Widerspruch gefunden hat, kann die Gefahr einer Retraumatisierung, die mit der Phase des »Durcharbeitens« verbunden ist, zuverlässig vermieden werden. Jetzt kann für die traumatische Erfahrung eine Sprache gefunden werden, die sich nicht auf die Oberfläche einer »leeren Sprache« (Lacan) beschränkt, in der Terminologie der Kognitionswissenschaft: die »lexikalische« Ebene, sondern enaktive und ikonisch-emotionale Ausdrucksformen ebenso umfasst. Die Symptome als »minimales kontrolliertes Handlungs- oder Ausdrucksfeld« der Persönlichkeit (MKH/A), als der verbliebene Rest traumatisch reduzierter Sprache und leib-seelischer Ausdrucksmöglichkeiten, werden überflüssig, wenn sie die angemessene Repräsentation und notwendige intersubjektive Anerkennung erfahren.

Forschungsergebnisse zur PTT

Die empirische Forschungslage zur PTT ist günstiger, als es die von Flatten et al. herausgegebenen »Leitlinien zur posttraumatischen Belastungsstörung« vermuten lassen (2001). Diese sog. »Leitlinien« lassen eine der klinischen Praxis angemessene Systematisierung leider vermissen. Sie beschränken sich weitgehend auf das Kriterium einer Eliminierung der Zielsymptome »Intrusion« und »Vermeidung« und berücksichtigen dementsprechend vor allem placebo-kontrollierte Vergleichsstudien, nach dem Modell der Pharma-Forschung, die dieses Ziel erreichen. Dagegen muss für die klinische Praxis ein breiteres Profil zugrundegelegt werden. Fischer & Riedesser (1998, 3. Aufl. 2003) benennen folgende Kriterien für das Anforderungsprofil eines psychotraumatologisch fundierten Ansatzes in der Psychotherapie:

> »(1) Lehrbuchartige Darstellung, günstigstenfalls Manualisierung von Behandlungsprinzipien, die an der Ätiopathogenese von Trauma-Folgeerkrankungen ausgerichtet sind; (2) Adaptation der empfohlenen Behandlungstechnik für einfache (Typ-I) und komplexe (Typ-II), akute und chronifizierte psychotraumatische Störungen einschließlich psychotraumatisch bedingter Persönlichkeitsstörungen. Bezüglich des Chronifizierungsgrades können Einteilung und Indikationsspektrum der MPTT zugrundegelegt werden (...) (s.u.); (3) Ein psychotraumatologisch begründetes Mehr-Ebenen-Prozessmodell (Veränderungsmodell) für akute und chronifizierte Störungen, zusätzlich zur Manualisierung von Behandlungsprinzipien unter (1); (4) Individualisierte Diagnostik traumaassoziierter Nosologie und Ätiopathogenese, hierauf basierende Beziehungsgestaltung und Therapieplanung; (5) Abwandlung der Therapieführung nach persönlichkeitsspezifischen Parametern; (6) Systematische Adaptation von Diagnostik und Therapieführung an die wichtigsten Gebiete der Speziellen Psychotraumatologie (Unfälle, Gewalt, Katastrophen usf.); (7) Adaptation an verschiedene Settings, wie stationär vs. ambulant, Paar-, Familien- und Gruppentherapie, Lebensaltersgruppen; (8) Evaluationsstudien nach unterschiedlichen Methodentypen (kontrollierter Gruppenvergleich, klinische Feldstudie, systematische Fallstudien) mit konvergentem Ergebnis aus mindestens zwei unterschiedlichen Studientypen (entsprechend dem intermethodalen Konvergenzprinzip)« Fischer & Riedesser, a. a. O., im Druck.

Eine klinisch zweifellos bedeutsamste Unterscheidung liegt zwischen akuter und chronifizierter, langfristig bestehender Traumatisierung, etwa Kindheitstraumen. Die MPTT geht hier von folgender Systematik aus, der jeweils eine differentielle Indikation zugeordnet ist:

- *Akute Traumatisierung:* Das traumatische Ereignis liegt nicht länger als maximal ein dreiviertel Jahr zurück. Indikation: 5 bis 15 Sitzungen
- *Mittelfristiger traumatischer Prozess:* Das Ereignis bzw. die belastenden Umstände finden im Allgemeinen im Erwachsenenalter statt und liegen bereits über ein Jahr zurück. (15 bis 50 Sitzungen)
- *Langfristiger traumatischer Prozess:* z. B. Kindheitstrauma. (In der Regel 40 bis 80 Sitzungen, evtl. 120 Sitzungen)

Für diese unterschiedlichen Konstellationen sieht das MPTT-Manual differentielle Behandlungsregeln vor. Die Forschungsstudien werden im folgenden nach dieser Systematik diskutiert.

Akuttherapie: Für die MPTT-Standardversion (Trauma-Akutthera-pie) liegt eine kontrollierte Studie (N=22) vor, in der eine mit der Augen-bewegungs-Therapie (EMDR, Shapiro 1995, dt. 1998) behandelte Vergleichsgruppe mit einer Wartelisten-Kontrollgruppe verglichen wird (Fischer et al. 1999, Fischer 2000b, 2001). In den outcome-Kriterien (IES – Impact of Event-Skala, Becksches Depressionsinventar, PTSS-10) ergaben sich zu Therapieende sowie im halbjährigen Katamnesezeitraum keine statistisch bedeutsamen Unterschiede zwischen den beiden Behandlungsgruppen, die Differenz zur unbehandelten Kontrollgruppe hingegen war durchgängig signifikant und ergab ein Effektmaß von durchschnittlich 50% durch die Therapiebedingung aufgeklärter Varianz (berechnet über Eta-Quadrat). Einschlusskriterium für die beiden Behandlungsgruppen traumatisierter Gewalt- und Unfallopfer war ein Ereignis, das nicht länger als 4 Monate zurücklag. Die durchschnittliche Sitzungszahl belief sich auf maximal 10 Stunden. Eine Studie an einer erweiterten Gruppe von Gewalt- und Unfallopfern im Design einer klinischen Feldstudie ist in Vorbereitung.

Mittelfristiger Prozess: Für die Variante »mittelfristiger traumatischer Prozess« (mindestens ein Jahr Distanz zum Ereignis) liegt eine Studie an 120 PTBS-Patienten in den Niederlanden vor, die von Unfällen, Katastrophen, Gewalterfahrungen und Personenverlust betroffen waren (Brom et al. 1989). Sie ist für die PTT von Bedeutung. Das Ereignis lag hier bis maximal 5 Jahre zurück. Drei therapeutische Methoden (Traumadesensibilisierung, Hypnotherapie und psychodynamische, traumaadaptierte Kurz-therapie nach Mardi Horowitz 1976) wurden mit einer Warteliste-Kontrollgruppe verglichen. Das Behandlungsergebnis, gemessen u. a. mit der IES, war bei allen Behandlungsgruppen auf dem 0,5 %-Niveau der

Wahrscheinlichkeit (t-Test) statistisch signifikant gegenüber der Ausgangslage, beim Vergleich mit der Kontrollgruppe erreichte die PTT gegenüber den anderen Behandlungsgruppen die relativ stärksten Effekte bei der Reduktion des Vermeidungsverhaltens, dies allerdings erst im katamnestischen Zeitraum von 3 Monaten nach Therapieende. Auch bei Reduktion der intrusiven Erinnerungsbilder in der IES zeigte die PTT-Behandlungsgruppe im Katamnesezeitraum den numerisch niedrigsten Wert im Vergleich zu den übrigen Behandlungsgruppen. Ein differentieller Therapieeffekt deutet sich darin an, dass die PTT im katamnestischen Zeitraum ihre volle Wirksamkeit entfaltete, mit einer besonderen Stärke in der Reduktion von Vermeidungsverhalten gegenüber dem traumatischen Erlebnis. Bei den anderen Behandlungsgruppen war ein vergleichbarer posttherapeutischer Effekt nicht zu erkennen, die Desensitisierungsgruppe zeigte eine tendenzielle, wenn auch statistisch nicht signifikante, Zunahme bei den Intrusionen wie auch beim Vermeidungsverhalten. Die durchschnittliche Behandlungsdauer betrug bei der PTT 18,8 Sitzungen.

Mit der gebotenen Vorsicht können wir den differentiellen Effekt der PTT auf die Phase intensiven »Durcharbeitens« zurückführen, wobei zumindest eine zeitgleiche, ebenso starke Rückbildung intrusiver Erinnerungsbilder, schon aus Gründen der Logik, nicht zu erwarten ist. Hat der Patient jedoch in der Therapie gelernt, die traumatischen Erinnerungen strukturiert »durchzuarbeiten«, so kann er auf die erworbene Fähigkeit zurückgreifen, wann immer sich die belastenden Erinnerungen wieder einstellen, vor allem auch im posttherapeutischen Zeitraum. Der beschriebene posttherapeutische Effekt von PTT wird durch die Arbeit von Horowitz et al. (1986) detailliert nachgewiesen. Entgegen den Erwartungen von Brom et al. (1989) ging die PTT zudem mit einer statistisch signifikanten Abnahme allgemeiner, nicht traumabezogener Symptome und pathologischer Persönlichkeitszüge einher. Die Indikatoren waren: Soziale Anpassung, Somatisierungsneigung, Agoraphobie, Feindseligkeit, Neurotizismus, Ängstlichkeit, Anpassungsprobleme als Persönlichkeitsmerkmal, Dominanz und Selbstwertgefühl. Vergleichbare Effekte waren auch bei den anderen Therapieformen zu beobachten, wenn auch mit geringerer Streubreite. Das MPTT-Manual integriert das traumaadaptierte Behandlungskonzept von Horowitz, das in dieser Studie untersucht wurde, legt allerdings größeren Wert auf die Stabilisierung der traumakompensatorischen Ressourcen und vermindert die konfrontativen Seiten im Horowitz-Konzept.

Für die Therapie mittelfristiger traumatischer Prozesse sieht das MPTT-Manual eine Zeitspanne von 15 bis 50, maximal 80 Sitzungen vor, wie sie nach den kassenrechtlichen Richtlinien in der BRD der tiefenpsychologisch fundierten Psychotherapie entspricht. Dass dieser Zeitrahmen für schwere, langfristig bestehende Traumatisierung realistisch ist, geht aus einer systematisch angelegten klinischen Feldstudie von Jacob Lindy (1988) hervor, in der sich bei einer Anzahl von durchschnittlich 56 Sitzungen eindrucksvolle Verbesserungen bei Vietnam-Veteranen ergaben, einer Population, die sich in anderen Studien als weitgehend therapieresistent erwiesen hat. Die traumaadaptierten Behandlungsprinzipien, nach denen diese Studie durchgeführt wurde, sind in das MPTT-Manual vor allem bei den MPTT-Varianten »mittelfristiger« und »langfristiger« traumatischer Prozess eingegangen.

Langfristiger traumatischer Prozess: Mit der MPTT-Indikation »langfristiger traumatischer Prozess« (in der Regel 50 bis 80 Sitzungen) nähern wir uns dem weiten Feld schwerer, chronifizierter Traumata, die häufig bereits in Kindheit und Jugend der Patienten ihren Ursprung haben. Roth & Batson (1997) evaluierten die ca. einjährige psychodynamische Therapie von 6 Patientinnen, die Opfer von kindlichem Inzest geworden waren und wiesen signifikante positive Ergebnisse nach. Klinisch wichtige Evidenz für Wirksamkeit und Arbeitsweise der PTT sowie der traumaadaptierten analytischen Psychotherapie tragen systematische Fallstudien bei. Während sich die APA (American Psychological Association) auf den methodischen Primat des Placebo-kontrollierten Vergleichsgruppen-Designs festgelegt hat (ebenso Flatten et al. 2001), leuchtet unmittelbar ein, dass auch systematisch angelegte Fallstudien als Grundlage evidenzbasierter Psychotherapie von großer klinischer Relevanz sein können (für psychodynamische Kurztherapie etwa Krupnick, 1997). Die gilt naturgemäß in besonderer Weise für die Behandlung langfristig bestehender traumatischer Prozessverläufe, vor allem dann, wenn sie bereits zu einer Umbildung der Persönlichkeitsstruktur geführt haben. So konnte Fischer (1996) in einer systematischen Fallstudie für die traumaadaptierte analytische Langzeitbehandlung einer Borderline-Persönlichkeitsstörung den Nachweis katamnestisch anhaltender struktureller Veränderung erbringen. Auf dem Hintergrund eines transgenerationalen Beziehungstraumas hatte der Patient zwischen seinem 14. und 24. Lebensjahr eine Alkoholkarriere durchlaufen, die in zwei schwere Suizidversuche eingemündet war. Mit 30 Jahren begann er eine analytische Psychotherapie, die nach 280 Stunden nicht nur zu einem Verlust der Symptomatik, sondern auch zu einer nachhaltigen Umbildung der Persönlichkeitsstruktur führte. Der Nachweis »struktureller Veränderung« wird in dieser Studie systematisch geführt. Zugleich werden die einzelnen therapeutischen Schritte aufgezeigt, die zu diesem Ergebnis führen. Insbesondere für Traumatherapie bei chronifizierten, langfristig bestehenden Prozessen werden Beiträge nach der Methodik systematischer Fallstudien dringend benötigt.

Kriterien und Desiderate der Forschung

Systematisch aufgebaute Fallstudien realisieren in optimaler Weise die Kriterien internaler und externaler Validität. Ihre Ergebnisse lassen sich unmittelbar auf die klinische Praxis übertragen, was bei Studien vom Placebo-kontrollierten Vergleichsgruppendesign wegen ihrer restriktiven Kontrollbedingungen zweifelhaft bleibt (Kriterium der externalen bzw. ökologischen Validität). Ebenso bedeutsam ist ihr Nutzen für den Aufbau evidenzbasierter Psychotherapie unter dem Gesichtspunkt »interner Validität«. Dieses Kriterium entspricht der Frage, ob eine psychotherapeutische Behandlung in ihren Details dem jeweiligen therapeutischen Konzept folgt, was durch ein »Manualtreue-Rating« für den Einzelfall nur unzureichend geklärt werden kann. Die in der tiefenpsychologischen und analytischen Literatur häufig anzutreffenden »Fallberichte« genügen in ihrer weit überwiegenden Mehrheit den Kriterien einer systematisch angelegten Fallstudie zwar nicht, bei manchen Publikationen ist diese Voraussetzung jedoch gegeben. Von daher bleibt unverständlich, dass eine von der Deutschen Forschungsgemeinschaft (DFG) geförderte »Leitlinienkommission« für die Behandlung psychotraumatischer Störungsbilder noch nicht einmal einen Systematisierungsversuch auf diesem klinisch besonders relevanten Sektor unternommen hat (Flatten et al. 2001).

Die zukünftige Erforschung der tiefenpsychologisch fundierten bzw. analytischen Traumatherapie sollte sich an dem »intermethodalen Konvergenzprinzip« (Fäh & Fischer, 1998) orientieren, das eine Ergänzung von Forschungsergebnissen innerhalb dreier, als wissenschaftlich anerkannter, Methodentypen vorsieht: Kontrollierter Gruppenvergleich, klinische Feldstudie (z. B. Katamnesestudie) und systematische Einzelfall- bzw. vergleichende Einzelfallstudie. Es erscheint willkürlich, eine Hierarchisierung dieser Studientypen vorzunehmen, da jeder Typus neben Vorzügen auch gravierende forschungslogische Begrenzungen aufweist. Wird in Übersichtsarbeiten nur ein einzelner Studientyp berücksichtigt, so lassen sich bei der Bewertung der Ergebnisse methodenbedingte Artefakte schon aus Gründen der Forschungslogik nicht ausschließen, was die Übertragbarkeit des Ergebnisses auf die klinische Praxis zweifelhaft erscheinen lässt (zweifelhafte »ökologische Validität« der Ergebnisse). Der Praxistransfer ist zuverlässig erst dann möglich, wenn nach dem »intermethodalen Konvergenzprinzip« Ergebnisse aus mindestens zwei unterschiedlichen Studientypen bei einer bestimmten Forschungsfrage »konvergieren«. Nur in diesem Fall kann ein methodenbedingtes Artefakt zwingend ausgeschlossen werden. Wird das »Konvergenzkriterium« zugrunde gelegt, so kann die traumaadaptierte psychodynamische Therapie auf ihrem gegenwärtigen Forschungsstand als vergleichsweise gut gesichert gelten, da zuverlässige und konvergente Forschungsergebnisse nach den drei wichtigsten Methodentypen vorhanden sind.

Zu überwinden bleibt die Sprachlosigkeit im Kassenantrag. Die bisherige Weigerung vieler tiefenpsychologischer und analytischer Gutachter, traumaspezifische Kriterien im Gutachten und entsprechend eine traumaadaptierte Therapieführung zu akzeptieren, stellt nicht nur für die therapeutische Praxis, sondern auch für die Forschung ein gravierendes Hindernis dar. Kontrollierte Studien bleiben aufwendig und ihre Ergebnisse meist problematisch im Hinblick auf ihre Relevanz für die klinische Praxis. Was dringend benötigt wird, ist die systematische Erforschung der klinischen Praxis selbst, was mit den vorliegenden Instrumenten (z. B. der Softwareversion des Kölner Dokumentationssystems für Psychotherapie und Traumabehandlung KÖDOPS, Fischer 2000b) und anderen Dokumentationssytemen bei relativ geringem Aufwand möglich wäre. Dies setzt allerdings voraus, dass das traumabedingte Leiden unserer Patientinnen und Patienten zu Wort kommen kann, vielleicht auch im Kassenantrag.

Literatur

Brom, D.; Kleber, R. J. & Defares, F. B. (1989): Brief psychotherapy for posttraumatic stress disorders. In: Journal of Consulting and Clinical Psychology 57, S. 607–612.

Fäh, M. & Fischer, G. (Hg.)(1998): Sinn und Unsinn in der Psychotherapieforschung. Eine kritische Auseinandersetzung mit Aussagen und Forschungsmethoden. Gießen (Psychosozial-Verlag).

Fischer, G. (1996): Dialektik der Veränderung in Psychoanalyse und Psychotherapie. Modell, Theorie und systematische Fallstudie. Heidelberg (Asanger).

Fischer, G. (1998): Eine psychoanalytische Theorie oder viele? Entwicklungsstufen psychoanalytischer Begriffsbildung. In: G. Fischer (Hg.) (1998): Konflikt, Paradox und Widerspruch. Für eine dialektische Psychoanalyse. Frankfurt/M (Fischer Tb). S. 41–59.

Fischer, G. (1998a): Konflikt, Paradox und Widerspruch. Für eine dialektische Psychoanalyse. Frankfurt/M (Fischer Tb).

Fischer, G. (2000a): Mehrdimensionale Psychodynamische Traumatherapie MPTT. Heidelberg (Asanger).

Fischer, G. (2000b): KÖDOPS. Kölner Dokumentationssystem für Psychotherapie und Traumabehandlung. Köln (DIPT-Verlag). Software-Version über www.psychotraumatologie.de.

Fischer, G. (2001): Psychoanalytische Perspektiven in der Behandlung schwerer akuter Traumatisierung. Forschungsergebnisse und Praxisempfehlungen aus dem Kölner Opferhilfe Modellprojekt. In: S. Drews (Hg.): Die Gegenwart der Psychoanalyse – die Psychoanlyse der Gegenwart. Klett-Cotta (Stuttgart). S. 435–449.

Fischer, G. (2003): Neue Wege aus dem Trauma. Erste Hilfe für schwere seelische Belastungen. Düsseldorf (Patmos).

Fischer, G.; Becker-Fischer, M.; Hofmann, A.; Klein, B.; Licher, H.; Ukschewski, S.; Schneider, I. & Sülzer, A. (1999): Abschlußbericht zum Forschungsprojekt: Prävention chronifizierter psychischer Störungen und Behinderungen bei Opfern von Gewaltverbrechen. Vorgelegt der Stiftung des Landes NRW für Wohlfahrtspflege durch das Deutsche Institut für Psychotraumatologie Köln/Much in Zusammenarbeit mit dem Institut für Klinische Psychologie und Psychotherapie der Universität zu Köln.

Fischer, G. & Riedesser, P. (1998, 2. Aufl. 1999): Lehrbuch der Psychotraumatologie. München (Ernst Reinhardt Verlag).

Flatten, G.; Hofmann, A.; Liebermann, P.; Wöller, W.; Siol, T. & Petzold, E. (2001): Posttraumatische Belastungsstörung. Leitlinie und Quellentext, 4. Stuttgart, New York (Schattauer).

Freud, S. (Hg.) (1914): Weitere Ratschläge zur Technik der Psychoanalyse II. Erinnern, Wiederholen und Durcharbeiten. (GW). Bd. 10, S. 125. London (Imago Publishing). 1969.

Horowitz, M. J. (1976, 2. Aufl. 1986): Stress response syndromes, 2nd Edition. New York (Jason Aronson).

Keilson, H. (1979): Sequentielle Traumatisierung bei Kindern. Stuttgart (Enke).

Krupnick, J. (1997): Brief psychodynamic psychotherapy of PTSD. In: Psychotherapy in practice 3, S. 75–89.

Lichtenberg, J. D. (1988): Motivational-funktionale Systeme als psychische Strukturen. Eine Theorie. In: Forum Psychoanalyse 7, S. 85–97.

Lindy, J. (1988): Vietnam: A case-book. New York (Brunner & Mazel).

Nathan, R. & Fischer, G. (2001): Psychosomatische Störungsbilder als Langzeit-folge des psychotraumatischen Belastungssyndroms (PTBS). Explorative Untersuchung und Modellentwicklung zur psychosomatischen Symptom-bildung. In: Psychotraumatologie 2, www.thieme.de/psychotrauma.

Roth, S. & Batson, R. (1997): Naming the shadows: A new approach to indivi-dual and group psychotherapy for adult survivors of childhood incest. New York (Free Press).

Shapiro, F. (1995, dt. 1998): EMDR: Grundlagen und Praxis. Handbuch zur Behandlung traumatisierter Menschen. Paderborn (Junfermann).

Uexküll v., T. & Wesiack, W. (1988): Theorie der Humanmedizin. München (Urban & Schwarzenberg).

Psychoanalytische Wege aus der Wortlosigkeit

Mathias Hirsch

Für die Konzepte des therapeutischen Vorgehens in der Therapie Traumatisierter halte ich es für unabdingbar, zwischen chronischen familiären Traumata, die eher zur Persönlichkeitsstörung, und akuten, einmaligen Extremtraumatisierungen jeden Lebensalters, die eher zu Posttraumatic Stress Disorder (PTSD) führen, zu unterscheiden. Auf die Notwendigkeit dieser Differenzierung weist auch Kernberg (1999) in einer neueren Arbeit hin. Die erste Traumaform findet in langjährigen, für das Kind lebensnotwendigen Beziehungen statt, wie es bereits Ferenczi (1933; 1985) drastisch beschrieben hat, so dass die traumatische Einwirkung, die sich überdies über die Jahre wiederholt, nicht von den pathogenen Beziehungen und Strukturen der Familie getrennt werden kann. Ganz anders bei Extremtraumatisierungen, die nur insofern Beziehungstraumata sind, als dem Täter, dem Folterer z. B., in der traumatischen Regression vom Opfer, das sich als lebensunfähiges Kind erlebt, in einer Art Übertragung Qualitäten von übergroßer elterlicher, paradoxerweise gar rettender Macht verliehen werden. Bei nicht von Menschen verursachten traumatisierenden Katastrophen tritt der Beziehungsaspekt ganz in den Hintergrund. Insofern halte ich es für ebenso einfach wie zwingend, dass die heute propagierten Techniken der Traumatherapie eher für extremtraumatisierte Erwachsene geeignet sind, während die Folgen langjähriger chronischer Beziehungstraumata eben im Prinzip nur durch eine intensive Beziehungstherapie, insbesondere eine modifizierte psychoanalytische Therapie wirklich an der Wurzel zu packen sind.

Dementsprechend möchte ich nicht von einer speziellen psychoanalytischen Technik der Therapie von Traumatisierten sprechen, sondern vielmehr von spezifischen Besonderheiten einer psychoanalytisch-psychodynamischen Beziehungstherapie. Nicht so sehr technische Regeln, als vielmehr Intuition und Erfahrung sowie ein bei aller Abstinenz aktives Vorgehen, das auch das Risiko von Fehlern enthält – aber auch das Vermeiden von Risiken ist oft ein Fehler – bestimmen die Therapie. Es kommt nicht so sehr darauf an, was der Therapeut tut, sondern wer er *ist*; deshalb werden meine Auffassungen auch viel mit meiner Person zu tun haben. Die Angst davor, mit dem persönlichkeitsgestörten Patienten als Individuum in Beziehung zu treten, drückt sich auch in dem Bedürfnis aus, feste Regeln zu haben, technische Ratschläge bis hin zu Manualen, wie etwas *getan* werden kann, um den Patienten richtig zu *behandeln.*

Die Grundlage der therapeutischen Arbeit: Entwicklung der Symbolisierungsfähigkeit in der therapeutischen Beziehung

Die Fähigkeit zur Symbolbildung hat einen zentralen Stellenwert für die menschliche Entwicklung; man kann sagen, dass die Fähigkeit zur Trennung und die Fähigkeit, sich selbst und die Objekte, zu denen man in Beziehung tritt, als getrennt zu erleben, mit der Fähigkeit zur Symbolbildung korrespondiert. Denn der Gedanke ersetzt die abwesende Mutter, das ist Bions (1962) Idee des ersten Gedankens des Säuglings: »Keine Brust!« bzw. Lochs (1970) »keine Milch – daher ein Gedanke.« Andererseits ist nicht nur das Getrennt-Sein vom Objekt Voraussetzung für die Fähigkeit zur Symbolbildung, sondern die Anwesenheit einer adäquaten Mutter und *ihrer* Symbolisierungsfähigkeit, die diese Aufgabe erst einmal für das Kind übernimmt, bevor es sie nach Internalisierung nach und nach selbst übernehmen kann. Das Trauma zerstört die Symbolisierungsfähigkeit, es erzeugt nicht nur »Sprachverwirrung« (Ferenczi 1933), sondern auch Sprachlosigkeit. Ferenczi formulierte es schon 1932 so: »In Momenten des Traumas verschwindet die Objektwelt ganz oder teilweise. Alles wird objektlose Sensation.« (Fragmente und Notizen IV, S. 271)

Ein solches Denken geht auf Freud (1914g, S. 129f.) zurück: Der Patient, der sich an ein Trauma nicht erinnern kann, agiert es aus: »Er reproduziert es nicht als Erinnerung, sondern als Tat; er wiederholt es, ohne natürlich zu wissen, dass er es wiederholt (...) man versteht endlich (...), dies ist seine Art des Erinnerns.« Wo die Symbolisierung, die Sprache fehlt, muss konkretisiert agiert werden; das traumatische Gedächtnis führt unbeeinflusst von den Ich-Funktionen der Realitätskontrolle und der sozialen Regulierung, auch der Über-Ich-Funktionen, zum habituellen oder impulsartigen destruktiven Agieren.

Das Prinzip der Therapie von Traumatisierten liegt in der Förderung bzw. Wiederherstellung der Symbolisierungsfähigkeit und damit einhergehend der Förderung der Entwicklung von Ich-Strukturen, die sich an der Grenze zwischen getrennten Objekten bilden, d. h. an der *Auseinander-setzung*, wie die deutsche Sprache diesen Zusammenhang so schön wiedergibt, von Therapeut und Patient. Weil aber die Sprache dabei zuwenig verstanden wird, muss ersteinmal auch der Therapeut in gewissem Sinne mitagieren.

Besonderheiten der psychoanalytischen Therapie von traumatisierten Patienten

»Sympathie«

Es ist die Forderung erhoben worden, dem persönlichkeitsgestörten Patienten mit Sympathie entgegenzutreten (Eckert et al. 2000), aber wie soll der authentische Therapeut sie haben, wenn sie sich nicht entwickeln will? Die Forderung hängt vielleicht mit dem Titel des *Klinischen Tagebuchs* Ferenczis (1985) »Ohne Sympathie keine Heilung« zusammen, aber man kann sie nicht so leicht erfüllen. Denn die Persönlichkeitsanteile sind gespalten, der Patient seinerseits kippt zwischen Ablehnung und Hilfsbedürftigkeit, kann eben keine Ambivalenz aushalten, er erlebt im Therapeuten entweder den idealisierten guten oder den traumatisierenden Vater. Andererseits ist die Forderung berechtigt, man solle wenigstens Teile des Patienten annehmen können; sozusagen das traumatisierte Kind in ihm. Ein grenzenloses Annehmen, ein völliges »Mitleid« wird ebenso künstlich wie unangebracht sein. Es ist sicher berechtigt, mit Kernberg (1999, S. 13) »Sympathie« oder gar »Mitleid« durch »Interesse und objektive Besorgnis« zu ersetzen, die der Therapeut nicht verlieren dürfe.

Holding

Der Begriff geht auf Winnicott (1960) zurück und bezeichnet eine mütterlich haltende Umgebung, in der die kindliche Entwicklung sozusagen vorbehaltlos, ohne Bedingungen gefördert wird. Ähnlich spricht Amati (1990, S. 731) für die Therapie von Extremtraumatisierten, z. B. Folteropfern, von der »Unschuldsvermutung«, mit der der Patient insbesondere am Anfang der Therapie unvoreingenommen akzeptiert werden müsse. Ich habe in einer Arbeit über die Therapie sexuell traumatisierter Patienten

(Hirsch 1993a) auf die Notwendigkeit hingewiesen, den Patienten je nach Entwicklungsstand der Beziehung und Phasenabfolge der Therapie in einer ersten Phase in diesem Sinne anzunehmen, damit eine tragfähige Beziehung entstehen kann, denn diese Patienten sind gezwungen, Beziehungen ständig zu kontrollieren (Volkan u. Ast 1992, S. 107), Nähe abzuwehren, Affekte zu verleugnen und abzuspalten, sie projektiv in der Außenwelt zu sehen. Die Angst, in ihrem Wesen erkannt zu werden (Ehrenberg 1992, S. 188), wenn eine größere Nähe entsteht, spielt hier mit hinein. Deshalb sind Deutungen, insbesondere Übertragungsdeutungen, anfangs zu vermeiden, weil sie als Intrusionen erlebt würden, ebenso Konfrontationen, auch mit den destruktiven, selbstschädigenden Verhaltensweisen, solange sie nicht ein extremes Ausmaß annehmen. Amati (1990) spricht von »Verfügbarkeit des Therapeuten, der (...) am Anfang der Kur eher (...) alternatives Identifizierungsobjekt als Übertragungsobjekt ist.« (S. 731). So hat Sellschopp (1999) in diesem Sinne formuliert: Bei der Traumatherapie gehe »Beziehung vor Deutung«.

Das Holding bedeutet also in der Anfangsphase ein unterstützendes Begleiten und vorwiegendes Bestätigen der Auffassungen und Wahrnehmungen des Patienten, seiner Selbst und seiner Umwelt in Vergangenheit und Gegenwart. Gegensätzliche Auffassungen, die der Patient nicht tolerieren kann, insbesondere Übertragungsdeutungen, die ja dem Patienten die Ursache, die »Schuld« am Beziehungsgeschehen geben würden, werden zu leicht als Grenzschwächung oder gar -verletzung erlebt. Dazu gehört auch, die vom Patienten bereits berichtete traumatische Realität bestätigend zu benennen, auch Spaltung der Objektrepräsentanzen in »nur gut« und »nur böse« stehen zu lassen und nicht zu relativieren.

Containing

Der Begriff geht auf Bion 1962 zurück, der für die frühe Mutter-Kind-Beziehung eine Vorstellung von einer Behälterfunktion der Mutter entwickelt: der Container nimmt die zu bedrohlichen, unaushaltbaren Affekte des Kindes in sich auf, behält sie dort, macht sich sozusagen einen Begriff davon, zu dem der Säugling nicht in der Lage ist, und teilt sie ihm in modifizierter Form zu gegebener Zeit mit. Insofern geht die Containerfunktion weit über das Holding hinaus, als sie einen Bewältigungsmechanismus für unerträgliche Angst- und Wutaffekte darstellt. Für die Therapie von schweren Störungen ist das Bild insofern sehr nützlich, als der Therapeut überwältigende Affekte anstelle des Patienten in der Gegenübertragung spürt bzw. von diesem durch projektive Identifikation gezwungen wird, sie zu erleben. Sie kann so in »verdauter«, modifizierter Form nach und nach zurückgegeben werden, soweit es die wachsende Symbolisierungsfähigkeit des Patienten zulässt, bzw. zurückgehalten werden, solange sie für ihn noch zu bedrohlich sind.

Das Containing bekommt besonders dann eine Bedeutung, wenn nach einer ersten Phase der Idealisierung des Therapeuten und des Angenommenseins durch ihn die Therapie in eine zweite Phase der »negativen paranoiden Mutterübertragung« mündet, wie ich es in Therapien von sexuell Traumatisierten beobachtet habe (Hirsch 1993a). Überwältigende aggressive Gefühle und Empfindungen von Verfolgung und Bedrohtsein entstehen in der Übertragung, weil anlässlich erster größerer Ferienunterbrechungen ein implizites Versprechen, für den Patienten endlos da zu sein, das in der idealisierten therapeutischen Beziehung enthalten ist, als verraten erlebt wird. Gleichzeitig erfährt der Patient, dass die therapeutische Beziehung ihm doch so wichtig geworden ist, dass sie sich seiner omnipotenten Kontrolle entzieht, dass eine Abhängigkeit entstanden ist.

Das ganze Ausmaß einer solchen archaischen Wut (Hirsch 1987, S. 60–77: Falldarstellung Frau D.; Hirsch 1993a) ist nicht allein auf das erinnerbare Trauma im späteren Kindesalter, z. B. sexueller Missbrauch oder körperliche Misshandlung, zurückzuführen. Vielmehr dürfte es sich um eine Zweitzeitigkeit der Traumatisierung handeln (Hirsch 1989; 1993a; vgl. auch Volz-Boers 1999, S. 1148: »Ich habe den Eindruck, dass der erinnerbaren Panik der Siebenjährigen eine nicht erinnerbare, namenlose Panik zugrunde liegt, für die es kein Bild gibt.«).

In dieser zweiten Phase der paranoiden negativen Mutter-Übertragung, wie ich sie genannt habe (Hirsch 1993a) und wie sie auch Modell (1976) als Phase der narzisstischen Wut abgegrenzt hat, kommt es zu einem Kampf zwischen dem »alten« introjizierten traumatischen und dem »neuen« therapeutischen Objekt. Denn in seiner Verlassenheit wendet der Patient sich selbst destruktiv den alten Objektsurrogaten wieder zu, Rückfälle in destruktives promiskuöses Verhalten, Wiederaufsuchen von sado-masochistischen Partnerbeziehungen, Suchtmittelmissbrauch, Suizidalität und Selbstverletzung werden an die Stelle des als verlassend oder verfolgend erlebten therapeutischen Objekts gesetzt. Der Therapeut propagiert das Aufgeben der alten Objekte, ohne wirklich im ganzen ersehnten Umfange da sein zu können. Nun allerdings ist es an der Zeit, einen Standpunkt einzunehmen, mit konsequenter Deutung nicht mehr dem Patienten zu folgen, vielmehr ihm etwas entgegenzusetzen. Besonders Symptomverschlechterungen und Rückfälle in früheres destruktives Symptomverhalten müssen nun im Zusammenhang mit der therapeutischen Beziehung gedeutet werden. Gegenübertragungsgefühle von Ärger, Empörung oder Sich-benutzt-Fühlen sollen jetzt in einer Form benannt werden, die der Patient voraussichtlich auch annehmen kann. Insbesondere Gefühle der Hilflosigkeit, der Aussichtslosigkeit, die durch projektive Identifikation im Therapeuten entstehen, sollen benannt werden, da sie einer Täter-Opfer-Umkehr entsprechen. Der Therapeut wird sozusagen zu dem Opfer gemacht, das einmal der Patient war; eine solche Interpretation kann allerdings als Vorwurf erlebt werden und Schuldgefühle, Aggressionen sowie Rückzug hervorrufen; hier ist es angebracht, diese Szene als Übertragung zu verstehen und zu deuten.

Ein erstes Beispiel soll sowohl das entstehende Paradox – der Therapeut ist für den Patienten da, indem er ihm nicht zu Willen ist, also in seinem Erleben nicht für ihn da ist – als auch die Hilflosigkeit des Therapeuten angesichts der mangelnden Symbolisierungsfähigkeit der Patientin illustrieren (vgl. Hirsch 2001): Eine vaterlos aufgewachsene Patientin, die im Alter von acht bis elf Jahren Opfer einer regelrechten Kinderprostitution geworden war, die ihre Mutter mit ihr betrieben hatte, entwickelte eine sexualisierte Übertragung auf mich, die mit einer unkontrollierten, direkten Aggressivität verbunden war, weil ich ihrem Wunsch nach Sexualität mit ihr nicht entsprach. Innerhalb der Wutausbrüche beschimpfte sie mich, duzte mich, kam mir körperlich nahe, brachte mir sowohl Rosen mit als auch giftige Pflanzen, verspottete mich wegen meiner, wie sie sich vorstellte, Angst vor Frauen. Meine Gegenübertragung war dem völlig entgegengesetzt, eingeschüchtert, hilflos, empfand ich eine Art Empathie wie für ein allerdings tobendes trotziges, sozusagen verrücktes Kind, das nur noch mehr auseinander fiele, je mehr man sich ihm nähern wollte. Ich fragte sie, ob das Zusammenschlafen und der Orgasmus, den ich ihr machen soll, wie sie gesagt hatte, wirklich das sei, was sie wolle. Sie erwiderte: »Du hast genau gewusst, dass ich mich verlieben werde, wie schon tausend Frauen vor mir! Du machst Frauen an wie mich, um sie dann fallenzulassen. Du bist ja gar nicht in der Lage, eine Frau zu befriedigen, wahrscheinlich!« Ich fragte zaghaft, was ich denn hätte tun oder lassen können, das bewirkt hätte, dass sie sich verliebt hätte? – »Hör' auf, das ist auch wieder so ein Trick! Du wusstest genau, dass es dazu kommt!« Ich sagte, es sei paradox, ich tue etwas, indem ich nichts tue. Aber ich sei wenigstens da (...) »Sie sind überhaupt nicht da, Sie lassen mich hängen!« (Durch das Wechseln vom Du zum Sie ist durch meine zaghafte Intervention offenbar bereits eine größere Abgrenzung, eine Art Anerkennung meiner Intention, als von ihr getrennt akzeptiert zu werden, entstanden.) Ich fragte sie wieder, ob Sexualität wirklich das ist, was sie wolle. Vielleicht sei es etwas ganz anderes, was ich ihr versprochen habe und nicht halte. »Ich will nicht wie ein Kind behandelt werden, sondern wie eine erwachsene Frau!« Auf mein Insistieren hin, dass es vielleicht doch etwas anderes sei, weinte sie heftig: »Ich habe es satt, Knochen zu sammeln, ich will nicht mehr.« Knochen sammeln bedeutet auf die Suche nach dem Vater zu gehen. Ich sagte ihr, dass ihr Vater versprochen hat, ein Vater zu sein, allein, indem er sie gezeugt hat. Das Versprechen hat er nicht gehalten. Jetzt gegen Ende der Sitzung war sie versöhnlicher und sagte: »Jedenfalls haben Sie es ausgehalten.«

Ich denke, die konkretistische Sexualisierung war für die Patientin ein anfängliches untaugliches, durch den viel späteren Missbrauch begünstigtes Mittel, die Vaterleere, das Vakuum durch etwas »Anfassbares« zu füllen, durch etwas Konkretes, was erst später reiferen Symbolisierungsstufen zugänglich würde. Meine Gegenübertragungsgefühle wechselten von einer global freundlich begleitenden Haltung vor dem Angriff im Sinne des *Holding*, in der ich mich sozusagen als die bessere Mutter fühlte, als sie sie gehabt hatte, zu einer erschreckt betroffenen, ärgerlichen, besorgten, aber auch hilflosen Haltung aufgrund der zahlreichen Angriffe. Ich rettete mich in das Konzept Winnicotts (1969), dass die Mutter die mörderische Aggression des Kindes überleben müsse, um ihm ein Gegenüber zu sein, von dem abgegrenzt es sich entwickeln kann, weil es dann nicht seinen überflutenden Projektionen ausgeliefert bleibt. Ich suchte einen Ausweg oder Mittelweg, der unter Umgebung der paranoiden Wut die zugrundeliegende Beziehungssituation beschreiben sollte. Ich versuchte anzumerken, dass ich im Sinne des Haltens da sei, was die Patientin aber zuerst nicht annehmen konnte, weil ich für sie *sexuell* da sein sollte. In diesem Falle konnte die extreme Versagenswut ausgehalten werden und sich zu einer wachsenden Einsicht wandeln, dass ich sie tatsächlich verlassen hätte, wenn ich ihr zu Willen gewesen wäre. Denn dann wäre ich kein Therapeut mehr gewesen, ebenso wenig wie die Mutter durch den Missbrauch sich der Mutterfunktion völlig entzogen hatte. Und dass ich für sie da sein konnte, gerade dadurch, dass ich ihr nicht gegeben hatte, was sie wollte, sondern mich selbst dagegen gesetzt hatte, so dass sie sich als entsetzlich verlassenes Kind finden konnte. (Vgl. Modell 1976, der das Holding gerade durch die *fehlende* reale Unterstützung definierte.)

Ich bin mit Kernberg (1999) und Bohleber (2000), auch Sellschopp (1999), der Auffassung, dass die traumatische Situation in der Übertragung immer wieder abgeschwächt erlebt werden soll, auch und gerade, um Grenzen zu bilden zwischen der traumatischen Beziehung damals und ihrer Wiederholung heute mit dem inzwischen erwachsenen Patienten, der doch ganz andere Möglichkeiten der Abgrenzung, auch andere Möglichkeiten der Konzeption von psychischer und Beziehungswirklichkeit haben wird als das Kind damals, so dass er die Opferidentität umso eher verlieren kann, je mehr er zwar den Täter wiedererlebt, aber realisieren kann, dass die Bedrohung keine wirkliche mehr ist und der Täter zunehmend als der erkannt werden kann, der er wirklich einmal war: ein schwacher Erwachsener, der zynischerweise Gewalt über ein Kind zur narzisstischen Vervollständigung nötig gehabt hatte. Das bedeutet Aufrichten von Grenzen dem inneren Objekt gegenüber am Beispiel des äußeren therapeutischen, ein Zurechtrücken der Täter-Opfer-Beziehung, die realistischer gesehen werden kann. Für die Handhabung heftiger negativer Übertragung wirkt sich ein therapeutisches Setting günstig aus, in dem eine Übertragungsspaltung innerhalb des Gesamtsettings möglich ist, wie die analytische Gruppe, die kombinierte Einzel- und Gruppenpsychotherapie (vgl. Hirsch 1990; 1995) oder die stationäre Psychotherapie. Paranoide Reaktionen, in denen der Therapeut »nur böse« erlebt wird, können besser gehandhabt werden, wenn gleichzeitig »gute« Objekte existieren, die mit ihm in Verbindung stehen und kommunizieren.

Es folgen nun Beispiele methodischen Vorgehens, das einerseits zum Ziel hat, an den Ich-Grenzen zu arbeiten, die Selbst-Objekt-Grenzen zu stärken und andererseits, die zu deutenden Inhalte so zu formulieren, dass sie nicht gleich wieder vor Angst abgewehrt werden müssen, sondern vom Patienten zur Bereicherung seines Ichs, aber auch zu Abgrenzung gegen die traumatischen Introjekte verwendet werden können.

Die *metaphorische Deutung* hat den Zweck, dem Patienten durch gleichnishafte Formulierungen Bilder zu liefern, die er entweder von sich zu weisen oder aber auf sich selbst anzuwenden die Freiheit behält.

Man sagt z. B. einem völlig blockierten Patienten: »Ich könnte mir ein völlig hilfloses, trotziges Kind vorstellen, das ähnlich reagieren würde, das in seiner Hilflosigkeit von der eigenen Wut überschwemmt nicht einmal das von den Eltern annehmen kann, was es eigentlich selbst möchte (...)«, so dass der Patient sagen kann: »Nein, das sehe ich ganz anders (...)« oder aber sich derart mit einem solchen Bild identifiziert, dass er Situationen aus der eigenen Kindheit erinnert und die entsprechenden Affekte entstehen lassen kann. Anstatt jemandem direkt zu deuten, er habe massive Schuldgefühle entwickelt, wenn die Mutter Anzeichen der Autonomiebestrebungen des Kindes behinderte, sagt man vielleicht eher: »Mir fällt ein Bild von einer jungen Mutter auf einer Frühlingswiese mit blühenden Blumen ein, vielleicht in einer Picknickgesellschaft, die sich mit der Mutter über ihr vielleicht zweijähriges, herumtollendes Kind freut. Es hat sich von der Mutter entfernt und nimmt jetzt Kontakt zu ihr auf, beginnt, auf die Mutter zuzulaufen, die strahlt und sich über die Liebe des Kindes freut, das nun aber mit einem Jauchzen im Winkel von 90 Grad abbiegt mit einer großen Lust an der Macht, die es empfindet, der Mutter »Nein« zu sagen. Ich kann mir vorstellen, wie wichtig es für das Kind ist, dass die Mutter sich nun selbst über die eigene Entscheidung des Kindes freut, und wie zerstörerisch es ist, wenn die Mutter nun gekränkt und enttäuscht ist, das Gesicht verzerrt und das Kind abweist, wenn es sich wieder nähern will.«

Sogar Szenen aus Therapien anderer Patienten kann man verwenden: Eine bulimische Patientin hat noch keine Ahnung von der Funktion der Abgrenzung ihres Symptoms gegen eine Mutter-Imago. Ich erzähle die Geschichte einer anderen bulimischen Patientin, die den Kontakt zur Mutter abgebrochen hatte, nach drei Jahren Therapie das Symptom endlich aufgeben konnte und riskiert hatte, sich mit der Mutter an einem neutralen Ort, in einem Café, erstmalig wieder zu treffen. Die Patientin war etwas früher gekommen, dann sah sie die korpulente Mutter zur Tür herein kommen, die mehrere große Plastiktüten trug, in denen für die Tochter vorgekochte Nahrung in Plastikdosen untergebracht war. Die Patientin war erstarrt, konnte sich nicht abgrenzen, nahm all das Essen mit nach Hause und musste wieder mit dem bulimischen Symptom beginnen (...) Jetzt kann sich die Patientin aussuchen, ob sie sagt: »So etwas würde meine Mutter nie fertigbringen!«, dann behielte sie die Verbindung zur Mutter noch so, wie sie es nötig hat, oder aber sagen kann: »Ja, ganz genau, so ähnlich hat mich meine Mutter einmal nach einem Urlaub überfallen (...)« Oder: »Das ist ja furchtbar, wenn meine Mutter so etwas machen würde, würde ich ihr an den Hals springen und sie mit ihrem ganzen Essen nach Hause schicken!«, wenn die Patientin sich innerlich schon viel mehr trennen konnte.

Auch Bilder aus der Mythologie kann man verwenden, z. B. auf den Gedanken eines Patienten, er habe den Verdacht, von den Eltern nie richtig gewollt zu sein, vielleicht sollte er abgetrieben werden, antworten: »Ja, in Mythen und Märchen findet man das häufig, Ödipus wurde ja von den Eltern auch verstoßen und sollte ermordet werden, kaum dass er auf der Welt war (...)« Einmal klagte eine Patientin über ihre eiskalten Hände, und mir fiel der Titel des Grimm'schen Märchens *Das Mädchen ohne Hände* ein, ohne mich an den Inhalt erinnern zu können. Ich erwähnte das Märchen in der Hoffnung, die Patientin würde daran weiterarbeiten, sie fragte aber: »Haben Sie kein Märchenbuch hier?« Ich hatte den Band da und las ihr das kurze Märchen vor. Es ist aber eines, das vom Opfern eines Kindes durch die Eltern handelt: Der Teufel verspricht dem Müller undenkbaren Reichtum, wenn er ihm gibt, was sich hinter dem Haus befindet. Dort ist aber nicht der Apfelbaum, wie der Vater denkt, sondern das Kind kehrt den Hof. Da die Tochter so rein ist, kann der Teufel sie nicht bekommen, ohne dass ihr beide Hände abgehauen werden, der schwache Vater muss ihm sagen: »Mein Kind, wenn ich Dir nicht beide Hände abhaue, so führt mich der Teufel fort (...) hilf mir doch in meiner Not (...)« Sie antwortete: »Lieber Vater, macht mit mir, was Ihr wollt, ich bin Euer Kind.« An dieser Stelle brach die Patientin in Tränen aus, berührte doch dieses Bild ihr eigenes Rollenumkehr-Schicksal, mit dem sie immer das Gefühl gehabt hatte, sozusagen ihre kindliche Lebendigkeit der depressiven Mutter opfern zu müssen.

Nützlich ist es auch, das abgespaltene traumatische Introjekt, ein archaisches Über-Ich im Selbst des Patienten, als solches, auch personifiziert, zu benennen: »Es ist, als ob ein Teil von Ihnen in die Abhängigkeit zurück will, während ein anderer Teil, der sie ja auch hierher in die Therapie geführt hat, sich endlich befreien möchte (...)« Den Über-Ich Charakter kann man auch wie Gutwinski-Jeggle (2001, S. 51) benennen: »Der Diktator in Ihnen mag jetzt triumphieren, dass er mich überwältigt und in die Knie gezwungen hat (...). Es gibt aber noch einen anderen Teil in Ihnen, der selbst unter dem terroristischen Diktator leidet, weil er von ihm in Gefangenschaft gehalten wird, und der dringend meine Hilfe braucht, in der Hoffnung, befreit zu werden und sich entwickeln zu können.«

Nicht nur solche Bilder werden also entschlüsselt, die der Patient wie »Präsente« (Gutwinski-Jeggle 2001, S. 42) in die Therapie bringt und die man übersetzt, sondern man entwickelt aufgrund der Gegenübertragung selber phantasmatische Vorstellungen, die man dem Patienten anbietet. Dadurch leistet man eine Symbolisierungsarbeit, durchaus als Hilfs-Ich, die der Patient noch nicht leisten kann, man verbalisiert und bebildert unbewusste Affekte, Konflikte, traumatische Situationen.

So kommt es vor, dass ein Patient an einen Punkt gerät, wo das Denken blockiert ist, ein diffuser Affekt ihn überschwemmt, den er nicht identifizieren und benennen kann, dem Therapeuten aber ein Bild erscheint aus dem Film *Deutschland, bleiche Mutter* (Helga Sanders-Brahms 1979), ein Film über die Situation einer alleinerziehenden Mutter im Nachkriegsdeutschland, der ein sadistischer Zahnarzt mit irgendeiner Begründung sämtliche Zähne gezogen hat und die dementsprechend traumatisiert im Bett liegt. Die Tochter in ihrer Not denkt kindlich, der zerstörten Mutter etwas Gutes tun zu sollen, und kocht eine heiße Suppe. Als sie sie der Mutter bringt und die Mutter die Szene nur als Attentat begreifen kann, ergreift diese den Teller und schüttet dem Kind die heiße Suppe ins Gesicht (...). Mit diesem Kind kann sich der Patient identifizieren und statt seiner dumpfen Gefühllosigkeit sich affektiv seinem eigenen Rollenumkehr-Schicksal nähern.

Ein anderes Beispiel: Eine zwanghafte, extrem somatisierende und sich selbst beschädigende Patientin erzählte wieder einmal endlose Begebenheiten vom Wochenende, das sie bei ihrer Herkunftsfamilie verbracht hatte, um ein Fazit zu ziehen: »Eigentlich habe ich es mit den Eltern doch gar nicht schlecht getroffen (...).« Der Therapeut aber weiß doch von dem postnatalen Schicksal der Patientin, die wegen einer Infektion monatelang hinter der Glasscheibe einer Kinderklinik der 60er Jahre verbringen musste, der Therapeut weiß doch von der transgenerational vermittelten sadistischen Brutalität, die Familienangehörige in der Nazi-Zeit entwickelt hatten, er weiß doch von der Unfähigkeit der Eltern, das frühe Entbehrungstrauma später auch nur annähernd zu kompensieren, und fängt deshalb an, in Identifikation mit einem solchen internierten Säugling die Situation in pädiatrischen Kliniken der damaligen Zeit, die er aus eigener Anschauung als Assistenzarzt kennt, drastisch zu schildern, auch die Autoritätsgläubigkeit und Hilflosigkeit von durchschnittlichen Eltern angesichts eines autoritären ärztlichen Diktums, die Unfähigkeit der Einfühlung auch von Eltern, die alle folgenden Schwierigkeiten auf die ursprüngliche Krankheit, nicht aber auf die Seelennot des Kindes bezogen haben. So kann man sich vorstellen, dass gerade durch ein affektives Engagement des Therapeuten der Patientin eine neue Möglichkeit der Identifikation mit dem Kind in ihr selbst erreicht werden kann.

Eine andere Patientin schildert ohne jeden Affekt die furchtbaren Zustände der Flucht der Mutter mit ihren Kindern, die Patientin war erst gerade ein Jahr alt, aus dem Osten Deutschlands am Ende des Krieges, dürftige Erzählungen der Mutter reproduzierend. Der Therapeut spürt in sich affektiv das ganze Ausmaß einer solchen Situation für Mutter und Kinder, und beginnt, engagiert und mit den eigenen Affekten verbunden die Szene ausschmückend zu kommentieren. Die Patientin kann sich nun in die entsetzlichen Ängste der Mutter vor Tod und Vergewaltigung *der Mutter*, die diese damals nicht haben konnte, weil sie durchhalten musste, einfühlen, auch in die schweren Verluste von Heimat und Menschen, die die Mutter nicht betrauern konnte, und damit aber auch einen Zugang bekommen, wie eine Mutter in dieser Situation mit ihren Kindern umgehen musste. Dieselbe Patientin kam einmal zu spät zu ihrer Gruppensitzung und berichtete sofort völlig verstört, dass sie in der Straßenbahn ständig das Wort *Deportation* denken musste, so dass sie mehrmals die Straßenbahn verlassen musste. Der Therapeut dachte gleich an die Flucht der Mutter und begann ein Bild eines stattlichen Gutes inmitten von wogenden Weizenfeldern voller Vorkriegs-Prosperität zu entwickeln mit der Vorstellung, dass es das gewesen sein müsse, was die Mutter der Patientin verloren hat. Worauf die Patientin in Tränen ausbrach und sich erinnerte, dass es Fotos von dem Gut der mütterlichen Familie gab, die fast mit den Bildern des Therapeuten identisch waren. Die Phantasie des Therapeuten übernimmt die symbolisierende Funktion, die ein Traum haben kann; Borderline-Patienten träumen umso seltener, je mehr sie ihre unbewussten Szenen in der Realität agieren müssen.

Solche Bilder sind Faimberg und Corel (1991) entsprechend, auch Volz-Boers (1999) schließt sich an, nicht etwa Rekonstruktionen einer

Wirklichkeit, sondern sind *Konstruktionen* des Therapeuten aufgrund seiner Gegenübertragung, die die Phantasietätigkeit des Patienten übernehmen, zu der dieser noch nicht in der Lage ist. Faimberg und Corel (1991, S. 62) sind der Meinung, dass Agieren, »anstatt sich zu erinnern (...) deshalb geschieht, weil entweder die Vorstellung vorher nicht vorhanden war oder ihr zur Integration kein psychischer Raum zur Verfügung stand. In beiden Fällen stellt der Analytiker »ein ›missing link‹ zur Verfügung.«

Psychodramatische Elemente

Eine Möglichkeit, unbewusste Szenen, die relevante Beziehungsaspekte enthalten, dem Patienten vor Augen zu führen, ist ein kontrolliertes psychodramatisches Mitagieren, indem man aufgrund der Gegenübertragung die Rolle des inneren Objekts, das dem äußeren, unter Umständen traumatisierenden von damals entspricht, übernimmt. Die Ursprünge eines solchen Vorgehens liegen wieder einmal bei Ferenczi (1931), der in seiner Arbeit *Kinderanalysen mit Erwachsenen* den Versuch beschreibt, die kühle, teilnahmslose Haltung des Analytikers zu überwinden, um die Assoziationsbereitschaft des Patienten anzuregen. »Ein Patient entschließt sich nach Überwindung seines starken Misstrauens, sich Vorgänge seiner frühesten Kindheit zu vergegenwärtigen. Dank der analytischen Aufhellung seiner Vorzeit weiß ich bereits, dass er mich mit seinem Großvater identifiziert. Auf einmal schlingt er seinen Arm um meinen Hals und flüstert mir ins Ohr: ›Du, Großpapa, ich fürchte, ich werde ein kleines Kind bekommen!‹ Da verfiel ich auf die, wie mir scheint, glückliche Idee, ihm zunächst nichts von Übertragung und dergleichen zu sagen, sondern im gleichen Flüsterton die Rückfrage an ihn zu richten: ›Ja, warum glaubst du denn das?‹ Wie Sie sehen, habe ich mich da in ein Spiel eingelassen, das man Frage- und Antwortspiel nennen könnte, durchaus den Vorgängen analog, die uns die Kinderanalytiker berichten.« (Ferenczi 1931, S. 494f.). Ein solches psychodramatisches Spiel ist ein Dialog, der der Weiterentwicklung von Gedanken dienen soll und genau dem »Schnörkelspiel« Winnicotts (1971) entspricht, also den Dialog zwischen Kind und Therapeut mit Hilfe des abwechselnden Zeichnens von Schnörkeln in der Kindertherapie, die schließlich einen Sinn ergeben. Boyer (1997) spricht von »verbalem Schnörkelspiel« in der Behandlung schwer gestörter Patienten.

Gedo (1993, S. 132) nimmt das Vorgehen Ferenczis wieder auf, indem er die »Rolle einer inneren Stimme« des Patienten übernimmt, und zwar mit kontrolliertem, aber manchmal durchaus sehr starkem Affekt verbunden. Einmal entgegnet Gedo einem Patienten franko-kanadischer Herkunft in seiner Muttersprache Französisch (die Analyse wurde in englischer Sprache geführt) den Satz: »Sie wird fortlaufen, um durch die Welt zu ziehen,« (S. 134) und kommentiert: »Ich sagte dies in einem Ton, der Drohung, frustrierten Ärger und ein großes Maß an Gewissheit vermittelte – aber ganz wie ein Schauspieler, der seine Rolle spricht.« (ebd.) Er erreicht damit, dass der Patient affektiv die Szene wiedererlebt, in der die Mutter ihm ärgerlich gedroht hat, wegzugehen und »durch die Welt zu ziehen«, um ihn zu erschrecken. In einem anderen Fall ging Gedo noch weiter: Ein paranoider Patient lachte den Analytiker immer dann aus, wenn dieser nicht mit den paranoiden Überzeugungen des Patienten übereinstimmte.

> »Ich fing an, mit ärgerlicher Stimme zu antworten, und verglich ihn mit seiner verrückten Mutter, die ich ›Lady Arschloch‹ nannte. Genauso war sie von einigen Nachbarn während seiner Latenzzeit beschimpft worden. Schließlich brach ich in eine Serie von Flüchen und Schimpfkanonaden aus und nannte ihn einen ›Scheißkerl‹, der vor lauter Starrsinn niemandem erlauben würde, sein Leben zu retten. Schließlich brüllte ich ihn an: ›Okay, es geht mich ja nichts an, ertrinke nur!‹«

Nach einem kurzen Schweigen setzte sich der Patient auf, zitterte und schluchzte: Er würde sich nie für das revanchieren können, was ihm gerade gegeben wurde. Er hatte begriffen, dass er aus »purem Sadismus« mit dem Analytiker genau das inszeniert hatte, was er mit anderen Menschen machte. Es wäre für den Analytiker viel einfacher gewesen, diesen »Kampf um die Korrektur seiner Verzerrungen« zu umgehen, und dass dieser »um der Wahrheit willen ärgerlich geworden war«. Gedo kommentiert: »Mit anderen Worten: Der Analysand gewann jetzt selbst Einsicht in die Verschiebung seiner Übertragung ebenso wie in die projektive Verzerrung dessen, wer wen beleidigte. Die akute Krise war vorüber.«

Diese Schilderung aus der Literatur ermutigt mich, eigene Gedanken zur Aggressivität in der Gegenübertragung wiederzugeben. Am Anfang der Therapie ist es angezeigt, wie bereits erwähnt, übermäßige aggressive Affekte im Sinne des Containers aufzubewahren, aber nach Jahren der Therapie kann es nicht mehr darum gehen, den Patient sozusagen zu schonen und ihn so zu begleiten, dass er das Bild, mit dem er *sich selbst* schont, unbefragt weiter aufrechterhalten kann. Wenn zu einem solchen Zeitpunkt die Aggression durch projektive Identifikation im Analytiker erzeugt und abgelagert wird, sollte man sie vielleicht doch *als Böses* zurückgeben, damit sich der Patient überhaupt abgrenzen kann gegen das Böse und seinen »guten« Anteil entwickeln und schützen lernen kann?

In einer Sitzung mit einer Patientin, die ein schweres Selbstbeschädigungssyndrom entwickelt hatte und zu keiner Partnerbeziehung fähig war, hatte ich deutlich meinen Ärger darüber ausgedrückt, dass sie ohne mein Wissen eine andere Therapiesituation vereinbart hatte, so dass sie eine Woche ihre Sitzungen nicht würde wahrnehmen können. Dann passierte es mir aufgrund einer unbewussten Gegenübertragungsreaktion, der Ärger war wohl nicht überwunden, dass ich die Sitzung zehn Minuten vor der Zeit beendete. Das löste einen Sturm von Phantasien in der Patientin aus, die sie mir in einem Brief mitteilte: »Aber nachdem Sie mich heute hinausgeworfen haben, will ich doch herausbekommen, was ich nun wieder verbockt habe. Mir ist klar, dass Sie wieder sagen werden, es wäre alles ganz anders gewesen usw. Aber wenn Sie ehrlich sind, haben Sie die Sitzung vor der Zeit beendet, weil ich Sie maximal verärgert habe. Sie werfen mir vor, ich sei nicht ausreichend motiviert (...). Ich kann Sie sogar verstehen, an Ihrer Stelle hätte ich mich als Patientin nicht mal angenommen, geschweige denn, soviel Geduld gehabt. Trotzdem will ich gerne einiges aus meiner Sicht darstellen (...), weil ich mich so gekränkt, unverstanden und hilflos fühle (...). Schade, dass Sie keine Entwicklung bei mir sehen. Ich sehe soviel, mehr als ich mir jemals geträumt hätte. Ich habe nie etwas bewusst oder mutwillig verschwiegen, auch wenn Sie mir nicht glauben. *Von dem Kind in mir haben Sie nichts erfahren, weil ich das Kind doch selber nicht kenne.* Mir ist absolut schleierhaft, wie das Kind aussieht. Ehrlich gesagt habe ich auch eine Mordswut in mir. Egal, ob ich wieder nur einer Übertragung erliege oder ausnahmsweise mal was richtig wahrnehme, habe ich den Eindruck, dass Sie genauso sind wie meine Eltern (...). Mein Eindruck ist, dass ich nicht in ihr Konzept passe (...). Den Therapieabbruch muss ich hinnehmen, kann ihn auch nachvollziehen, auch wenn ich gerne weitergemacht hätte! (...) Ehrlich gesagt weiß ich im Moment gar nichts mehr. Schon seit Monaten denke ich, dass ich doch gar nicht sterben will.« Die Patientin fiel aus allen Wolken, als sie erfuhr, dass die Therapie keineswegs abgebrochen worden war und das zu frühe Ende auf einer Fehlleistung meinerseits beruhte, was ich ihr, nachdem ich ihr geschrieben hatte, sie möge zu ihrer nächsten Sitzung kommen, direkt sagte. Wenn sie auch, von ihrem inneren Kind nicht viel wusste, erlebte sie es aber in dieser Inszenierung mit allen Affekten und existentieller Angst (vgl. die Gleichsetzung von Therapieabbruch meinerseits und ihren Selbstmordabsichten) und Wut; sie konnte darüber hinaus erstmalig denken, dass sie die Therapie, die Beziehung zu mir also, wollte.

Es ist wohl immer eine Gratwanderung: Wird man als zu böse erlebt, droht der Abbruch, ist man zu gewährend und bricht die oft jahrelange Abwehr der negativen Affekte nicht auf, verhindert man die Loslösung von den entsprechenden inneren Objekten. Die Patientin hat in ihrem Brief »das Gute« in sich zeigen können und damit auch *mein Gutes* (ausgedrückt durch die Therapiefortschritte) und auch das Gute der Beziehung. Die Dynamik dieser Gratwanderung zeigte sich so: Seit Monaten sagte sie mir Stunde um Stunde, was sie wieder für Schwierigkeiten draußen hatte, ich ärgerte mich über ihr ständiges monotones Agieren, verhehlte das auch nicht, war also »böse«. Wenn ich so war und es ihr zeigte, konnte sie sich besser gegen mich abgrenzen; wäre ich »gut« gewesen, hätte ich in sie eindringen können und ihr das »Gute«, das verborgen in ihr war und inzwischen auch gewachsen war, rauben können. Ich durfte nicht »zu gut« sein; das betraf auch stark die therapeutische Situation. Jetzt hatte sie gedacht, ich hätte die Therapie abgebrochen (natürlich Projektion), dadurch war ich so weit weg von ihr, so ungefährlich, dass sie mir »das Gute« in dem Brief mitteilen konnte, so dass wir uns wieder angenähert hatten bis zur nächsten negativen Phase des Zyklus.

Den ketzerischen Gedanken, den ich zu zeigen versuche, sehe ich darin, dass man Patienten u. U. zu Entwicklungsfortschritten verhelfen kann, indem man ihnen in bestimmten Phasen zeigt und mitteilt, dass man sie in großen Teilen nicht akzeptiert und nicht mit ihnen einverstanden sein kann, sie nicht einmal mag, während man gleichzeitig selbstverständlich verlässlich das Setting aufrechterhält. So kann es gelingen, dass der Patient sich gegen das externalisierte Böse erstmalig abgrenzen kann, ohne die Situation zu verlassen, weil er gleichzeitig auch »das Gute« der Beziehung spüren kann.

Körpergegenübertragung

Die wahre, verborgene emotionale Befindlichkeit des traumatisierten Patienten zu erfassen, bedarf manchmal einer gewissen Begabung des Therapeuten, nämlich seinen eigenen Körper, seine Körperbefindlichkeit und seine Körpergefühle bzw. -phantasien als Instrument zu benutzen, das Verborgene des Patienten zu erspüren. Körperempfindungen sowohl des Patienten als auch des Therapeuten versteht Volz-Boers (2001, S. 386) »als Boten, als Informanten für arretierte, dissoziierte, bis dahin nicht seelisch empfundene (...) und somit nicht symbolisierte Erfahrung«, darüber hinaus werden »durch die wortsprachliche Benennung von Körperempfindungen (...) neuere Repräsentanzen des Körper-Selbst (...) gebildet.« (S. 387). Hess-Liebers (1999, S. 316f.) hat einen ganzen Katalog von Körperreaktionen in der Gegenübertragung aufgestellt. Neben der Körperhaltung, der Gestik, auch neben Bewegungsimpulsen, gibt es Körpergefühle des Therapeuten von Steifheit oder Eingezwängtsein, Kältegefühl, Hautüberempfindlichkeiten, es gibt Veränderungen der Atmung, Druck in der Herzgegend, Schmerzen des Verdauungstrakts u. a. vegetative Zeichen. Man spricht von »Körperempathie« (Jacobs 1973), auch die Vorstellung des Containing durch den Körper des Therapeuten ist in diesem Zusammenhang entwickelt worden. (Speziale-Bagliacca 1991)

Grenzen setzen

Obwohl in einer ersten Phase eine gewährende Haltung des Therapeuten gefordert ist, ist es von Anfang an unbedingt erforderlich, das einmal vereinbarte Setting aufrecht zu erhalten und auch alle Versuche, die Struktur des Settings zu verwässern oder zu unterminieren, abzuwehren. Auch sonst wird man Bedürfnissen, Ratschläge zu bekommen, Sitzungen zu verlegen etc. nicht einfach nachkommen, sondern versuchen, solche Wünsche zu verstehen, auch wenn ein solches Grenzensetzen Wut erzeugt. Schon an diesen basalen Grenzen können Ängste – z. B. vor zu großer Abhängigkeit, vor Freiheitseinschränkung, beherrscht und kontrolliert werden etc. – und entsprechende Aggressionen entstehen; manchmal wird eine Therapie aus diesen Gründen gar nicht zustande kommen. In der zweiten Phase der archaischen Aggression ist das Mittel des Begrenzens vorwiegend die Deutung der Basisverunsicherung, des Basis-Schuldgefühls (Hirsch 1997), der Paranoia und der Trennungsangst. In einer dritten Phase des Durcharbeitens der eingefrorenen Charakter- und Persönlichkeitszüge, die in Beziehungen agiert werden, wird das Grenzensetzen auch durch direkte Forderungen des Analytikers ein wichtiges Mittel, Strukturen zu bilden. Die Angst ist jetzt nicht mehr so groß, dass nicht auch eine Auseinandersetzung über diese Grenzsetzungen möglich wäre; der Patient erlebt so ein festes Gegenüber, von dem er in seinen konstruktiven, entwicklungsfördernden Aspekten ernst genommen wird. Die Grenzsetzung betrifft jedes destruktive Symptomverhalten, insbesondere autodestruktives Agieren, sei es sexualisiert, gegen den eigenen Körper oder gegen Beziehungen gerichtet; Selbstdestruktion stellt immer ein provozierendes Attentat auf die Therapie dar.

Frau A., als Kind jahrelang vom Großvater in einer Kate sexuell missbraucht, war am Wochenende allein gewesen, ihr Mann war weggefahren. Sie hatte eigentlich vor, sich Pornovideos zu holen, hatte aber nicht den Mut, sondern lieh sich schließlich zwei sentimentale Liebesfilme aus. Sie hat das Wochenende also nur zu Hause verbracht und versucht, die Depression mit Alkohol zu bekämpfen. Sie will bedauert und getröstet sein. Ich sage aber: Das sei ein schwaches Bild, sie hätte aus dem Wochenende doch etwas Konstruktives machen können (...). Sie wehrt sich heftig, das hätte sie nicht von mir erwartet, gerade von mir nicht! *Immer hat sie Vorwürfe gehört, ihr ganzes Leben Vorwürfe, hat sie sich auch selbst gemacht, sie will sie nicht auch noch von mir hören!* Ich sage, sie wolle von ihren Schuldgefühlen wegen des Wochenendes entlastet werden. Als ob sie es absichtlich missversteht, fragt sie: »Wieso Schuld – sind denn alle Kinder schuldig?« Ich fühle mich gedrängt, eine rechtfertigende Erklärung abzugeben, und schweige. – »Warum sagen Sie nichts?! – « Ich erkläre, dass ich das Gefühl habe, ich solle einen Vortrag über Schuldgefühle halten, damit sie sich nicht allein und abgelehnt fühlen muss und damit sie wenigstens etwas bekomme. – »Ja«, schreit sie, »ich will allerdings was haben, alle haben mich immer alleingelassen, auch Sie, ich hasse Sie!« Darüber ist sie erschrocken, sie habe nie einen derartigen Wutausbruch gehabt, fühle sich aber erleichtert. Wäre es nach der Patientin gegangen, hätte ich sie in ihrer Zerknirschung – Vorwürfe mache sie sich schon allein – bestätigen und trösten sollen; ich hätte sie in ihrer Opferrolle bestärkt. Da ich aber ihre Täter- und Schuldseite konfrontatorisch akzentuierte, konnte sie (endlich) die Wut empfinden, die sie bisher stets unterdrückt bzw. gegen sich selbst gerichtet hatte.

Ein anderer Grund für Aggressionen in der Gegenübertragung liegt in dem zähen Festhalten der Patienten über lange Zeit an der Verleugnung der destruktiven Qualität ihres Verhaltens, ihrer Partnerbeziehung, dem Verhalten der Eltern damals. Bei Gedo (1993) klang es schon an; der Patient dachte, wohl mit Recht, der Therapeut habe sich *um der Wahrheit willen* so aggressiv engagiert. Auch wenn man hier nun wiederum als Vergewaltiger erlebt wird, der Macht ausübt und intrusive Kontrolle, kann der Patient im allgemeinen jetzt den Übertragungscharakter eher sehen, so dass die entstehende Aggression auf die frühen Objekte zurückgeführt werden kann.

Benennung der Realität – Supervisionsaspekt der Therapie

Es ist heute ein Kunstfehler, in der Therapie, auch der analytischen, die Realität des Traumas nicht zu benennen und so den Patienten mit der Unterscheidung, wie ein traumatisches Einwirken zu beurteilen sei, ob es Realität sei oder der Phantasie entsprungen, sich innen oder außen befand, allein lässt (vgl. Kogan 1993; Hirsch 2000a). Aber nicht nur das Trauma der Kindheit, sondern auch aktuelle verwirrende Beziehungs- und gruppendynamische Situationen (»Mobbing«), die der Patient nicht einschätzen kann, sollen u. U. vom Therapeuten erklärt und benannt werden, bevor ein eventueller irrationaler Anteil und irrationale Ängste des Patienten bearbeitet werden.

Dazu ein Beispiel: Eine Patientin, die ihre Arbeit sehr gewissenhaft verrichtete, ganz auch mit den Bedürfnissen ihrer Arbeitgeber identifiziert war, hatte ihren Chef um Urlaub gebeten, d. h. sie hatte ihren legitimen Anspruch auf Urlaub angemeldet, und es war eigentlich schon klar, dass sie ab Montag gehen könne. Der Chef aber sagte, sie dürfe nicht gehen, sie müsse ihre Vertreterin einweisen, sie müsse am Montag noch kommen – basta! Die Patientin war völlig verwirrt, ging ohne Widerstand am Montag zur Arbeit, aber auch die Kollegin schüttelte den Kopf, weil die Einarbeitung gar nicht nötig war. Frau C. versteht den Chef nicht, denn der hat sie doch immer über den grünen Klee gelobt, wenn sie ihm ihre guten Arbeiten gezeigt hat, er war immer überschwänglich freundlich gewesen, so dass sie den Kontrast zu seinem autoritären Verhalten kaum verkraften kann. Ich kläre die Situation, ohne der Patientin weiter Raum zu geben, ihren Ängsten nachzugehen, um die

Verwirrung zu beenden, indem ich das Verhalten des Chefs interpretiere: Es scheint sich um eine narzisstische Persönlichkeit zu handeln, der die gute Arbeit, die Frau C. ihm gebracht hat, immer als Geschenk und als Beweis, was für ein guter Chef er sei, verstanden hat. Will sie dagegen Urlaub, hat er das Gefühl, sie lasse ihn im Stich, fühlt sich entwertet, verlassen und muss autoritär Maßnahmen ergreifen, um sein Selbst wieder aufzurichten.

Hier werden Hilfs-Ich Funktionen übernommen; erst eine Beruhigung diffuser Ängste und eine Klärung der Verwirrung ermöglichen es dem Patienten, eventuelle eigene Anteile zu bearbeiten. Das ist das, was ich (Hirsch 2000b) den Supervisionsaspekt in der Therapie genannt habe (heute sagt man auch »Coaching«). Ein weiteres Beispiel: Frau Q., die vor Jahren in ihrer Wohnung unter Schusswaffen-Bedrohung vergewaltigt worden war und weniger intrusive Ängste als vielmehr massive Beziehungsschwierigkeiten entwickelt hatte, äußerte in der Therapie ihre Angst, dass eine Verbindung herauskommen könnte zwischen der Tat, der Vergewaltigung, und ihrem Selbst vorher, dass sie schon vorher ein Opfer in ihrer Familie gewesen sei und die Tat nur einem Muster entspreche, das sie schon längst in sich getragen habe. Sie liefert ein Bild für dieses Muster: Sie sei Linkshänderin und in der Grundschule »umerzogen« worden, so dass sie sich damals schon fremd, *anders* in der Klasse gefühlt hatte wie schon die Eltern sich als Flüchtlinge fremd gefühlt hatten. Ich sage darauf: Einerseits gibt es schon Gemeinsamkeiten, denn ohne eine gewisse Gewalt wächst kein Kind auf, das ist das Muster unserer Zivilisation oder gar des Mensch-Seins, und die »Umerziehung« zur Rechtshänderin ist schon ein bedeutsames Beispiel. Aber eine Vergewaltigung, wie sie sie erleben musste, ist ein qualitativer Sprung, sie hat deshalb nichts mit der Vorerfahrung, nichts mit ihr, wie sie vor der Tat war, zu tun. Also habe ich Grenzen aufgerichtet, damit sie das »Selbst vor der Tat« deutlich unterscheiden kann von dem »Selbst in der Tat« und dem »Selbst nach der Tat«, damit sie wegen der Angst vor der Verschmelzung dieser Selbstbilder nicht *nur* auf die Tat sehen müsse und so Gefahr laufe, ein Opfer zu bleiben, anstatt sich umso eher aus der Opferidentität zu lösen, als sie auf Ressourcen vor der Tat und auch in ihrem aktuellen Leben zurückgreifen könnte.

Zur Grenzsetzung und zur Benennung und Klärung von Realitäten – den inneren des Opfers und den äußeren des Täters letztlich – gehört auch die minutiöse und wiederholte Schuldgefühl-Bearbeitung aller schwerer gestörten Patienten, worauf ich ausführlich hingewiesen habe (Hirsch 1993b; 1997). Sehr wichtig ist es, die verschiedenen Schuldgefühlkomponenten in der Bearbeitung zu trennen: Das Basisschuldgefühl wegen des Nicht-Gewolltseins der bloßen Existenz; das Trennungsschuldgefühl wegen Behinderung der Autonomie, auch das Vitalitätsschuldgefühl (inklusive des ödipalen), weil die Eltern mit der Lebendigkeit des Kindes Schwierigkeiten hatten, vor allem aber das introjizierte traumatische Schuldgefühl, das ja eigentlich die Schuld des Täters ist, die das Opfer ihm abgenommen hat, wie es uns Ferenczi (1933) gelehrt hat. Insbesondere aber sollte ein Anteil *realer Schuld* auch des Opfers, hervorgerufen durch sekundäre Identifikation mit dem Täter, wodurch dieser tragischerweise imitiert werden musste, sorgfältig von den irrationalen Schuldgefühlen getrennt werden, damit durch Schuldanerkennung und Reueaffekt eine Trennung ermöglicht wird (Hirsch 1997). Auch das ist eine Arbeit an Grenzen und dient letztlich der Lösung vom traumatischen Introjekt.

Um Grenzen zu setzen und Realitäten zu benennen, ist es u. U. erforderlich, dass der Therapeut auch seine eigene Realität kontrolliert zu erkennen gibt. Ein folgendes Beispiel soll dieses Moment belegen: Eine Patientin beginnt ihre Sitzung wie folgt: »Ich muss was sagen, das ist eigentlich unwichtig, es regt mich aber maßlos auf: Sie beginnen meine Sitzung immer zwei bis drei Minuten zu spät, holen das aber am Ende der Stunde nicht nach!« Sichtlich aufgeregt und mit verhaltenem Zorn sagt sie, dass ein solches Verhalten für sie eine Vergewaltigung ist, ein Ausgeliefert-Sein bedeute und sie es als Machtausübung meinerseits auffasse. Ich bin erstaunt, etwas irritiert und entschließe mich, ihr meine Realität zu nennen: Es sei mir gar nicht aufgefallen, dass ich ihr Zeit vorenthalte, auf keinen Fall hätte ich es bewusst gemacht. Vielmehr komme es mir wohl nicht auf die Minuten an, sondern ich würde die Stunde schließen, wenn gerade ein gewisser inhaltlicher Abschluss erreicht sei, das könnte u. U. auch zwei bis drei Minuten nach dem offiziellen Schluss sein. Sie lächelt, ist ganz erleichtert und erklärt, dass es sie für am wichtigsten ist, dass ich sie achte, und das hätte ich ja mit meiner offenen Erklärung bewiesen, das sei die Hauptsache für sie, nicht etwa die Minutenzählerei. Ganz anders bin ich in einer ähnlichen Situation mit einer anderen Patientin umgegangen, die eine unmäßige Wut auf ihre Vorpatientin hatte, die angeblich immer mehr bekomme als sie, die ich mehr mögen würde, die beliebt sei und erfolgreich, (sie kannte sie gar nicht), während sie leer ausginge, immer benachteiligt sei und von mir übersehen werde. Hier war der Charakter dieser Aufregung ödipal und betraf eine Geschwisterübertragung, so dass ich die Patientin nicht derart beruhigt habe, sondern ihre Psychodynamik gedeutet habe. Hätte ich meine Realität benannt, dass ich nämlich bemüht sei, die Sitzung zu verlängern, wenn sie einmal etwas später angefangen haben sollte, dass die Vorpatientin also gar nicht wirklich mehr bekommen habe etc., hätte es ein hick-hack-artiges Streiten um den wahren Charakter der Situation gegeben.

Schlussbemerkung

Es ging mir in diesem Beitrag um die Möglichkeiten und Notwendigkeiten der Intervention in der analytischen Therapie schwerer gestörter, traumatisierter Patienten, nicht so sehr um eine Darstellung des vollständigen phasenartigen Ablaufs solcher Therapien (siehe dazu Hirsch 2000a). Nur soviel sei gesagt, dass es sich dabei um einen langen Weg der Durcharbeitung der traumatischen Beziehung nicht nur, aber auch besonders in der Übertragung handeln muss. Letztlich ist es ein Prozess der Loslösung von den inneren Objekten, die der erlittenen traumatischen Gewalt entsprechen, ein Trauerprozess, der in Gang kommt, wenn die asymbolischen »gefrorenen Introjekte« (Giovacchini 1967) in der therapeutischen Beziehung »aufgetaut«, zusammen mit den adäquaten Affekten entäußert und nun überlebt werden können.

Literatur
Amati, S. (1990): Die Rückgewinnung des Schamgefühls. In: Psyche 44, S. 724–740.
Bion, W. R. (1962): Lernen durch Erfahrung. Frankfurt/Main (Suhrkamp), 1990.
Bohleber, W. (2000): Die Entwicklung der Traumatheorie in der Psychoanalyse. In: Psyche 54, S. 797–839.
Boyer, L. B. (1997): The verbal squiggle game in treating the seriously disturbed patient. In: Psychoanal. Qu. 66, S. 62–81.
Eckert, J.; Dulz, B. & Makowski, C. (2000): Die Behandlung von Borderline-Persönlichkeitsstörungen. In: Psychotherapeut 45, S. 271–285.
Ehrenberg, D. B. (1992): Jenseits der Wörter. Zur Erweiterung der psychoanalytischen Interaktion. Stuttgart (Klett-Cotta), 1996.
Faimberg, H. & Corel, A. (1991): Wiederholung und Überraschung. Ein klinischer Zugang zur Notwendigkeit der Konstruktion und ihrer Gültigkeit. In: Jahrbuch Psychoanal. 28, S. 50–70.

Ferenczi, S. (1931): Kinderanalysen mit Erwachsenen. In: Bausteine zur Psychoanalyse III. Bern (Huber). 1964: S. 490–510.

Ferenczi, S. (1932): Fragmente und Notizen IV. In: Bausteine zur Psychoanalyse IV. Bern (Huber). 2. Aufl., 1964. S. 258–294.

Ferenczi, S. (1933): Sprachverwirrung zwischen den Erwachsenen und dem Kind. In: Bausteine zur Psychoanalyse III. Bern, Stuttgart, Wien (Huber). 2. Aufl., 1964. S. 511–525.

Ferenczi, S. (1985): Ohne Sympathie keine Heilung. Das klinische Tagebuch von 1932. Frankfurt/Main (Fischer), 1988.

Freud, S. (1914): Erinnern, Wiederholen und Durcharbeiten. In: Gesammelte Werke. London (Imago Publishing). 1969. S. 125.

Gedo, J. E. (1993): Psychoanalytische Interventionen: Überlegungen zur Form. In: Psyche 47, S. 130–147.

Giovacchini, P. L. (1967): The frozen introject. In: Int. J. Psycho-Anal. 48, S. 61–67.

Gutwinski-Jeggle, J. (2001): Sich begegnen und sich verfehlen im Sprachraum des psychoanalytischen Prozesses. In: Z. psychoanal. Theor. Praxis 16, S. 37–56.

Hess-Liebers, W. (1999): Erfahrungen mit Körper-Empathie. Ein Bericht aus der psychoanalytischen Praxis. In: Forum Psychoanal. 15, S. 312–326.

Hirsch, M. (1987): Realer Inzest. Psychodynamik des sexuellen Mißbrauchs in der Familie, 3. überarbeitete Aufl. Unveränd. Neuaufl. Gießen (Psychosozial- Verlag), 1999.

Hirsch, M. (1989): Psychogener Schmerz. In: M. Hirsch (Hg.) (1989): Der eigene Körper als Objekt. Zur Psychodynamik selbstdestruktiven Körperagierens. Berlin, Heidelberg, New York (Springer). 1989, Neuaufl. Gießen (Psychosozial-Verlag), 1998.

Hirsch, M. (1990): Kombinierte Einzel- und Gruppenpsychotherapie der Bulimie. In: Praxis Psychother. Psychosom. 35, S. 315–322.

Hirsch, M. (1993a): Therapeutische Erfahrungen mit Opfern inzestuöser Gewalt. In: Jahrbuch Psychoanal. 31, S. 132–148.

Hirsch, M. (1993b): Schuld und Schuldgefühl des weiblichen Inzestopfers als Beispiel von Introjektions- und Identifikationsschicksalen traumatischer Gewalt. In: Z. psychoanal. Theorie Prax. 8, S. 289–304.

Hirsch, M. (1995): Sexuell mißbrauchte Patienten in der Gruppen-psychotherapie. In: Gruppenpsychother. Gruppendyn. 30, S. 301–314.

Hirsch, M. (1997): Schuld und Schuldgefühl – Zur Psychoanalyse von Trauma und Introjekt. Göttingen (Vandenhoeck & Ruprecht).

Hirsch, M. (2000a): Die Bearbeitung der Erfahrungen von sexuellem Mißbrauch und körperlicher Mißhandlung in der Familie durch psychoanalytische Psychotherapie. In: O. Kernberg; B. Dulz & U. Sachsse (Hg.) (2000a): Handbuch der Borderline-Störungen. Stuttgart (Schattauer). S. 537-554.

Hirsch, M. (2000b): Elemente der Supervision in der analytischen Einzelpsychotherapie. In: Supervision – Mensch, Arbeit, Organisation H. 3/2000, S. 36–43.

Hirsch, M. (2001): Multiple Traumatisierung und sexualisierte Übertragung. In: Forum Psychoanal. 17, S. 38–50.

Jacobs, T. J. (1973): Posture, gesture and movement in the analyst: Cues to interpretation and counter-transference. In: J. am. Psychoanal. Assoc. 21, S. 77–92.

Kernberg, O. F. (1999): Persönlichkeitsentwicklung und Trauma. In: Persönlichkeitsstörungen 3, S. 5–15.

Kogan, I. (1993): Kurative Faktoren in Psychoanalysen mit Kindern von Überlebenden des Holocaust vor und während des Golfkrieges. In: Jahrbuch
Psychoanal. 34 (1995), S. 181–205.

Loch, W. (1970): Zur Entstehung aggressiv-destruktiver Reaktionsbereitschaft.
In: Psyche 24, S. 221–259.

Modell, A. H. (1976): »The holding environment« and the therapeutic action of
psychoanalysis. In: J. Am. Psychoanal. Ass. 24, S. 285–307.

Sanders-Brahms, H. (1979): Deutschland, bleiche Mutter. (Produktion: Sanders-
Brahms/Literar. Kolloquium/WDR).

Sellschopp, A. (1999): Das Traumakonzept im Spannungsfeld zwischen
Geschichte, Klinik und Forschung. In: Persönlichkeitssörungen 3, S. 64–74.

Speziale-Bagliacca, R. (1991): The capacity to contain: Notes on its function and
psychic change. In: Int. J. Psycho-Anal. 72, S. 27–32. Deutsch: Z. psychoanal.
Theor. Praxis, Sonderheft (1991), S. 22–31.

Volkan, V. & Ast, G. (1992): Eine Borderline-Therapie. Göttingen (Vandenhoeck
& Ruprecht).

Volz-Boers, U. (1999): »Ich bin wieder im Mensch.« Transformation des frühen
Traumas durch Neubildung von Repräsentanzen. In: Psyche 53, S. 1137–1159.

Volz-Boers, U. (2001): Mit Leib und Seele: Körpererfahrungen und subsymboli-
sche Kommunikation in der Gegenübertragung. In: A. Gerlach & A.-M.
Schlösser (Hg.) (2001): Kreativität und Scheitern. Gießen (Psychosozial-
Verlag).

Winnicott, D. W. (1960): Die Theorie von der Beziehung zwischen Mutter und
Kind. In: D. W. Winnicott (Hg.) (1960): Reifungsprozesse und fördernde
Umwelt. München (Kindler). 1974.

Winnicott, D. W. (1969): The use of an object. In: Int. J. Psychoanal. 50,
S. 711–716.

Winnicott, D. W. (1971): Die therapeutische Arbeit mit Kindern. München
(Kindler), 1973.

MS ACCESS™-gestützte Datenerfassung bei Akut-Traumatisierten mit HeiGOS-itemwise

Ralph Micka, Alexander Weiser und Günter H. Seidler

Das Problem

Angesichts der Datenlage im Bereich der Psychotraumatologie und dem Wunsch von Praktikern, eine Unterstützung durch Fragebogeninstrumente zu erhalten, die einerseits relevante Informationen für die Diagnose und Behandlung von Traumafolgestörungen liefern und andererseits zeit- und geldökonomischen Bedürfnissen von Probanden und Untersuchern gerecht werden, wurde als Aufgabe definiert, zu Forschungszwecken ein praktikables System zu entwickeln, mit dem schnell und umfassend viele Daten für die Forschung im Bereich der Psychotraumatologie gesammelt, verarbeitet und ausgewertet werden könnten. Dabei erschien es wichtig, eine Lösung zu erarbeiten, die für die meisten Nutzer ohne zusätzlichen Investitionsaufwand umsetzbar wäre und gleichzeitig dem Untersucher möglichst viele Fehlerquellen erspart und zeitraubende Tätigkeiten abnimmt.

Ein solches System sollte einerseits den Untersucher nur minimal in Anspruch nehmen und den Aufwand des Probanden zu maximalem Nutzen umformen. Andererseits sollte auch die Dateneingabe, -aufbereitung und -auswertung nur wenig Ressourcen binden und die Herstellung eines solchen Systems auch interessierten Laien im Programmieren möglich sein.

Bisher ist es üblich, wenn überhaupt Instrumente eingesetzt werden, dem Probanden Fragebögen vorzulegen, die dieser im Untersuchungsraum, Wartebereich oder zu Hause ausfüllt und wieder abgibt. Der Untersucher kann diese dann sich selbst oder eine Hilfskraft mit einer Schablone an die Auswertung setzen oder eine studentische Hilfskraft – kurz Hiwi – wird an einen PC gesetzt, damit diese die Fragebögen ordentlich, vollständig und fehlerfrei in eine Datenmaske eingibt, deren Programm diese dann einer statistischen Auswertung zugänglich machen kann. Selbstverständlich sind nur selten alle Fragen beantwortet, und es entsteht die Frage, ob und wie die Ergebnisse jetzt noch auswertbar sind. Das ist gegenwärtig die gewöhnliche Lösung.

Die Vision

Die bisherigen Gedanken führten zu folgenden Überlegungen:

1. Eine Person, die ein Kreuz auf ein Blatt Papier schreiben kann, sollte prinzipiell auch in der Lage sein, einen Mauszeiger auf einen Knopf zu bewegen und »anzuklicken«!

2. Die Person, welche die Daten erzeugt, sollte diese idealerweise auch in den PC eingeben. Das erspart Fehler. Dass die Person »das Kreuz«, also den Mausklick, an der richtigen Stelle macht, gewährleistet der Umstand, dass entweder jederzeit die Instruktion zur Frage lesbar sein kann und nicht einfach ein Kästchen oder eine Zahl angeklickt wird, sondern die konkrete Antwort, nämlich »stimmt ganz genau« oder »trifft voll und ganz zu« oder »Ja«.

3. Werden einer Person am Monitor Fragen gestellt, bekommt man vielleicht keine Antwort auf die Frage, aber die Frage bleibt auf keinen Fall unbeachtet. Ungewollte »missing data« verschwinden aus der Auswertung. Die Vollständigkeit der Daten wird verbessert, weil die Aufmerksamkeit auf jedes Item gelenkt wird.

Die Umsetzung

Mit der HeiGOS-ItemWise, die auf Microsoft ACCESS™ basiert, werden die einzelnen Fragen/Items der Instrumente nacheinander präsentiert, und der Proband klickt dann direkt auf dem Bildschirm die auf ihn zutreffende Antwort an. Die Daten befinden sich sofort in der Datenbank, in der man dann direkt mit ihnen weiterarbeiten oder sie in ein Statistik-Programm übernehmen kann.

Aufbau der ItemWise

Startet man die ItemWise-Datenbank, so erscheint zunächst ein Start-bildschirm, von dem aus man die grundlegenden Funktionen ansteuern kann. Möglich ist entweder ein direktes Beenden der Datenbank, der Export bereits eingegebener Daten oder aber die Eingabe neuer Daten, also die Entsprechung zum Ausfüllen des Fragebogens.

Bei einem Mausklick auf »Eingabe« öffnet sich ein weiteres Fenster, in dem der momentan zu erhebenden Messzeitpunkt ausgewählt wird oder ein Satz an Übungsfragen startet, der dann den Probanden, die mit dem PC nicht oder wenig vertraut sind, in einem kurzen Tutorium den Umgang mit der Maus beibringt, und zeigt, wie die Fragen auf dem Bildschirm beantwortet werden können.

Nach der Auswahl des Messzeitpunktes kann der Untersucher nun weiterhin entscheiden, ob ein kompletter Durchlauf aller zu diesem Zeitpunkt erhobenen Instrumente gestartet wird oder ob lediglich ein bestimmter Bogen aufgerufen werden soll. ItemWise ist also modular aufgebaut, so dass das Hinzunehmen oder Entfernen eines Bogens für erfahrene MS ACCESS™-Benutzer kein Problem darstellt. Die Wahl der Durchlaufvariante, also ob ein Bogen einzeln oder in Reihe mit den anderen appliziert wird, wird von ItemWise in einer Tabelle mit den übrigen Daten dokumentiert.

Der genaue Ablauf während der Beantwortung eines oder mehrerer Bögen wird weiter unten noch ausführlich dargestellt. Zwei weitere Funktionen sollen hier noch Erwähnung finden: Zum einen ist es dem Probanden zu jeder Zeit möglich, innerhalb eines Intranets über einen Knopf Hilfe vom Untersucher anzufordern, sofern dieser ins Intranet eingeloggt ist und sein E-mail-Programm läuft. Der Computer sendet automatisch eine E-mail an den Erhebenden, so dass seine Anwesenheit bei dem Probanden nicht über den gesamten Erhebungszeitraum hinweg vonnöten ist. Des weiteren wird bei Beendigung des letzten Bogens eine E-mail abgesetzt, die dem Untersucher mitteilt, dass der Proband die Eingabe abgeschlossen hat und nun auf eventuelle weitere – nicht am PC durchzuführende – Erhebungen wartet.

Eingabe

Die Eingabe in die ItemWise-Datenbank erfolgt im Normalfall durch den Probanden selbst. In Ausnahmefällen, z. B. wenn der Proband mit der computergestützten Eingabe nicht zurecht kommt, kann jedoch auch ein »klassisch ausgefüllter« Fragebogen nachträglich in die Datenbank eingegeben werden. Dies kann entweder auch Frage- bzw. Item-weise ablaufen, oder aber über ein zusätzliches Datenformular, auf dem eine in der Dateneingabe einigermaßen geübte Person die Daten schnell in den PC tippt.

Nach der Auswahl des Messzeitpunktes und der Wahl der Durchlaufvariante wird die Eingabe des Probandencodes verlangt. Der Proband sieht also, wie die Eingabe pseudonymisiert wurde und der Untersucher kann durch diesen eindeutig zu vergebenden Code sichergehen, dass auch über die Zeitpunkte hinweg immer die richtigen Daten zueinander finden. Nach der Bestätigung dieser Eingabe ist nun der weitere Verlauf der Eingabe angestoßen und läuft automatisch und ohne weitere Möglichkeit des Eingreifens ab.

Nach Eingabe des Probanden-Codes erscheint ein Fenster, das die einführende Instruktion des folgenden Fragebogens enthält. Der Proband liest die Anweisungen zum Fragebogen und kommt durch Bestätigen zur ersten Frage des Bogens.

Auf diesem Bildschirm ist im oberen Bildschirmbereich die jeweilige Frage zu lesen, darunter sind dann die Antwortkategorien des Bogens darge-stellt. Der Proband wählt die auf ihn zutreffende Kategorie an, kann diese Wahl dann überprüfen und mit einem Mausklick auf »weiter« bestätigen.

HeiGOS-ItemWise schreibt den zur Kategorie gehörenden Zahlen-wert dann gemeinsam mit dem Zeitpunkt und dem zugewiesenen Code in eine Tabelle. Links neben dem »weiter«-Knopf befindet sich der oben bereits erwähnte »Hilfe«-Knopf, der dem Untersuchenden eine E-mail zukommen lässt, so dass dieser nach dem Probanden schauen und ihm die gewünschte Hilfestellung bieten kann.

Der Proband bekommt nun nacheinander alle Fragen des oder der gewünschten Bögen dargeboten und beantwortet sie in der vorgegebe-nen Reihenfolge. So wird sichergestellt, dass er alle Fragen zur Kennt-nis nehmen muss. Gleichzeitig kann der Proband in der Titelleiste des Formularfensters sehen, wie viele Items in diesem Fragebogen noch zu beantworten sind. Diese Möglichkeit soll zusätzlich die Motivation erhöhen.

Hat der Proband alle Fragen beantwortet, so sendet die HeiGOS-ItemWise eine E-mail an den Untersuchenden, während der Proband gebeten wird, auf den Untersuchenden zu warten. Nun können gegebe-nenfalls noch weitere – nicht mithilfe von Fragebögen durchzuführende – Erhebungen stattfinden.

Sowohl Datenerhebung als auch Dateneingabe sind nun abgeschlos-sen und der Forscher kann sich sogleich der Datenauswertung widmen.

Weitere Funktionen: Noch mehr Nutzen für Forschung und Praxis?

ItemWise kann auch noch andere Funktionen übernehmen. In unserem Fall werden nach der Eingabe kurze Berichte, mit durch MS ACCESS™ berechneten Skalen ausgedruckt. Dem Untersucher steht somit gleichzeitig mit dem Ende der Datenerhebung ein Diagnosebericht zur Verfügung, der sofort zur Beurteilung herangezogen werden kann. Einerseits haben Untersucher und Therapeut so direkten Zugang zu den relevanten Angaben des Probanden, andererseits zugleich auch noch eine »Hardcopy« der soeben erhobenen Daten.

Zudem kann dem Probanden aufgezeigt werden, dass seine Angaben auch ein »greifbares« Ergebnis bewirken. Wird der Person klar, dass die Fragebogenerhebung der Qualität ihrer Behandlung dient, wirkt das unter Umständen eher motivationsstiftend. Damit die Person am Monitor zu dieser Einsicht kommen kann, muss aber zunächst auch der Therapeut diesbezüglich von der Sinnhaftigkeit seines Tuns überzeugt sein. So darf der PC nicht nur »Daten konsumieren«, sondern muss auch wieder etwas zurückgeben – und zwar einen Diagnosebericht, der zumindest die Ergebnisse umfasst, die sinnvoll zu interpretieren sind oder Hinweise auf Diagnose und Behandlung geben. Selbstverständlich sieht auch die ausfüllende Person, dass ihre Arbeit ein »greifbares« Ergebnis erzeugt.

Angesichts der Möglichkeit, dass auch in den Praxen und Kliniken Daten in EDV-fähiger Form erhoben werden könnten, wird erst die ganze Tragweite und mögliche Bedeutung eines solchen Systems für die Forschung – nicht nur im Bereich Psychotraumatologie – deutlich. Die ausgefüllten Bögen verschwinden zwar in irgendwelchen Krankenakten und gehen irgendwann den Weg allen Irdischen, für die Forschung stünden Sie aber sofort in verwertbarer Form zur Verfügung. Wenn ein Forscher solche Ergebnisse sichten will, erhält er weder eine komplette Krankenakte noch eine Absage, sondern eine kleine Diskette mit pseudonymisierten Daten.

Sollten die Daten tatsächlich Einzug in eine Studie halten, so musste ein engagierter Forscher bisher einen Hiwi an einen PC setzen, und hoffen, dass dieser die Fragebogendaten ordentlich, vollständig und fehlerfrei in eine Datenmaske eingibt, deren Programm diese dann einer statistischen Auswertung zugänglich machen kann. Jetzt kann der Hiwi

– so vorhanden – weiterhin Artikel aus staubigen Zeitschriftenbänden herauskopieren.

Bisherige Erfahrungen

Unsere bisherigen Erfahrungen in der Heidelberger Gewaltopferstudie HeiGOS mit dem System sind zufriedenstellend. Die jüngeren sowie die PC-erfahrenen Probanden nehmen die Eingabe am PC an. Dabei entstehen nach eigenen Angaben keine Probleme und offenbar auch keine höheren Belastungen als beim Paper-Pencil-Test. In unserer Studie haben wir den Probanden freigestellt, alternativ die Paper-Pencil-Version der Fragebögen zu verwenden. Es wurde unterlassen, auf die Probanden in dem Sinne einzuwirken, dass sie die PC-Eingabe unbedingt nutzen sollen. Zudem wurde über die Messzeitpunkte die Art der Datenerhebung beibehalten. So erklärt sich, dass etwa ein Drittel der Eingaben am PC stattfanden. Für den Fall des Einsatzes in den Praxen der Untersucher gehen wir davon aus, dass größere Prozentsätze von Probanden für diese Form der Datenerhebung zu gewinnen sein müssten.

Zusammenfassung

HeiGOS-ItemWise bietet eine gute Möglichkeit, Zeit zu sparen und Fehler zu vermeiden. Sie liefert Daten, bei denen nachträgliche Tippfehler bei der Dateneingabe und Verzerrungen der Ergebnisse durch nicht intendierte »missing data« der Vergangenheit angehören. Die Hinzunahme oder das Wegnehmen eines Bogens stellen keine Probleme dar, was eine hohe Flexibilität in der Verwaltung der Bögen mit sich bringt. Einmal erstellte Bögen können leicht für andere Projekte übernommen werden; ihre Erstellung ist somit eine Investition, die sich in zukünftigen Projekten auszahlt. Zudem würde eine flächendeckende Nutzung eines solchen Systems der Forschung notwendige und wertvolle Daten zur Verfügung stellen, während gleichzeitig Praktiker und Patient durch die Entscheidungshilfe eines Diagnoseberichts Nutzen ziehen können. Voraussetzung zum Einsatz der HeiGOS-ItemWise sind lediglich gute MS ACCESS™ Kenntnisse zur Erstellung der Anwendung durch den Untersucher, die jedoch für interessierte User auch ohne professionelle Programmierkenntnisse zu erwerben sind.

Ressourcen zur Psychotraumatologie im Internet

Parfen Laszig und Kathy Rieg

Das Thema »Trauma« hat in den letzten Jahren zunehmend Beachtung in der klinischen Forschung und Praxis und durch die gesellschaftlichen und politischen Ereignisse auch die Aufmerksamkeit der Medien gefunden. Nach Seidler (2002, S. 295) werden schwere psychische Traumafolgen mit den Symptomen einer posttraumatischen Belastungsstörung in ihrer Häufigkeit und klinischen Bedeutung meist noch unterschätzt. Aufgrund seiner integrativen Struktur als gleichermaßen informations- wie kommunikationsorientiertes Medium (vgl. Laszig & Rieg 2001/2003) entwickelt sich auch im World Wide Web eine global vernetzte, zunehmend differenziertere Auseinandersetzung mit der Thematik psychischer Traumatisierungen. Die »Psycho-Traumatologie« erforscht psychische Verletzungen in ihren Entstehungsbedingungen, ihrem aktuellem Verlauf sowie ihren unmittelbaren und Langzeitfolgen. Im Folgenden wird der Versuch unternommen, eine aktuelle Landkarte, der im Netz zur Verfügung stehenden, Informations-, Behandlungs- und Weiterbildungsressourcen zur Psychotraumatologie zu beschreiben. Zu differenzieren sind Organisationen, Behandlungszentren/Kliniken, psychotherapeutische Weiterbildungsangebote, Informationsportale, Selbsthilfemöglichkeiten sowie Literatur und wissenschaftliche Publikationen. Der Beitrag beschreibt damit die wichtigsten (inter-) nationalen Online-Ressourcen im Bereich der Psychotraumatologie. Der Fokus wird auf deutsch- und englischsprachige Quellen gelegt, wobei – nicht zuletzt durch das immens schnelle Wachstum des Forschungsfeldes – nur eine dezidierte Auswahl getroffen werden konnte.

Organisationen

Deutschsprachige Gesellschaft für Psychotraumatologie e. V. (DeGPT)

Die *DeGPT* gibt Informationen zu den Vereinszielen, dem Vorstand und den Arbeitsgruppen (Akuttraumatisierung, Forensik, Gutachten, Versorgung, Weiterbildung, Forschung etc.). Weiterführende Links enthalten

Informationen zu aktuellen Tagungen, zu Publikationen & Zeitschriften (Psychotraumatologie, Traumatology) sowie zu Institutionen (nationale und internationale Behandlungs- und Forschungszentren).
WEB: *www.degpt.de*

Bundesvereinigung SbE - Stressbearbeitung nach belastenden Ereignissen e.V.

Die *Bundesvereinigung SbE* bietet Hintergrundinformationen zur Vereinigung (Satzung, internationale Zusammenarbeit etc.), Kurs- und Ausbildungsangebote für Einzelpersonen und Organisationen, einen, noch im Aufbau befindlichen Materialdienst (Broschüren, Videos, Tonträger), weiterführende Links zur Partnerorganisation (International Critical Incident Stress Foundation), Feuerwehrprojekt/Notfallseelsorge sowie eine Downloadarea mit Pressemitteilungen, Rechenschaftsbericht, Mitgliedsantrag etc.
WEB: *www.sbe-ev.de*

Bundesarbeitsgemeinschaft Prävention und Prophylaxe e.V.

Die *Bundesarbeitsgemeinschaft Prävention und Prophylaxe e.V.* liefert umfangreiche Informationen zu sexualisierter Gewalt und sexuellem Missbrauch mit verschiedenen Themenschwerpunkten (sexualisierte Gewalt, Kindesmisshandlung, Kindesvernachlässigung, emotionaler Missbrauch, Sucht- und Suchtentwicklung, Gewalt unter Kindern und Jugendlichen, Gewaltdarstellungen in den Medien, Einflussnahme durch Sekten). Links führen zu Aktivitäten und Angeboten der AG sowie zur Fachzeitschrift »Prävention und Prophylaxe«. Unter »Datenbankrecherche« wird über die Datenbank »Gewalt gegen Kinder und Gewalt in der Gesellschaft« (kostenpflichtige CD-Rom mit ca. 12000 Titeln) informiert. In der »Mediothek« werden Zeitschriften, Bücher, Arbeitsmappen usw. für Eltern, Kinder, Jugendliche und PädagogInnen vorgestellt.
WEB: *www.bundesarbeitsgemeinschaft.de*

Fachverband für Anwender der psychotherapeutischen Methode EMDR

Im Bereich der deutschsprachigen Weiterbildung traumaspezifischer Therapie ist der *Fachverband für Anwender der psychotherapeutischen Methode EMDR* zu nennen. Informiert wird über Vereinsziele, Mitglied-

schaft, Methode des EMDR, Ausbildungsstandards und weiterführende Literatur. Für die Suche nach TherapeutInnen vor Ort findet sich ein nach Postleitzahlen sortiertes Verzeichnis qualifizierter AnwenderInnen, SupervisorInnen, TrainerInnen und Fortbildungsinstitute.
WEB: *www.emdria.de*

EMDR Europe Association

Die *EMDR Europe Association* informiert online über jährliche Konferenzen und nationale Organisationen (Belgien, Dänemark, Finnland, Frankreich, Deutschland, Ungarn, Israel, Italien, Niederlande, Schweden, Schweiz, England und Irland). Unter den Links »Research« finden sich Abstracts zu kontrollierten Studien und unter »Training Scedule« internationale Weiterbildungstermine.
WEB: *www.emdr-europe.net*

International Society for the Study of Dissociation (ISSD)

Die *International Society for the Study of Dissociation (ISSD)* gibt auf ihren Seiten allgemeine Informationen über die Gesellschaft, Arbeitsgruppen, Buchbesprechungen, Konferenztermine, »Guidelines for Treatment« sowie zum »Journal of Trauma and Dissociation«. Links für Experten gibt es zu den Bereichen Dissoziation, Trauma und Missbrauch sowie für Betroffene und Interessierte zur Selbsthilfe und zu Netzwerken.
WEB: *www.issd.org*

International Society for Traumatic Stress Studies (ISTSS)

Die *International Society for Traumatic Stress Studies (ISTSS)* informiert online zu Gesellschaft, Konferenzen, Publikationsverweisen, zum Journal of Traumatic Stress, dem Traumatic Stress Points Newsletter sowie verschiedenen Broschüren und Buchveröffentlichungen (z. B. Effective Treatments for PTSD). Außerdem finden sich Verweise zu assoziierten internationalen Organisationen sowie eine umfangreiche Linksammlung zu Trauma-Ressourcen, us-amerikanischen Regierungsprogrammen und gemeinnützigen Organisationen.
WEB: *www.istss.org*

Behandlungszentren/Kliniken

Klinische/stationäre Behandlungsangebote

Eine Zusammenstellung klinischer Behandlungsangebote für traumatisierte Menschen findet sich nach Postleitzahlen sortiert auf der Seite von K. Weisensee (s.a. Informationsportale).
WEB: *www.trauma-response.com/traumaklinik.html*

Deutsches Institut für Psychotraumatologie

Das Deutsche Institut für Psychotraumatologie (Prof. Dr. G. Fischer) bietet Informationen für Betroffene nach Verkehrsunfällen, Gewaltverbrechen, Katastrophen u. ä. und Informationen für Fachleute zu Diagnosen, Behandlung psychischer Traumatisierungen und Weiterbildungsmöglichkeiten. Weitere Links gibt es zu den Themen: Selbsthilfe, Fortbildung, Projekte sowie Adressen zu Trauma-Ambulanzen und Kliniken.
WEB: *www.psychotraumatologie.de*

Behandlungszentrum für Folteropfer Berlin e. V.

Das *Behandlungszentrum für Folteropfer Berlin e. V.* bietet Opfern organisierter staatlicher Gewalt Hilfe bei körperlichen Leiden, seelischen Langzeitbeschädigungen und psychosomatischen Störungen. Informationen gibt es in deutscher und englischer Sprache zu aktuellem (z. B. Fragebogen zur Bedarfserhebung für die Arbeit mit Kinderflüchtlingen) und Literaturempfehlungen. Im Archiv finden sich Jahresberichte und Pressemitteilungen. Unter »Links« gibt es internationale Verweise zur Arbeit mit Flüchtlingen und Folterüberlebenden.
WEB: *www.bzfo.de*

Zentrum für Psychotraumatologie Frankfurt

Das *Zentrum für Psychotraumatologie Frankfurt* bietet Hilfe und Unterstützung für Menschen, die traumatische Erfahrungen nicht verarbeiten konnten sowie Beratung und Präventionsmaßnahmen für Berufsgruppen, die in hohem Maße Extremsituationen ausgesetzt sind. Auf der Homepage werden die MitarbeiterInnen vorgestellt sowie Informationen zu Weiterbildungsmöglichkeiten und Supervision gegeben. Unter »Links« finden sich internationale Verweise zu EMDR-Instituten (Deutschland,

USA, Niederlande, Belgien, Schweiz) und den Fachgesellschaften. Die Literaturliste ist noch im Aufbau (Stand 11/2002).
WEB: *www.zfpt.de*

TAMACH

Die psychosoziale Beratungsstelle *TAMACH* bietet Unterstützung und Therapie für Holocaust-Überlebende und ihre Angehörigen. Online wird über das Jahresprogramm, MitarbeiterInnen und Veröffentlichungen informiert. Unter »Links« finden sich AMCHA Israel, Schweiz, Shoa-Holocaust, Zentrum für Folteropfer Bern, ShoaNet etc.
WEB: *www.tamach.org*

Centrum '45

Das niederländische *Centrum '45* ist ein nationales Zentrum für die medizinisch-psychologische Behandlung von Mitgliedern des Widerstandes und Opfern des Zweiten Weltkrieges. Es befasst sich mit der Behandlung und Erforschung der Folgen organisierter Gewalt. Niederländische/Englische Links gibt es zu: Zielgruppen, Kliniken, Therapie, Indikation, Symposium, Forschung, Publikationen, Vorlesungen etc. Per Suchoption kann nach bestimmten Begriffen recherchiert werden.
WEB: *www.centrum45.nl/ukdef1.htm*

Therapie per Internet – Universität Amsterdam

Therapie per Internet bei posttraumatischem Stresssyndrom wird es laut Ärzte Zeitung (vgl. Stoschek 2001) bald auch für deutsche Patienten geben. In den Niederlanden wird ein entsprechendes Programm von Prof. A. Lange an der Universität Amsterdam durchgeführt und online unter diesem Link dargestellt.
WEB: *www.interapy.nl*

Weiterbildung

EMDR-Institut Deutschland

Das EMDR-Institut Deutschland von Dr. A. Hofmann ist autorisierter Partner des EMDR-Institutes von Shapiro, USA. Informiert wird über EMDR als Therapiemethode, Voraussetzungen und Aufbau der EMDR-

Ausbildung sowie aktuelle Ausbildungsseminare, Publikationen etc. Über »Links« finden sich internationale EMDR-Kooperationspartner sowie die von EMDRIA geführte TherapeutInnenliste. WEB: *www.emdr-therapie.de*

Zentrum für Psychotraumatologie und Traumazentrierte Psychotherapie Niedersachsen

Das *Zentrum für Psychotraumatologie und Traumazentrierte Psychotherapie Niedersachsen* konzentriert sich auf die Aus- und Fortbildung qualifizierter TherapeutenInnen für die Behandlung posttraumatischer psychischer Störungen bei Erwachsenen, Jugendlichen und Kindern *(http://www.kinderpsychotraumatologie.de)*. Links gibt es u. a. zu einleitenden Texten, Beschreibungen der Fortbildungsangebote und der beteiligten Dozenten bzw. Kooperationspartnern sowie Selbsthilfeseiten. WEB: *www.zentrum-psychotrauma.de*

Katastrophenforschungsstelle der Universität Kiel

Die *Katastrophenforschungsstelle der Universität Kiel* informiert zu ihren Arbeitsschwerpunkten, zu einzelnen Forschungsprojekten (Posttraumatische Stressreaktionen; Klimaveränderungen; Katastrophenkultur; Schutzdatenatlas; Massen-Management; Landminen etc.) und bietet Zugang zur eigenen Web-Bibliothek. Des weiteren werden internationale Verweise bzgl. Adressen und Datenbanken von Institutionen der Katastrophenhilfe und -forschung, Forschungsprojekte und Konferenztipps aufgelistet. WEB: *www.kfs.uni-kiel.de*

Einführungsseminar – Krisenintervention München

Online-Weiterbildungsinformationen zur »Psychotraumatologie, Krisenintervention, Streßbewältigung« in Form eines Einführungsseminars bzw. der entsprechenden Präsentationsfolien von T. Kammerer für Rettungskräfte, (Not)Ärzte und andere Traumahelfer bietet diese Seite der *Krisenintervention München*. WEB: *www.krisenintervention-muenchen.de/psycho*

Institut Psychotrauma Schweiz (IPTS)

Das *Institut Psychotrauma Schweiz (IPTS)* bietet Hilfe für Opfer bei seelischen Folgen jeglicher Art von Gewalt. Die Homepage bietet Informationen zum Institut (Team, Jahresbericht), zu Kursen für psychologisches Debriefing, spezielle psychotherapeutische Techniken bei Trauma, Lerntechniken, Neuro-Linguistisches Programmieren und Hypnose. Unter »Publikationen« finden sich Buchbeschreibungen und unter »Originalarbeiten« ein Skript zum Thema »Psychologisches Debriefing: Adaption und Modifikation« von G. Perren-Klingler. Der Verweis »Debriefer« beschreibt die Bezeichnung und bietet einen Text zur »Kleinen Psychotraumatologie«. Außerdem findet sich auf der Homepage eine Liste anerkannter DebrieferInnen in der Schweiz. WEB: *www.institut-psychotrauma.ch/start.html*

Psychotherapeutisches Institut im Park, Schaffhausen

Das *Psychotherapeutische Institut im Park, Schaffhausen,* möchte Hilfsangebote für psychisch traumatisierte Menschen fördern und die Erforschung und Vermittlung psychotherapeutischer Behandlungsangebote unterstützen. Online finden sich Informationen zu Fortbildungsangeboten, über EMDR und zur Personzentrierten Psychotherapie. Unter »Psychotraumatologie« gibt es einen Text von R. Dörr (1998): »Weil nicht sein kann, was nicht sein darf: Ein historischer Rückblick auf den Umgang mit Psychischer Traumatisierung«. Unter »Fachartikel« sind Texte zum »Umgang mit traumatisierten Menschen« und »Traumatherapie« als pdf-Dateien abrufbar. Die Linksammlung umfasst die Themenbereiche EMDR, Psychotraumatologie, Dachverbände in der Schweiz sowie Personzentrierte Psychotherapie. WEB: *www.iip.ch*

Netzwerk Psychotraumatherapie

Das *Netzwerk Psychotraumatherapie* informiert Betroffene und dient der Vernetzung von KollegInnen, die in diesem Bereich arbeiten. Es bietet online Listen mit Adressen von PsychotherapeutInnen aus der Schweiz, aus Deutschland, Österreich und anderen Ländern, die sich im Bereich Psychotherapie fortgebildet haben und im Rahmen des Curriculums anerkannt sind. Das Ausbildungscurriculum in Psychotraumatologie, Traumazentrierter Psychotherapie und EMDR erfolgt in Zusammenarbeit mit verschiedenen Instituten (IIP, ZPTN, EMDR-Institut Deutschland, Zentrum für Psychotraumatologie Frankfurt etc.) WEB: *www.psychotraumatherapie.info*

Netzwerk Psychologie AG

Die *Netzwerk Psychologie AG* ist ein europaweites Netzwerk Notfall-psychologie mit dem Schwerpunkt auf Großschadensereignissen. Die Arbeitsgemeinschaft setzt ihren Schwerpunkt auf den Ausbau und die Nutzung präventiver Möglichkeiten in der Notfallpsychologie. Durch gezielte Trainingseinheiten und die Unterstützung familiärer und orga-nisationsinterner Schutzfaktoren kann posttraumatischen Belastungs-störungen mit Krankheitswert und deren Folgeerkrankungen wirksam vorgebeugt werden. In der Nachsorge nach belastenden Ereignissen wird psychologische Soforthilfe und die Nutzung von Frühwarnzeichen einer psychischen Traumatisierung für die gezielte und bedürfnis-gerechte Unterstützung bei der gesunden Bewältigung eines belastenden Erlebnisses angeboten. Es besteht die Möglichkeit eines ambulanten oder stationären psychologischen Traumabewältigungsprogramms. Online finden sich Informationen zu Unternehmen, Chronik und Kooperationspartner, zur notfallpsychologischen Weiterbildung in Deutschland, Österreich und der Schweiz sowie Dienstleistungen (Betreuungskonzept in der Notfallpsychologie, Peer Support Counsel-ling, Verhaltenstraining »Service für den Bankräuber«). Internationale Links gibt es unter »Kontakt«.

WEB: *www.netzwerk-psychologie.de/mainmenu.html*

AWMF - Leitlinien

Die Leitlinien der AWMF (Arbeitsgemeinschaft der Wissenschaftlichen Medizinischen Fachgesellschaften) dienen der systematischen Hilfe bei Entscheidungsfindungen für Ärzte. Diese Seite informiert über Defini-tion, Epidemiologie, Übersicht traumareaktiver Entwicklungen, Diagnostik und Therapie beim Störungsbild der Posttraumatischen Belastungsstörung.

WEB: *www.uni-duesseldorf.de/WWW/AWMF/ll/psytm010.htm*

Informationsportale

Psychotraumatologie im World Wide Web

Das Informationsportal zur *Psychotraumatologie im World Wide Web* bietet eine Linksammlung zu Verbänden, Organisationen, Traumazentren,

Kliniken, Therapieverfahren, Weiterbildung, Selbsthilfegruppierungen, Diagnosen und Literatur sowie Publikationen.
WEB: *www.trauma.uni-hd.de*

Trauma-Response

Trauma-Response.com stellt ein Softwareprogramm vor, das Psychotherapeuten die Möglichkeit gibt, sich durch bilaterale Stimulation am Computer vor dem »Ausbrennen« psychohygienisch zu schützen. Unter dem Link »Literatur« finden sich englischsprachige Literaturangaben zum Thema Retraumatisierung. Die umfassende Linksammlung wendet sich an Betroffene und Professionelle aus Hochrisikoberufen sowie Psychotherapeuten und ist unterteilt in folgende Bereiche: Trauma, Mailinglisten, Selbsthilfe, Gewalttat, Folter, Polizei, Naturkatastrophen, Unfall, Prävention, internationale Zentren, Dissoziation etc.
WEB: *www.trauma-response.com*

Notfallseelsorge

Das Feuerwehr-Net bietet unter dem Verweis »Notfallseelsorge« eine internationale Linksammlung zur Notfallseelsorge, Krisenintervention und Stressbearbeitung sowie angrenzende Bereiche (»Weiterblättern« s. 8.: »Traumaforschung«: Suizidprävention, Grief-Net, SIDS – plötzlicher Kindstod etc.).
WEB: *www.janny.de/feuerwehrprojekt/notfallseelsorge/start.htm*

Trauma-Informations-Zentrum

Das *Trauma-Informations-Zentrum* richtet sich mit seinem Online-Angebot an alle interessierten Menschen, Betroffenen oder Helfer, und bietet Verweise auf wissenschaftliche Quellen. Informationen gibt es zu den verschiedenen Betroffenengruppen, Arten von Traumata, Folgen traumatischer Erfahrungen, Therapiemöglichkeiten, häufig gestellten Fragen. Eine Linksammlung und Hinweise zur Therapeutensuche sowie ein umfangreiches Glossar runden das Angebot ab.
WEB: *www.trauma-informations-zentrum.de*

psy-trauma - Mailingliste des Deutschsprachigen Psychotherapie-Forum im Internet DPI e.V.

Ziele des ehrenamtlich organisierten deutschsprachigen Forums für Psychotherapie sind Austausch und Informationen über Inhalte des psychotherapeutischen Alltages in seinen verschiedenen Schattierungen und die Verbindung zu den Wissenschaften, die sich mit Psychotherapie beschäftigen. Eine Mailingliste gleicht einem elekronischen Briefkasten, der jede Nachricht eines Teilnehmers an alle Eingeschriebenen automatisch weitersendet. Die Mailingliste *psy-trauma* ist eine Unterliste des DPI e.V. zum Thema Psychotraumatologie und findet sich unter dem Link »Austausch/Newsgroups«. Zur Zeit sind 60 bis 70 Traumatherapeuten an der Diskussion zu Themenschwerpunkten wie Informationsquellen, Fachveröffentlichungen, Berichte von Fachtagungen, Menschenbild, therapeutische Orientierung, persönliche Verarbeitung der therapeutischen Arbeit mit Traumapatienten und Fallvignetten beteiligt.

Interessierte PsychotherapeutInnen können eine E-Mail an anmeldung@psychotherapie.org senden und sich nachfolgend beim Verantwortlichen der Mailingliste *psy-trauma* eintragen.

WEB: *www.psychotherapie.org/newsgroups.htm*

Australian Trauma Web

The Australian Trauma Web bietet eine internationale Linksammlung zu: Victims of Crime WebPages & Resources; The Australian Centre For Posttraumatic Mental Health; Queensland Homicide Victims Support Group; Queensland Program of Assistance to Survivors of Torture and Trauma; Trauma and Coping; Australian Help Services Following Trauma; Veterans Services; Australasian Society for Traumatic Stress Studies; A Bibliography for PTSD; Planned Conferences; Trauma Anonymus; The Traumatic Stress Network; David Baldwin's Trauma Info Pages; Canadian Traumatic Stress Network; PTSD & the Military Family; Medication for Combat Related PTSD; The National Centre for Combat Related PTSD; The National Centre for PTSD; Forensic PTSD Services; International Society for the Traumatic Stress Studies; International Society for the Study of Dissociation; Internet Mental Health Pages; Panic & Anxiety Pages.

WEB: *www.criminology.unimelb.edu.au/ptsd*

David Baldwin's Trauma Information Pages

David Baldwin's Trauma Information Pages bieten umfangreiche Informationen für Kliniker und Forscher zu physiologischen und psychothera-

peutischen Fragestellungen für Professionelle mit der Möglichkeit, die Homepage in verschiedene Sprachen übersetzen zu lassen. Links gibt es zu: Overview, About Trauma, Trauma Resources, General Support, Trauma Bookstore, Disaster Handouts & Links, Site Index & Web Links. Unter »Trauma Articles« findet sich eine Sammlung von Publikationen, die online im Volltext abrufbar sind [z. B. K. Steele et al. (2001): »Dependency in the Treatment of complex Posttraumatic Stress Disorder and Dissociative Disorders.«; B. van der Kolk (1994): »The Body keeps the score: Memory and the evolving psychobiology of post traumatic stress.«].
WEB: *www.trauma-pages.com/index.htm*

Selbsthilfe

dissoziation.de

Informationen zur Dissoziation und multipler Persönlichkeit bietet *dissoziation.de* von Betroffenen für Betroffene. Neben Links zu Kliniken, Büchern, Imaginationsübungen, Fragebogen zur Selbsteinschätzung, Veranstaltungen, häufig gestellten Fragen, »Leben im Grenzland«, wird eine Mailingliste zum direkten Erfahrungsaustausch angeboten. Unter »Diplomarbeit über DID« findet sich ein Text zu »Abwehrstrategien bei sexueller Traumatisierung im Kindesalter – im speziellen DID, Auswirkungen auf das Erwachsenenleben der Betroffenen und die Hinführung zu einem qualitativ besseren Leben« (2001).
WEB: *www.dissoziation.de*

Survivor's Arc

Eine ausführliche Liste von Fachadressen wie Notrufnummern, Selbsthilfegruppen, Vereine, Kliniken, Lebensgeschichten, Bücherliste, EMDR, Dissoziation und »Links für Survivors« bietet die Selbsthilfegruppe Überlebender von Inzest und sexualisierter und anderer Gewalt unter *Survivor's Arc*.
WEB: *selbsthilfe.solution.de/survivors*

Literatur und Publikationen

PILOTS Datenbank

Die *PILOTS Datenbank* des National Center for PTSD ist ein elektronischer Index zu internationalen Publikationen zu Posttraumatischen Belastungsstörungen und anderen psychischen Folgen nach traumatischen Ereignissen. Sie enthält über 22300 Einträge mit Abstracts und wird alle zwei Monate ergänzt. Der Zugang ist kosten- und passwortfrei.
WEB: *www.ncptsd.org/publications/pilots*

Psychotraumatologie

Der Thieme-Verlag informiert zur Online-Zeitschrift *Psychotraumatologie* mit Expertenchat, Inhaltsverzeichnis der aktuellen Ausgabe und einem Interview mit Prof. Fischer zum Drama in Erfurt. Unter »Inhalte« finden sich Verweise zum Diskussionsforum (z. B. CISD – Critical Incident Stress Debriefing nach Mitchell, EMDR), zur Presseschau, zu Buchbesprechungen, Kongresskalender, Themenvorschau, Archiv, Wer macht was – in der Psychotraumatologie: Zentren, Vereine, Forschungsprojekte und Behandlungsangebote (Stand 11/2002). Laut Verlagsinformation soll die Zeitschrift als Online-Publikation jedoch eingestellt und im Asanger-Verlag in gedruckter Version erscheinen.
WEB: *www.thieme.de/psychotrauma*

Psychotherapie im Dialog – Posttraumatische Belastungsstörungen

Der Thieme-Verlag bietet mit diesem Link den freien Zugang zu Heft 1/2000 *Posttraumatische Belastungsstörungen* der Zeitschrift Psychotherapie im Dialog. Die Ausgabe umfasst u. a. Artikel zu den Themen: Die psychoanalytische Bearbeitung eines Verfolgungstraumas in der Übertragung, Kognitive VT in der Verarbeitung von Gewalterfahrungen, Konzentrative Bewegungstherapie mit Überlebenden von Folter, Systemische Psychotherapie mit Überlebenden von Folter und die Bedeutung »innerer Bilder«, EMDR, Interaktion von Psycho- und Pharmakotherapie.
WEB: *www.thieme.de/pid/01_00/inhalt.html*

Fachschaft Psychologie der Universität Köln – Skript

Die *Fachschaft Psychologie der Universität Köln* bietet online ein Skript/Prüfungsliteratur zur Psychotraumatologie (Stand 12/98) zu

Themen wie: Allgemeine Psychotraumatologie: zur Geschichte der Psychotraumatologie; Syndrome der allgemeinen und speziellen Psychotraumatologie; Situation, Reaktion, Prozeß – Verlaufsmodell der psychischen Traumatisierung: traumatische Situation; peritraumatische Erfahrung im Modell des Situationskreises; Traumatische Reaktion – Fassen des Unfaßlichen; Anpassung an das Trauma: Strukturveränderungen im traumatischen Prozeß; Differentielle Psychotraumatologie, Sozialpsychologische Abwehrprozesse bei Erforschung und Therapie psychischer Traumatisierung: Abwehr bei Erforschung von Traumata; Abwehr bei Therapie von Traumata; Traumatherapie; Regeln und Prinzipien der Traumatherapie; Beziehungsdynamische Grundsätze für die Traumatherapie; Prävention und Krisenintervention; zur Struktur und Dynamik der Veränderung in der Therapie traumatischer Prozesse; Therapieansätze unterschiedlicher Schulen.
WEB: *www.uni-koeln.de/phil-fak/fs-psych/serv_pro/skripte/klinische/trauma.rtf*

Journal of Trauma and Dissociation

Die International Society for the Study of Dissociation bietet Online-Informationen zum *Journal of Trauma and Dissociation* (Inhaltsverzeichnisse bereits erschienener Hefte seit 1/2000 und Abstracts) sowie den Bezugsbedingungen.
WEB: *www.issd.org/indexpage/jtdtoc.htm*

Journal of Traumatic Stress

Die International Society for Traumatic Stress Studies informiert zum *Journal of Traumatic Stress* (Inhaltsverzeichnisse seit 10/1995) und zum Newsletter »Traumatic StressPoints« (Inhaltsverzeichnisse seit 01/1996). Außerdem finden sich unten auf der Homepage kurze Texte zu folgenden Themen: »What is traumatic stress?, Sudden traumatic loss, Indirect trauma, Children and trauma, When a Friend or loved one has been traumatized, Natural desasters and trauma.«
WEB: *www.istss.org/Pubs/pubs.html#jots*

Traumatology

The Green Cross Foundation und die Academy of Traumatology bieten Informationen zur Online-Zeitschrift *Traumatology – International*

Electronic Journal of Innovations in the Study of the Traumatization Process and Methods for Reducing, Preventing and Eliminating Related Human Suffering mit den Inhaltsverzeichnissen, Abstracts und Artikeln bisher erschienener Ausgaben, Informationen zu Herausgebern, Ziel und Aufgaben des Journals sowie Manuskriptrichtlinien.
WEB: *www.fsu.edu/~trauma*

EMDR Practioner

The EMDR Practioner ist das offizielle online Journal der EMDR Europe Association. Auf der Homepage finden sich Artikel, die im Volltext abrufbar sind und die Borelli-Kolumne (z. B. »As if ›Then‹ were ›Now‹: Revamping the Time-Line Using EMDR«). Im Archiv sind Inhaltsverzeichnisse bisher erschienener Artikel und die Volltexte dazu abrufbar (z. B. »The Great Train Trash: A Story of three Survivors«; »Training in EMDR: European Developments, The First Five Years«). Unter »Submit« finden sich die Hinweise für Autoren. Der Zugang zum Journal ist kostenfrei.
WEB: *www.emdr-practitioner.net*

Zusammenfassung & Ausblick

Zusammenfassend lässt sich feststellen, dass die Psychotraumatologie sich auch im World Wide Web inhaltlich differenziert und weiterentwickelt. Die deutschsprachigen WWW-Seiten (z. B. der *DeGPT*) bieten – in bisher noch sehr begrenztem Umfang – Informationen in übersichtlichem Layout für fachspezifisch Interessierte und »Therapiesuchende« (z. B. bei EMDRIA).

Während Deutschland und die Schweiz noch im Auf- und Ausbau der (Online-) Psychotraumatologie scheinen, sind die us-amerikanischen und australischen Seiten v. a. auch durch ihren zeitlichen Vorlauf mit umfassenderen Informationsangeboten im Netz repräsentiert.

Auch das deutschsprachige Zeitschriftenangebot wäre ausbaubar. Reine Online-Zeitschriften (wie z. B. *Psychotraumatologie*) scheinen sich nicht durchsetzen zu können. Sinnvoller erscheint die Kombination herkömmlicher, gedruckter Fachzeitschriften, verbunden mit einem entsprechenden Mailservice bzgl. Inhaltsverzeichnissen und Abstracts (vgl. bei PID) und der Möglichkeit des (u. U. kostenpflichtigen) Herunterladens von pdf-Dateien.

Bietet die Vielfalt des Netzes scheinbar unbegrenzte Möglichkeiten, verläuft in der Realität manche Recherche aufgrund der (undifferenzierten) Vielfalt doch eher unbefriedigend. Die Hoffnung wäre hier, dass sich einzelne internationale Seiten zentral »durchsetzen« und somit die vereinzelten Datenbanken integrieren und standardisieren. Auch Basisinformationen wie ICD-10-Diagnosen, Gutachtenhilfen und Kongressinformationen könnten hier integriert und v. a. effizienter kommuniziert werden, als es die Vielzahl an Seiten und Anbietern bisher gewährleisten kann.

Das Gebiet der Psychotraumatologie und seine virtuelle Präsentation bleiben demzufolge ausbaufähig unter dem Aspekt, dass interdisziplinäres Fachwissen, Methodik, therapeutische Haltungen und Angebote in Diskussionen zunehmend vermittelt, erweitert und überprüft werden.

Literatur

Dörr, R. (1998): Weil nicht sein kann, was nicht sein darf: ein historischer Rückblick auf den Umgang mit Psychischer Traumatisierung. In: Soziale Arbeit 30 (3).

Flatten, G.; Hofmann, A.; Liebermann, P.; Wöller, W.; Siol, T. & Petzold, E. (2001): Posttraumatische Belastungsstörung. Leitlinie und Quellentext., 4. Stuttgart (Schattauer).

Laszig, P. & Rieg, K. (2001/2003): Internet Guide Psychologie, Psychotherapie und Psychoanalyse, Grundwerk 2001, Ergänzungslieferung 2003. Stuttgart (Wissenschaftliche Verlagsgesellschaft).

Seidler, G. H.; Hofmann, A. & Rost, C. (2002): Der psychisch traumatisierte Patient in der ärztlichen Praxis. In: Deutsches Ärzteblatt 99 (5), S. 295–299.

Steele, K.; van der Hart, O. & Nijenhuis, E. (2001): Dependency in the Treatment of complex Posttraumatic Stress Disorder and Dissociative Disorders. In: Journal of Trauma and Dissociation 2 (4), S. 79–116.

Stoschek, J. (2001): Niederländer bietet bei posttraumatischem Streßsyndrom die Therapie über das Internet an. Ärzte Zeitung (online available): http://www.aerztezeitung.de/docs/2001/04/11/068a0201.asp.

van der Kolk, B. (1994): The body keeps the score: Memory and the evolving psychobiology of posttraumatic stress. In: Harvard Review of Psychiatry 1, S. 253–265.

Autorenangaben

Prof. Dr. Peter Fiedler ist Hochschullehrer für Klinische Psychologie und Psychotherapie am Psychologischen Institut der Universität Heidelberg. Seine Forschungsschwerpunkte liegen sowohl im Bereich der Ursachen, Verläufe und Rückfallbedingungen psychischer Störungen insbesondere bei Stottern, Schizophrenie, Depression und Persönlichkeitsstörungen als auch im Bereich der Veränderungsprozesse in der Einzelpsychotherapie und der Wirkvariablen verhaltenstherapeutischer Gruppenkonzepte. Peter Fiedler hat mehrere Monographien und Herausgeberwerke über psychische Störungen und ihre Behandlung publiziert.
Psychologisches Institut der Universität Heidelberg
Hauptstr. 47–51
69117 Heidelberg

Prof. Dr. Gottfried Fischer ist Direktor des Instituts für Klinische Psychologie und Psychotherapie der Universität zu Köln, Psychologischer Psychotherapeut und Psychoanalytiker (DPV/IPV). Im Jahr 1991 gründete er das Deutsche Institut für Psychotraumatologie, Köln, das eines der ersten und anerkannten Zentren in Europa ist, die sich mit Vorsorge und Heilung körperlicher und seelischer Beschwerden nach Unfällen, Katastrophen und Erfahrungen von Gewalt befassen. Er ist Herausgeber der Fachzeitschrift »Psychotraumatologie und Psychologische Medizin« im Roland Asanger Verlag, Heidelberg. Seit 1995 leitet er in Zusammenarbeit mit der Landesregierung NRW das »Kölner Opferhilfe Modellprojekt (KOM)«. Im Auftrag der Deutschen Bahn AG leitete Prof. Fischer die psychologische Nachsorge für Opfer der Zugkatastrophen bei Eschede und in Brühl, ferner beim Absturz der Schwebebahn in Wuppertal und der Concorde in Paris. Neben zahlreichen fachwissenschaftlichen Veröffentlichungen verfasste Prof. Fischer die Selbsthilfeschrift »Erste Hilfe bei schweren seelischen Belastungen – neue Wege aus dem Trauma«.
Institut für Klinische Psychologie und Psychotherapie
Zülpicher Str. 45
50969 Köln

Dr. Guido Flatten, Arzt für Allgemeinmedizin und Psychotherapie, Arzt für Psychotherapeutische Medizin, Leitender Oberarzt der Klinik für Psychosomatik und Psychotherapeutische Medizin am Universitätsklinikum der RWTH Aachen, Leiter der Traumaambulanz am UKA. Federführender Herausgeber der AWMF-Leitlinie zur Posttraumatischen Belastungsstörung, Leiter der Arbeitsgruppen Psychotraumatologie DKPM und DGPM, 1. Vorsitzender der Deutschsprachigen Gesellschaft für Psychotraumatologie DeGPT.
Arbeits- und Forschungsschwerpunkte: Psychotraumatologie in der Unfall- und Akutmedizin, Integrierte Posttraumatische Akutversorgung, Neurobiologie und Neuroimaging bei Posttraumatischer Belastungsstörung.
Klinik für Psychosomatik und Psychotherapeutische Medizin
Universitäts-Klinikum der RWTH
Pauwelstr. 30
52074 Aachen

Frau PD Dr. Ursula Gast, geb. 1957, ist Ärztin für Psychotherapeutische Medizin, Psychoanalytikerin und Leiterin der Psychotherapie-Weiterbildung an der Abteilung Klinische Psychiatrie und Psychotherapie der Medizinischen Hochschule Hannover. Forschungsschwerpunkte: Diagnostik und Behandlung dissoziativer Störungen. Zahlreiche Veröffentlichungen.
MHH Hannover, Abteilung Klinische Psychiatrie und Psychotherapie
Karl-Neuberg-Str. 1
30625 Hannover

Dr. med. Bernhard Hain, geb. 1960, Facharzt für Psychiatrie. Seit 2001 wissenschaftlicher Mitarbeiter der Psychosomatischen Klinik, Abteilung Psychosomatik (Prof. Dr. med. G. Rudolf) des Universitätsklinikums Heidelberg. Mitarbeiter der Sektion Psychotraumatologie (PD Dr. med. G. H. Seidler).
Psychotherapie-Ausbildung am Heidelberger Institut für Tiefenpsychologie. EMDR-Ausbildung am EMDR-Institut Deutschland.
Psychosomatische Klinik des Universitätsklinikums Heidelberg
Abt. Psychosomatik, Sektion Psychotraumatologie
Thibautstr. 2
69115 Heidelberg

Dr. med. Mathias Hirsch, geb. 1942, Facharzt für Psychiatrie und Facharzt für psychotherapeutische Medizin – Psychoanalytiker (DGPT, affiliiertes Mitglied DPV), Gruppenanalytiker (DAGG, Sektion AG). In psychoanalytischer Praxis in Düsseldorf niedergelassen. Affiliiertes Mitglied der Arbeitsgemeinschaft Köln-Düsseldorf der DPV. Forschungsschwerpunkte: Psychoanalytische Traumatologie (insbesondere sexueller Missbrauch in der Familie. Zahlreiche Veröffentlichungen, u. a. zu Aspekten der Objektbeziehungstheorie und Psychotraumatologie. Letzte Veröffentlichung im Psychosozial-Verlag: Der eigene Körper als Symbol? (2002).
Simrockstr. 22
40235 Düsseldorf

Dr. Arne Hofmann ist Facharzt für Psychotherapeutische und Innere Medizin. 1991 erlernte er traumazentrierte Psychotherapie und die EMDR-Methode in den USA. Seit 1994 hat er Erfahrungen in Aufbau und Leitung verschiedener stationärer und ambulanter Modelleinrichtungen für psychisch traumatisierte PatientInnen gesammelt. Daneben war er als Supervisor und Berater bei der Versorgung der Opfer des Zugunglücks bei Eschede, der Geiselopfer in Wasserbillig (Luxemburg) sowie in der Betreuung der Trauernden bei den Morden in Erfurt tätig. Dr. Hofmann ist Leiter des EMDR-Instituts, das in Deutschland auf Ausbildung, Forschung und Consulting im Bereich der Behandlung psychisch Traumatisierter spezialisiert ist. Er ist Mitglied der Leitlinienkommissionen zur posttraumatischen Belastungsstörung, Vorstandsmitglied der Deutschsprachigen Fachgesellschaft für Psychotraumatologie (DeGPT) und ist als Lehrbeauftragter an der Universität zu Köln tätig.
EMDR-Institut Deutschland
Junkersgut 5a
51427 Bergisch-Gladbach

Dr. Parfen Laszig, geb. 1963 in Karlsruhe. Diplompsychologe, Psychologischer Psychotherapeut und Psychoanalytiker. Ausbildung in Klientenzentrierter Psychotherapie (GWG). Ausbildung zum Psychoanalytiker am Institut für Psychoanalyse und Psychotherapie Heidelberg-Mannheim (DGPT). Weiterbildung in EMDR (EMDR Institut Deutschland). Mitglied der Deutschen Gesellschaft für Psychoanalyse,

Psychotherapie, Psychosomatik und Tiefenpsychologie (DGPT) und der Deutschsprachigen Gesellschaft für Psychotraumatologie (DeGPT). Seit 1993 wissenschaftlicher Mitarbeiter an der Psychosomatischen Klinik, Abteilung Psychosomatik (Prof. Dr. med. G. Rudolf), Universitätsklinikum Heidelberg. Mitarbeiter der Sektion Psychotraumatologie (PD Dr. med. G. H. Seidler).

Publikationen siehe Homepage: www.laszig.uni-hd.de
Psychosomatische Klinik des Universitätsklinikums Heidelberg
Abt. Psychosomatik, Sektion Psychotraumatologie
Thibautstr. 2
69115 Heidelberg
E-Mail: parfen_laszig@med.uni-heidelberg.de

Dipl.-Psych. Ralph Micka, geb. 1964 in Heilbronn. Nach abgeschlossener Berufsausbildung Studium der Psychologie in Heidelberg. Berufserfahrung in verschiedenen Bereichen psychologischer Anwendung (Klinische und Organisationspsychologie, Marktforschung). U. a. freie Mitarbeit im Europäischen Zentrum für Frieden und Entwicklung – Institut für Präventivmedizin. Seit fünf Jahren in der Psychologischen Praxengemeinschaft Mühltalstraße tätig mit Personenzentrierter Gesprächspsychotherapie und EMDR.

Seit September 2000 Wissenschaftlicher Mitarbeiter an der Psychosomatischen Klinik, Abteilung Psychosomatik (Prof. Dr. med. G. Rudolf) des Universitätsklinikum Heidelberg. Mitarbeiter der Sektion Psychotraumatologie (PD Dr. med. G. H. Seidler).

Mitglied in GWG und DeGPT. Aktive Mitarbeit in der AG Akut-Traumatisierung der DeGPT.

Psychosomatische Klinik des Universitätsklinikums Heidelberg
Abt. Psychosomatik, Sektion Psychotraumatologie
Thibautstr. 2
69115 Heidelberg
E-Mail: Ralph_Micka@med.uni-heidelberg.de

Prof. Dr. med. Thomas F. Münte, geb. 1960, verheiratet, 3 Kinder. Studium der Medizin in Göttingen (1978–1985). Studium in San Diego (1981–1982) Neuroscience. Facharztausbildung in Hannover, Med. Hochschule, Neurologie Habilitation 1992 (Hirnelektrische Korrelate

von Sprache), Gastprofessur in San Diego (Dept. of Cognitive Science) 1996–1998. Seit 1999 Professor (C4) Neuropsychologie in Magdeburg.
Abteilung Neuropsychologie
Otto-von-Guericke Universität Magdeburg
Universitätsplatz 2, Gebäude 24
39106 Magdeburg
E-Mail: Thomas.muente@med.uni-magdeburg.de

Dr. med. Björn V. Nolting, geb. 1967, Facharzt für Psychotherapeutische Medizin, seit 1996 wissenschaftlicher Mitarbeiter an der Psychosomatischen Klinik, Abteilung Psychosomatik (Prof. Dr. med. G. Rudolf) der Universitätsklinik Heidelberg. Mitarbeiter der Sektion Psychotraumatologie (PD Dr. med. G. H. Seidler). Dozent am Institut für Analytische Kinder- und Jugendlichen-Psychotherapie Heidelberg. Psychoanalytische Ausbildung am Psychoanalytischen Institut Heidelberg/Karlsruhe der Deutschen Psychoanalytischen Vereinigung (DPV), EMDR-Therapeut (EMDR Institut Deutschland).
Psychosomatische Klinik des Universitätsklinikums Heidelberg
Abt. Psychosomatik, Sektion Psychotraumatologie
Thibautstr. 2
69115 Heidelberg

Dr. Luise Reddemann, geb. 1943 in Aalen/Württemberg. 1962–1968 Studium der Humanmedizin in Freiburg, München und Köln; 1968 medizinisches Staatsexamen Universität Köln. 1969–1970 Medizinalassistentin, Gerichtsmedizin Universität Köln und Krankenhaus der Franziskanerinnen Linz, Innere und Chirurgisches Abteilung; 1970 Approbation als Ärztin; 1970–1975 Landeskrankenhaus Düren, Erwerb der Facharztbezeichnung für Nervenheilkunde sowie der Zusatzbezeichnung Psychotherapie; 1973 Promotion zum Doktor der Medizin; 1976–1984 Private Praxis für Psychiatrie und Psychotherapie in Düren; 1985 bis heute Leitende Ärztin der Klinik für psychotherapeutische und psychosomatische Medizin Ev. Johanneskrankenhaus Bielefeld. 1986 Anerkennung als Psychoanalytikerin nach Abschluss am Institut für Psychoanalyse Düsseldorf, Mitglied DGPT und DPG; 1990 bis heute Lehranalytikerin der DGPT und DPG; Ermächtigt zur Weiterbildung in Psychotherapie, Psychotherapeutischer Medizin und Psychoanalyse; seit 1998 EMDR Supervisorin.

Vorstandsmitglied der Deutschsprachigen Gesellschaft für Psychotraumatologie; Mitglied im Wissenschaftlichen Beirat der Lindauer Psychotherapiewochen; Mitglied in der wissenschaftlichen Leitung der Psychotherapietage NRW.
Klinik für Psychotherapie und Psychosomatische Medizin
Ev. Johannes-Krankenhaus
Graf-von-Galen-Str. 58
33619 Bielefeld

Dipl.-Psych. Kathy Rieg, geb. 1970 in Schwäbisch Gmünd. Studium der Psychologie am Psychologischen Institut der Universität Heidelberg. Seit 1999 Dozentin im Fach Psychologie an der Schule für Logopädie des Universitätsklinikums Heidelberg. Seit 2001 wissenschaftliche Mitarbeiterin an der Psychosomatischen Klinik (Prof. Dr. G. Rudolf) am Universitätsklinikum Heidelberg in der Sektion Psychotraumatologie (PD Dr. G. H. Seidler). In Weiterbildung zur Psychologischen Psychotherapeutin am Heidelberger Institut für Tiefenpsychologie. Publikationen zu verschiedenen Themen siehe Homepage www.trauma.uni-hd.de/rieg.htm
Psychosomatische Klinik des Universitätsklinikums Heidelberg
Abteilung Psychosomatik, Sektion Psychotraumatologie
Thibautstr. 2
69115 Heidelberg

Prof. Dr. phil. Dr. rer. nat. Gerhard Roth, geb. 1942. Verheiratet, 2 Kinder. 1963–1969 Studium in Philosophie, Germanistik und Musikwissenschaften in Münster und Rom. 1969 Promotion in Philosophie zum Dr. phil. 1969–1974 Biologie-Studium in Münster und University of California, Berkeley. 1974 Promotion in Zoologie. Seit 1976 Professor für Verhaltensphysiologie (C4) im Studiengang Biologie an der Universität Bremen. Direktor am Institut für Hirnforschung der Universität Bremen. Seit 1997 Gründungsrektor des Hanse-Wissenschaftskollegs Delmenhorst, weiterhin Professor an der Universität Bremen.
Institut für Hirnforschung
Universität Bremen
28334 Bremen
E-mail: gerhard.roth@uni-bremen.de

Prof. Dr. med. Ulrich Sachsse, geb. 1949. 1968–1973 Studium der Medizin in Göttingen. Promotion bei Prof. Dr. Leuner in Göttingen über Gruppentherapie mit der Katathym-imaginativen Psychotherapie KiP. Facharzt für Psychiatrie und Psychotherapie; Facharzt für Psychotherapeutische Medizin; Psychoanalyse (DGPT, DAGG-AG, DPG). Honorarprofessor der Universität Gesamthochschule Kassel; Medizinaldirektor, Funktionsbereichsleiter des Funktionsbereiches Akutpsychiatrie III (Psychotherapie und Tagesklinik) der Fachklinik für Psychiatrie und Psychotherapie NLKH Göttingen; Lehr- und Kontrollanalytiker des Lou-Andreas-Salomé-Institutes für Psychoanalyse und Psychotherapie (DPG) Göttingen. Dozent des Institutes für Katathym-imaginative Psychotherapie KiP der AGKB; EMDR Supervisor. Arbeitsschwerpunkt: Klinische Anwendungen der Psychoanalyse bei schweren Persönlichkeitsstörungen. Erforschung und Behandlung von selbstverletzendem Verhalten SVV und chronifizierten, komplexen posttraumatischen Belastungsstörungen. Fachklinik für Psychiatrie und Psychotherapie NLKH Göttingen Rosdorfer Weg 70 37081 Göttingen E-Mail: Ulrich.Sachsse@nlkh-goettingen.niedersachsen.de

Dr. med. Günter H. Seidler ist Privatdozent für Psychosomatische Medizin und Psychotherapie, Arzt für Neurologie und Psychiatrie sowie für Psychotherapeutische Medizin, Balintgruppenleiter (Dt. Balintgesellschaft und ÄK Nordbaden), Gruppenlehranalytiker (DAGG), Lehr- und Kontrollanalytiker am Institut für Psychoanalyse und Psychotherapie Heidelberg-Mannheim sowie Dozent und Lehrtherapeut an verschiedenen anderen Instituten für Psychotherapie und Psychoanalyse, Traumatherapeut und EMDR-Supervisor. Leiter der Sektion Psychotraumatologie an der Abteilung Psychosomatik der Psychosomatischen Universitätsklinik Heidelberg und oberärztlicher Leiter der Station der Klinik. Seine Hauptarbeitsgebiete liegen im Bereich der Persönlichkeitstheorie, der Traumafolgestörungen und der stationären Psychotherapie. Er leitet zahlreiche wissenschaftliche Projekte, so etwa die »Heidelberger Gewaltopferstudie« (HeiGOS), und hat die Betreuung und Versorgung von Opfern in zahlreichen Großschadensereignissen wissenschaftlich begleitet. Er berät zahlreiche

Ministerien im In- und Ausland in Fragen des Opferschutzes und der Akut-Traumatologie.

Günter H. Seidler hat mehrere Monographien und Herausgeberwerke über psychische Störungen und ihre Behandlung publiziert. Letze Veröffentlichung im Psychosozial-Verlag: »Das Ich und das Fremde« (2002).

Psychosomatische Klinik des Universitätsklinikums Heidelberg
Sektion Psychotraumatologie
Thibautstr. 2
69115 Heidelberg

Dr. Dipl. Psych. Regina Steil ist Diplompsychologin, psychologische Psychotherapeutin und Supervisorin, Hochschulassistentin am Institut für Psychologie der Universität Jena in der Abteilung Klinische Intervention. Studium der Germanistik und Psychologie in Marburg, 1996 Promotion an der Universität Göttingen. Ihre Psychotherapieausbildung erhielt sie in Göttingen, Bamberg und Oxford. Hier arbeitete sie 1995–1996 am Warneford Hospital, der Universitätspsychiatrie der Universität Oxford, als Research Psychologist in der Arbeitsgruppe von Anke Ehlers und David Clark.

Sie ist seit der Gründung der Deutschsprachigen Gesellschaft für Psychotraumatologie 1998 im Vorstand dieser interdisziplinären Fachgesellschaft, seit 2002 als stellvertretende Vorsitzende. 1999 organisierte sie den ersten Kongress der Fachgesellschaft an der Universität Jena.

Frau Steil ist national und international als Dozentin in der Weiterbildung von ärztlichen und psychologischen Psychotherapeuten und Psychiatern tätig. Sie forscht zu den Schwerpunkten Kognitive Aspekte der PTB nach unterschiedlicher Traumatisierung und zur Entwicklung und Behandlung der PTB bei Kindern und Jugendlichen. Seit 2002 arbeitet sie als Fachsupervisorin und Beraterin der Unfallkasse Thüringen in der Nachsorge des Attentats am Gutenberg-Gymnasium in Erfurt.

Frau Steil ist Mutter einer einjährigen Tochter und lebt mit ihrer Familie in Weimar.

Institut für Psychologie der Universität Jena
Abteilung Klinische Psychologie, Diagnostik und Intervention
Steiger 3, Haus 1
07743 Jena

cand.-psych., Alexander Weiser, geb. 1979 in München, 2001 Vordiplom in Psychologie. Praktische Erfahrungen in den Bereichen Klinische Psychologie und Organisationspsychologie. Bis Dezember 2002 Wissenschaftliche Hilfskraft der Psychosomatischen Klinik Heidelberg. Seit 2003 Wissenschaftliche Hilfskraft der Abteilung Arbeits-, Betriebs- und Organisationspsychologie am Psychologischen Institut Heidelberg. Nebentätigkeiten als Dozent für Psychologie an der Logopädieschule Heidelberg und Trainer beim AFS Interkulturelle Begegnungen e.V.

PSYCHOSOZIAL-VERLAG

Hans-Jürgen Wirth
Narzissmus und Macht
Zur Psychoanalyse
seelischer Störungen
in der Politik

PSYCHE UND GESELLSCHAFT

Publik-Forum:
»Ein Meisterwerk politischer Psychoanalyse«

Besondere Empfehlung für die Sachbuch-Bestenliste der Süddeutschen Zeitung, des NDR und des BuchJournals

*erschienen 2002 · 439 Seiten
gebunden
EUR (D) 24,90 · SFr 42,30
ISBN 3-89806-044-6*

»Die Fallstudien, die Wirth auf Grund genauer Recherchen zur Barschel-Affäre, zu Helmut Kohl (mit zurückhaltendem Einbezug des Freitods von Hannelore Kohl), zur 68er Generation und zu Joschka Fischers stupenden Metamorphosen sowie zu Slobodan Milosevics Paranoia vorlegt, sind sehr ergiebig, besonders eindrucksvoll im Falle Uwe Barschels.« *Ludger Lütkehaus, NZZ*

»Harte Bandagen also, die – so Wirth – dennoch nicht zu Politikverdrossenheit verleiten sollten: Erst wenn Bürger und Wähler den ›Einfluss unbewusster psychischer Konflikte auf Entscheidungen höchster Tragweite‹ erkennen würden, könnten ihnen Politik und Politiker wieder ›ein Stückchen näher‹ rücken.« *Der Standard*

»Hans-Jürgen Wirth hat die Plattform erreicht, auf der eine allgemeine Psychoanalyse der Politik errichtet werden kann. Der Schritt war unerlässlich.« *Paul Parin*

»Wirth erreicht eine Anschaulichkeit, die man in der psychoanalytischen Literatur höchst selten findet.« *Martin Altmeyer in der taz*

Das Buch ist »eine bittersüße Frucht der 68er-Zeit, angereichert durch eine immense psychoanalytische Bildung.« *Tilmann Moser in der Badischen Zeitung*

P🜨V
Psychosozial-Verlag